Das subjektiv-öffentliche Recht des Gemeindebürgers

Europäische Hochschulschriften Recht

European University Studies in Law

Publications Universitaires Européennes de Droit

Band/Volume 6687

Sabrina Rita Müller

Das subjektiv-öffentliche Recht des Gemeindebürgers

Zur Bindungswirkung kommunaler Bürgerentscheide

PETER LANG

Bibliografische Information der Deutschen Nationalbibliothek
Die Deutsche Nationalbibliothek verzeichnet diese Publikation in der Deutschen Nationalbibliografie; detaillierte bibliografische Daten sind im Internet über http://dnb.d-nb.de abrufbar.

Zugl.: Trier, Univ., Diss., 2021.

Gedruckt auf alterungsbeständigem, säurefreiem Papier.

D 385
ISSN 0531-7312
ISBN 978-3-631-86155-4 (Print)
E-ISBN 978-3-631-85143-2 (E-PDF)
E-ISBN 978-3-631-86330-5 (EPUB)
DOI 10.3726/b19022

Peter Lang – Berlin · Bern · Bruxelles · New York · Oxford · Warszawa · Wien

Diese Publikation wurde begutachtet.

www.peterlang.com

Vorwort

Die vorliegende Arbeit wurde im Wintersemester 2020/21 vom Fachbereich Rechtswissenschaft der Universität Trier als Dissertation angenommen.

Vorrangiger Dank gebührt Frau Prof. Dr. Antje von Ungern-Sternberg, die mich zur Wahl des Themas für mein Promotionsvorhaben ermutigt, mir bei der Bearbeitung inhaltlich alle Freiheiten gelassen und die Umsetzung durch fachlich wertvolle Anregungen unterstützt hat – auch über die Zeit meiner Beschäftigung an ihrem Lehrstuhl hinaus. Danke ebenso für die zügige Erstellung des Erstgutachtens.

Den Kolleginnen und Kollegen aus dem Lehrstuhlteam möchte ich für die angenehme Zusammenarbeit danken – allen voran Chantal Görne, Maria Hermanns, Tessa Hillermann und Simon Schumacher.

Herzlich gedankt sei weiterhin Herrn Prof. Dr. Timo Hebeler für das engagierte Eintreten als Zweitgutachter sowie Frau Prof. Dr. Birgit Peters für die freundliche Übernahme des Prüfungsvorsitzes.

Nicht zuletzt gehört ein sehr großes Dankeschön an Frau Vizepräsidentin und Abteilungsleiterin Begoña Hermann, Herrn Referatsleiter Christof Pause und alle Kolleginnen und Kollegen bei dem Referat Kommunalaufsicht der Aufsichts- und Dienstleistungsdirektion für ihr Interesse, ihre Unterstützung und Rücksicht während meiner Promotionszeit ausgesprochen. Die dortige Arbeit ließ mich einen reibungslosen Berufsstart mit der Fertigstellung der Dissertation optimal vereinbaren.

Abschließend gilt der tiefste Dank meinen Eltern, meiner Schwester sowie meinen Großeltern und besonders Max für ihren stetigen Zuspruch, die nötige Kritik und Weitsicht.

Trier, im August 2021
Sabrina Rita Müller

Inhaltsverzeichnis

Einleitung – Gegenstand und Gang der Untersuchung

Eine jede Rechtsordnung verschreibt sich einer Vielzahl an Zielsetzungen. Sowohl in ihrer Gesamtheit als auch innerhalb der verschiedenen Gesetzeswerke der Rechtsordnung stellen diese Zielsetzungen stets das maßgebliche Kriterium bei der Frage nach dem Inhalt und der Reichweite der darin geregelten einzelnen gesetzlichen Bestimmungen dar. Ein von diesen Zielsetzungen losgelöstes Vorgehen – egal, ob es von staatlicher oder von privater Stelle ausgeht – muss zwingend zum Misserfolg führen. Zur Kontrolle sämtlichen Vorgehens staatlicher wie privater Akteure sind gerichtliche Instanzen etabliert. Diese haben eine rechtliche Prüfung und eine darauf basierende Rechtsprechung zur Aufgabe, die sich an den Zielsetzungen der Rechtsordnung orientiert.

Zu diesen Zielsetzungen gehören zwei Pole, die einander als Gegenspieler, aber auch über eine zwischen ihnen bestehende Schnittmenge begegnen können. So zielt eine jede Rechtsordnung gleichermaßen darauf ab, den objektiven Interessen der öffentlichen Allgemeinheit zu dienen, als auch darauf, die subjektiven Einzelinteressen der verschiedenen Individuen innerhalb derselben zu schützen. Der Einzelne als Teil des Ganzen kann sich mit seinen Belangen im Gros der Allgemeininteressen wiederfinden und hieran teilhaben, demgegenüber aber ebenso ein teilweise bis völlig konträres Ziel verfolgen. Je nach konkreter Fallkonstellation sind die entsprechenden Interessen und ihr Zusammenspiel genau herauszuarbeiten und im Hinblick auf ihre praktischen Konsequenzen zu untersuchen.[1]

---

1 Das Spannungsfeld von subjektivem Rechtsschutz und objektiver Verwaltungskontrolle beleuchtend vgl. aktuell nur *Funke*, Die Verwaltung 110 (2019), 239. Allgemein unterschieden werden Normen, die ausschließlich zum objektiven Recht zählen (im Prinzip die gesamte Rechtsordnung) von Normen, welche darüber hinaus (also kumulativ und nicht alternativ) subjektive Rechte vermitteln, also auch einzelne Personen berechtigen können. Zwar wird im Zivilrecht eher von Anspruchsgrundlagen und im öffentlichen Recht eher von „subjektiven Rechten" gesprochen, der Sache nach erfasst wird jedoch jede Norm, welche eine einzelne Person oder einen abgrenzbaren und dadurch hinreichend bestimmbaren Kreis von Personen oder anderen Rechtssubjekten berechtigt, von einem weiteren Rechtssubjekt ein Tun, Dulden oder Unterlassen zu verlangen (entsprechend § 194 Abs. 1 BGB). Wo ein solches subjektives Recht des Bürgers gegen den Staat garantiert wird, ist zugleich ein Rechtsweg im Sinne der

Anders ausgedrückt besteht also die wesentliche Funktion allen Rechts darin, Handlungs- und Wirkungssphären verschiedener Akteure – damit auch des im Sinne einer Gemeinwohlverpflichtung Streitenden mit dem für einen Individualschutz Eintretenden – verlässlich voneinander abzugrenzen.[2] In diesem Kontext steht ebenso die Verfassungsvorschrift aus Art. 1 GG mit ihren drei Absätzen:[3] Die dort zu findenden Aussagen formulieren ein zwingendes Bekenntnis zur Grundlage der Rechte des Menschen für alles staatliche Handeln. Demgegenüber kommt den Staatsrechtsgütern und Systemleistungen sowie deren einfachgesetzlichen Ausprägungen als rein objektiv verpflichteten Allgemeininteressen eine nur dienende Funktion zu, weil sie wiederum ohne Anknüpfung an den Status des Menschen und Bürgers sowie an seine Freiheiten, welche ihm aus diesem Status erwachsen, haltlos sind.[4]

Grundsätzlich – wie bei jedem Grundsatz treten auch hier zwangsläufig Durchbrechungen auf – spielt sich das Handeln einer jeden Person somit in einem Einzugs- und Wirkbereich der beiden erwähnten Pole ab. Entweder vollzieht sich in ihm die Wahrnehmung unabgeleiteter, ursprünglicher und natürlicher menschlicher Freiheit. In diesem Fall – wenn also der Mensch das eigene Leben nach eigenen Entwürfen gestaltet und so über sich selbst bestimmt[5] –, stehen ihm die Grundrechte aus Art. 1 bis 19 GG zum umfassenden staatlichen Schutz eben dieser Lebensweise zur Seite. Er befindet sich dann in der sogenannten „grundrechtstypischen Gefährdungslage"[6], die das jederzeit zumindest theoretisch mögliche Szenario eines staatlichen Eingriffs in die zulässige

---

Verfassungsvorschrift aus Art. 19 Abs. 4 Satz 1 GG eröffnet, der das weitere Recht begründet, sich zur Durchsetzung des eigentlichen subjektiven Rechts an staatliche Instanzen (zumeist Gerichte) zu wenden und es beziehungsweise seine Verletzung dort geltend zu machen, *Funke*, JZ 2015, 369; *Gusy*, ZJS 2008, 233.

2 *Müller-Franken*, in: Festschrift für Frotscher, S. 657 (681); *Coing*, Grundzüge der Rechtsphilosophie, S. 131, 216 ff.; zum verschwimmenden Begriff des Gemeinwohls und zum Dauerproblem der „Gemeinwohl-Definitionskompetenz" vgl. *Schuppert*, GewArch 2004, 441 ff. (443).

3 Dasselbe gilt für die in Art. 19 Abs. 4 und Art. 93 Abs. 1 Nr. 4a GG verfassungsrechtlich vorgegebene und durch § 90 Abs. 1 BVerfGG sowie § 42 Abs. 2, 47 Abs. 2, 113 Abs. 1, 5 VwGO einfachgesetzlich konkretisierte Gegenüberstellung objektiver und subjektiver Rechte.

4 *Greifeld*, Volksentscheid durch Parlamente, S. 102.

5 BVerfG NJW 1982, 2173 (2174).

6 BVerfGE 61, 82 (105); BVerfGK 4, 223 (224); 16, 396 (404); BVerfG NJW 1982, 2173 (2174); *Dreier*, in: ders. GG, Band 1, Art. 19 Abs. 3, Rn. 31 ff. (dort auch in Abgrenzung zur weiter vertretenen Durchgriffstheorie unter dem Stichwort „personales Substrat").

grundrechtliche Betätigungsform entwirft. Genau dieser Gefährdungslage sieht sich der Mensch jedoch nicht ausgesetzt, wenn er statt in Wahrnehmung grundrechtlicher Freiheit aufzugehen mit seinem Handeln vielmehr wissentlich und willentlich der Erfüllung objektiv-öffentlicher Aufgaben dient. In diesem Fall agiert er aufgrund von Kompetenzen[7], welche ihm durch positives Recht verliehen sowie inhaltlich begrenzt sind.[8] Solche Kompetenzzuweisungen und die Entscheidungen über die aus ihnen resultierenden Konflikte sind demgegenüber nicht Gegenstand der Grundrechte,[9] denn hierbei fehlt der „unmittelbare Bezug zum Menschen.“[10]

In diesem grundsätzlichen Spannungsfeld zwischen einerseits objektiven und andererseits subjektiven Rechtstendenzen macht die vorliegende Arbeit das subjektiv-öffentliche Recht des Gemeindebürgers[11] zu ihrem Gegenstand. Zweifelsohne sind die Rechte des Gemeindebürgers in der Menge zahlreich und in der Qualität hoch einzuschätzen - ist er doch zuvorderst Mensch im Sinne von Art. 1 Abs. 1 GG. Nichtsdestotrotz stellt sich der Rechtsschutz zugunsten des Gemeindebürgers als ein in sich nicht abschließend geklärtes System dar.[12] Eines der unbestreitbaren Rechte des Gemeindebürgers besteht darin, an Wahlen und Abstimmungen auf Bundes-, Landes- und kommunaler Ebene teilzunehmen. Dazu gehört auch die Teilnahme an einem kommunalen Bürgerentscheid.[13]

---

7 Vgl. grundlegend *Neumeier*, Kompetenzen. Zur Entstehung eines Paradigmas des deutschen öffentlichen Rechts.

8 *Muckel*, JA 2019, 633 (634).

9 BVerfG NVwZ 2019, 642 (643 = Rn. 20).

10 BVerfGE 61, 82 (101); 68, 193 (206).

11 Sämtliche personenbezogenen Bezeichnungen sind geschlechtsneutral zu verstehen. Oder um es mit den Worten des VG Neustadt a. d. W. (Urt. v. 25.03.2013 - 3 K 857/12.NW, BeckRS 2013, 49055, bei juris unter Fn. 1 auszudrücken: „Die Bezeichnung Bürger gilt für jedes Geschlecht.“

12 Eine detaillierte theoretische wie praktische Spurensuche nach dem Bürger im Recht unternahm schon *Baer*, „Der Bürger“ im Verwaltungsrecht. Darin leitet sie aus einer gleichermaßen etaistischen wie partizipatorischen Perspektive heraus das vom Recht gezeichnete Bild des Bürgers in der Gesellschaft und ihren verschiedenen Bereichen heraus; in ähnlicher Weise auch *Saurer*, Der Einzelne im europäischen Verwaltungsrecht; zu Etymologie und verwaltungsrechtlichem Verständnis vom Bürger samt seinem Verhältnis zur Exekutive, *Peters*, Legitimation durch Öffentlichkeitsbeteiligung?, S. 17, 22.

13 Hierzu sehr anschaulich ist z.B. die Landesverfassung Bayern in Art. 7 Abs. 2, wonach der „Staatsbürger“ seine Rechte durch Teilnahme an Wahlen, Bürgerbegehren und Bürgerentscheiden sowie an Volksbegehren und Volksentscheiden ausübt und Art. 12 Abs. 3 Satz 1, demzufolge die Staatsbürger das Recht haben, Angelegenheiten des

Dieses Instrument direktdemokratischer Willensbildung und Entscheidungsfindung hat nunmehr Eingang in die Kommunalverfassungen sämtlicher deutscher Bundesländer[14] gefunden.[15] Insofern ist es als ein fester Bestandteil der kommunalen Wirklichkeit anerkannt.[16] Vor diesem Hintergrund wurde das grundsätzliche Spannungsverhältnis zwischen repräsentativer und direkter Demokratie als solches sowie als Phänomen speziell im Kommunalrecht und damit im Geltungsbereich der kommunalen Selbstverwaltungsgarantie aus Art. 28 Abs. 2 Satz 1 GG[17] erschöpfend wissenschaftlich durchdrungen.[18]

---

eigenen Wirkungskreises der Gemeinden durch Bürgerbegehren und Bürgerentscheid zu regeln. Andere Landesverfassungen (z.B. Brandenburg in Art. 22) reden von „einfachen" Bürgern.

14 Die vorliegende Arbeit geht auf die Stadtstaaten nicht vertieft ein, da bei ihnen eine scharfe Trennung zwischen der Ebene des Landes- und des Kommunalverfassungsrechts nicht möglich ist. Vielmehr fallen beide ineinander zusammen, wodurch das Kommunalverfassungsrecht durch das Landesverfassungsrecht überlagert wird.

15 Vgl. die Aufstellung der in den Bundesländern bestehenden Gemeindeordnungen bzw. Kommunalverfassungen bei *Gern/Brüning*, Kommunalrecht, Rn. 60 (jeweils in alphabetischer Reihenfolge): § 21 GemO Baden-Württemberg; Art. 18a GO Bayern; § 15 KVerf Brandenburg; § 8b GO Hessen; § 20 KV Mecklenburg-Vorpommern; § 26 GO Nordrhein-Westfalen; § 33 KomVG Niedersachsen; § 17a GemO Rheinland-Pfalz; § 21a KSVG Saarland; § 24 GemO Sachsen; § 27 KVG Sachsen-Anhalt; § 16g GO Schleswig-Holstein; § 17 Satz 4 KO i.V.m. §§ 18 ff. EBBG Thüringen.

16 So *Peine/Starke*, DÖV 2007, 740.

17 Des Weiteren ist die gemeindliche Selbstverwaltung in allen Länderverfassungen garantiert: Art. 71 Landesverfassung Baden-Württemberg; Art. 11 Abs. 2 i.V.m. Art. 83 Landesverfassung Bayern; Art. 97 Landesverfassung Brandenburg; Art. 137 Landesverfassung Hessen; Art. 72 Landesverfassung Mecklenburg-Vorpommern; Art. 57 Landesverfassung Niedersachsen; Art. 78 Landesverfassung Nordrhein-Westfalen; Art. 49 Abs. 3 Landesverfassung Rheinland-Pfalz; Art. 118 Landesverfassung Saarland; Art. 84 Landesverfassung Sachsen; Art. 2 Abs. 3 i.V.m. Art. 87 Landesverfassung Sachsen-Anhalt; Art. 46 Abs. 1 und 2 Landesverfassung Schleswig-Holstein; Art. 91 Abs. 1 und 2 Landesverfassung Thüringen. Zudem stellt Art. 28 Abs. 2 GG nach BVerfG-Rspr. und Lit. eine sog. „Durchgriffsnorm" dar, die als Mindestgarantie schon durch ihren Wortlaut sämtliche Staatsgewalt – d.h. auch jene auf Landesebene – unmittelbar bindet, ohne dass es hierfür eines Umsetzungsaktes bedürfte (BVerfGE NVwZ 2018, 140 [142], Rn. 49 m. Anm. *Brüning*; *Nierhaus/Engels*, in: Sachs, GG, Art. 28, Rn. 39).

18 *Everts*, Plebiszitäre Unterschriftenaktionen; *Engelken*, DÖV 2002, 977; *Spies*, Bürgerversammlung, Bürgerbegehren, Bürgerentscheid; *Hager*, VerwArch 84 (1993), 97; *Streinz*, Die Verwaltung 16 (1983), 293.

Die meisten Werke[19] weisen dabei jedoch eine umfassende Herangehensweise sowie eine entsprechende Stoßrichtung auf und fragen nach der generellen rechtlichen Zulässigkeit direktdemokratischer Instrumente auf Bundes-, Landes- und kommunaler Ebene. Im Gegensatz dazu befasst sich die vorliegende Arbeit ausschließlich, aber dafür schwerpunktmäßig und detailliert, mit einem ausgewählten Problem: der Bindungswirkung kommunaler Bürgerentscheide. Dass Bürgerentscheide eine politische sowie rechtliche Wirkung entfalten, steht fest.[20] Welche Wirkungen sie aber im Detail haben, wie diese genau ausgestaltet sind und was sie dem Bürger – genauer gesagt dem Gemeindebürger – als Träger derselben bringen – die Beantwortung dieser Fragen ist Aufgabe der vorliegenden Arbeit. Dabei ist ihr Titel gleichsam ihr Ziel. Denn das Hauptanliegen besteht darin, umfassend zu untersuchen, ob aus der gesetzlich fixierten Bindungswirkung des Bürgerentscheids in den verschiedenen Kommunalverfassungen der Bundesländer[21] ein subjektiv-öffentliches Recht des einzelnen Gemeindebürgers auf Absicherung – das heißt auf gemeindeseitige Vollziehung und Beachtung – des Bürgerentscheids folgt, welches ihn zur gerichtlichen Verteidigung gegen Rechtsverletzungen durch Unterlassen oder gegenläufige Maßnahmen der kommunalen Vertretungsorgane befugt.[22]

---

19 Etwa *Martini*, DÖV 2015, 981; *Paus/Schmidt*, JA 2012, 48; *Huber*, ZG 4 (2009), 311; *Kühling*, JuS 2009, 777; *Rossi/Lenski*, DVBl 2008, 416; *Schwieger*, Volksgesetzgebung in Deutschland; *Hartmann*, DVBl 2001, 776; *Fliegauf*, JR 1992, 485 (für die Frage nach der Einführung direktdemokratischer Elemente im Rahmen einer Verfassungsreform im Anschluss an die deutsche Einigung).

20 So auch *Salaw-Hanslmaier/Möller*, ZRP 2020, 77 (80), die indes resümieren, dass das Spannungsfeld zwischen politischer Verpflichtung und juristischer Bindung an die Ergebnisse direkter Demokratie nach wie vor ungeklärt bleibe.

21 § 21 Abs. 8 Satz 2 GemO Baden-Württemberg; Art. 18a Abs. 13 Satz 2 GO Bayern; § 15 Abs. 5 Satz 2 KVerf Brandenburg; § 8b Abs. 7 Satz 2 GO Hessen; § 20 Abs. 4 Satz 3 KV Mecklenburg-Vorpommern; § 26 Abs. 8 Satz 2 GO Nordrhein-Westfalen; § 33 Abs. 4 Satz 2 KomVG Niedersachsen; § 17a Abs. 8 Satz 3 GemO Rheinland-Pfalz; § 21a Abs. 7 Satz 3 KSVG Saarland; § 24 Abs. 4 Satz 2 GemO Sachsen; § 27 Abs. 4 Satz 3 KVG Sachsen-Anhalt; § 16g Abs. 8 Satz 2 GO Schleswig-Holstein; § 17 Satz 4 KO i.V.m. § 23 Abs. 3 Satz 1, 6 EBBG Thüringen.

22 Die Arbeit von *Hohnerlein*, Recht und demokratische Reversibilität, weist eine sehr viel extensivere Herangehensweise aus demokratietheoretischer und rechtsphilosophischer Perspektive auf. Dasselbe gilt für die Werke von *Hartmann*, Volksgesetzgebung und Grundrechte, der nicht maßgeblich zwischen staats- und kommunalverfassungsrechtlicher Ebene differenziert, sondern innerhalb der verschiedenen Verfahrensstufen der Volksgesetzgebung allumfassend auf die Rolle des Bürgers schaut und im Übrigen dazu einen auch internationalen Rechtsvergleich mit Blick v.a. auf den angloamerikanischen

Zwar dürfte, sobald das Gemeindevolk erst einmal entschieden hat, das so gefundene Abstimmungsergebnis in der Regel politisch akzeptiert und rechtlich umgesetzt werden.[23] Aber insbesondere dann, wenn die Gemeinde[24] den Bürgerentscheid zwar zunächst ordnungsgemäß abhält, dessen Ergebnis aber anschließend nicht in die Tat umsetzt oder vor Ablauf der gesetzlichen Bindungsfrist durch ihre Organe einen abändernden eigenen Gemeinderatsbeschluss trifft und so den Bürgerentscheid nicht hinreichend beachtet, ergibt sich ein erhöhtes Bedürfnis nach nicht nur objektiv-rechtlichem, sondern darüber hinaus auch nach subjektiv-gerichtlichem Schutz.[25] So ist ein Beschluss des Gemeinderates, der der gesetzlich geregelten Bindungswirkung des Bürgerentscheids zuwiderläuft, zwar nichtig. Die entsprechenden Vorschriften sollen nämlich sicherstellen, dass das Ergebnis des Bürgerentscheids nicht einfach auf dem Verwaltungswege wieder beseitigt wird.[26] Die bisher ergangene verwaltungs- und verfassungsgerichtliche Rechtsprechung aber räumt gegen derartige gemeindliche Verhaltensweisen kaum bis keine Rechtsschutzmöglichkeiten ein.[27] Dieser Umstand gibt Anlass dazu, die Frage zu untersuchen, ob und wenn ja inwieweit – neben der politischen Dimension – eine rechtliche Pflicht besteht, einen erfolgreichen Bürgerentscheid aufrechtzuerhalten, zu beachten und zu vollziehen und wer diese Pflicht in der Praxis – gegebenenfalls gerichtlich – durchsetzen kann.[28]

Rechtsraum vornimmt und von *Unger*, AöR 139 (2014), 80 sowie von *Schroeder*, Die Sperrwirkung und das Sicherungsrecht des Bürgerbegehrens, bei denen es um das dem Bürgerentscheid zeitlich vorgelagerte Bürgerbegehren und dessen Sicherung im Hinblick auf die eigentliche Durchführung des Bürgerentscheids geht.

23 *Peine/Starke*, DÖV 2007, 740; *Salaw-Hanslmaier/Möller*, ZRP 2020, 77 sprechen auch davon, dass sich die Politik in der Regel „moralisch“ an diese Entscheide gebunden sehe.

24 Gemeinde bedeutet im Rahmen dieser Arbeit nur die einzelne Gemeinde als solche, nicht auch die Gemeindeverbände oder Zweckverbände. Normative Grundlage der Betrachtung ist daher primär das Gemeindeverfassungsrecht aus den Gemeindeordnungen, nicht aber aus den Landkreis-, Bezirksordnungen, Gesetzen über (inter) kommunale Zusammenarbeit o.ä.

25 *Dietlein*, in: Praxis der Kommunalverwaltung Rheinland-Pfalz, B-1 (GemO), § 17a, Erl. 5.5.3. Denn eine öffentlich-rechtliche Pflicht zur gemeindeorganseitigen Beachtung und zum Vollzug des Bürgerentscheids kennzeichnet eine notwendige, aber noch keine hinreichende Bedingung für damit korrespondierende subjektiv-öffentliche Rechte der Gemeindebürger, *Peine/Starke*, DÖV 2007, 740 (742).

26 *Salaw-Hanslmaier/Möller*, ZRP 2020, 77 (78); *Schoch*, NVwZ 2014, 1473 (1481); *Peine/Starke*, DÖV 2007, 740 (742); *Ritgen*, Bürgerbegehren und Bürgerentscheid, S. 242.

27 *Dietlein*, in: Praxis der Kommunalverwaltung Rheinland-Pfalz, B-1 (GemO), § 17a, Erl. 5.5.3. S. hierzu aber die kritische Rechtsprechungsanalyse unter Kapitel 3.

28 *Peine/Starke*, DÖV 2007, 740 (741).

Die vorliegende Arbeit beantwortet die so aufgeworfene Forschungsfrage nach der Bindungswirkung des kommunalen Bürgerentscheids als Grundlage für ein subjektiv-öffentlich-rechtliches Recht des Gemeindebürgers auf eine entsprechende Absicherung in drei Schritten. Dementsprechend gliedert sich die Untersuchung in drei Teile. Teil 1 ordnet den kommunalen Bürgerentscheid in das grundlegende Mehrebenensystem demokratischer Willensbildung und Entscheidungsfindung ein und analysiert die zur Frage nach seiner konkreten Bindungswirkung bereits ergangene verwaltungs- und verfassungsgerichtliche Rechtsprechung. Er verfolgt die darin vorzufindenden Argumentationslinien in ihrer Herleitung und Entwicklung und setzt sie einer rechtlichen Stellungnahme aus. Der Kern der so herausgearbeiteten Argumente wird sodann zur Grundlage der weiteren Betrachtung gemacht. Teil 2 nimmt nach Maßgabe einer Modellbetrachtung der im Kommunalverfassungsrecht der Bundesländer niedergelegten normativen Grundlagen zum Bürgerentscheid ihre klassische juristische Auslegung zur Forschungsfrage vor. Teil 3 zieht die Konsequenzen, die sich aus dem zuvor dargestellten Lösungsweg ergeben. Darin wird aufgezeigt, warum und wie der einzelne Gemeindebürger kraft des Bürgerentscheids an der öffentlich-rechtlichen Bestandsgarantie der kommunalen Selbstverwaltung aus Art. 28 Abs. 2 Satz 1 GG teilnimmt. Während also Teil 2 zunächst der Frage nachgeht, *ob* es ein subjektiv-öffentliches Recht des Gemeindebürgers gibt, untersucht Teil das 3 das *Wie* dieser Rechtsverleihung und damit einhergehende Rechtsschutzmodalitäten. Ein thesenartiges Fazit fasst abschließend die Ergebnisse der Untersuchung zusammen.

Derart gegliedert findet die Arbeit ihre methodische Grundhaltung in der These, dass von Elementen direkter Demokratie keine Wesensveränderung der deutschen Verwaltungs- und Verfassungsrealität zu erwarten ist, weder in positiver noch in negativer Hinsicht.[29] So erfüllen sie keine erhebliche Belebungsfunktion für die Legitimationswirkung politischer Entscheidungen,[30] bedeuten aber für sie gleichzeitig auch keine Gefahr.[31] Die Frage, wie Aspekte repräsentativer

---

29 *Kühling*, JuS 2009, 777.

30 So behaupten dies aber u.a. *Kersten*, Schwarmdemokratie; *Martini*, DÖV 2015, 981; zumindest teilweise auch *Rux*, Direkte Demokratie in Deutschland, und im Übrigen vorrangig Werke der Verwaltungs- und Politikwissenschaft wie z.B. *Kranenpohl*, APuZ 2006, 32; *Holtkamp/Bogumil/Kessler*, Kooperative Demokratie.

31 Dies steht freilich nicht im Widerspruch zu der begründeten Annahme, nach der diverse Formen von Bürgerbeteiligung *de lege/constitutione lata* sowie *de lege/constitutione ferenda* einen gewissen Mobilisierungs- und Akzeptanzeffekt in sich tragen, hierzu grundlegend *Masing*, Die Mobilisierung des Bürgers für die Durchsetzung des

und direkter Demokratie miteinander zu vereinbaren sind, stellt sich auch aus rechtswissenschaftlicher Perspektive immer wieder.[32] Dabei steht zwar fest, dass die repräsentative Demokratie in Deutschland den Regelfall darstellt, weil die grundgesetzliche Mehrebenenordnung eine Systementscheidung für sie getroffen hat.[33] So wie aber jedes juristische Regelwerk von dem lebhaften und flexiblen Verhältnis von Grundsatz und Ausnahme bestimmt ist, kann auch die hiesige Debatte um die subjektiv-rechtliche Reichweite von Bürgerentscheiden nicht mit dem Verweis auf die prinzipielle Bedeutung von Willensbildung auf dem Vertretungswege die Relevanz der rein quantitativ gesehen weniger bedeutenden Maßnahmen unmittelbarer Entscheidungsfindung mindern. Denn auch hier gilt ohne Zweifel, dass Ausnahmen die Regel bestätigen. Direkte Demokratie ergänzt die Repräsentation, sie ersetzt sie nicht.[34]

Die normativ vorgesehenen Elemente direkter Demokratie deshalb möglichst effektiv durchzusetzen, wie durch eine im Rahmen dieser Bearbeitung aufgezeigte Herleitung eines subjektiv-öffentlich-rechtlichen Anspruchs des Gemeindebürgers auf die Sicherung des Bürgerentscheids, sollte – wenn auch nicht das zentralste[35] –, so aber doch zumindest ein zentrales Anliegen der Juristen in Theorie und Praxis sein. Dabei lautet die Prämisse, dass im Bereich des Kommunalrechts der Gemeindebürger und seine Interessen in den rechtlichen Fokus gehören. In dieser Perspektive möchte sich die vorliegende Arbeit als Beitrag zur Systematisierung des kommunalverfassungsrechtlichen Instruments des Bürgerentscheids sowie zur Operationalisierung des grundgesetzlichen Rechtsschutzsystems im Einzugs- und Wirkbereich der kommunalen Selbstverwaltungsgarantie aus Art. 28 Abs. 2 Satz 1 GG verstanden wissen.

Rechts, sowie ferner beispielsweise *Wischmeyer*, JuS 2020, 20; *Fritz/Sellke*, KommJur 2016, 248; *Seckelmann*, DÖV 2014, 1; *Zenke/Dessau*, KommJur 2013, 288.

32 *Dziallas/Jäger*, KommJur 2016, 6.

33 *Grzeszick*, in: Maunz/Dürig, GG, Art. 20, Rn. 115 ff.; *Böckenförde*, in: Isensee/Kirchhof, HbStR Band III, § 34, Rn. 23 ff.; *Brenner*, in: Isensee/Kirchhof, HbStR Band III, § 44, Rn. 65.

34 *Dreier*, in: ders., GG, Band 2, Art. 20 (Demokratie), Rn. 108; *Rossi/Lenski*, DVBl 2008, 416 (417).

35 So resümieren auch *Salaw-Hanslmaier/Möller*, ZRP 2020, 77 (80). In seinem „Echo" hierzu prognostiziert *Schmidt*, ZRP 2020, 199 (200) des Weiteren, die in den Kommunen gemachten Erfahrungen könnten für die Ebenen der Länder und des Bundes eine Vorbildfunktion erfüllen – und zitiert dabei *Adenauer*, nach dessen Ausspruch die „Selbstverwaltung die Hohe Schule der Demokratie" sei.

Teil 1: Grundlagen und Rechtsprechungsanalyse

Teil 1 der Untersuchung stellt die rechtsdogmatischen Grundlagen des subjektiv-öffentlichen Rechts des Gemeindebürgers dar (Kapitel 1) und analysiert die hierzu bereits ergangene verwaltungs- und verfassungsgerichtliche Rechtsprechung (Kapitel 2).

Kapitel 1: Grundlagen – Spannungsverhältnis von Demokratie und kommunaler Selbstverwaltung

Zu den Grundlagen gehören die dogmatische Struktur des kommunalen Selbstverwaltungsrechts (A.), die normativen Grundlagen in den kommunalverfassungsrechtlichen Bindungsklauseln (B.), das Spannungsverhältnis von repräsentativer und direkter Demokratie auf kommunaler Ebene (C.) sowie die daraus zu ziehenden Schlussfolgerungen für die Rolle des Gemeindebürgers (D.).

A. Dogmatische Struktur des kommunalen Selbstverwaltungsrechts

In dem eingangs aufgezeigten grundsätzlichen Spannungsfeld von einerseits objektiv-öffentlicher Rechtsausübung im Zuge positivrechtlicher Kompetenzzuschreibungen und andererseits subjektiv-grundrechtlicher Wahrnehmungsfreiheiten sind die Kommunen sowie das ihrer Betätigung zugrundeliegende Kommunalverfassungsrecht rechtsdogmatisch mittlerweile klar eingeordnet: Nach den Eingangsnormen der Gemeindeordnungen aller Bundesländer stellen die Kommunen Gebietskörperschaften und juristische Personen des öffentlichen Rechts dar.[36] Damit ist in systematischer Hinsicht durch das bundesverfassungsgerichtlich entwickelte sogenannte Konfusionsargument[37], welches

36 Dort finden sich zur Umschreibung des Gemeindebegriffs nahezu wortgleiche Formulierungen, ohne diesen jedoch direkt legal zu definieren: Art. 1 GO Bayern; §§ 1 GemO Baden-Württemberg; 1 KVerf Brandenburg; 1 GO Hessen; 1 KV Mecklenburg-Vorpommern; 2 KomVG Niedersachsen; 1 GO Nordrhein-Westfalen; 1 GemO Rheinland-Pfalz; 1 KSVG Saarland; 1 GemO Sachsen; 2 KVG Sachsen-Anhalt; 1 GO Schleswig-Holstein; 1 KO Thüringen.

37 Schon sehr früh begründet in BVerfGE 15, 256 (262) mit der in späteren Entscheidungen – etwa BVerfGE 21, 362 (370); 143, 246 (313); 147, 50 – fast wortgleich wiederholten Aussage, dass „weder der Staat noch seine Einrichtungen (…) gleichzeitig Träger

zum Teil als in Art. 9 Abs. 3 Satz 2 GG verankert angesehen[38], zum Teil aus der grundgesetzlichen Rechtsstaatlichkeits- und darin der Gewaltenteilungsvorgabe des Art. 20 Abs. 2 und 3 GG hergeleitet wird[39], vorgegeben, dass die Gemeinden hoheitliche Gewalt ausüben sowie damit an die Grundrechte gebunden und aus ihnen verpflichtet, statt berechtigt sind.[40] Nach der somit ständigen Rechtsprechung des Bundesverfassungsgerichts[41] stehen Gemeinden nämlich gerade auf der Seite des Staates und sind daher Adressaten und Schuldner der Grundrechte. Ihnen fehle es – so Karlsruhe – an der grundrechtstypischen Gefährdungslage sowie an dem personalen Substrat, denn die Bildung der juristischen Personen des öffentlichen Rechts sei nicht Ausdruck der Grundrechtsbetätigung von hinter ihnen stehenden natürlichen Personen.[42] Ein Träger öffentlicher Verwaltung könne sich bei der Erfüllung öffentlicher Aufgaben daher nicht auf Grundrechte berufen. Die praktische Konsequenz aus dieser bundesverfassungsgerichtlichen Rechtsprechung lautet, dass nicht die Grundrechte[43], sondern die kommunale Selbstverwaltungsgarantie aus Art. 28 Abs. 2 Satz 1 GG das Abwehrrecht der Gemeinde gegenüber dem Staat bildet. Obwohl also die Gemeinde einen Teil des staatlichen Gefüges bildet und als Körperschaft der Landesstaatsgewalt in diesen

---

und Adressat von Grundrechten" sein können. Den eigentlichen Begriff „Konfusionsargument" entwickelte aber *Bettermann*, NJW 1969, 1321 (1323). Tiefgreifende Kritik an diesem grundlegenden Ansatz übt hingegen exemplarisch *Merten*, DÖV 2019, 41.

38 So auch BVerwG, Urt. v. 12.12.2019, NJW 2020, 1084 zum Ausschluss staatlich beherrschter Unternehmen von der Grundrechtsfähigkeit. Dazu ebenfalls kritisch *Merten*, DÖV 2019, 41 (43).

39 *Merten*, DÖV 2019, 41 (43).

40 BVerfG NVwZ 2002, 1366.

41 BVerfGE 83, 37 (54); 107, 1 (11); 110, 370 (401).

42 Weil Art. 19 Abs. 3 GG aber allgemein von juristischen Personen spricht, ohne eine ausdrückliche Differenzierung zwischen solchen des öffentlichen Rechts einerseits und des Privatrechts andererseits vorzunehmen, vertreten manche Stimmen in der Literatur die gegenläufige Ansicht, wonach auch Gemeinden grundrechtsberechtigt seien, s.u.

43 Eine Ausnahme bilden die als Justizgrundrechte oder objektive Verfahrensgarantien bezeichneten Art. 101 Abs. 1 Satz 2 und Art. 103 Abs. 1 GG. Des Weiteren zeigt sich der Gedanke des Abwehrrechts in der folgenden Ausnahme: So sei, „wenn Einrichtungen des Staates Grundrechte in einem Bereich verteidigen, in dem sie vom Staat unabhängig sind", eine Berechtigung statt einer Verpflichtung aus den Grundrechten denkbar, z.B. staatliche Universitäten, Rundfunkanstalten und öffentlich-rechtlich, d.h. körperschaftlich organisierte Religionsgemeinschaften, BVerfGE 15, 256 (262); 45, 63 (79); 61, 82 (102); 68, 193 (207).

integriert ist[44], wird ihr mit Art. 28 Abs. 2 Satz 1 GG ein besonderer Status verliehen. Diesen kann sie über die Kommunalverfassungsbeschwerde gemäß Art. 93 Abs. 1 Nr. 4b GG gerichtlich verteidigen.[45] Eines solch eigenen Rechtsbehelfs bedarf es nur, wenn der sonst für die Rüge grundrechtlicher Verletzungen angezeigte Weg über die Individualverfassungsbeschwerde für Art. 28 Abs. 2 Satz 1 GG gerade versperrt ist.

Dass Art. 28 Abs. 2 Satz 1 GG kein Grundrecht der Gemeinden konstituiert, lässt sich auch seiner rechtssystematischen Stellung dieser Verfassungsvorschrift im II. Abschnitt des Grundgesetzes („Der Bund und die Länder") entnehmen.[46] Zudem unterfällt sie mangels dortiger Bezeichnung nicht der Ewigkeitsgarantie nach Art. 79 Abs. 3 GG.[47] Weiter folgt dieser Umstand aus dem Zweck der Bestimmung, nicht allgemein-gesellschaftliche oder konkret-individuelle Freiheitssphären vor staatlichen Eingriffen zu schützen, sondern bestimmte Bereiche eigener Autonomie und eigener „demokratisch verfasster Staatlichkeit"[48] zu verteidigen.[49]

In Art. 28 Abs. 2 Satz 1 GG ist vielmehr eine rein staatsorganisationsrechtliche Vorgabe zu sehen. Sie verleiht den Kommunen die als institutionelle Garantie ausgestaltete Kompetenz[50], alle Angelegenheiten der örtlichen Gemeinschaft im

---

44 BVerfGE 73, 118 (191); 83, 37 (54).

45 Wegen der dort aufgenommenen Subsidiaritätsklausel (Halbsatz 2: „soweit nicht Beschwerde beim Landesverfassungsgericht erhoben werden kann") sind jedoch vornehmlich die Landesverfassungsgerichte zur inhaltlichen Entwicklung der Selbstverwaltungsgarantie berufen, so auch *Burgi*, Kommunalrecht, § 9, Rn. 5 f. Sollten sich aber die Landesverfassungsgerichte für unzuständig erklären, besteht dennoch eine Reservezuständigkeit des BVerfG, vgl. hierzu BVerfGE 107, 1 (88 ff.). Außerdem kann die Gemeinde hierüber Verwaltungsrechtsschutz suchen, *Hellermann*, in: Epping/Hillgruber, BeckOK GG, Art. 28, Rn. 57 f.

46 *Gern/Brüning*, Kommunalrecht, Rn. 69 m.w.N. u.a. auf die grundlegende Entscheidung in BVerfGE 6, 19 (22).

47 *Faber*, DVBl 1991, 1126 (1131) m.w.N.; anders als die in den Artikeln 1 *und* 20 GG niedergelegten Grundsätze, vgl. hierzu *Dietlein*, in: Epping/Hillgruber, Beck OK GG, Art. 79, Rn. 30 m.w.N. zur BVerfG-Rspr.

48 BVerfG NJW 1987, 239; NJW 1991, 162.

49 *Hellermann*, in: Epping/Hillgruber, BeckOK GG, Art. 28, Rn. 20, 32. Dieses Telos liegt in rechtshistorischer Hinsicht abgeschwächt in der Folge der im 19. Jahrhundert zum Teil vorherrschenden Tradition, in den Gemeinden dem Staat entgegensetzte eigenständige gesellschaftliche Vereinigungen zu erblicken, vgl. hierzu *Dreier*, in: ders., GG, Band 2, Art. 28, Rn. 12.

50 BVerfG NVwZ 2007, 1176; NVwZ 1988, 47 (49); *Wolff/Bachof/Stober/Kluth*, Verwaltungsrecht II, § 96, Rn. 52; unumstritten ist diese Einschätzung jedoch nicht, eine

Rahmen der Gesetze in eigener Verantwortung zu regeln. Der Unterschied zu den menschliche Entscheidungen und Verhaltensweisen umfassend (also in Bezug auf beide Fragen des Ob und des Wie) schützenden grundrechtlichen Gewährleistungen besteht darin, dass den Gemeinden das Selbstverwaltungsrecht nicht in allen Einzelheiten, die ihnen zur Zeit der Verfassungsverkündung zustanden, verbürgt wird, sondern ausschließlich als Institution (also hinsichtlich des Ob ihrer Existenz).[51] Konkrete Einzelgewährleistungen sind damit auf die Reichweite der kommunalen Selbstverwaltungsgarantie begrenzt oder – positiv formuliert – durch sie vorgegeben: So hat etwa die „allgemeine Handlungsfreiheit" der Gemeinden nicht die Wirkung wie die grundrechtliche Bestimmung aus Art. 2 Abs. 1 GG. Auch das gemeindliche Eigentum genießt verfassungsrechtlichen Schutz nicht in dem Umfang wie dies Art. 14 GG für Grundrechtsträger tut, sondern nur insoweit, als es der Gewährleistung kommunaler Selbstverwaltung im Sinne des Art. 28 Abs. 2 Satz 1 GG dient.[52]

Einstufung als subjektives Recht vertreten dagegen: *Ehlers*, DVBl 2000, 1301 (1305); *Maurer*, DVBl 1995, 1037 (1041); *Ipsen*, ZG 9 (1994), 194 (211 f.). Damit verkennen sie aber die beiden Wirkweisen von Art. 28 Abs. 2 Satz 1 GG und ihr Zusammenspiel: Einerseits nämlich muss es die Gemeinden als Verwaltungseinheiten innerhalb der grundgesetzlichen Ordnung überhaupt geben (institutionelle Rechtssubjektsgarantie), BVerfG DVBl 1992, 960 (961). Andererseits ist ihnen ihre Selbstverwaltung objektiv-rechtlich garantiert (Rechtsinstitutionsgarantie), BVerfG NVwZ 1989, 347 (348). Der VerfGH Bayern BayVBl 1976, 589 (592) spricht Art. 11 Abs. 2 der bayerischen Landesverfassung eine Natur als grundrechtsgleiches Recht zu, welches im Falle eines Eingriffs nach Art. 98 im Wege der Popularklage geltend gemacht werden könne, *Nierhaus/Engels*, in: Sachs, GG, Art. 28, Rn. 40. Diese abweichende Beurteilung dürfte jedoch rein prozessual begründet sein, so auch *von Münch/Kunig/Löwer*, in: von Münch/Kunig, GG, Band 1, Art. 28, Rn. 42. Würde man den Kommunen in ihrer Wahrnehmung von Art. 28 Abs. 2 Satz 1 GG tatsächlich ein von ihnen gefordertes rein subjektiv-öffentliches Recht anerkennen, wären die grundsätzlich zu trennenden Sphären von Kompetenzerfüllung einerseits und Grundrechtswahrnehmung andererseits *ad absurdum* geführt.

51 In BVerfGE 1, 161 (174 ff.) führt das BVerfG zur Begründung aus, dass der historische Verfassungsgeber bei der Schaffung des GG denselben Gewährleistungsumfang anstrebte wie er in der Vorgängerbestimmung des Art. 127 WRV angelegt war. Dieser Wertung sollte nicht entgegenstehen, dass die kommunale Selbstverwaltungsgarantie im GG an anderer Stelle als in der WRV geregelt wurde. Dort nämlich war sie noch im Zweiten, mit „Grundrechte und Grundpflichten der Deutschen" übertitelten Abschnitt enthalten, *Hellermann*, in: Epping/Hillgruber, BeckOK GG, Art. 28, Rn. 32.

52 OVG Rheinland-Pfalz AS 39, 1 (141, 143); m.w,N. auch *Mehde*, in: Maunz/Dürig, GG, Art. 28 Abs. 2, Rn. 41: „nur institutionell, nicht individuell".

Als solcher Rechtsbegriff verbindet die kommunale Selbstverwaltungsgarantie die demokratische mit der grundrechtlichen Freiheitsidee.[53] Während manche Stimmen in der Literatur der kommunalen Selbstverwaltungsgarantie die Qualität eines subjektiv-öffentlichen Rechts zuschreiben[54] und andere vorrangig auf ihre objektive Funktion als institutionelle Garantie abstellen[55], beinhaltet die verfassungsrechtliche Gewährleistung gemeindlicher Selbstverwaltung nach der vermittelnden Meinung sowohl eine gesetzlich ausfüllungsbedürftige Einrichtungsgarantie als auch ein subjektives Recht mit verfassungsunmittelbarem Schutzbereich.[56] Dabei dient das subjektive Recht der Verteidigung bei Beeinträchtigungen der objektiven Garantie.[57] In dieser vermittelnden Lösung liegt der unabweisbare Vorteil, dass sie in rechtsdogmatischer und -systematischer Hinsicht sowohl der grundsätzlichen Rolle der Gemeinden als grundrechtsverpflichtete Staatsakteure als auch ihres kraft Art. 28 Abs. 2 Satz 1 GG verfassungsrechtlich verbürgten Abwehrrechts in Gestalt der kommunalen Selbstverwaltungsgarantie auf angemessene Weise Rechnung zu tragen vermag. Die vermittelnde Deutung verträgt sich schließlich auch mit dem herrschenden gemischt juristisch-politischen Verständnis der kommunalen Selbstverwaltungsgarantie: So dient sie gleichermaßen der dem ureigenen Anliegen folgenden Funktion administrativer Dezentralisation (juristischer Begriff der Selbstverwaltung) als auch dem darüber hinausgehenden Anspruch zur Aktivierung bürgerschaftlicher Mitwirkung (politischer Begriff der Selbstverwaltung[58]).[59]

Ein – wenn nicht der einzige – entscheidende (r) Akteur innerhalb der so rechtsdogmatisch eingeordneten Kommune ist der Gemeindebürger. Seine Rechte zu wahren und dabei gleichzeitig das eigene Recht auf Selbstverwaltung möglichst effektiv auszufüllen, beschreibt die zentrale Aufgabe der Kommunen. Die Grundlage zur Herleitung des subjektiv-öffentlichen Rechts des Gemeindebürgers hinsichtlich der Absicherung eines Bürgerentscheids liegt also zunächst in der Person des Gemeindebürgers selbst. Er ist Bürger einer Gemeinde. Um zu

53 *Nierhaus/Engels*, in: Sachs, GG, Art. 28, Rn. 40 m.w.N.

54 *Ehlers*, DVBl 2000, 1301 (1305); *Maurer*, DVBl 1995, 1037 (1041); *Ipsen*, ZG 9 (1994), 194 (211 f.);

55 *Hellermann*, in: Epping/Hillgruber, BeckOK GG, Art. 28, Rn. 32 f. m.w.N.

56 *Nierhaus/Engels*, in: Sachs, GG, Art. 28, Rn. 40; *Knemeyer/Wehr*, VerwArch 92 (2001), 317 (332); *Schoch*, JURA 2001, 121 (124); *Ehlers*, DVBl 2000, 1301 ff.

57 „Subjektive Rechtsstellungsgarantie", *Hellermann*, in: Epping/Hillgruber, BeckOK GG, Art. 28, Rn. 37.

58 Hierzu grundlegend *Pagenkopf*, Kommunalrecht, Band 1, S. 42 f.

59 *Hellermann*, in: Epping/Hillgruber, BeckOK GG, Art. 28, Rn. 20, 30 f.

verstehen, welche Besonderheiten mit dieser Rolle einhergehen, ist es erforderlich, die Institution der Gemeinden[60] als solche und ihr Verhältnis zur grundgesetzlichen Mehrebenendemokratie in den Blick zu nehmen.

Nach wie vor werden die Kommunen häufig als „Schule der Demokratie“[61] oder als „Keimzelle der Demokratie“[62] bezeichnet.[63] Damit gilt innerhalb der rechts- und politikwissenschaftlichen Forschung als allgemein anerkannt, dass die Selbstverwaltung der Kommunen und die Demokratie als „Verbündete“[64] agieren.[65] Der argumentative Weg dorthin ist aber weiter heftig umstritten und wird daher hier kurz aufgezeigt. In der Folge kann der Bürgerentscheid in das Verhältnis von Demokratie und kommunaler Selbstverwaltung eingeordnet werden.

B. Normative Grundlagen – Kommunalverfassungsrechtliche Bindungsklauseln

Die Bindungswirkung der Bürgerentscheide ist in den Kommunalverfassungen aller Bundesländer ausdrücklich gesetzlich geregelt.[66] Damit bilden die

---

60 Als Institution bezeichnet u.a. bei *Gern/Brüning*, Kommunalrecht, Kapitel 4: „Die Institution der Gemeinden.“

61 Bundeszentrale für politische Bildung, Dossier Lokaljournalismus, abrufbar unter https://www.bpb.de/gesellschaft/medien-und-sport/lokaljournalismus/151125/basislager-der-demokratie?p=all.

62 BVerfG NVwZ 1989, 347 (349).

63 Andere teils in ihrer Entstehung nicht gänzlich nachvollziehbare, überlieferte Bilder sind die der Gemeinde als Grundlage/Basis des demokratischen Staates, als Vorbild für die oder gar Wiege der Demokratie, vgl. in diesem Zusammenhang § 1 Abs. 1 Satz 1 der rheinland-pfälzischen GemO: „Die Gemeinde ist Grundlage und zugleich Glied des demokratischen Staates.“; s. auch *Gern/Brüning*, Kommunalrecht, Rn. 149.

64 So z.B. *Frotscher*, in: Festschrift für von Unruh, S. 127 m.w.N.

65 Vgl. allgemein zum Verhältnis von Demokratie und kommunaler Selbstverwaltung: *Zippelius*, Allgemeine Staatslehre, S. 122 ff.; *Engels*, Die Verfassungsgarantie kommunaler Selbstverwaltung, S. 374 ff.; *Hendler*, Selbstverwaltung als Ordnungsprinzip, S. 167 ff.; *von Arnim*, AöR 113 (1988), 1; *von Unruh*, DÖV 1986, 217; *ders.*, DÖV 1974, 649 ff.; *Püttner*, in: ders./Borchmann, Handbuch der kommunalen Wissenschaft und Praxis, Band 2, S. 3 ff.; *Zacher*, Sozialpolitik und Verfassung im ersten Jahrzehnt der Bundesrepublik Deutschland, S. 390 ff.; *Berg*, Städte- und Gemeinderat 1979, 345; *von Mutius*, Bad.-Württ. Landkreisnachrichten 1979, 98 ff.; *Klein*, in: Festschrift für Forsthoff, S. 165 ff.; *Mayer*, in: Demokratie und Verwaltung, S. 327 ff.; *Heuss*, Demokratie und Selbstverwaltung.

66 § 21 Abs. 8 Satz 2 GemO Baden-Württemberg; Art. 18a Abs. 13 Satz 2 GO Bayern; § 15 Abs. 5 Satz 2 KVerf Brandenburg; § 8b Abs. 7 Satz 2 GO Hessen; § 20 Abs. 4 Satz

kommunalverfassungsrechtlichen Bindungsklauseln die maßgeblichen normativen Grundlagen der Untersuchung zum subjektiv-öffentlichen Recht des Gemeindebürgers. Sie sind eingebettet in das Kommunalverfassungsrecht als Sondermaterie innerhalb der grundgesetzlichen Mehrebenenordnung.

I. Besonderheiten der Kommunalverfassung

Um für die Forschungsfrage nach der Herleitung eines subjektiv-öffentlichen Rechts des Gemeindebürgers die kommunalverfassungsrechtlichen Bindungsklauseln als normative Grundlage einer Bindungswirkung des Bürgerentscheids zutreffend untersuchen zu können, bedarf es zunächst der Darstellung einiger Besonderheiten des hiermit einschlägigen Kommunalverfassungsrechts. Dieses unterscheidet sich nämlich in maßgeblichen Punkten von dem Staatsverfassungsrecht auf Bundes- und Landesebene.

1. Rechtsnatur des Gemeinderats

Eine entscheidende Besonderheit des Kommunalverfassungsrechts besteht darin, dass das Hauptorgan der Gemeinde den internen Willensbildungs- und Entscheidungsfindungsprozess gemäß der Verfassungsvorgabe aus Art. 28 Abs. 1 Satz 2 GG vorwiegend nach dem Prinzip der repräsentativen Demokratie auszugestalten hat, dabei aber eine den staatsverfassungsrechtlichen Repräsentativorganen vergleichbare Rechtsnatur selbst nicht erhält.

a) Kommunalparlament oder Verwaltungsorgan?

Es besteht mittlerweile allgemeine Einigkeit darüber, dass es sich bei dem Gemeinderat trotz zweifelsohne vorhandener parlamentarischer beziehungsweise parlamentsähnlicher Strukturen[67] nicht um ein

---

3 KV Mecklenburg-Vorpommern; § 26 Abs. 8 Satz 2 GO Nordrhein-Westfalen; § 33 Abs. 4 Satz 2 KomVG Niedersachsen; § 17a Abs. 8 Satz 3 GemO Rheinland-Pfalz; § 21a Abs. 7 Satz 3 KSVG Saarland; § 24 Abs. 4 Satz 2 GemO Sachsen; § 27 Abs. 4 Satz 3 KVG Sachsen-Anhalt; § 16g Abs. 8 Satz 2 GO Schleswig-Holstein; § 17 Satz 4 KO i.V.m. § 23 Abs. 3 Satz 1, 6 EBBG Thüringen.

67 Zu diesen Strukturen, die sich im Hinblick auf innere Organisation und Verfahrensabläufe in der Gemeinderatsarbeit entwickelt haben, zählen v.a. Bestimmungen zu den Rechten und Pflichten der Ratsmitglieder, als Einzelne, Fraktion bzw. Gruppe oder des Gemeinderats als Plenum (u.a. Zusammenschluss zu Fraktionen, Gebrauch von Informations- und Kontrollrechten, Anfragen an den Bürgermeister) sowie zu dem parlamentarischen Gepflogenheiten nachempfundenen Sitzungsablauf (Grundsatz der Sitzungsöffentlichkeit als Wesensmerkmal der repräsentativen Demokratie, Beratung

Parlament[68], sondern um ein hinsichtlich seiner Mitglieder zwar durch Wahl demokratisch legitimiertes, aber dennoch der Exekutive zuzuordnendes Repräsentativorgan im Sinne des Begriffs der Volksvertretung nach Art. 28 Abs. 1 Satz 2 GG handelt, das als Hauptorgan der Gemeinde agiert.[69] Neben dem ausdrücklich formulierten Wortlaut der Verfassungsvorschrift („alle Angelegenheiten der örtlichen Gemeinschaft im Rahmen der Gesetze in eigener Verantwortung zu regeln") als Recht auf Selbst*verwaltung* gibt die Logik hinter dem Rechtsinstitut der kommunalen Selbstverwaltung aus Art. 28 Abs. 2 Satz 1 GG dies zwingend vor: Als institutionelle Garantie ist sie beziehungsweise ihre Wahrnehmung durch die Gemeinden ein Bestandteil der öffentlichen Verwaltung und daher dem Bereich der gesetzesvollziehenden Gewalt zuzuordnen. Anders als der Deutsche Bundestag und die Landtage, die lediglich in Fällen übergeordneter politischer Bedeutung auch verwaltende Aufgaben wahrnehmen – und dies auch häufig nur als Mitwirkung an Maßnahmen der Regierung tun, besteht demgegenüber auf der kommunalen Ebene gerade hierin der eigentliche Kern der Tätigkeit des Gemeinderats.[70]

---

im Gemeinderat unter Wahrung von Rederecht, Redeordnung und Worterteilung, Ausübung des Antragsrechts und Durchführung der Abstimmung in offener oder geheimer Form). Besagte Strukturen erteilt sich der Gemeinderat als Selbstorganisationsakt durch Geschäftsordnung in Anlehnung an jene von Bundes- und Landesparlamenten. Ferner ist auch er petitionsfähige und -pflichtige Volksvertretung gemäß Art. 17 GG. Trotz seiner kommunalrechtlichen Stellung als Verwaltungsorgan wird der Gemeinderat umgangssprachlich als Kommunalparlament wahrgenommen und bezeichnet. Auf die rechtliche Bewertung hat dies jedoch keinen Einfluss, vgl. hierzu überblicksartig *Schmitz*, JuS 2020, 1027 sowie Kommunalbrevier Rheinland-Pfalz, Erl. Ratsmitglied – Rechte, Pflichten, S. 799 f.

68 Dafür plädiert aber *Ott*, Der Parlamentscharakter der Gemeindevertretung, S. 279 ff.

69 BVerfGE 57, 43 (59); BVerfG NVwZ 1989, 46; 78, 344 (348); BVerwG NJW 1993, 411 (412); VerfGH Bayern BayVBl 1984, 621; VGH Baden-Württemberg BWVP 1978, 88; *Gern/Brüning*, Kommunalrecht, Rn. 404; *Röhl*, in: Schoch, Besonderes Verwaltungsrecht, S. 311, 352; *von Ungern-Sternberg*, JURA 2007, 256; *von Mutius*, Kommunalrecht, Rn. 716.

70 Teilweise geht dies auch ausdrücklich aus den kommunalverfassungsrechtlichen Vorschriften hervor, z.B. § 28 Abs. 1 Satz 2 GemO Rheinland-Pfalz: Danach *verwaltet* der Gemeinderat gemeinsam mit dem Bürgermeister die Gemeinde, § 32 Abs. 1 Satz 2 GemO Rheinland-Pfalz: Danach legt der Gemeinderat die Grundsätze der *Verwaltung* der Gemeinde fest, Art. 49 Abs. 3 Satz 2 der rheinland-pfälzischen Landesverfassung i.V.m. §§ 117 ff. GemO Rheinland-Pfalz: Danach beaufsichtigt der Staat die Gemeinden, um sicherzustellen, dass die *Verwaltung* im Einklang mit geltendem Recht geführt wird. Dieser Aufsicht unterliegen auch die Beschlüsse des Gemeinderats, da sie

Gegen die Zuordnung des Gemeinderates zum Bereich der Legislative und damit gegen die Einordnung als Parlament spricht weiter, dass die Gemeindevertretung nicht ohne ausdrückliche Ermächtigungsgrundlage rechtssetzend tätig werden darf und ihr Handeln – anders als das der staatsverfassungsrechtlichen Parlamente – der staatlichen Überwachung durch die Kommunalaufsicht beim Bundesland unterliegt.[71] Die Befugnis, Satzungen (in Selbstverwaltungsangelegenheiten) und Rechtsverordnungen (in Auftragsangelegenheiten) zu erlassen, bedeutet keine derartige Rechtssetzungsbefugnis, wie sie den staatsverfassungsrechtlichen Parlamenten zukommt. Eine Anwendung von Art. 80 Abs. 1 Satz 2 GG auf die kommunale Normsetzungsbefugnisse verbietet sich angesichts des qualitativen Unterschieds, der zwischen einer „dekonzentrierenden Ermächtigung" der staatlichen Exekutive einerseits und einer „dezentralisierenden Verleihung" an kommunale Vertretungskörperschaften andererseits besteht.[72] Mit diesem Verleihungsakt und der daraus erwachsenden kommunalen Selbstständigkeit lässt sich nämlich der Rechtsgedanke des Art. 80 Abs. 1 Satz 2 GG gerade nicht vereinen.[73]

Inhaltlich obliegt dem Gemeinderat nach Maßgabe der Verbandskompetenz die Entscheidung in allen Selbstverwaltungsangelegenheiten, sofern sie nicht als Geschäfte der laufenden Verwaltung[74] in die Zuständigkeit des

---

zum selbstverwaltenden Handeln der Gemeinde zählen, vgl. hierzu Kommunalbrevier Rheinland-Pfalz, Erl. Ratsmitglied – Rechte, Pflichten, S. 799.

71 *Dünchheim*, in: BeckOK Kommunalrecht Hessen, GO, § 9, Rn. 3 m.w.N; hierzu im Detail *Badura*, DÖV 1963, 561.

72 So formuliert es *Bethge*, NVwZ 1983, 577 (579); von der h.M. in Rspr. und Lit. vertreten, BVerfGE 12, 319 (325); 19, 253 (267); 21, 54 (62 f.); 32, 346 (361); BVerwGE 6, 247 (249); *Schmidt-Jortzig*, Kommunalrecht, S. 207; *Klein*, in: Festschrift für Forsthoff, S. 165 (183).

73 Für *Mehde*, in: Maunz/Dürig, GG, Art. 28 Abs. 2, Rn. 63 m.w.N. kommt daher auch keine analoge Anwendung in Betracht.

74 Die Kommunalverfassungen aller Bundesländer sehen den Begriff der Geschäfte der laufenden Verwaltung vor und machen ihn zum entscheidenden Normmerkmal für die Zuständigkeitsabgrenzung zwischen den beiden Gemeindeorganen: § 44 Abs. 2 Satz 1 GemO Baden-Württemberg; Art. 37 Abs. 1 Satz 1 Nr. 2 GO Bayern; § 54 Abs. 1 Nr. 5 KVerf Brandenburg; § 66 Abs. 1 Satz 2 GO Hessen; § 38 Abs. 3 Satz 2 KV Mecklenburg-Vorpommern; § 85 Abs. 1 Satz 1 Nr. 7 KomVG Niedersachsen; § 41 Abs. 3 GO Nordrhein-Westfalen (Hier besteht die Besonderheit, dass die Geschäfte der laufenden Verwaltung als auf den Bürgermeister übertragen gelten, soweit sich der Gemeinderat nicht eine eigene Entscheidung vorbehält); § 47 Abs. 1 Satz 2 Nr. 3 GemO Rheinland-Pfalz; § 59 Abs. 3 Satz 1 KSVG Saarland; § 53 Abs. 2 Satz 1 GemO Sachsen; § 66 Abs. 1 Satz 3 KVG Sachsen-Anhalt; §§ 55 Abs. 1 Satz 2, 65 Abs. 1 Satz 2

Bürgermeisters[75] (Organkompetenz) fallen oder der Gemeinderat sie selbst dem Bürgermeister überträgt.

b) Geltung von Verfassungsgrundsätzen

Vor diesem Hintergrund ließe sich argumentieren, dass es eine Parlamentsgesetzgebung, an die eine etwaige Bindungswirkung von Volksgesetzgebung anknüpfen könnte, im kommunalen Bereich schlichtweg nicht gibt. Allerdings gilt der Gemeinderat wie gezeigt zwar nicht als Parlament im staatsverfassungsrechtlichen Sinne, aber dennoch sehr wohl als Volksvertretung im Sinne von Art. 28 Abs. 1 Sätze 1 und 2 GG. Daher ist auch er dem Verfassungsgrundsatz der Homogenität unterworfen. Dies bedeutet, dass die verfassungsmäßige Ordnung in den Gemeinden, die in die verfassungsmäßige staatliche Ordnung eingebunden sind, jener des Grundgesetzes entsprechen muss und damit die Verfassungsgrundsätze auch in dieser Ebene der grundgesetzlichen Mehrebenenordnung vollumfängliche Geltung beanspruchen. Insbesondere die folgenden Verfassungsprinzipien der demokratisch-parlamentarischen Legitimation sowie der Organtreue kommen hierbei zum Tragen. Sie sind indes für die Konstellation des kommunalen Bürgerentscheids zum Teil nicht gänzlich kongruent anwendbar.

aa) Parlaments- und Rechtssatzvorbehalt

Trotz Selbstverwaltungsgarantie und eigener Rechtssetzungsbefugnis (vor allem in Gestalt von Satzungen)[76] unterliegen die Gemeinden dennoch dem

GO Schleswig-Holstein; § 29 Abs. 2 Nr. 1 KO Thüringen; vgl. *Burgi*, Kommunalrecht, § 13, Rn. 22. Definieren lässt sich der Begriff der Geschäfte der laufenden Verwaltung wie folgt: „Bei den ‚Geschäften der laufenden Verwaltung' handelt es sich um einen unbestimmten Rechtsbegriff, der der vollen verwaltungsgerichtlichen Überprüfung unterliegt. Nach gefestigter Rspr. fallen die nach Regelmäßigkeit und Häufigkeit üblichen Geschäfte darunter, deren Erledigung nach feststehenden Grundsätzen ‚auf eingefahrenen Gleisen' erfolgt und die für die Gemeinde unter Berücksichtigung ihrer Größe und Finanzkraft weder wirtschaftlich noch grundsätzlich von wesentlicher Bedeutung sind.", OVG Nordrhein-Westfalen, Urt. v. 13.05.2019 – 11 A 2057/17, BeckRS 2019, 11889. In seiner Anmerkung zu dieser Entscheidung formuliert *Hebeler* die Faustformel, wonach die jeweilige Angelegenheit nach Regelmäßigkeit und Häufigkeit zu den üblichen Geschäften gehören muss, JA 2020, 159 (160) m.w.N.

75 Zuweilen kommunalverfassungsrechtlich als Hauptverwaltungsbeamter bezeichnet, vgl. z.B. § 66 KVG Sachsen-Anhalt.

76 Vgl. dazu im Detail *Bethge*, NVwZ 1983, 577.

staatsverfassungsrechtlichen demokratischen Parlamentsvorbehalt.[77] Denn die kompetenzrechtliche institutionelle Garantie des Art. 28 Abs. 2 Satz 1 GG bedeutet keine „Freizeichnung" von der Grundrechtsbindung aller öffentlichen Gewalt, zu deren Sicherungselementen eben auch der staatsverfassungsrechtliche Parlamentsvorbehalt gehört.[78] Neben der Verfassungsvorschrift aus Art. 1 Abs. 3 GG gibt dies zudem das Demokratieprinzip aus Art. 20 Abs. 1, 2 und Art. 28 Abs. 1 GG vor. Richtigerweise dürfte hierbei aber statt von einem Parlamentsvorbehalt vielmehr von einem kommunalverfassungsrechtlichen Rechtssatzvorbehalt zu sprechen sein. Ausgefüllt wird dieser Vorbehalt durch die Vorschriften in den formell-gesetzlichen Gemeindeordnungen, somit auch durch die hier im Fokus stehenden kommunalverfassungsrechtlichen Bindungsklauseln. Folglich weisen diese Regelungen als Ausübung abgeleiteter und dadurch mittelbarer Staatsgewalt eine Grundrechtsrelevanz auf, die sich maßgeblich als Sicherungs- und Schutzauftrag der Gemeinde gegenüber ihren Gemeindebürgern äußert.

bb) Gewaltenteilung und Organtreue

Auch die aus dem Wirken der Legislativorgane, namentlich des Deutschen Bundestags und der Landtage, bekannten Grundsätze der Gewaltenteilung lassen sich auf die Organe der Kommunen und die von ihnen praktizierte „administrative Rechtssetzung"[79] nur mittelbar übertragen. Eine trennscharfe Aufteilung der staatlichen Gewaltausübung in Gesetzgebung, Verwaltung und Rechtsprechung fällt hier stellenweise schwer und sollte nicht ungefragt erfolgen. Anderes ergibt sich auch nicht aus der aufgezeigten denklogisch notwendigen Kompetenzverteilung zwischen Gemeinderat und Bürgermeister, welche zunächst eine klassische Gewaltenteilung von Legislativ- und Exekutivfunktion annehmen ließe. Hierin nämlich liegt eine bloße innerorganisatorische Aufgabenverteilung

---

77 St. Rspr. des BVerfG seit BVerfG NJW 1972, 1504. Die zuvor getätigte BVerfG-Rspr., wonach bei Satzungen der Gemeindevertretungen die Rechtssetzungsbefugnis innerhalb der Legislative nur auf andere demokratische Gremien, nicht aber auf die Exekutive verlagert werde (BVerfGE 21, 54 [62 f.]; BVerfGE 32, 346 [361]) erweist sich damit als überholt. Das gilt besonders, weil diese Rspr. aus der Zeit stammt, bevor das BVerfG selbst seine Wesentlichkeitstheorie und dadurch die Lehre vom Parlamentsvorbehalt bei der Regelung wesentlicher grundrechtsrelevanter Fragen begründete, *Bethge*, NVwZ 1983, 577 (579).

78 *Bethge*, NVwZ 1983, 577 (579) m.w.N. auf die einschlägige Rspr.

79 *Schmidt-Jortzig*, Kommunalrecht, S. 206; *Klein*, in: Festschrift für Forsthoff, S. 165 (183).

zur Wahrnehmung der Selbstverwaltung, aber keine Gewaltenteilung im verfassungsrechtlichen Sinne von Art. 20 Abs. 2 und 3 GG.[80]

Stattdessen gilt hier der sogenannte Grundsatz der Organtreue. Er leitet sich aus dem grundgesetzlichen Gewaltenteilungsprinzip ab und beschreibt eine zwar ungeschriebene, aber von der Rechtsprechung allgemein anerkannte und als Verfassungsrecht angewandte Verpflichtung der Verfassungsorgane dazu, „bei Inanspruchnahme ihrer verfassungsmäßigen Kompetenzen auf die Interessen der (jeweils) anderen Verfassungsorgane Rücksicht zu nehmen."[81] Diese Verpflichtung geht über die ausdrücklich und positiv festgelegten Befugnisse der Organe aus dem Verfassungsrecht und dem einfachen Gesetzesrecht hinaus und fordert dabei eine nicht nur passive, sondern auch aktive wechselseitige Rücksichtnahme. Besonders hervorgehoben wird in diesem Kontext, dass die Organe zueinander nicht im Konkurrenzverhältnis stehen, aber stattdessen im gemeinsamen Interesse an der Aufgabenerfüllung im weiteren Sinne zusammenwirken.[82]

c) *Rechtskontrolle*

Die auf diese Weise und unter Geltung dieser Prinzipien gefassten Beschlüsse des Gemeinderats unterliegen im Nachhinein grundsätzlich einer quantitativ zweifachen und damit auch qualitativ doppelten Rechtskontrolle. Auch sie ist indes für die Konstellation des kommunalen Bürgerentscheids teilweise normativ abgewandelt.

aa) Interne Kontrollmechanismen

Der externen staatlichen Kommunalaufsicht vorgeschaltet ist die gemeindeinterne Kontrollkompetenz des Bürgermeisters hinsichtlich der Ratsbeschlüsse. Diese rein interne Kontrolle findet im Verhältnis zwischen den beiden Hauptorganen Rat und Bürgermeister statt. Dabei überprüft der grundsätzlich zu ihrem Vollzug verpflichtete Bürgermeister[83] die Rechtmäßigkeit der Beschlüsse

---

80 *Bethge*, NVwZ 1983, 577 m.w.N.; vgl. grundlegend auch *Janssen*, Das Verhältnis von ehrenamtlichem Rat und hauptamtlichem Bürgermeister.

81 BVerfGE 45, 1 (39) unter Verweis auf BVerfGE 35, 193 (199); so auch BVerfGE 89, 155 (190 f.); 90, 286 (337).

82 *Voßkuhle*, NJW 1997, 2216 (2217).

83 § 43 Abs. 1 GemO Baden-Württemberg; Art. 36 GO Bayern; § 54 KVerf Brandenburg; § 70 Abs. 1 GO Hessen; § 38 Abs. 3 KV Mecklenburg-Vorpommern; § 85 Abs. 1 Satz 1 Nr. 2 KomVG Niedersachsen; §§ 62 Abs. 2, 60 GO Nordrhein-Westfalen; § 47 Abs. 1 Nr. 2 GemO Rheinland-Pfalz; § 59 Abs. 2 KSVG Saarland; § 52 Abs. 1 GemO Sachsen;

in fachlicher und rechtlicher Hinsicht und hat primär das Recht, sie zu beanstanden.[84] Weil hier eine gemeindeinterne Beziehung vorliegt, darf der Bürgermeister insbesondere auch Zweckmäßigkeitserwägungen des Gemeinderats prüfen und beanstanden.

Die Kommunalverfassungen weisen jedoch zum Teil[85] Bestimmungen auf, denen zufolge die grundsätzlich vorgesehenen internen Kontrollmechanismen

---

§ 65 Abs. 1 KVG Sachsen-Anhalt; § 55 Abs. 1 Nr. 2 GO Schleswig-Holstein; § 29 Abs. 1 Satz 2 KO Thüringen.

84 § 43 Abs. 2 GemO Baden-Württemberg; Art. 59 Abs. 2 GO Bayern; § 55 KVerf Brandenburg; § 63 GO Hessen; § 33 Abs. 2 KV Mecklenburg-Vorpommern; § 88 KomVG Niedersachsen; § 54 Abs. 2 GO Nordrhein-Westfalen; § 42 GemO Rheinland-Pfalz; § 60 KSVG Saarland; § 52 Abs. 2 GemO Sachsen; § 65 Abs. 3 KVG Sachsen-Anhalt; § 43 Abs. 3 GO Schleswig-Holstein; § 44 KO Thüringen. Entgegen des Wortlauts der meisten Vorschriften zur Beanstandung und Aussetzung von Beschlüssen des Gemeinderats durch den Bürgermeister kommt es nicht auf dessen subjektive Auffassung an, sondern auf die objektive Rechtslage. Andernfalls dürfte die Aufsichtsbehörde im konkreten Rechtsstreit nur überprüfen, ob der Bürgermeister tatsächlich subjektiv von der Rechtswidrigkeit des Ratsbeschlusses ausgegangen ist. In der Folge könnte sich der Gemeinderat nur mit Erfolg gegen das Vorgehen des Bürgermeisters wehren, wenn der Bürgermeister bei der Aussetzung zwar von der Rechtmäßigkeit des Beschlusses ausging, aber dennoch ausgesetzt hat. Dies macht aber wenig bis gar keinen Sinn, VG Mainz, Beschl. v. 19.12.2012 – 6 L 1665/12.MZ. Auch steht dem Bürgermeister bei der Aussetzungsentscheidung – anders als es die vereinzelt vorzufindende Kann-Formulierung nahelegt – kein Ermessen zu, OVG Rheinland-Pfalz AS 27, 81 (87); zu all dem *Stamm*, in: Praxis der Kommunalverwaltung Rheinland-Pfalz, B-1 (GemO), § 42, Erl. 2.2.

85 Selbst in den Gemeindeordnungen, die einen Ausschluss interner Kontrollmechanismen nicht vorsehen (Sachsen, Brandenburg), werden diese teilweise für verzichtbar gehalten, weil die Gemeinde den durch den Bürgermeister wie einen regulären Ratsbeschluss beanstandeten Bürgerentscheid aufgrund seiner Bindungswirkung nur unter gewissen Bedingungen abändern könne, *von Mutius/Rentsch*, Kommunalverfassungsrecht Schleswig-Holstein, Band 1, § 16g GO, Rn. 19; *Fischer*, NWVBl 1995, 366 (371). A.A., wonach der Bürgermeister ein rechtswidriges Abstimmungsergebnis wie einen rechtswidrigen Ratsbeschluss beanstanden muss: *Nierhaus*, Kommunalrecht für Brandenburg, Rn. 503; *Schumacher*, in: ders. u.a., Kommunalverfassungsrecht Brandenburg, § 20, Anm. 11.2; *Sapper*, VBlBW 1983, 89 (95). Im Falle dieser Beanstandungspflicht aber ergibt sich weiter das Problem, ob zuvor der Bürgerschaft die Selbstabhilfe ermöglicht werden muss (z.B. § 52 Abs. 2 Satz 4 GemO Sachsen, § 55 Abs. 1 Satz 4 KVerf Brandenburg). Hiergegen sprechen für *Peine/Starke*, DÖV 2007, 740 (741) jedoch Erwägungen der Verfahrensökonomie und der allgemeinen Lebenserfahrung, nach denen ein weiterer Bürgerentscheid zu teuer und aufwendig

bezüglich der Gemeinderatsbeschlüsse, also vor allem das objektive Beanstandungsverfahren durch den Bürgermeister, im Falle von Bürgerentscheiden nicht greifen.[86] Auch hierin liegt eine Ausnahmekonstellation, die sich damit erklären lässt, dass eine gemeindeinterne Gelegenheit zum Veto im Hinblick auf den Bürgerentscheid überflüssig sein dürfte.[87] Denn erstens steht dem Gemeinderat mit der Befugnis, das Bürgerbegehren nach Maßgabe der gesetzlichen Negativkataloge zuzulassen[88], bereits eine hinreichende Rechtmäßigkeitskontrolle zu, wodurch eine weitere nachgelagerte Überprüfung entbehrlich ist. Dieses Ergebnis bestätigen zweitens systematische Erwägungen. Durch das interne Aussetzungsverfahren wäre der Gemeinderat befugt, sich erneut mit dem Bürgerentscheid zu befassen. Diese Befugnis würde insbesondere auch das Recht umfassen, den Bürgerentscheid aufrechtzuerhalten, abzuändern oder zurückzunehmen. Die dadurch geschaffene Zugriffsmöglichkeit auf den materiellen Inhalt des Bürgerentscheids sollen aber die kommunalverfassungsrechtlichen Bindungsklauseln gerade vermeiden.[89]

Zum Teil wird in Frage gestellt, ob sich der Anwendungsausschluss des gemeindeinternen Kontrollmechanismus nicht nur auf reguläre Bürgerentscheide erstrecken soll, sondern auch auf die besondere Konstellation des Ratsbürgerentscheids, bei dem nicht die Bürgerschaft, sondern der Gemeinderat den

und v.a. hinsichtlich seiner rechtlichen Notwendigkeit für die meisten Abstimmungsberechtigten nicht nachvollziehbar wäre. Daraus folge, dass der Bürgermeister direkt der Kommunalaufsicht zur Entscheidung vorlegen darf, *Schumacher (a.a.O.)*; *Ritgen*, Bürgerbegehren und Bürgerentscheid, S. 247.

86 So erklärt z.B. § 17a Abs. 8 Satz 2 GemO Rheinland-Pfalz das Beanstandungs- und Aussetzungsrecht des Bürgermeisters gegen rechtswidrige Beschlüsse des Gemeinderats gemäß § 42 GemO für nicht anwendbar, so auch § 8b Abs. 7 Satz 3 GO Hessen; § 21a Abs. 7 Satz 2 KSVG Saarland; § 27 Abs. 4 Satz 2 KVG Sachsen-Anhalt; § 43 GO Schleswig-Holstein.

87 *Dietlein*, in: Praxis der Kommunalverwaltung Rheinland-Pfalz, B-1 (GemO), § 17a, Erl. 5.4.2.1.

88 § 21 Abs. 2 GemO Baden-Württemberg; Art. 18a Abs. 3 GO Bayern; § 15 Abs. 3 KVerf Brandenburg; § 8b Abs. 2 GO Hessen; § 20 Abs. 2 KV Mecklenburg-Vorpommern; § 32 Abs. 2 Satz 2 KomVG Niedersachsen; § 26 Abs. 5 GO Nordrhein-Westfalen; § 17a Abs. 2 GemO Rheinland-Pfalz; § 21a Abs. 4 KSVG Saarland; § 24 Abs. 2 Satz 2 GemO Sachsen; § 26 Abs. 2 Satz 2 KVG Sachsen-Anhalt; § 16g Abs. 2 GO Schleswig-Holstein; § 17 Satz 4 KO i.V.m. § 1 Abs. 3 EBBG Thüringen.

89 *Dietlein*, in: Praxis der Kommunalverwaltung Rheinland-Pfalz, B-1 (GemO), § 17a, Erl. 5.4.2.1. und 5.4.3.

Bürgerentscheid initiiert.[90] Der Wortlaut der jeweiligen Vorschriften, in denen der Anwendungsausschluss geregelt ist, äußert sich zu diesem Umstand nicht. Weil hierbei der Gemeinderat ein ureigenes Interesse an der Durchführung des Bürgerentscheids hat, erübrigt sich die vorgelagerte Rechtmäßigkeitskontrolle in Gestalt der Zulässigkeitsprüfung des Bürgerbegehrens. Eben jener Aspekt hatte aber gerade für den Entfall des Beanstandungsrechts gesprochen. Hiergegen wird indes angeführt, dass der Gemeinderatsbeschluss über die Einleitung eines Ratsbürgerentscheids keine derart „autoritativ-unabhängige" Prüfung über die Rechtmäßigkeit des Bürgerbegehrens sei wie die eigentliche Zulässigkeitskontrolle, die sie nach der gesetzlichen Wertung ersetzen soll.[91] Vor diesem Hintergrund führe ein nachgelagerter gemeindeinterner Kontrollmechanismus immer noch eine gewisse Daseinsberechtigung in sich. Auch hier dürfte im Ergebnis jedoch dieselbe systematische Erwägung wie die oben dargelegte tragen: Danach soll dem Gemeinderat nach der Durchführung des Bürgerentscheids nicht der von den kommunalverfassungsrechtlichen Bindungsklauseln ausgeschlossene Zugriff auf seinen materiellen Inhalt eröffnet werden.[92] Genau dies aber wäre die Folge, würde man den Anwendungsausschluss der internen Kontrollmechanismen nicht auch auf den Ratsbürgerentscheid erstrecken. Im Ergebnis also ist letzterer davon ebenfalls mitumfasst.

bb) Externe Kontrollmechanismen

Anders als im gemeindeinternen Aussetzungs- und Beanstandungsverfahren darf die gemeindeexterne Kontrolle durch die staatliche Kommunalaufsicht[93] nur Fragen der Rechtmäßigkeit, nicht aber solche der Zweckmäßigkeit prüfen.

---

90 Für § 17a Abs. 1 Satz 2 GemO Rheinland-Pfalz bei *Dietlein*, in: Praxis der Kommunalverwaltung Rheinland-Pfalz, B-1 (GemO), § 17a, Erl. 5.4.2.2. Konkret sind dies in den Kommunalverfassungen der übrigen Bundesländer: § 21 Abs. 1 GemO Baden-Württemberg; Art. 18a Abs. 2 GO Bayern; § 8b Abs. 1 Satz 2 GO Hessen; § 20 Abs. 3 KV Mecklenburg-Vorpommern (in Benehmen mit der Rechts- also Kommunalaufsichtsbehörde als Vertreterbegehren); § 26 Abs. 1 Satz 2 GemO Nordrhein-Westfalen; § 21a Abs. 1 Satz 2 KSVG Saarland; § 24 Abs. 1 Fall 2 GemO Sachsen; § 27 Abs. 2 KV Sachsen-Anhalt; § 16g Abs. 1 GO Schleswig-Holstein; § 17 Satz 4 KO i.V.m. § 18 Abs. 5 EBBG Thüringen (Ratsreferendum).

91 *Dietlein*, in: Praxis der Kommunalverwaltung Rheinland-Pfalz, B-1 (GemO), § 17a, Erl. 5.4.2.2.

92 *Dietlein*, in: Praxis der Kommunalverwaltung Rheinland-Pfalz, B-1 (GemO), § 17a, Erl. 5.4.2.2.

93 Synonyme Bezeichnungen sind Rechts- oder Staatsaufsicht.

Diese Konstellation beschreibt ein Außenrechtsverhältnis, weil die staatliche Kommunalaufsicht darauf abzielt, als Landesbehörde die kommunale Aufgabenerfüllung in den zu gewährenden Grenzen der kommunalen Selbstverwaltungsgarantie aus Art. 28 Abs. 2 Satz 1 GG zu überwachen.[94] Auf die Wahrung dieser Grundsätze beschränkt sich auch die externe rechtliche Kontrolle von Ratsbeschlüssen. Sie sind einzig nach Maßgabe der gesetzlichen Vorgaben zu treffen und auszuführen, können hingegen nicht im Hinblick auf ihre – über die Einhaltung von Ermessenserwägungen hinausgehende – Zweckmäßigkeit überprüft werden. Andernfalls läge ein verfassungsrechtlich nicht zu rechtfertigender Eingriff in das Recht auf kommunale Selbstverwaltung vor. Damit bildet die Kommunalaufsicht das aus dem grundgesetzlichen Demokratieprinzip abgeleitete Korrelat zur kommunalen Selbstverwaltung[95] und der hiermit verbundenen Garantie eigener Aufgaben.

Grundsätzlich kann somit erst, wenn der Bürgermeister mit seinem gemeindeinternen Veto nicht durchdringt und sich der Gemeinderat hierüber hinwegsetzt, die staatliche Aufsichtsbehörde tätig werden. Im Falle des Bürgerentscheids jedoch besteht wegen des Entfalls interner Kontrollmechanismen ihre originäre Entscheidungskompetenz. Denn der Anwendungsausschluss schließt nicht per se ein Einschreiten der Aufsichtsbehörden aus.[96] Vielmehr sind internes und externes Kontrollverfahren voneinander unabhängig. Für den Fall, dass die innergemeindliche Selbstkontrolle durch den Gemeinderat und den Bürgermeister im Wege der wechselseitigen Kontrollbefugnisse zu keiner übereinstimmenden Lösung im Interesse gesetzmäßigen Handelns führt, muss nach Anrufung durch den Bürgermeister die Aufsichtsbehörde streitentscheidend tätig werden. Genauso kann auch die Aufsichtsbehörde aus ihrer originären Kompetenz und im eigenen Ermessen agieren.[97]

Ihre gesetzlich zulässigen Maßnahmen reichen dabei von der Beanstandung rechtswidriger Gemeinderatsbeschlüsse, über die Aufgabe an den Bürgermeister, einen Beschluss auszusetzen, bis zur Bestellung eines Beauftragten oder zur

---

94 Die Staatsaufsicht kann zudem nur vom Staat wahrgenommen werden; eine Auslagerung an externe Stellen ist ausgeschlossen, hierzu grundlegend *Brüning/Vogelgesang*, Die Kommunalaufsicht, S. 57 ff.

95 BVerfGE 6, 104 (118); BVerwGE 152, 188, Rn. 35.

96 *Dietlein*, in: Praxis der Kommunalverwaltung Rheinland-Pfalz, B-1 (GemO), § 17a, Erl. 5.4.2.3.

97 *Dietlein*, in: Praxis der Kommunalverwaltung Rheinland-Pfalz, B-1 (GemO), § 17a, Erl. 5.4.2.3.

Auflösung des Gemeinderats.[98] Sämtliche dieser aufsichtsbehördlichen Maßnahmen stellen Kontrollrechte dar, die ausschließlich im öffentlichen Interesse zur Wahrung der objektiven Rechtsordnung und des gesetzmäßigen Handelns des Gemeinderats als Organ der Gemeinde eingerichtet wurden und ausgeübt werden. Außerdem dient das Selbstverwaltungsrecht der Kommunen dem Schutz desselben vor einer dieses Recht störenden staatlichen Einmischung. Es dient indes nicht dem Schutz von subjektiv-grundrechtlich begründeten Individualinteressen –insbesondere auch nicht für den Fall, dass die Gemeinde den Einzelnen in seinen Rechten verletzt. Des Weiteren begründen die Vorschriften über die Kommunalaufsicht und deren Anwendung durch entsprechende Maßnahmen allein Beziehungen zwischen dem Staat in Form der Landesbehörden und den Gemeinden sowie ihren Organen selbst. Daher besteht kein Anspruch von außenstehenden Dritten auf deren Erlass, er kann durch sie lediglich angeregt werden.[99] Obwohl der Gemeinderat sich rechtswidrig verhält, wenn er einen Bürgerentscheid nicht vollzieht und sich die Gemeinde sich dieses Verhalten wie eigenes zurechnen lassen muss, führt diese Rechtswidrigkeit nicht automatisch zu einem aufsichtsbehördlichen Einschreiten gegen die Kommune. Denn ob sich die Kommunalaufsicht zu einem solchen Vorgehen entschließt, steht nach dem sogenannten Opportunitätsprinzip allein in ihrem behördlichen Ermessen.[100] All das bedeutet für den Gemeindebürger, der bei dem Gemeinderat eine dem Bürgerentscheid und seinem Ergebnis gegenüber „ignorant" oder gar „feindlich"[101] gesinnte Einstellung ausmacht, dass er die Kommunalaufsichtsbehörden nicht zum Tätigwerden verpflichten kann.

Ferner adressieren kommunalaufsichtsbehördliche Maßnahmen nur die Gebietskörperschaft, nicht ihre Organe. Daher können Organe einer Kommune nicht gerichtlich gegen die Kommunalaufsicht – und damit nach außen gegenüber dem Staat – vorgehen. Sie sind durch deren Handlungen schon in keinem

---

98 §§ 118 ff. GemO Baden-Württemberg; Art. 108 ff. GO Bayern; §§ 109 ff. KVerf Brandenburg; §§ 135 ff. GO Hessen; §§ 123 f. KV Mecklenburg-Vorpommern; §§ 119 ff. GO Nordrhein-Westfalen; §§ 170 ff. KomVG Niedersachsen; §§ 117 ff. GemO Rheinland-Pfalz; §§ 127 ff. KSVG Saarland; §§ 111 ff. GemO Sachsen; §§ 143 ff. KVG Sachsen-Anhalt; §§ 120 ff. GO Schleswig-Holstein, §§ 116 ff. KO Thüringen.

99 Oder anders ausgedrückt: Die Regeln der Rechtsaufsicht über Gemeinden sind im Hinblick auf den Bürger nicht drittschützend, es besteht kein Anspruch auf Einschreiten der Aufsichtsbehörde, VerfGH Rheinland-Pfalz NVwZ-RR 2010, 377.

100 Zum allgemeinen Aufgabenkreis der Kommunalaufsicht vgl. z.B. *Brinktrine/Stich*, Die Verwaltung 49 (2016), 81; *Pfeiffer*, ThürVBl 2007, 201; *Oebbecke*, DÖV 2001, 406.

101 *Peine/Starke*, DÖV 2007, 740 (742).

außenwirksamen Recht verletzt – auch dann nicht, wenn die Kommunalaufsicht wegen der Maßnahme eines Gemeindeorgans einschreitet. Einzig die Kommune selbst, der das Handeln ihres Organs zugerechnet wird, kann klagen, indem sie eine Verletzung ihres Selbstverwaltungsrechts geltend macht. Der Klage eines Organs hingegen fehlt es mit der Klagebefugnis bereits an der Zulässigkeit.[102]

All diese Grundsätze zur Rechtskontrolle durch die Kommunalaufsichtsbehörden schlagen sich auch auf die Situation nach der Durchführung des Bürgerentscheids durch.[103] Denn da auch er wie reguläre Gemeinderatsbeschlüsse kraft der Verbandskompetenz materiell auf gemeindliche Angelegenheiten beschränkt ist, kann die Aufsicht bei seiner Kontrolle keine Fragen der Zweckmäßigkeit, sondern nur solche der Rechtmäßigkeit überprüfen.

cc) *Ausschluss kommunalwahlrechtlicher Prüfung*

Eine weitere Besonderheit zeigt sich darin, dass viele Kommunalverfassungen in den konkret einschlägigen Klauseln zur Bindungswirkung des Bürgerentscheids in Verbindung mit den kommunalwahlrechtlichen Vorschriften eine nachträgliche behördliche oder gerichtliche Überprüfung nach dem jeweiligen Kommunalwahlgesetz teilweise ausschließen.[104] Zwar ist in den entsprechenden Vorschriften festgelegt, dass der Bürgerentscheid nach Maßgabe der kommunalwahlrechtlichen Bestimmungen[105] durchzuführen ist. Jedoch nimmt der jeweilige Normverweis gerade die kommunalrechtlichen Bestimmungen zum Wahlprüfungsverfahren[106] aus. Dies führt dazu, dass nach der dahinterstehenden

---

102 OVG Niedersachsen NVwZ 2018, 1236, hierzu *Heusch/Dickten*, NVwZ 2019, 359 (363 f.).

103 *Dietlein*, in: Praxis der Kommunalverwaltung Rheinland-Pfalz, B-1 (GemO), § 17a, Erl. 5.4.2.3.

104 § 41 Abs. 3 KWG Baden-Württemberg; § 54 KWG Hessen; §§ 67 bis 70 KWG und §§ 83 bis 87 KWO Rheinland-Pfalz; § 91 Abs. 1 KWG Saarland. Damit erstreckt sich die Geltung der kommunalwahlrechtlichen Vorgaben v.a. auf die Bewertung der Stimmberechtigung, die Benachrichtigung der Stimmberechtigten, die Bekanntmachung über die Abstimmungsvorschläge und den Abstimmungsvorgang sowie des amtlichen Endergebnisses der Abstimmung; für eine sinngemäße Anwendung aber etwa *Fischer*, DÖV 1996, 181 (187).

105 § 21 Abs. 9 GemO Baden-Württemberg; § 15 Abs. 6 KVerf Brandenburg; § 8b Abs. 8 GO Hessen; § 26 Abs. 10 GemO Nordrhein-Westfalen; § 17a Abs. 9 GemO Rheinland-Pfalz; § 21a Abs. 8 KSVG Saarland; § 27 Abs. 5 KVG Sachsen-Anhalt; § 17 Satz 4 KO i.V.m. § 21 EBBG Thüringen.

106 §§ 29 bis 33 KWG Baden-Württemberg; §§ 25 bis 27 KWG Hessen; §§ 48 bis 52 KWG Rheinland-Pfalz; §§ 1, 22 bis 30, 41 bis 44 und 50 KWG Saarland.

gesetzlichen Wertung und entsprechenden konkreten Ausgestaltung[107] keine objektive Abstimmungsprüfungsklage in Analogie zu einer Wahlprüfungsklage statthaft ist, sondern einzig die Verletzung subjektiver Rechte des Klägers geltend gemacht werden kann.[108]

2. *Rechtsstellung des Gemeinderatsmitglieds*

Die im Gemeinderat tätigen Gemeinderatsmitglieder haben trotz ihres grundsätzlich freien Mandatsrechts kein allgemeinpolitisches Mandat, weil auch die Kommunen und ihre Organe kein allgemeinpolitisches Mandat ausüben, sondern – mit Ausnahme der Befassungskompetenz – nur bei Vorliegen der Verbandskompetenz tätig werden dürfen.[109] Im Rahmen dieser Verbandskompetenz aber hat das Gemeinderatsmitglied ein im Übrigen freies Mandat ähnlich wie ein Repräsentant auf staatsverfassungsrechtlicher Ebene inne.[110]

Die Rechtsnatur des Gemeinderats als kommunalverfassungsrechtliche Besonderheit wirkt sich für das einzelne Gemeinderatsmitglied insofern entscheidend aus, als sein kommunales Ratsmandat ein Ehrenamt[111] darstellt, das konstitutiv an die Eigenschaft als Einwohner der Gemeinde anknüpft. Die Strukturen seines Mandats ergeben sich maßgeblich aus der Treuepflicht und dem damit verbundenen Verbot, Ansprüche oder Interessen Dritter gegenüber der Gemeinde zu vertreten.[112] Eine besondere Rolle spielt in diesem Zusammenhang auch das Mitwirkungsverbot, das im Hinblick auf eine größere Gefahr

---

107 Nach Rheinland-Pfalz Landtag Drs. 12/2796, S. 90 soll jedem, der durch Verstöße bei der Durchführung des Bürgerentscheids in seinen Rechten verletzt wird, der Verwaltungsrechtsweg offenstehen.

108 OVG Rheinland-Pfalz KommJur 2013, 453.

109 Vgl. für die Frage, ob sich ein verwaltungsexterner Dritter (also z.B. auch ein einzelner Gemeindebürger) gegen ein verbandskompetenzwidriges Handeln des Gemeinderats zur Wehr setzen darf *Oebbecke*, NVwZ 1988, 393.

110 Hierzu m.w.N. aus der Rspr. *Gern/Brüning*, Kommunalrecht, Rn. 455.

111 § 15 GemO Baden-Württemberg; Art. 19 GO Bayern; § 20 KVerf Brandenburg; § 21 GO Hessen; § KV Mecklenburg-Vorpommern; § 38 KomVG Niedersachsen; § 28 GO Nordrhein-Westfalen; § 18 GemO Rheinland-Pfalz (vgl. hierzu Kommunalbrevier Rheinland-Pfalz, Erl. Ratsmitglied – Rechte, Pflichten, S. 801); §§ 23, 24 KSVG Saarland; § 17 GemO Sachsen; § 30 KVG Sachsen-Anhalt; § 19 GO Schleswig-Holstein; §§ 12, 24 KO Thüringen.

112 Die Treuepflicht (z.B. § 21 GemO Rheinland-Pfalz, Kommunalbrevier Rheinland-Pfalz, Erl. Ratsmitglied – Rechte, Pflichten, S. 819) besteht gegenüber der Gemeinde, nicht gegenüber der Gemeindevertretung. Daher kann auch ein Ratsmitglied einen Bürgerentscheid beantragen.

persönlicher Interessenkonflikte auf kommunaler Ebene demgegenüber dem staatsverfassungsrechtlichen Parlamentswesen fremd ist.[113]

Als gewählter und dadurch demokratisch legitimierter Vertreter kann das Gemeinderatsmitglied grundsätzlich organschaftliche Rechte zur Wahrnehmung seiner Funktion als Teil des Hauptvertretungsorgans der Gemeinde geltend machen. Dazu gehören das Recht auf eine ordnungsmäße Ladung zu und Anwesenheit in den Sitzungen, das Rede- und Antragsrecht, das Abstimmungsrecht und das Recht auf Information durch den Bürgermeister. Diese sind zwar parlamentsähnlich, aber entscheidend nach dem Amtsprinzip[114] ausgestaltet. Im Übrigen jedoch stehen dem einzelnen Gemeinderatsmitglied nicht nur organschaftliche, sondern auch subjektiv-öffentliche Rechte zu.[115] Nach allgemeiner Ansicht kann es im kommunalverfassungsrechtlichen Organstreitverfahren zwar nur organschaftliche Rechte als verletzt rügen, welche aber durch subjektiv-öffentliche Rechte in ihrer Intensität verstärkt werden können.[116]

---

113 § 18 GemO Baden-Württemberg; Art. 49 GO Bayern; § 22 KVerf Brandenburg; § 25 GO Hessen; § 19 KV Mecklenburg-Vorpommern; § 41 KomVG Niedersachsen; §§ 31, 43 Abs. 2 Nr. 3-5 GO Nordrhein-Westfalen; § 22 GemO Rheinland-Pfalz (hierzu auch *Schaaf/Stubenrauch*, in: Praxis der Kommunalverwaltung Rheinland-Pfalz, B-1 (GemO), § 22, Erl. 1.2.1); § 27 KSVG Saarland; § 20 GemO Sachsen; § 33 KVG Sachsen-Anhalt; § 22 GO Schleswig-Holstein; § 38 KO Thüringen. Diese Vorschriften sind nicht verletzt, wenn ein bürgerentscheidsbeantragendes Ratsmitglied an der Zulassungsentscheidung über das Bürgerbegehren teilnimmt, Kommunalbrevier Rheinland-Pfalz, Erl. Ratsmitglied – Rechte, Pflichten, S. 819.

114 Obwohl Ratsmitglieder zur Gemeinde zwar in keinem öffentlich-rechtlichen Dienst- oder Beamtenverhältnis stehen, ist ihre Stellung dennoch strukturell an das Beamtenrecht angelehnt, vgl. hierzu Kommunalbrevier Rheinland-Pfalz, Erl. Ratsmitglied – Rechte, Pflichten, S. 801.

115 Vgl. *Ziegler*, Das Ratsmitglied im Verfassungs- und Verwaltungsrecht; *Barth*, Subjektive Rechte von Gemeinderatsmitgliedern im Kommunalverfassungsstreit, S. 24 ff., 74 ff., 127 ff., der hierzu auf die aus dem Beamtenrecht bekannte Rechtskreistheorie abstellt. Zu dem Spannungsverhältnis auf staatsverfassungsrechtlicher Ebene vgl. ausführlich bei *Gausing*, Das Abgeordnetenmandat zwischen Staat und Gesellschaft.

116 Die h.M. in Rspr. und Lit. lehnt die Möglichkeit einer als Ratsmitglied klagenden natürlichen Person, sich im Kommunalverfassungsrecht auf Grundrechte berufen zu können, mit dem Hinweis auf das Vorliegen eines reinen Innenrechtsstreits ab, BVerfGE 48, 422 (348); BVerwG NVwZ 19997, 1220; OVG Sachsen NVwZ-RR 2009, 774 (775). Die Wahrnehmung von Organkompetenzen falle nicht in den Schutzbereich eines Grundrechts, *Ogorek*, JuS 2009, 511 (515). Insbesondere könne sich ein Ratsmitglied somit nicht auf die Meinungsfreiheit aus Art. 5 Abs. 1 Satz 1 GG berufen, OVG Nordrhein-Westfalen DÖV 2013, 992. Die Ansicht, nach der ein Grundrecht die

3. *Entscheidungsgegenstände des Kommunalvertretungsorgans und der Bürgergesetzgebung*

Aus der Rechtsnatur des Gemeinderats und der Rechtsstellung des Gemeinderatsmitglieds innerhalb desselben lassen sich Rückschlüsse auf die positiven Entscheidungsgegenstände des Kommunalvertretungsorgans sowie die positiven und vor allem die negativen Tatbestände der Bürgergesetzgebung auf der kommunalen Ebene ziehen.

a) Angelegenheiten der Gemeinde

Nach den allgemeinen kommunalverfassungsrechtlichen Maßstäben der Verbandskompetenz muss es sich auch bei der Bürgergesetzgebung zunächst um eine gemeindliche Angelegenheit handeln. Angelegenheiten der örtlichen Gemeinschaft sind nach der verwaltungs- und verfassungsgerichtlichen Rechtsprechung der Bundes- und Landesgerichte „diejenigen Bedürfnisse und Interessen, die in der örtlichen Gemeinschaft wurzeln oder zu ihr einen spezifischen Bezug haben, die also den Gemeindeeinwohnern gerade als solchen gemeinsam sind, indem sie das Zusammenleben und -wohnen der Menschen in der Gemeinde betreffen“.[117]

b) Negativkataloge

Auch im Übrigen bestehen inhaltlich-thematische Grenzen für die Bürgergesetzgebung, die je nach Kommunalverfassung unterschiedlich ausgestaltet sind.[118] Dabei knüpfen die meisten Regelungen an traditionelle Volksgesetzgebungsverbote an, die auf staatlicher Ebene bereits in der Weimarer Reichsverfassung niedergelegt waren.[119] Die ausdrücklich ausgenommenen Sachbereiche

---

Mitwirkungsrechte des klagenden Organs oder Organteils aber zumindest verstärken kann, ist umstritten, so bei *Hufen*, Verwaltungsprozessrecht, § 21, Rn. 20; *Ogorek*, JuS 2009, 511 (514). VGH Hessen NJW 2006, 1227 wiederum geht davon aus, dass einem Kreistagsmitglied wegen des kommunalrechtlichen Zwangs zur Sitzungsteilnahme aufgrund seiner negativen Religionsfreiheit ein Anspruch auf Entfernung eines durch den Vorsitzenden im Sitzungssaal dauerhaft angebrachten Kruzifixes zustehen könne.

117 Zum sog. Grundsatz der „Allzuständigkeit“ oder „Universalität“ BVerfGE 79, 127 (151); BayVBl 2002, 19; BVerwG NVwZ 2009, 1305 (1306); OVG Rheinland-Pfalz LKRZ 2008, 107 (109); AS 36, 233 (240); VerfGH Rheinland-Pfalz NVwZ 2001, 912; *Schoch*, NVwZ 2014, 1473 (1474 f.).

118 *Oebbecke*, Die Verwaltung 37 (2004), 105; *Ritgen*, NVwZ 2000, 129.

119 Art. 73 Abs. 4 WRV nahm Haushaltsplan, Abgaben und Besoldungsfragen aus, *Ritgen*, NVwZ 2000, 129 (131); *Borowski*, DÖV 2000, 481 (485).

sind in der Regel als abschließende Negativkataloge normiert.[120] Dazu gehören vor allem die innere Organisation der Gemeindeverwaltung sowie die Rechtsstellung und Rechtsverhältnisse der Gemeindeorgane zueinander. Schließlich sollen generalklauselartige Ausschlusstatbestände verlässliche Gewähr dafür bieten, dass solche Themen, die originär dem Gemeinderat zugeteilt sind, auch bei dessen Kompetenz verbleiben. So nimmt zum Beispiel die Kommunalverfassung von Mecklenburg-Vorpommern generell alle Angelegenheiten aus der plebiszitären Entscheidungsbefugnis heraus, über die grundsätzlich der Rat entscheidet. Über eine Rückausnahme schreibt er aus diesem Bereich bestimmte, enumerativ genannte Themen als bürgerbegehrensfähig vor.[121] Konkret äußert sich dieser zentrale Gesichtspunkt an den folgenden Ausschlusstatbeständen:[122]

aa) Finanzwirksame Gesetze

Die zulässigen Abstimmungsgegenstände der Bürgergesetzgebung im Kommunalverfassungsrecht unterliegen im Vergleich zu jenen des Gemeinderats als Hauptvertretungsorgan in ihrer Quantität und Qualität starken Beschränkungen. Der wesentliche Unterschied besteht in qualitativer Hinsicht zunächst darin, dass vom Kompetenzbereich der Bürgergesetzgebung die sogenannte „finanzwirksame Gesetzgebung" ausgenommen ist. Darunter fallen neben der Haushaltsgesetzgebung je nach Kommunalverfassung noch weitere Entscheidungen von finanzieller Konsequenz.[123] In Anlehnung an das parlamentarische Budgetrecht

---

120 § 21 Abs. 2 GemO Baden-Württemberg; Art. 18a Abs. 3 GO Bayern; § 15 Abs. 3 KVerf Brandenburg; § 8b Abs. 2 GO Hessen; § 20 Abs. 2 KV Mecklenburg-Vorpommern; § 32 Abs. 2 Satz 2 KomVG Niedersachsen; § 26 Abs. 5 GO Nordrhein-Westfalen; § 17a Abs. 2 GemO Rheinland-Pfalz; § 21a Abs. 4 KSVG Saarland; § 24 Abs. 2 Satz 2 GemO Sachsen; § 26 Abs. 2 Satz 2 KVG Sachsen-Anhalt; § 16g Abs. 2 GO Schleswig-Holstein; § 17 Satz 4 KO i.V.m. § 1 Abs. 3 EBBG Thüringen.

121 Z.B. die Errichtung öffentlicher Einrichtungen, § 20 Abs. 3 Nr. 1, Abs. 2 Nr. 4 KV, hierzu *Ritgen*, NVwZ 2000, 129 (131).

122 Eine Übersicht m.w.N. aus der Rspr. findet sich bei *Gern/Brüning*, Kommunalrecht, Rn. 777. Exemplarisch genannt seien die Regelungen zum Ausschluss von Entscheidungen über die Erhebung gemeindlicher Rechtsbehelfe und Rechtsmittel, von Anträgen mit gesetzwidrigem Ziel sowie von Entscheidungen über die kommunale Zusammenarbeit.

123 *Jacobsen*, DÖV 2007, 949 (952, 956); *Muhle/Lontzek*, NordÖR 2007, 227 (230); *Krafczyk*, Der Parlamentarische Finanzvorbehalt bei der Volksgesetzgebung, S. 55 ff.; konkret für die kommunalrechtliche Ebene *Müller-Franken*, in: Festschrift für Frotscher, S. 657 ff.; *Ritgen*, NVwZ 2000, 129 (135) spricht von „Haushaltsrelevanz".

und den parlamentarischen Finanzvorbehalt, die man gängiger Weise beide aus dem Grundsatz der Staatsleitung des Parlaments ableitet[124], wird mit der Argumentation, dass ebenso wie das Parlament im Staatsverfassungsrecht auch auf der kommunalverfassungsrechtlichen Ebene der Gemeinderat direkt von den Bürgern gewählt wird, das dringende Bedürfnis formuliert, aufgrund des Demokratie- und Rechtsstaatsprinzips müsse alle staatliche Gewalt auf das Volk zurückgeführt und somit dem Parlament die substanziellen Entscheidungen der Staatsführung zugeordnet werden.[125] Zu diesen substanziellen Entscheidungen gehört zwingend die Verabschiedung des staatlichen Haushalts als dem für sämtliche politische Aufgabenerfüllung zentralen Willensbildungsakt.[126] Er verleiht die Kompetenz, die Grundlinien der Politik als Konzept zu entwerfen und diese auch finanzwirksam umzusetzen.[127] Zu beachten ist hierbei, dass der Haushalt der Legislative vor allem vorgibt, ob und wie er die Exekutive steuern und kontrollieren kann.[128] Weil in der Gemeinde beide Funktionen nicht trennscharf ausgemacht werden können, sondern vielmehr ineinander fallen, erschöpft sich diese Aufgabe hier in einer möglichst effektiven Zusammenarbeit zwischen dem Gemeinderat und der Gemeindeverwaltung als kommunaler Exekutive.

Darüber hinaus aber gilt die betreffende haushaltsrechtliche Aussage auch gegenüber plebiszitären Entscheidungsformen und den dadurch entscheidungsberechtigten Abstimmungsbürgern. In dieser Richtung beinhaltet sie im Wesentlichen das Verbot, die repräsentativen Organe um ihre gesamtverantwortliche Leitungsrolle zu bringen.[129]

bb) Abwägerische Regelungsgegenstände

Ferner sind manche gemeindlichen Regelungsgegenstände von der Bürgergesetzgebung ausgenommen, weil ihnen solche Materien zugrunde liegen, die eine Abwägung erfordern. Diese Ausnahme speist sich aus der gesetzgeberischen Überlegung, wonach einerseits fachplanungsrechtliche Entscheidungen sehr

---

124 *Isensee*, in: Festschrift für Mußgnug, S. 101 (105); ausführliche dogmatische Herleitung bei *Müller-Franken*, Der Staat 44 (2005), 19 (35 f., 38 ff.).

125 *Müller-Franken*, in: Festschrift für Frotscher, S. 657 (662); *Stern*, Staatsrecht Band II, 609; *Frotscher*, Regierung als Rechtsbegriff, S. 212 f.

126 BVerfGE 79, 311 (329); *Isensee*, in: Festschrift für Mußgnug, S. 101 (106).

127 *Müller-Franken*, in: Festschrift für Frotscher, S. 657 (663).

128 BVerfGE 49, 89 (126); 61, 260 (275); *Müller-Franken*, Der Staat 44 (2005), 19 (37 ff.).

129 *Müller-Franken*, in: Festschrift für Frotscher, S. 657 (663); m.w.N. *Jacobsen*, DÖV 2007, 949 (956); *Ritgen*, NVwZ 2000, 129 (135).

komplex sind und daher einen Fachplanungsvorbehalt aufweisen[130] sowie andererseits bestimmte gemeindliche Angelegenheiten die Abwägung einer Vielzahl dadurch betroffener individueller Interessen erfordern.[131]

(1) Fachplanungsvorbehalt

Für fachplanerische Entscheidungen bedarf es regelmäßig eines besonderen Sachverstandes, der meist eher in einem konzentrierten Gremium erlangt werden kann als in der breiten Bevölkerung. Ein ausdrücklicher Ausschlusstatbestand für Bürgerbegehren und -entscheide liegt in diesem Zusammenhang in der Bauleitplanung. Nach den meisten Gemeindeordnungen ist ein Bürgerbegehren über die Aufstellung, Änderung, Ergänzung und Aufhebung von Bauleitplänen grundsätzlich unzulässig.[132] Eine Ausnahme bildet dabei häufig die Entscheidung über die Einleitung des Bauleitplanverfahrens an sich. Hintergrund hierfür ist die Überlegung, dass die eigentliche Frage darüber, *ob* ein Bauleitverfahren durchgeführt werden soll, mit einem Ja oder Nein beantwortet werden kann. Demgegenüber eröffnet die nachgelagerte Frage nach dem *Wie* ein behördliches Ermessen, das durch eine Abwägung mehrerer verschiedener teils sehr komplexer Belange und fachbezogener Argumente auszuüben und daher einer Antwort nach dem Schema Ja oder Nein nicht zugänglich ist.

Mit diesem Ausnahmetatbestand aber verbindet sich ein rechtliches Folgeproblem, das bis heute keiner abschließenden Lösung zugeführt werden konnte.[133] Dem Gesetzeswortlaut zufolge ist die „Aufstellung" von Bauleitplänen einem Bürgerbegehren entzogen. In dem förmlichen Aufstellungsbeschluss jedoch liegt in der Regel die das Bauleitverfahren einleitende Entscheidung[134], sodass

---

130 OVG Nordrhein-Westfalen, Beschl. v. 16.06.2020 – 15 A 4343/19, BeckRS 2020, 15884, Rn. 6 ff. über die Komplexität von Angelegenheiten im Rahmen eines Planfeststellungsverfahrens, hierzu *Heusch/Rosarius*, NVwZ 2020, 1562 (1568); VG Köln, Urt. v. 24.10.2019 – 4 K 3059/19, BeckRS 2019, 25749, Rn. 37; VG Minden, Urt. v. 17.10.2019 – 2 K 9626/17, BeckRS 2019, 24946, Rn. 24.

131 Vgl. hierzu m.w.N. aus der Rspr. auch *Heusch/Dickten*, NVwZ 2020, 358 (365).

132 § 21 Abs. 2 Nr. 6 GemO Baden-Württemberg; Art. 18a Abs. 3 GO Bayern; § 15 Abs. 3 Nr. 9 KVerf Brandenburg; § 8b Abs. 2 Nr. 5a GO Hessen; § 20 Abs. 2 Nr. 4 KV Mecklenburg-Vorpommern; § 32 Abs. 2 Satz 2 Nr. 5 KomVG Niedersachsen; § 26 Abs. 5 Nr. 4 und 5 GO Nordrhein-Westfalen; § 17a Abs. 2 Nr. 7 GemO Rheinland-Pfalz; § 21a Abs. 4 Nr. 5 und 6 KSVG Saarland; § 24 Abs. 2 Satz 2 GemO Sachsen; § 26 Abs. 2 Satz 2 Nr. 6 und 7 KVG Sachsen-Anhalt; § 16g Abs. 2 Nr. 6 GO Schleswig-Holstein; § 17 Satz 4 KO i.V.m. § 1 Abs. 3 EBBG Thüringen.

133 Hierzu ausführlich *Brunner*, in: Kleerbaum/Palmen, NRWGO, § 26, Erl. VI.5.a.

134 Landtag Nordrhein-Westfalen Drs. 15/2151, S. 16.

hier eine Diskrepanz zwischen Wortlaut und Telos der Vorschrift zu Tage tritt. Fraglich ist daher, ob und inwieweit ein Aufstellungsbeschluss beziehungsweise die Aufhebung eines solchen zulässiger Gegenstand eines Bürgerbegehrens sein kann. Vor dem Hintergrund der dargelegten teleologischen Erwägungen wird vertreten, dies sei jedenfalls dann auszuschließen, wenn mit dem Aufstellungsbeschluss nicht nur die Frage des Ob, sondern gleichzeitig auch die nach dem Wie einhergeht, mit ihm also bereits weitere Verfahrensschritte zur Bauleitplanung verbunden worden sind.[135] Denn diese Verfahrensschritte setzten einen besonderen Abwägungsprozess voraus, wodurch sie einem notwendigerweise auf eine Ja- oder Nein-Entscheidung angelegten Bürgerbegehren nicht zugänglich seien.[136] Auch die übliche kommunale Praxis, wonach ein Aufstellungsbeschluss mehr beinhalte als nur die Entscheidung über das Ob der Verfahrenseinleitung, und dadurch die Vertreter des Bürgerbegehrens einschränke, hätten diese zu akzeptieren. Dies gelte auch, weil es allen Bürgern offenstehe, im Vorfeld eines beabsichtigten Aufstellungsbeschlusses ein Bürgerbegehren mit der Folge einzuleiten, dass bei Vorliegen der übrigen Zulässigkeitsvoraussetzungen der Beschluss über die Aufstellung des Bauleitplans bis zum Bürgerentscheid gesperrt ist.[137]

(2) Quantitative und qualitative Interessenvielfalt

Weiterhin erfordern bestimmte gemeindliche Angelegenheiten die Abwägung einer Vielzahl dadurch betroffener individueller Interessen. Derartige Entscheidungen sind ebenfalls der Bürgergesetzgebung entzogen, um möglichst sozialverträgliche Lösungen zu erreichen. So besteht zum Beispiel ein Verbot von Bürgergesetzgebung in Angelegenheiten, über die im Rahmen eines förmlichen

---

135 VG Köln, Beschl. v. 29.05.2019 – 4 L 1054/19, BeckRS 2019, 11213, Rn. 23 ff. offengelassen im folgenden Beschwerdeverfahren nach § 146 VwGO durch OVG Nordrhein-Westfalen, Beschl. v. 03.07.2019 – 15 B 822/19, BeckRS 2019, 15786. Mit ähnlicher Begründung auch VG Köln, Beschl. v. 07.01.2019 – 4 L 2052/18, BeckRS 2019, 942, Rn. 10 ff., wonach ein Bürgerbegehren, das neben der Einleitung des Bauleitverfahrens insbesondere auch die Aufstellung des Bebauungsplans im beschleunigten Verfahren nach § 13b BauGB erreichen wolle, unzulässig sei. Denn derartige planerischen, mit Öffentlichkeitsbeteiligung zu treffenden Entscheidungen ließen sich nicht in das Schema einer Abstimmung mit „Ja“ oder „Nein“ pressen. Ebenso entschied für die Rechtslage in Hessen der dortige VGH NVwZ-RR 2019, 333; zu all dem *Heusch/Dickten,* NVwZ 2019, 1238 (1244 f.).

136 *Heusch/Dickten,* NVwZ 2019, 1238 (1244 f.); *Durinke/Fiedler*, ZfBR 2012, 531 (532).

137 *Heusch/Dickten,* NVwZ 2019, 1238 (1244 f.)

Verwaltungsverfahrens mit Öffentlichkeitsbeteiligung zu entscheiden ist.[138] Zur Begründung dieses Ausschlusses wenig hilfreich[139] ist das indes immer wieder – teils auch von offiziell-gesetzgeberischer Seite – vorgebrachte Argument, die besagten Verfahren sähen eine Öffentlichkeitsbeteiligung ja ohnehin vor und entbehrten daher der Notwendigkeit einer zusätzlichen direktdemokratischen Legitimierung.[140] Während die Bürger mit dem Bürgerentscheid über die Sache, also zum Beispiel den Bau einer Straße oder die Errichtung einer Abfalldeponie, selbst entscheiden, erhalten sie durch die hier einschlägigen Verfahrensregeln jedoch lediglich Anhörungsrechte. Diese sollen in erster Linie sicherstellen, dass von den planenden Behörden alle abwägungsrelevanten Belange ausreichend berücksichtigt werden.[141] Dieses Telos gibt Aufschluss darüber, woraus das entscheidende Kriterium der Abwägungsrelevanz folgt. Es geht auch hier nämlich vor allem um solche Entscheidungen, die neben einer Antwort auf das Ob eines Tätigwerdens maßgeblich auch nach einer auf das Wie des Tätigwerdens verlangen. In der Konsequenz bedeutet dieser Umstand, dass unabhängig von dem Vorliegen einer Angelegenheit der örtlichen Gemeinschaft solche Fragen nicht zum Gegenstand kommunaler Bürgergesetzgebung gemacht werden können, die einer vertieften Erörterung bedürfen, welche – fernab eines gesetzlich vorgeschriebenen Öffentlichkeitsverfahrens – nur in einem Vertretungsorgan zu erreichen ist.[142]

c) Verfassungsrechtliche Vorgaben

Neben diesen „originären"[143] Grenzen ist die kommunalrechtliche Bürgergesetzgebung an allgemeine verfassungsrechtliche Vorgaben wie das Demokratie-,

---

138 § 21 Abs. 2 Nr. 6 GemO Baden-Württemberg; Art. 18a Abs. 3 GO Bayern; § 15 Abs. 3 Nr. 9 KVerf Brandenburg; § 8b Abs. 2 Nr. 5a GO Hessen; § 20 Abs. 2 Nr. 4 KV Mecklenburg-Vorpommern; § 32 Abs. 2 Satz 2 Nr. 5 KomVG Niedersachsen; § 26 Abs. 5 Nr. 4 und 5 GO Nordrhein-Westfalen; § 17a Abs. 2 Nr. 7 GemO Rheinland-Pfalz; § 21a Abs. 4 Nr. 5 und 6 KSVG Saarland; § 24 Abs. 2 Satz 2 GemO Sachsen; § 26 Abs. 2 Satz 2 Nr. 6 und 7 KVG Sachsen-Anhalt; § 16g Abs. 2 Nr. 6 GO Schleswig-Holstein; § 17 Satz 4 KO i.V.m. § 1 Abs. 3 EBBG Thüringen.

139 *Ritgen*, NVwZ 2000, 129 (133).

140 Landtag Nordrhein-Westfalen Drs. 11/4983, S. 8.

141 *Kallerhoff/Mayen*, in: Stelkens/Bonk/Sachs, VwVfG, § 28, Rn. 16 f.; *Ritgen*, NVwZ 2000, 129 (133).

142 Landtag Rheinland-Pfalz Drs. 12/2796, S. 71. *Ritgen*, NVwZ 2000, 129 (133).

143 *Borowski*, DÖV 2000, 481 (482); die z.T. auch einfachgesetzlich geregelt (z.B. § 24 Abs. 2 Satz 8 GemO Sachsen: Bürgerentscheide über Anträge mit „gesetzwidrigen

Rechtsstaats- und Sozialstaatsprinzip, die Grundrechte und weiteres höheres Recht gebunden.[144] Verstößt sie hiergegen, sind die materielle Verfassungswidrigkeit und damit die *ipso iure*-Nichtigkeit der jeweiligen Norm die Folge.[145] Damit ist dem Vorwurf, die kommunalverfassungsrechtliche direkte Demokratie als solche bewege sich nicht mehr im Rahmen des grundgesetzlichen Mehrebenensystems, der Nährboden entzogen.

4. *Rechtsnatur des Bürgerentscheids*

Innerhalb der dargelegten kommunalverfassungsrechtlichen Besonderheiten lässt sich die Natur des Bürgerentscheids wie folgt beschreiben:

a) Äquivalenzwirkung

Ausweislich aller kommunalverfassungsrechtlichen Bindungsklauseln[146] steht der Bürgerentscheid, der die gesetzlichen Quoren erfüllt, einem Gemeinderatsbeschluss gleich. Aus dieser Äquivalenzwirkung heraus bewerten die Gerichte die Rechtsnatur des Bürgerentscheids aber sehr unterschiedlich. Zum Teil qualifizieren gerichtliche Entscheidungen das Bürgerbegehren als Organ der Gemeinde – etwa im Umkehrschluss zu der Bezeichnung der grundsätzlich zuständigen Vertretungsorgane als „Kontrastorgan“[147] – und weiten diese Rechtsnatur auch auf den Bürgerentscheid selbst aus.[148] Teilweise wird in ihm beziehungsweise in dem ihm vorausgehenden Bürgerbegehren zusätzlich ein sogenanntes „Quasi-Organ“,[149] ein „außerordentliches

---

Zielen“) sind daher für *Scheffer*, LKV 2007, 499 selbstverständlich; genauso *Ritgen*, NVwZ 2000, 129 (134 f.).

144 *Jacobsen*, DÖV 2007, 949 (956).

145 *Borowski*, DÖV 2000, 481 (482).

146 § 21 Abs. 8 Satz 1 GemO Baden-Württemberg; Art. 18a Abs. 13 Satz 1 GO Bayern; § 15 Abs. 5 Satz 1 KVerf Brandenburg; § 8b Abs. 7 Satz 1 GO Hessen; § 20 Abs. 1 Satz 2 KV Mecklenburg-Vorpommern; § 33 Abs. 4 Satz 1 KomVG Niedersachsen; § 26 Abs. 8 Satz 1 GO Nordrhein-Westfalen; § 17a Abs. 8 Satz 1 GemO Rheinland-Pfalz; § 21a Abs. 7 Satz 1 KSVG Saarland; § 24 Abs. 4 Satz 1 GemO Sachsen; § 26 Abs. 4 Satz 1 KVG Sachsen-Anhalt; § 16g Abs. 8 Satz 1 GO Schleswig-Holstein; § 17 Satz 4 KO i.V.m. § 23 Abs. 2 EBBG Thüringen.

147 OVG Rheinland-Pfalz, Beschl. v. 01.12.1994 – 7 B 12954/94, juris Rn. 16.

148 OVG Niedersachsen NdsVBl 1998, 96 (97); VG Dresden SächsVBl 1998, 90 (91).

149 So die st. Rspr. in Rheinland-Pfalz: dortiges OVG NVwZ-RR 1997, 241; VG Koblenz NVwZ-RR 2002, 453; Beschl. v. 28.09.2012 – 1 L 891/12.KO; so auch OVG Bremen NVwZ-RR 2005, 54 (55) = zum Vergleich trotz Nichteingehens auf Stadtstaaten; VG Saarland SKZ 2004, 110 (122); VG Leipzig LKV 2000, 556 f.

Organ"[150] oder ein „ad-hoc-Organ"[151] im Sinne der bundesverwaltungsprozessrechtlichen Vorschrift aus § 61 Nr. 2 VwGO gesehen. Durch diese Attribute[152] kommt zumeist zum Ausdruck, dass das Bürgerbegehren beziehungsweise der Bürgerentscheid von anderen gesetzlich erwähnten oder allgemein als solchen anerkannten Organen der Gemeinde abzugrenzen sind.[153] Diese anderen Organe – primär der Gemeinderat – können dem Bürgerbegehren beziehungsweise Bürgerentscheid sodann in bestimmten Konstellationen und in Ausnahme von dem Rechtsträgerprinzip aus § 78 VwGO als Antrags- oder Klagegegner begegnen, gegenüber dem als Funktionsträger und sachlicher Streitgegner die Innenrechtsposition auf Durchführung und Umsetzung geltend gemacht wird.

Zur Begründung der Organqualität stellt die Rechtsprechung maßgeblich auf die dem Gemeinderat vergleichbare Funktion[154] des Bürgerbegehrens beziehungsweise des -entscheids, zum Teil aber auch der das entsprechende Instrument betreibenden Bürger ab. Denn sie nähmen dabei ebenso wie der Gemeinderat bei der Abstimmung über eine gemeindliche Angelegenheit eine gemeindliche Aufgabe wahr. In diesem Sinne also seien Bürgerbegehren, Bürgerentscheid und die daran Beteiligten weniger Wahlberechtigte im eigenen Interesse als vielmehr Stimmverpflichtete im öffentlichen Allgemeininteresse. Dasselbe treffe genauso eben auch auf ein Mitglied des Gemeinderats zu, das nicht im eigenen Individualinteresse handele, sondern stattdessen entscheidend die Interessen der Gemeinde erfülle. Im Kern ginge es daher bei der rechtlichen Auseinandersetzung um die Reichweite des Bürgerentscheids stets um innerorganschaftliche Wahrnehmungszuständigkeiten und demgegenüber nicht um individuelle Rechte. Wird auch den das Bürgerbegehren oder

---

150 OVG Sachsen NVwZ-RR 1998, 253 (254).

151 VG Bremen, Urt. v. 08.09.1999 – 1 K 2358/98 = zum Vergleich trotz Nichteingehens auf Stadtstaaten.

152 *Fügemann*, DVBl 2004, 343.

153 So spricht z.B. § 1 Abs. 4 der sächsischen GemO von dem Gemeinderat und dem Bürgermeister als den Organen der Gemeinde. Im Übrigen: § 23 GemO Baden-Württemberg; Art. 29 GO Bayern; § 27 KVerf Brandenburg; § 9 GO Hessen; § 21 KV Mecklenburg-Vorpommern; § 7 KomVG Niedersachsen; § 40 GO Nordrhein-Westfalen (überschrieben mit „Träger der Gemeindeverwaltung"); § 28 GemO Rheinland-Pfalz; § 29 KSVG Saarland; § 35 KVG Sachsen-Anhalt; § 7 GO Schleswig-Holstein; § 22 KO Thüringen.

154 OVG Sachsen NVwZ-RR 1998, 253, wobei hinsichtlich des Vergleichs mit dem Gemeinderat ausdrücklich auf den Bürgerentscheid abgestellt wurde, *Fügemann*, DVBl 2004, 343.

-entscheid vertretenden Vertrauenspersonen eine eigene Organqualität zugesprochen,[155] wird auch hierbei darauf abgestellt, dass sie in dieser Rolle – und damit ausdrücklich anders als die lediglich unterzeichnenden Teilnehmer an der Abstimmung – nicht subjektive Grundrechte als Bürger wahrnähmen, sondern exekutive Befugnisse, wenn auch nur vorübergehender Art.

b) Ratsbürgerentscheid

Wenn es um die Rechtsnatur des Bürgerentscheids geht, liegt ein besonderes Augenmerk ferner auf dem sogenannten Ratsbürgerentscheid.[156] Dabei handelt es sich wie gesehen um einen Bürgerentscheid, der – anders als regulär – nicht aus den Reihen der Gemeindebürger, sondern vom Gemeinderat selbst initiiert wird. Zur Begründung dient meist der Gedanke, dass in einer bestimmten inhaltlichen Angelegenheit die Gemeindebürger die bessere Sachkenntnis hätten und aus dieser heraus die bessere Sachentscheidung treffen könnten[157] beziehungsweise die Auffassung, dass dies die demokratische Legitimation einer Entscheidung unmittelbar erhöhe.[158] Oft ist auch das pauschale Ziel ausschlaggebend, Bürgerinnen und Bürger stärker in kommunalpolitische Angelegenheiten einzubinden.[159] Die Vertretungsorgane entledigen sich also aus eigener,

---

155 Vgl. zu all dem BVerfG NVwZ 2019, 642; VG Darmstadt NVwZ-RR 1995, 156 (157).

156 Nicht in allen Gemeindeordnungen ist er indes vorgesehen: In Niedersachsen und Brandenburg etwa kann der Gemeinderat keinen solchen Ratsbürgerentscheid initiieren, in den anderen Bundesländern verlangen die jeweiligen Vorschriften entweder eine Mehrheit von 2/3 aller Gemeinderatsmitglieder (Baden-Württemberg, Hessen, Nordrhein-Westfalen, Sachsen-Anhalt, Thüringen) oder von 2/3 aller Anwesenden (Sachsen), die Mehrheit aller Anwesenden (Mecklenburg, Schleswig-Holstein) oder aller Mitglieder (Bayern, Rheinland-Pfalz). Zusätzlich können die Gemeindebürger in Thüringen mit einem Bürgerbegehren einen Alternativvorschlag zum Ratsbürgerbegehren im Ratsbürgerentscheid an- und zur Abstimmung vorbringen.

157 Für Rheinland-Pfalz: Landtag-Drs. 15/4940, S. 3; *Dietlein*, in: Praxis der Kommunalverwaltung Rheinland-Pfalz, B-1 (GemO), § 17a, Erl. 4.2.

158 Oft aber spielen bei dieser Übertragungsentscheidung auch rein praktische Erwägungen eine tragende Rolle: So kommt es häufig vor, dass sich der Rat in einer wichtigen kommunalpolitischen Frage intern schlicht nicht einig wird und zur Lösung der Beteiligung der Gemeindebürger bedarf. Des Weiteren kann der Ratsbürgerentscheid das Anliegen eines nicht eingereichten oder nicht zugelassenen Bürgerbegehrens aufgreifen oder als Alternativfrage zu einem zur Abstimmung kommenden Bürgerentscheid fungieren.

159 Landtag Rheinland-Pfalz Drs. 15/4940, S. 3. Kritische Stimmen sehen in dem Ratsbürgerentscheid allerdings auch eine „Flucht aus der Verantwortung“ seitens des eigentlich zuständigen Gemeinderats, *Dünchheim*, Kommunalrecht Nordrhein-Westfalen, S. 46.

freier Entscheidung der ihnen originär zustehenden Kompetenz und weisen sie – wenn auch nur punktuell – der Bürgerschaft zu. Nichtsdestotrotz sind sie dabei aber an die sonstigen zum Bürgerentscheid bestehenden Vorgaben in formeller und materieller Hinsicht gebunden. Dafür streitet schon der Wortlaut der gesetzlichen Vorschriften, die auch insoweit von einem „Rats*bürgerentscheid*" sprechen, nicht von einem anderen Institut.[160]

Hierbei stellt sich die Frage, ob die Gemeinderatsmitglieder beziehungsweise der Gemeinderat als Kollektivorgan in diesem Zuge nur die eigentliche Entscheidungskompetenz an die Gemeindebürger abgeben oder aber darüber hinaus auch alle damit zusammenhängenden Befugnisse für Vollzug und Beachtung der Entscheidung seitens des Gemeinderats. Jedenfalls gilt, dass zumindest die Mehrheit des Gemeinderats bei einem Ratsbürgerentscheid beziehungsweise dem Beschluss, einen solchen durchzuführen, regelmäßig ein gewisses Eigeninteresse nicht nur an dessen Durchführung haben dürfte, sondern darüber hinaus auch an dessen Vollzug und Beachtung im Nachhinein.[161] Vor diesem Hintergrund dürfte ein Rechtsstreit mit den Gemeindebürgern hier allein aufgrund der im Unterschied zum regulären, von ihnen selbst initiierten Bürgerentscheid besonderen Sachlage weitaus seltener vorkommen. Andererseits steht dem Gemeinderat in Bezug auf seine eigenen Beschlüsse ohnehin ein umfängliches Abänderungs,- Aufhebungs- und Ersetzungsrecht zu, angesichts dessen es wenig plausibel erscheint, ihm solche Rechte im Falle des Bürgerentscheids gerade zu versperren.

Daher finden die kommunalverfassungsrechtlichen Bindungsklauseln auf den Ratsbürgerentscheid keine unmittelbare, sondern höchstens indirekte Anwendung.[162] Es stellt nämlich im Ergebnis noch keine den Bürgerentscheid und sein Ergebnis abändernde Entscheidung des Gemeinderates dar, wenn er die einschlägige Sachfrage (erneut) den Gemeindebürgern vorlegt. Trotzdem muss auch in dieser speziellen Konstellation dem bewusst vom Gemeinderat als (Rats-) Bürgerentscheid und damit ja gerade nicht als eigener Beschluss ausgestalteten Institut[163] der Willensbildung und Entscheidungsfindung ein gewisser Mindestschutz unter Anknüpfung an die in den Bindungsklauseln geregelten

---

160 *Dietlein*, in: Praxis der Kommunalverwaltung Rheinland-Pfalz, B-1 (GemO), § 17a, Erl. 4.2.2.

161 *Dietlein*, in: Praxis der Kommunalverwaltung Rheinland-Pfalz, B-1 (GemO), § 17a, Erl. 4.2.2.

162 *Dietlein*, in: Praxis der Kommunalverwaltung Rheinland-Pfalz, B-1 (GemO), § 17a, Erl. 4.2.4 (sog. „wiederholender Ratsbürgerentscheid") und 5.4.3.

163 Als solches bezeichnet bei *Dietlein*, in: Praxis der Kommunalverwaltung Rheinland-Pfalz, B-1 (GemO), § 17a, Erl. 4.2.

Fristen eingeräumt werden. Daher ist im Ergebnis auch der Ratsbürgerentscheid einem regulären Gemeinderatsbeschluss gleichzustellen (äquivalent).

II. Konkrete Ausgestaltung der Bindungswirkung in den einzelnen Kommunalordnungen

Aufgrund der föderalen Vielfalt in der grundgesetzlichen Mehrebenendemokratie sind auch die Bindungsklauseln in den Kommunalordnungen unterschiedlich gesetzlich ausgestaltet.[164] Hierzu lassen sich im Wesentlichen vier Modelle[165] ausmachen, deren Wesensmerkmale, Parallelen und Unterschiede in der folgenden Modellbetrachtung gegenübergestellt werden.

1. Modell der einfachen Abänderung

Das erste Modell beschreibt die dem Kommunalvertretungsorgan gesetzlich eingeräumte Möglichkeit, den Bürgerentscheid frühestens nach einem bestimmten Zeitablauf abzuändern. Diese Möglichkeit sehen die Kommunalverfassungen von Hessen[166] und Rheinland-Pfalz[167] vor. Es stellt die strukturell gesehen einfachste Variante des Abänderungsverbots dar, weil es nur an die zeitliche Voraussetzung der jeweiligen Bindungsfrist anknüpft.

2. Modell der fristgebundenen, bürgerentscheidsbedingten Abänderung

Das zweite Modell geht davon aus, dass ein Bürgerentscheid innerhalb einer bestimmten Frist abgeändert werden kann, dies allerdings zusätzlich nur durch einen neuen Bürgerentscheid. Es wird in Baden-Württemberg[168], Brandenburg[169], Mecklenburg-Vorpommern[170], Sachsen[171] sowie Schleswig-Holstein[172] verfolgt.

---

164 Im Folgenden geht es nicht um die Erörterung der Frage, ob und warum die Bindungsklauseln geregelt sind, sondern darum, auf welche Art und Weise dies konkret der Fall ist.

165 So auch *Schoch*, in: Festschrift für Schmidt-Jortzig, S. 167 (188 f.).

166 § 8b Abs. 7 Satz 2 GO Hessen (3 Jahre).

167 § 17a Abs. 8 Satz 3 GemO Rheinland-Pfalz (3 Jahre).

168 § 21 Abs. 8 Satz 2 GemO Baden-Württemberg (3 Jahre).

169 § 15 Abs. 5 Satz 2 KVerf Brandenburg (2 Jahre). In Abgrenzung zum Modell unter 3., bei dem der neue Bürgerentscheid durch die Vertretungskörperschaft initiiert sein muss, findet sich hier diesbzgl. eine Kann-Formulierung.

170 § 20 Abs. 1 Satz 2 KV Mecklenburg-Vorpommern (2 Jahre).

171 § 24 Abs. 4 Satz 2 GemO Sachsen (3 Jahre).

172 § 16g Abs. 8 Satz 2 GO Schleswig-Holstein (2 Jahre).

3. Modell der fristgebundenen, vertretungskörperschaftlich initiiert bürgerentscheidsbedingten Abänderung

Das dritte Modell verlangt, dass innerhalb einer festgelegten Frist der Bürgerentscheid abgeändert werden kann, auch hier durch einen neuen Bürgerentscheid, der allerdings als zusätzliche Bedingung nur von der Kommunalvertretungskörperschaft initiiert sein darf. Niedersachsen[173], Nordrhein-Westfalen[174] und das Saarland[175] haben es in ihren Gemeindeordnungen geregelt.

4. Modell der Abänderung gemäß dem Grundsatz clausula rebus sic stantibus

Das vierte Modell schließlich geht am weitesten und stellt die meisten und dezidiertesten Voraussetzungen an die Bindungswirkung des Bürgerentscheids auf. Wie die Modelle aus 2. und 3. setzt es voraus, dass der Bürgerentscheid innerhalb eines festgelegten Zeitraums nur durch einen neuen Bürgerentscheid abgeändert werden kann – es sei denn, dass sich die dem Bürgerentscheid zugrundeliegende Sach- oder Rechtslage wesentlich verändert hat.

Es findet sich in den Kommunalverfassungen von Bayern[176], Sachsen-Anhalt[177] und Thüringen.[178] Seine Besonderheit besteht dabei vor allem in der letzten der genannten Voraussetzungen, dass sich die dem Bürgerentscheid und vor allem seinem Ergebnis zugrundeliegende Sach- oder Rechtslage wesentlich geändert hat.[179] Dabei handelt es sich um eine negative Voraussetzung, die nach ihrer ausdrücklichen Formulierung im Gesetzeswortlaut nur greifen soll, wenn ein Ausnahmefall vorliegt. Im Umkehrschluss dazu soll der Grundfall dergestalt aussehen, dass ein Bürgerentscheid nur geändert werden kann, wenn eine festgelegte Zeitspanne verstrichen ist. Dies suggeriert, dass eine Änderung der tatsächlichen und/oder rechtlichen Grundlagen nur selten auftritt. Ob dies der kommunalpolitischen und -rechtlichen Realität entspricht, kann einerseits

173 § 33 Abs. 4 Satz 2 KomVG Niedersachsen (2 Jahre).

174 § 26 Abs. 8 Satz 2 GO Nordrhein-Westfalen (2 Jahre).

175 § 21a Abs. 7 Satz 2 KSVG Saarland (2 Jahre).

176 Art. 18a Abs. 13 Satz 2 GO Bayern (1 Jahr).

177 § 27 Abs. 4 Satz 3 KVG Sachsen-Anhalt (2 Jahre).

178 § 17 Satz 4 KO i.V.m. § 23 Abs. 3 Satz 1, 6 EBBG Thüringen (2 Jahre); vgl. hierzu auch *Becker/Fellmann*, ThürVBl 2017, 285.

179 Hierzu allgemein (fernab einer – wie hier vorliegenden – gesetzlichen Formulierung) bereits grundlegend *Walter*, Vom Vorrang volksbeschlossener Gesetze, S. 33, 36; ferner *Schmidt-Jortzig*, Rechtstheorie 12 (1981), 395.

schon bezweifelt werden. Des Weiteren mag man in Frage stellen, ob eine solche Negativformulierung ausdrücklich im Gesetzeswortlaut fixiert sein oder doch eher durch Auslegung für sämtliche Modelle abgeleitet werden muss. Ferner liegt hierin eine rechtlich-wertende Voraussetzung mit dem Charakter eines unbestimmten Rechtsbegriffs und den damit zusammenhängenden rechtlichen Unsicherheiten.[180]

III. Relevante Rechtsschutzkonstellationen zur Durchsetzung der Bindungswirkung

Bezüglich der relevanten Rechtsschutzkonstellationen[181], die sich für den Gemeindebürger zur Durchsetzung der so geregelten Bindungswirkung aus den kommunalverfassungsrechtlichen Bindungsklauseln ergeben, lassen sich im Wesentlichen zwei Fallgruppen ausmachen. Denn der Gemeindebürger bedarf des Rechtsschutzes sowohl im Hinblick auf den Vollzug des Bürgerentscheids (Ob der Umsetzung) als auch auf dessen Beachtung (Wie der Umsetzung).[182]

1. Sicherungsbegehren: Vollzug des Bürgerentscheids

Die erste Rechtsschutzkonstellation hat mit dem formalen Vollzug das Ob der Umsetzung des Bürgerentscheids zum Gegenstand. Hierbei fehlt es zwar an einem dem Bürgerentscheid und seinem Ergebnis gegenläufigen Gemeinderatsbeschluss, was dem Interesse des Gemeindebürgers eigentlich entspricht. Allerdings mangelt es damit auch an einer irgendwie gearteten Umsetzung des

---

180 Hierzu verhalten sich auch *Salaw-Hanslmaier/Möller*, ZRP 2020, 77 (78). Außerdem weist *Jacobsen*, DÖV 2007, 949 (958 f.) zurecht darauf hin, dass eine bloße Stimmungsänderung in Volk bzw. Bürgerschaft keine Änderung der Sachlage bedeuten wird, da es für die Bewertung rechtlich institutionalisierter Verfahren nicht auf Tendenzen wie „Stimmung“ oder „öffentliche Meinung“ ankommen kann. Er plädiert weiter für eine restriktive Anwendung dieser Klausel, die nur erfüllt sei, wenn Grundrechtsverletzungen der Bürger drohten (960); ähnlich *Peine*, Der Staat 18 (1979), 375 (400), der auf die Behinderung des Gemeinwohls abstellt.

181 Zuweilen wird das Rechtsschutzziel, den Bürgerentscheid zu sichern, im Hinblick auf die zu vermeidenden Maßnahmen des Vertretungsorgans als kassatorisch bezeichnet (Unterlassungs- oder Kassationsbegehren), z.B. VGH Hessen NVwZ-RR 2020, 805, Rn. 17 (kassatorisches Bürgerbegehren).

182 So auch *Fügemann*, DVBl 2004, 343 (351).

Bürgerentscheids, weshalb für diese Situation angemessener Rechtsschutz über die kommunalverfassungsrechtlichen Bindungsklauseln möglich sein muss.[183]

2. Sicherungsbegehren: Beachtung des Bürgerentscheids

Die primäre relevante Rechtsschutzkonstellation bildet das materielle Sicherungsbegehren. Hier geht es den Bürgern mit dem Wie der Umsetzung darum, den Bürgerentscheid vor jedweden gegenläufigen Maßnahmen der kommunalen Vertretungsorgane zu schützen, das heißt derartige Maßnahmen unterbinden zu lassen. Es findet seine ausdrückliche normative Grundlage in den kommunalverfassungsrechtlichen Bindungsklauseln. Das Ziel besteht darin zu verhindern, dass sich der Rat entweder ausdrücklich gegen den Gegenstand des Bürgerentscheids richtet, oder nur konkludent-inhaltlich gegen dessen Maßnahmen.[184]

C. Spannungsverhältnis von repräsentativer und direkter Demokratie auf kommunaler Ebene

Die soeben dargestellten normativen Grundlagen in Gestalt der kommunalverfassungsrechtlichen Bindungsklauseln konkretisieren eine spezielle Erscheinungsform der Beziehung zwischen Demokratie und kommunaler Selbstverwaltung einfachgesetzlich aus. Dabei handelt es sich um das grundsätzlich und daher auch auf kommunaler Ebene bestehende Spannungsverhältnis zwischen repräsentativer und direkter Demokratie.[185] Es zeigt sich indes auf der Ebene des Kommunalverfassungsrechts in besonderer Weise. Denn die Gemeinden nehmen im grundgesetzlichen Mehrebenensystem eine besondere Rolle ein, die vorrangig durch die ihnen zukommende Garantie der kommunalen Selbstverwaltung nach Art. 28 Abs. 2 Satz 1 GG gekennzeichnet ist.[186] Danach muss

---

183 Gegen einen derart weiten Schutz aber *Dietlein*, in: Praxis der Kommunalverwaltung Rheinland-Pfalz, B-1 (GemO), § 17a, Erl. 5.4.3, der lediglich dann einen Bedarf hierfür sieht, wenn der Bürgerentscheid kumulativ nicht umgesetzt wird und gegenteilige Ratsbeschlüsse getroffen werden.

184 *Dietlein*, in: Praxis der Kommunalverwaltung Rheinland-Pfalz, B-1 (GemO), § 17a, Erl. 5.4.3.

185 Die Arbeit will nicht das Prinzip der Repräsentation als solches und seine Beziehung zur Demokratie beleuchten, sondern ausschließlich die Erträge beider zur Forschungsfrage kursorisch behandeln; vgl. zu Ersterem aber beispielhaft *Leisner*, DÖV 2019, 359; *Anter*, Philosophie der Republik 2018, 67 unter Rückgriff auf die Ansätze u.a. bei *Schmitt, Jellinek, Kelsen, Böckenförde* und *Leibholz.*

186 Diese hat der Verfassungsgeber wie dargelegt bewusst und ausdrücklich – im Gegensatz zur früheren Reichsverfassung von 1849 in § 184, zur WRV von 1919 in Art. 127

ihnen das Recht gewährt sein, alle Angelegenheiten der örtlichen Gemeinschaft im Rahmen der Gesetze in eigener Verantwortung zu regeln. Praktisch gesehen heißt das, sie sind frei in der Gestaltung der ihnen nach dem Gesetz zustehenden Aufgaben und können sich hierzu auch besonderer Instrumente bedienen.[187] Zu diesen Instrumenten gehört der kommunale Bürgerentscheid, der wie gezeigt mittlerweile Einzug in die Gemeindeordnungen aller deutschen Bundesländer gefunden hat.[188]

Die Frage, wie sich die gesetzlich eingeräumten Möglichkeiten unmittelbarer Teilhabe und Mitwirkung der Gemeindebürger an der gemeindlichen Willensbildung zu dem grundgesetzlichen Primat der repräsentativen Demokratie verhalten, hat seit jeher Rechtsprechung und Wissenschaft gleichermaßen stark beschäftigt.[189] Dabei ging es zunächst um die grundsätzliche Vereinbarkeit der

---

sowie zur Bayerischen Verfassung in Art. 11 – statt als grundrechtliche Bestimmung als institutionelle Garantie ausgestaltet. Damit hat er sie gleichzeitig in den Aufbau des politischen Wesens der grundgesetzlichen Demokratie als Bestandteil desselben eingefügt sowie diese demokratische Funktion im Hinblick auf die besonderen gemeindlichen Belange spezifiziert. Dies zeigt sich dadurch, dass in den Gemeinden und bei der Arbeit ihrer Organe weniger das auf staatsverfassungsrechtlicher Ebene – also im Bund und in den Ländern – prägende Repräsentationsprinzip zum Tragen kommt, als vielmehr das Moment der Partizipation. Denn die kommunale Selbstverwaltung beabsichtigt es hauptsächlich, ihre Beteiligten – das heißt die Gemeindebürger – für ihre eigenen Angelegenheiten der örtlichen Gemeinschaft zu aktivieren und zu mobilisieren, BVerfGE 11, 266 (275); 47, 253 (275); 79, 127 (148 ff.); 83, 37 (54); 91, 228 (244); 107, 1 (12); *Nierhaus/Engels*, in: Sachs, GG, Rn. 32 ff.

187 Während die Kommunen bei Pflichtaufgaben der Selbstverwaltung nur im Hinblick auf das Wie, nicht aber das Ob der Aufgabenerfüllung frei sind, steht ihnen bei freiwilligen Aufgaben die alleinige Entscheidungskompetenz sowohl über das Ob als auch über das Wie zu, ausführlich thematisiert in BVerfG NVwZ 2018, 140 (146 = Rn. 77), m. Anm. *Brüning*.

188 § 21 GemO Baden-Württemberg; Art. 18a GO Bayern; § 15 KVerf Brandenburg mit der Besonderheit, dass die Kommunalaufsicht, nicht der Gemeinderat über die Zulassung des Bürgerbegehrens entscheidet; § 8b GO Hessen; § 20 KV Mecklenburg-Vorpommern; § 26 GO Nordrhein-Westfalen; § 33 KomVG Niedersachsen; § 17a GemO Rheinland-Pfalz; § 21a KSVG Saarland; § 24 GemO Sachsen; § 27 KVG Sachsen-Anhalt; § 16g GO Schleswig-Holstein, ebenfalls mit der o.g. Besonderheit, dass die Kommunalaufsicht, nicht der Gemeinderat über die Zulassung des Bürgerbegehrens entscheidet; § 17 Satz 4 KO i.V.m. §§ 18 ff. EBBG Thüringen.

189 Gleichwohl es auch auf der Ebene des Landesrechts in den Landesverfassungen direktdemokratische Entscheidungsmittel gibt, besteht hier nicht derselbe Konflikt, da die Länder mit ihren staatsverfassungsrechtlichen Verpflichtungen nicht dieselbe Eigenständigkeit genießen wie die Kommunen.

Einführung von Elementen unmittelbarer Demokratie mit der kommunalverfassungsrechtlichen Gemeindevertretung im Sinne von Art. 28 Abs. 1 Satz 2 GG, darunter neben Fragen der Zulässigkeit insbesondere auch solche zur Zweckmäßigkeit[190] dieses Vorgehens.[191] Da inzwischen weitgehend anerkannt ist, dass kommunale Bürgerbegehren und -entscheide verfassungskonform sind, konzentriert sich der juristische Blick nunmehr zunehmend auf Rechtsschutzprobleme, die im Zusammenhang mit diesen Instrumenten auftreten können. Dabei erweist sich vor allem als ungeklärt, welche Rechtsnatur den verschiedenen an der demokratischen Teilhabe und Mitwirkung innerhalb der Kommune involvierten Rechtsschutzsuchenden zukommt.[192] In den Gemeindeordnungen nämlich sind die Organe der Gemeinde meist zwar ausdrücklich erwähnt[193], nicht aber hinsichtlich ihrer rechtlichen Beziehungen untereinander hinreichend genau geregelt. So verwundert es wenig, dass innerhalb der verschiedenen Bundesländer die diesbezüglichen Rechtsauffassungen teilweise sehr weit auseinandergehen.

Die vorliegende Arbeit greift die bisher geführten Diskussionen in ihrer Entwicklung auf. Nur auf Grundlage dieses Diskussionsstandes nämlich kann die Forschungsfrage verlässlich beantwortet werden. Dabei lenkt die Arbeit den Blick vorrangig auf die Rolle, Befugnisse sowie Rechte des Gemeindebürgers, die ihm kraft der ausgeführten gesetzlichen Vorgaben zum kommunalen Bürgerentscheid und darunter insbesondere der kommunalverfassungsrechtlichen Bindungsklauseln zukommen.

I. Begrifflichkeiten

Es gilt zunächst die Grundbegriffe der direkten in Gegenüberstellung zur repräsentativen Demokratie darzulegen:[194]

---

190 *Knemeyer*, Bürgerbeteiligung und Kommunalpolitik, S. 36 ff.

191 *Fügemann*, DVBl 2004, 343.

192 *Fügemann*, DVBl 2004, 343.

193 §§ 23 ff. GemO Baden-Württemberg; Art. 29 ff. GO Bayern; §§ 27 ff. KVerf Brandenburg; §§ 9 ff. GO Hessen, §§ 22 ff. KV Mecklenburg-Vorpommern; §§ 7 ff. KomVG Niedersachsen; §§ 40 ff. GO Nordrhein-Westfalen, §§ 28 ff. GemO Rheinland-Pfalz, §§ 29 ff. KSVG Saarland, §§ 7 ff. GO Sachsen; §§ 7, 36 KVG Sachsen-Anhalt; §§ 7 ff. GO Schleswig-Holstein; §§ 22 ff. KO Thüringen.

194 Vgl. insoweit auch die Ausarbeitung der Wissenschaftlichen Dienste des Bundestages WD 3 - 3000 - 237/09, S. 3 ff. m.w.N.

Ursprünglich[195] bezeichnet die direkte Demokratie im Gegensatz zur repräsentativen Demokratie die unmittelbare Herrschaft des Volkes, wie sie *Rousseau* im 18. Jahrhundert als idealtypische Form der Demokratie konzipierte.[196] Direktdemokratische Sachentscheidungen[197] wiederum können auf unterschiedliche Weisen eingeleitet werden. Entweder sie werden durch eine Regierung oder ein Parlament „von oben" (Referendum)[198] oder aber durch die Bürger „von unten" initiiert (Plebiszit)[199].[200] Während ein Referendum – wie von vornherein geklärt sein muss – entweder zu einem rechtsverbindlichen Entscheid[201] führen oder aber auch lediglich zur Beratung dienen kann (konsultativ)[202], vollzieht sich das Plebiszit in einem gestuften Verfahren, bei dem die aufeinander folgenden Schritte unterschiedliche politische und rechtliche Relevanz haben.[203] Die Volksinitiative oder der Bürgerantrag als erster Schritt zielen darauf ab, ein bestimmtes Thema auf die Tagesordnung eines Entscheidungsgremiums (Parlament oder Rat) zu setzen und dort erörtern zu lassen. Das Volks- oder Bürgerbegehren dient darüber hinaus dazu, eine konkrete Entscheidung in einer

195 Der früheste Nachweis einer direkten Demokratie findet sich im antiken Athen („attische Demokratie"). Dort trafen alle stimmberechtigten männliche Vollbürger in einer Versammlung die für das Zusammenleben wichtigen Entscheidungen, vgl. hierzu *Sommermann*, in: von Mangoldt/Klein/Starck, GG, Art. 20, Rn. 64 ff. sowie allgemein zum Demokratiebegriff im antiken Athen überblicksartig und m.w.N. *Schliesky*, EuR 2004, 124.

196 Eine grammatische Betrachtung der Aussagen *Rousseaus* aus dem Blickwinkel der Volkssouveränität erfolgt bei *Schulz-Schaeffer*, NJW 2007, 643.

197 Direkt-demokratische Instrumente betreffen stets nur Sachentscheidungen (Abstimmungen), während sich Wahlen auf personelle Entscheidungen beziehen, vgl. hierzu m.w.N. (u.a. auch auf die Gegenansicht bei *Rux*, Direkte Demokratie in Deutschland, S. 38) die Ausarbeitungen der Wissenschaftlichen Dienste des Bundestages WD 3 – 3000 – 346/10, S. 4 und WD 3 – 3000 – 162/17, S. 4; hierzu auch *Fügemann*, DVBl 2004, 343 (347); *Engelken*, DÖV 2002, 977 (984).

198 *Heußner/Pautsch*, NJW 2015, 1225 (1226, 1229).

199 *Jürgens*, Direkte Demokratie, S. 38 ff.

200 Im kommunalen Bereich gibt es aber wie gezeigt auch die Besonderheit, dass ein Bürgerentscheid vom Gemeinderat selbst initiiert sein kann (sog. Ratsbürgerentscheid).

201 *Borowski*, DÖV 2000, 481.

202 Detailliert hierzu *Rommelfanger*, Das konsultative Referendum im System politischer Willensbildung.

203 *Krüper*, in: Morlok/Schliesky/Wiefelspütz, HbParlR, § 37, 1112 ff., Rn. 30 f. mit Ausführungen zur Verfassungskonformität konsultativer Volksbefragungen; *Jürgens*, Direkte Demokratie, S. 40.

bestimmten Sache zu erreichen. Das Parlament oder der Rat können dieses Begehren annehmen oder ablehnen. Die dritte Stufe bildet der eigentliche Volks- oder Bürgerentscheid. Er stellt die Entscheidung in der Sache dar und ist somit einem Willensbildungsprodukt des Parlaments oder Rats gleichzustellen.[204]

II. Bindungswirkung direkt-demokratischer Gesetzgebung

In dem zwischen der repräsentativen und der direkten Demokratie angelegten „Wettrennen der beiden Souveräne“[205] lässt sich selten ein klarer Sieger ausmachen.[206] Das Grundgesetz regelt keine Möglichkeit der direkten Demokratie.[207] Daher sind ihm auch keine unmittelbaren Befunde über das grundsätzliche Verhältnis von repräsentativer zu direkter Demokratie zu entnehmen. Auch die Weimarer Reichsverfassung von 1919 traf in ihrem Art. 73 hierüber keine Aussage.[208] Die Landesverfassungen enthalten zwar Vorschriften zum Volksgesetzgebungsverfahren[209], aber keine Regelungen über ein Rangverhältnis von oder

---

204 Wie dargelegt ist dies für die Äquivalenzwirkung des Bürgerentscheids kommunalverfassungsrechtlich ausdrücklich normiert.

205 *Jellinek*, Verfassung und Verwaltung des Reichs und der Länder, in: Teubners Handbuch der Staats- und Wirtschaftskunde, Band 2/2, 1 (46).

206 *Jacobsen*, DÖV 2007, 949 (960) schreibt diese Rolle „zumindest dem äußeren Anschein nach“ dem Parlament zu.

207 Geregelt sind allein folgende Abstimmungen: Neugliederung des Bundesgebiets nach Art. 29 Abs. 2 Satz 1 i.V.m. Art. 118 GG, vgl. hierzu *Dreier*, in: ders., GG, Band 2, Art. 20 (Demokratie), Rn. 104; *Hofmann*, in: ders., Verfassungsrechtliche Perspektiven, 146 (155); *Degenhart*, Der Staat 31 (1992), 77 (78); *Ebsen*, AöR 110 (1985), 2 (8); Neugliederung der badischen und württembergischen Länder nach Art. 118 Satz 2 GG und Neugliederung der Länder Berlin und Brandenburg gemäß Art. 118a GG sowie ferner Art. 146 GG *Dreier*, in: ders., GG, Band 3, Art. 146 GG, Rn. 53 ff.; *Herdegen*, in: Maunz/Dürig, GG, Art. 146, Rn. 38; kritisch *Huber*, in: Sachs, GG, Art. 146, Rn. 16a; *Mahrenholz*, Die Verfassung und das Volk, S. 39 ff.; *Storost*, Der Staat 29 (1990), 321 (322 ff.); vermittelnd *Hofmann*, in: Schmidt-Bleibtreu/Hofmann/Hopfauf, GG, Art. 146, Rn. 4f.; *Michael*, in: Bonner Kommentar GG, Art. 146, Rn. 720 ff.; zu all dem *Krüper*, in: Morlok/Schliesky/Wiefelspütz, HbParlR, § 37, 1112 ff., Rn. 22 f.

208 *Borowski*, DÖV 2000, 481 (485).

209 Art. 59 Landesverfassung Baden-Württemberg; Art. 71 ff. Landesverfassung Bayern; Art. 22, 76 ff. Landesverfassung Brandenburg; Art. 71, 116 ff. Landesverfassung Hessen; Art. 59 ff. Landesverfassung Mecklenburg-Vorpommern; Art. 42, 47 ff. Landesverfassung Niedersachsen; Art. 67 ff. Landesverfassung Nordrhein-Westfalen; Art. 76, 107 ff. Landesverfassung Rheinland-Pfalz; Art. 61, 63, 99 Landesverfassung Saarland; Art. 71 ff. Landesverfassung Sachsen; Art. 77, 80 ff. Landesverfassung Sachsen-Anhalt;

eine Bindung zwischen Volks- und Parlamentsgesetzgebung.[210] Dasselbe gilt auch für die Landesverfassungen zur Zeit der Weimarer Republik.[211]

Die Argumente für und gegen eine Bindungswirkung[212] direktdemokratischer Instrumente hängen eng mit den Argumenten zusammen, die generell für und gegen die direkte Demokratie als solche vertreten werden. Primär werden Verstöße gegen das grundgesetzliche Demokratie- und Rechtsstaatsprinzip sowie die kommunale Selbstverwaltungsgarantie gerügt.[213] Vor dem Hintergrund, dass es wenig begrüßenswert sein dürfte, eine Verbindlichkeit oder Bindungswirkung an eine nachteilige Rechtssetzungsmethode herzuleiten, leuchtet dies ein.[214] Daher sind auch diese allgemeinen Gründe mit in den Blick der Untersuchung zu nehmen. Die Unterschiede zwischen der allgemeinen und der spezifischen Argumentation werden an den gebotenen Stellen besonders gekennzeichnet.

1. Argumente gegen eine Bindungswirkung

Die Argumente gegen eine Bindungswirkung direkter Demokratie und ihrer Instrumente bestehen in rechtsdogmatischer, rechtspolitischer und demokratietheoretischer Hinsicht.[215]

Art. 48, 49 Landesverfassung Schleswig-Holstein; Art. 81, 82 Landesverfassung Thüringen.

210 *Jacobsen*, DÖV 2007, 949 (950); vgl. dazu ferner *Kaiser*, NVwZ 2020, 207.

211 Hinweise auf ein zugunsten der Parlamentsgesetzgebung ausgestaltetes Verhältnis sind lediglich in der Badischen Verfassung vom 21.03.1919 und in der Bremischen Verfassung vom 18.05.1920 zu finden, vgl. hierzu *Hein*, Rechtsprobleme der Volksgesetzgebung im deutschen Reichs- und Landesverfassungsrecht, S. 3 f.

212 Die Begriffe der Bindungswirkung einerseits und der Sperrwirkung andererseits unterscheiden sich dadurch, dass eine Sperrwirkung gegenüber dem parlamentarisch-repräsentativen Gesetzgeber lediglich während des laufenden Verfahrens greift, um die Durchführung des Verfahrens als solches abzusichern. Die Bindungswirkung geht darüber hinaus und greift somit erst dann, wenn bereits ein erfolgreicher (Bürger-)Entscheid in der Welt ist, denn nur ein solcher kann in Konflikt zu einem parlamentarisch bzw. repräsentativ-demokratisch entstandenen Gesetz treten, vgl. insoweit *Borowski*, DÖV 2000, 481 (490) v.a. auch zur weitergehenden Frage, ab wann die Sperrwirkung greift (plädiert für einen Beginn mit dem Zustandekommen des Volks- oder Bürgerbegehrens).

213 Gegen die Instrumente direkter Demokratie generell und damit auch gegen ihre Bindungswirkung positionieren sich u.a. *Böckenförde*, in: Isensee/Kirchhof, HbStR Band III, § 34, 31 (37); *Przygode*, Die deutsche Rechtsprechung zur unmittelbaren Demokratie, S. 427.

214 *Jacobsen*, DÖV 2007, 949 (951).

215 Zu all dem m.w.N. auch *Jacobsen*, DÖV 2007, 949 (951).

a) Rechtsdogmatische Argumente

Zum Teil werden Argumente in rechtsdogmatischer, also in rechtlicher und rechtssystematischer Hinsicht gegen eine Bindungswirkung direkter Demokratie und damit kommunaler Bürgerentscheide angeführt.

aa) Verfassungsrechtliche Grundentscheidung für die repräsentative Demokratie

Zuvorderst wird die vom Grundgesetz getroffene verfassungsrechtliche Grundentscheidung für die repräsentative Demokratie und damit die sogenannte Ausnahmefunktion direkter Demokratie bedient.[216] Mit ihr ginge der logische Schluss einher, eine Bindungswirkung von Bürgerentscheiden nur ausnahmsweise zuzulassen.[217] Die grundgesetzliche Demokratie im Sinne von Art. 20 Abs. 1, 2 und Art. 28 Abs. 1 Satz 1 GG sei durch den historischen Verfassungsgeber mit einem Vorrang[218], Vorzug[219] oder gar einer Vorherrschaft[220] mittelbarer Demokratie konzipiert, was sich vor allem an den repräsentativen Ausführungsbestimmungen[221] des Art. 28 Abs. 1 Satz 1 GG verdeutliche. Diese verfassungsgesetzgeberische Intention sei in der modernen Bundesrepublik auch nach wie vor angezeigt. Denn die Herausforderungen der heutigen Gesellschaft seien mit der direkten Demokratie und ihren Instrumenten (allein) nicht zu bewältigen.[222] Daraus folgt die Bewertung, dass direkte Demokratie nur als punktuelle Ergänzung, nicht aber als vollwertiger Ersatz des Repräsentativsystems fungiere.[223] Weiterhin gehe mit dieser bloßen Ergänzungs- und Ausnahmefunktion der Volksgesetzgebung einher, dass eine Bindung der grundsätzlich befugten Organe

---

216 Vgl. exemplarisch VerfGH Hamburg NordÖR 2007, 301 (304) = zum Vergleich trotz Nichteingehens auf Stadtstaaten, worin insoweit auch auf die Gesetzgebungskompetenznormen der Landesverfassungen als gegenläufiges Verfassungsgut abgestellt wurde, hierzu *Jacobsen*, DÖV 2007, 949.

217 *Salaw-Hanslmaier/Möller*, ZRP 2020, 77 (78); *Dziallas/Jäger*, KommJur 2016, 6 (7 f.).

218 *Isensee*, DVBl 2001, 1161 (1167).

219 *Herzog*, in: Maunz/Dürig, GG, Art. 20, Rn. 38.

220 Als „Prävalenz" des Parlaments bzw. der parlamentarisch-repräsentativen Gesetzgebung bezeichnet in VerfGH Thüringen, Urt. v. 19.09.2001 – VerfGH 4/01, BeckRS 9998, 41742, Rn. 17c, hierzu auch kritisch *Rennert*, DVBl 2021, 345 (347); *Salaw-Hanslmaier/Möller*, ZRP 2020, 77 (78); *Huber*, ZG 4 (2009), 311 (312 f.).

221 So *Herzog*, in: Maunz/Dürig, GG, Art. 20, Rn. 38.

222 Vgl. nur *Böckenförde*, in: Isensee/Kirchhof, HbStR Band III, § 34, 31 (37 f.).

223 *Dreier*, in: ders., GG, Band 2, Art. 20 (Demokratie), Rn. 108.

der Parlamentsgesetzgebung an sie deswegen nicht stattfinden dürfe, weil sie bei ihnen zu „Kompetenzverlusten“[224] führe.

Auf kommunaler Ebene wird dieses Argument zur Frage der Bindungswirkung von Bürgerentscheiden in der Regel auf die Funktionsfähigkeit der kommunalen Vertretungsorgane projiziert.[225] Zur Begründung dient der Gedanke, dass der Bürgerentscheid als Rechtsinstitut in Zeiten von sinkender Wahlbeteiligung und Politikverdrossenheit den Bürgern der Gemeinde zwar aktive Teilhabe und unmittelbare Einwirkung auf politische Entscheidungsprozesse ermögliche. Kritisch sei aber, dass durch ihn lediglich anlassbezogen und damit auf eine relativ kurze zeitliche Dauer beschränkt gebildete bürgerschaftliche Minderheiten die oft langwierigen und schwerfälligen Arbeitsprozesse der demokratisch legitimierten Volksvertreter behindern oder ganz blockieren könnten, ohne hierfür selbst im Sinne einer nachgelagerten umfassenden politischen Verantwortung einstehen zu müssen.[226] Diesem in der Sache begründeten Einwand ist indes entgegenzuhalten, dass die Bindungsklauseln aller Gemeindeordnungen eine zeitliche Beschränkung aufweisen. Ausweislich der Gesetzesbegründungen soll diese zeitlich begrenzte Sicherung des Bürgerentscheids dafür sorgen, dass die Funktionsfähigkeit des Gemeinderats als dem demokratisch legitimierten und grundsätzlich in Gemeindeangelegenheiten zuständigen Vertretungsorgan trotz der Änderungssperre aufrechterhalten bleibt. Vor diesem Hintergrund muss im Ergebnis die zeitliche Sicherung eines Bürgerentscheids als zulässiger Ausgleich zwischen unterschiedlichen Formen der repräsentativen und plebiszitären Demokratie und damit als in jeder Hinsicht verfassungskonform angesehen werden.[227]

---

224 *Przygode*, Die deutsche Rechtsprechung zur unmittelbaren Demokratie, S. 427.

225 *Dziallas/Jäger*, KommJur 2016, 6 (7 f.).

226 Zu all dem *Heinz/Wilhelm*, LKRZ 2011, 246.

227 *Borowski*, DÖV 2000, 481 (483) prognostiziert zudem, dass die Politikverdrossenheit erst recht nicht abnehme und die Identifikation der Bürger mit dem politischen System sich erst recht nicht verbessere, wenn ihre Mitwirkung „vollkommen unverbindlich bleibt.“

bb) Rechtliche Ranggleichheit und demokratische Gleichwertigkeit repräsentativer und direkter Demokratie

Weil weiterhin parlamentarisch-repräsentative und direkte Demokratie qualitativ gesehen[228] gleichrangig und gleichwertig seien[229], könne folglich die eine nicht an die andere gebunden sein.[230] Dem lägen die Ideen der Freiheit und Gleichheit der Bürger sowie die politische Selbstbestimmung des Volkes als Hauptanliegen der grundgesetzlichen Demokratie zugrunde. Weil sich aus rein empirischen sowie praktischen Gründen – es wollen nie alle Bürger ihre Freiheit auf die gleiche Weise ausüben und nie haben alle den gleichen politischen Willen – das Mehrheitsprinzip bewährt habe, sei es auch aus rechtlicher Sicht der direkten Demokratie vorzuziehen.[231] Zudem ermögliche das Mehrheitsprinzip insbesondere, dass selbst solche Bürger, die zunächst nicht von einer politischen Entscheidung überzeugt werden können, an Diskussionen und Kompromissen teilhaben und so doch zustimmen. Diese offene Argumentation aber fehle dem Plebiszit, wodurch es weniger Zustimmung seitens der Bürger erbringe[232], sondern zur reinen Mehrheitsherrschaft verkomme.[233]

Des Weiteren könne im Volksgesetzgebungsverfahren einzig der natürlich-empirische Wille der Vielen[234] – hier der Abstimmenden – abgefragt werden, der wiederum Grundlage für die Arbeit der Vertreter in den Organen der Parlamentsgesetzgebung sei. Eine rechtliche Bindung an ihn und damit auch eine

228 Teilweise spricht die Rspr. auch von der „Funktionsgleichheit parlamentarischer und plebiszitärer Tätigkeit", VerfG Hamburg NVwZ 2005, 685 = zum Vergleich trotz Nichteingehens auf Stadtstaaten, vgl. dazu *Salaw-Hanslmaier/Möller*, ZRP 2020, 77 (78).

229 So die heutige im Wesentlichen einige Auffassung, für *Huber*, ZG 4 (2009), 311 (333) sind beide „funktionell äquivalent"; *ders.* Volksgesetzgebung und Ewigkeitsgarantie, S. 42; *Rossi/Lenski*, DVBl 2008, 416 (417); *Sachs*, JuS 2005, 838; *Isensee*, DVBl 2001, 1161 (1166); *Borowski*, DÖV 2000, 481 (488 f.); Zur Lösung von Normenkollisionen wird der rein auf die Chronologie abstellende Lex-Posterior-Grundsatz („lex posterior derogat legi priori." = „Das später erlassene Gesetz geht dem älteren vor.") herangezogen, vgl. allgemein zu Kollisionsregeln im deutschen Staats- sowie im internationalen Recht s. *Vranes*, ZaöRV 2005, 391.

230 Andere Modelle – v.a. das zur strikt-absoluten Unterordnung der direkten Demokratie und damit ihre ausnahmslose Bindung an die repräsentative Entscheidungsfindung – gelten inzwischen als überholt.

231 *Jacobsen*, DÖV 2007, 949 (953).

232 *Müller-Franken*, DÖV 2005, 489 (498); *Engelken*, DÖV 2000, 881 (891).

233 *Jacobsen*, DÖV 2007, 949 (953).

234 *Böckenförde*, Demokratie und Repräsentation, S. 22.

entsprechende Bindungswirkung des Bürgerentscheids übersehe aber die Reichweite des demokratischen Repräsentationsgrundsatzes aus Art. 38 Abs. 1 Satz 2 GG. Dieser verlange, dass das Volk in seiner Ganzheit repräsentiert werde.[235] Zu dieser Ganzheit gehörten nicht nur die Abstimmenden, sondern auch die Nichtabstimmenden, die mit einer Bindung des Parlaments oder Rates an die Volksgesetzgebung von einer Repräsentation ausgeschlossen seien.[236] Damit übergehe die direkt-demokratische Willensbildung und Entscheidungsfindung den logischen Schluss, wonach für den Fall, dass ein vom Volk beschlossenes Gesetz den parlamentarisch-repräsentativen Gesetzgeber binden solle, dem volksbeschlossenen Gesetz ein höherer Rang zukommen müsse als dem parlamentsbeschlossenen Gesetz.[237] Dann aber sei die gegebene rechtliche Ranggleichheit und demokratische Gleichwertigkeit repräsentativer und direkter Demokratie in ihr genaues Gegenteil verkehrt.

Auf die kommunale Ebene und den Bürgerentscheid bezogen lässt sich dieses Argument dahingehend verstehen, dass es auch der Gemeindevertretung in Ansehung des Homogenitätsprinzips aus Art. 28 Abs. 1 GG nicht abverlangt werden könne, überhaupt geschweige denn allzu lang an das Ergebnis eines Bürgerentscheids – der ja kraft ausdrücklicher gesetzlicher Vorgabe die gleichen Wirkungen haben soll wie ein Gemeinderatsbeschluss, nicht aber darüberhinausgehende – gebunden zu sein. Dies könnte nämlich dem Grundsatz der Rechtsstaatlichkeit zuwiderlaufen. Die Kernaussage des grundgesetzlichen Rechtsstaatsprinzips nach Art. 20 Abs. 3 GG verlangt, dass die Gesetzgebung an die verfassungsmäßige Ordnung sowie die vollziehende Gewalt und die Rechtsprechung an Gesetz und Recht gebunden sind. Damit ist das Rechtsstaatprinzip sehr eng mit dem Gewaltenteilungsgrundsatz verzahnt. Vor diesem Hintergrund offenbart sich der Konflikt, den die Bindungsklauseln begründen: Einerseits

---

235 *Morlok*, in: ders./Schliesky/Wiefelspütz, HbParlR, § 3, 143 ff., Rn. 1 ff., 45 (letztgenannte Rn. speziell bzgl. der Repräsentation des Volkes durch die Gesamtheit der Abgeordneten einer Vertretungskörperschaft); *Jacobsen*, DÖV 2007, 949 (953).

236 *Dreier*, in: ders., GG, Band 2, Art. 20 (Demokratie), Rn. 107.

237 Bereits zur Zeit der WRV wurden folgende Auffassungen vertreten (dazu *Paus/Schmidt*, JA 2012, 48 [50] m.w.N. u.a. auf *Przygode*, Die deutsche Rechtsprechung zur unmittelbaren Demokratie, S. 434 und *Schmitt*, Legalität und Legitimität, S. 64): Nach der absoluten Bindungswirkung des Volksgesetzes darf das Parlament nur bei Änderungen der Sach- und Rechtslage Gesetze erlassen, wohingegen die relative Bindungswirkung der Volksgesetzgebung inhaltlich unbedingt, aber zeitlich begrenzt bis zur nächsten Legislaturperiode gilt; differenzierender *Borowski*, DÖV 2000, 481 (484); *Peine*, Der Staat 18 (1979), 375 (382).

nämlich geht im Sinne einer absoluten und damit unteilbaren Volkssouveränität alle Staatsgewalt vom Volke aus. Andererseits jedoch verteilt sich die Ausübung dieser Staatsgewalt in der rechtsstaatlich verfassten und gewaltengeteilten Demokratie des Grundgesetzes auf verschiedene Stellen und Akteure auf[238]: in vertikaler Hinsicht auf Bund und Länder[239] sowie in horizontaler Hinsicht auf unterschiedliche Organe. Diese Aufteilung der Vollzugskompetenz geht zwingend mit gewissen „Reibungsverlusten" einher, die es dementsprechend durch geeignete Treuepflichten im Verhältnis der Organe zueinander zu korrigieren und zu kompensieren gilt.[240] In dieser Perspektive normieren und konkretisieren die kommunalverfassungsrechtlichen Bindungsklauseln den ohnehin anerkannten und als ungeschriebenes Verfassungsrecht geltenden Organtreuegrundsatz. Damit verstoßen sie im Ergebnis nicht gegen das grundgesetzliche Rechtsstaatsprinzip, sondern tragen vielmehr zu dessen Umsetzung auf kommunaler Ebene bei.

Gerade auf plebiszitäre Instrumente trifft dies in besonderer Weise zu. Denn obwohl sich der Grundsatz der Organtreue wie gezeigt begrifflich und formal auf die Staatsorgane fokussiert, geht sein inhaltlich-materieller Gehalt weit darüber

---

238 *Rossi/Lenski*, DVBl 2008, 416 (421).

239 Hier ist eher der Grundsatz der Bundestreue als spezielle Treuepflicht einschlägig, *Rossi/Lenski*, DVBl 2008, 416 (420 f.). Danach sind Bund und Länder gleichermaßen verpflichtet, im Rahmen der bundestaatlichen Ordnung des GG wechselseitige Rücksichtnahme zu üben, BVerfGE 12, 205 (254), oft auch als Grundsatz des bündischen Einstehens füreinander bezeichnet, BVerfGE 72, 330 (386); 86, 148 (214). Normativ wird dieser Grundsatz z.T. aus der allgemeinen Geltung von Treu und Glauben in besonderer bundesstaatlicher Ausprägung hergeleitet, überwiegend aber im Bundesstaatsprinzip verortet, vgl. *Bauer*, Bundestreue, S. 234 ff. Der Bundestreue wird die Funktion zugesprochen, „die aufeinander angewiesenen Teile des Bundesstaates, Bund und Länder, stärker unter der gemeinsamen Verfassungsrechtsordnung aneinander zu binden.", BVerfGE 8, 122 (140). Ferner existiert auf der Ebene des Unionsrechts der zunächst in den Entwurf einer europäischen Verfassung (Art. I-19 Abs. 2 Satz 2) aufgenommene und nunmehr als ungeschriebenes Primärrecht geltende Grundsatz der Gemeinschaftstreue über die loyale und rücksichtsvolle Zusammenarbeit der Organe der Europäischen Union (nicht zu verwechseln mit dem vertikalen Verhältnis zwischen der Union und ihren Mitgliedsstaaten durch das Prinzip der loyalen Zusammenarbeit aus Art. 4 Abs. 3 Satz1 EUV), EuGH Slg 1988, 5323, Rn. 16; Slg 1995, I-643, Rn. 23, hierzu m.w.N. *Happ*, in: Eyermann, VwGO, § 42, Rn. 81a.

240 Hierzu ausführlich und m.w.N. *Rossi/Lenski*, DVBl 2008, 416 ff. Dort wird auch das Bild der Treuepflichten als „Schmiermittel" (421) gewählt, das entstehende Reibungen zu kitten vermag.

hinaus. Andernfalls nämlich würden seine Anwendbarkeit und die Geltung aus ihm hergeleiteter Rücksichtnahmepflichten davon abhängen, ob eine Stelle oder ein Akteur im verfassungs- und verwaltungsrechtlichen Sinne als Organ anerkannt wird. Diese Frage aber ist häufig sehr umstritten und daher als Kriterium für oder gegen das Heranziehen der Organtreue wegen der damit zwingend einhergehenden Rechtsunsicherheit gänzlich untauglich.[241] Betrachtet man nun den Gehalt des Organtreuegrundsatzes, kommt es vor allem auf die jeweilige Funktion oder funktionelle Stellung[242] des Akteurs innerhalb der verfassungsmäßigen – hier speziell der kommunalverfassungsrechtlichen – Ordnung an.

In Bezug auf Bürgerbegehren und -entscheide wird zum Teil vertreten, ihnen komme keine Stellung als Organ zu, wodurch sie keine Träger von Rechten und Pflichten aus dem Organtreuegrundsatz sein könnten. Daher müssten etwaige Rücksichtnahmepflichten ihnen gegenüber rechtsdogmatisch anders, vor allem anhand einer anderen normativen Quelle, begründet werden.[243] Folgt man dieser Auffassung, verweigerte man sämtlichen Formen der Volksabstimmung die Teilnahme am Organtreuegrundsatz. Teilweise aber sind wie gesehen Bürgerbegehren und -entscheide auch gerade als Quasi-Organe anerkannt. Des Weiteren begrenzt diese „formal-personale Interpretation"[244] der Organtreue deren Funktion auf eine rein repräsentativ ausgestaltete Demokratie. Die geregelten Instrumente direkter Demokratie konterkarieren die grundsätzlich repräsentativen Formen aber nicht, sondern korrigieren und kompensieren ihre Defizite punktuell.[245] Daher muss in dieser vom Gesetzgeber ausdrücklich und bewusst gewählten Ausnahmekonstellation die Organtreue abgewandelt zur Anwendung kommen. Ansonsten nämlich könnte sie ihre potentiellen Wirkungen im staats- und kommunalverfassungsrechtlich fixierten Nebeneinander von repräsentativer und plebiszitärer Demokratie nicht zur Gänze nutzen.[246] Dieses widersprüchliche und systemwidrige Ergebnis aber kann weder politisch noch rechtlich gewollt sein. Gleicherweise rechtsdogmatischer wie verfassungsnormativer Hintergrund der Organtreue nämlich ist wie dargelegt das eng mit der Rechtsstaatlichkeit verzahnte Gewaltenteilungsprinzip aus Art. 20

---

241 *Rossi/Lenski*, DVBl 2008, 416 (422 f.) m.w.N. aus Rspr. (auch speziell für Organtreuepflichten bei der kommunalrechtlichen Bürgergesetzgebung) und Lit.

242 *Rossi/Lenski*, DVBl 2008, 416 (422); *Schenke*, Die Verfassungsorgantreue, S. 97.

243 *Schliesky*, ZG 14 (1999), 91 (114); *ders.*, DVBl 1998, 169 (170).

244 *Rossi/Lenski*, DVBl 2008, 416 (422).

245 *Rossi/Lenski*, DVBl 2008, 416, den Status von Bürgerbegehren und -entscheid als „Staatsorgan" bejahend.

246 *Rossi/Lenski*, DVBl 2008, 416 (422).

Abs. 2 und 3 GG. Dass dieses Prinzip seine Geltung sowohl für die grundsätzlich bestehenden ausschließlich repräsentativ-demokratischen Züge des Mehrebenensystems als auch für die darin als Ausnahmekonstellationen gestalteten direkt-demokratischen Instrumente beanspruchen muss, dürfte unstreitig sein.

cc) Stufenbau der Rechtsordnung

Ein weiteres Argument gegen die Bindungswirkung der direkten Demokratie als solche und damit verbunden auch des Bürgerentscheids als eines ihrer Instrumente bildet das Konzept der Regelungstechnik im deutschen System der Normenhierarchie.[247] Die Bindung der Parlamentsgesetzgebung an die Volksgesetzgebung begründe eine Ausnahme von der Rangfolge, die vom einfachen Gesetz zum Verfassungsgesetz aufsteige.[248] Danach bewirke die Bindung im Ergebnis sogar, dass volksbeschlossene einfache Gesetze Vorrang vor parlamentsbeschlossenen Verfassungsvorschriften hätten.[249] Dieses Ergebnis sei systemwidrig und daher untragbar.[250]

Für den kommunalverfassungsrechtlichen Bereich liest sich dieses Argument eher in die Richtung, dass Bürgerentscheide mit direkt-demokratischer Beteiligung der Gemeindebürger unter Umständen besser dazu geeignet seien, die Verfassungsvorschrift aus Art. 28 Abs. 2 Satz 1 GG und ihre doppelte Dimension als Selbstverwaltungsrecht sowie als Aufgabe zur politischen Teilhabe der Gemeindebürger zu realisieren als die repräsentativ-demokratische Arbeit des Gemeinderates. Der entscheidende Aspekt, unter dem die Bindungsklauseln einen Verfassungsverstoß begründen könnten, bestehe daher darin, dass sie die Arbeit und Funktionsfähigkeit des Gemeinderats als Hauptorgan zur Wahrnehmung der kommunalen Selbstverwaltungsgarantie aus Art. 28 Abs. 2 Satz 1 GG und damit den Vorrang verfassungsrechtlicher vor einfachgesetzlichen Normen zumindest temporär in Frage stellen.[251] Um diesen Vorwurf richtig einschätzen zu können, bedarf es einer Auseinandersetzung mit dem Wesen der kommunalen Selbstverwaltungsgarantie und dem Recht auf Selbstverwaltung, das die

---

247 *Jacobsen*, DÖV 2007, 949 (952); *Kelsen* bezeichnet dies als den sog. „Stufenbau der Rechtsordnung", Reine Rechtslehre, S. 228 ff.

248 Diesen Vorwurf relativierend *Jacobsen*, DÖV 2007, 949 (952, 954). Er zeigt auf, dass – weil Verfassungsänderungen in der Regel durch Parlamentsgesetz erfolgen – das einfache volksbeschlossene Gesetz weiterhin unter dem Verfassungsrecht steht.

249 *Borowski*, DÖV 2000, 481 (483 ff.).

250 *Borowski*, DÖV 2000, 481 (487).

251 Vgl. zu den Kriterien der Funktionsfähigkeit des kommunalen Vertretungsorgans auch *Mehde*, VerwArch 109 (2018), 336 (hier bzgl. Sperrklauseln).

einzelnen Kommunen aus ihr ableiten. Dieses Selbstverwaltungsrecht wurde wie dargelegt vom historischen Verfassungsgeber[252] bewusst nicht als grundrechtliche Gewährleistung, sondern als institutionelle Garantie ausgestaltet.[253] Konkret bedeutet dies, dass nicht einzelne Gemeinden in ihrem jeweiligen subjektiven Bestand geschützt sind,[254] sondern ausschließlich die Institution der Kommunen an sich.[255] Es steht folgerichtig im ersten Zugriff auch nur der Kommune selbst zu und kann hinsichtlich einer etwaigen Rechtsverletzung nur durch sie geltend gemacht werden, nicht hingegen durch ihre Organe. Dennoch ist unstreitig vom kommunalen Selbstverwaltungsrecht umfasst, dass es den Kommunen die Arbeit mit Organen gestattet und sogar aufgibt, deren Funktionsfähigkeit daher auch in hinreichender Weise gesichert werden muss. Diesbezüglich erscheint es als ein nachvollziehbares Anliegen, die Arbeit des Gemeinderats als kommunales Hauptvertretungsorgan durch Bindungsklauseln gefährdet und dementsprechend schutzbedürftig anzusehen.

Allerdings gewährleistet Art. 28 Abs. 1 und 2 GG die kommunale Selbstverwaltung als Recht nur im Rahmen der Gesetze. Hieran wird ein einfacher Gesetzesvorbehalt nach allgemeiner grundrechtlicher Dogmatik festgemacht.[256] Er wird vorliegend durch die besagten kommunalverfassungsrechtlichen Bindungsklauseln ausgefüllt. Dem steht auch nicht entgegen, dass bei diesem Gesetzesvorbehalt der sogenannte Kernbereich kommunaler Selbstverwaltung zu beachten ist. Dieser wird nämlich erst dann als verletzt angesehen, wenn die Funktionsfähigkeit des Gemeinderats komplett beseitigt wird oder kein hinreichender Spielraum für deren Ausübung im Rahmen der Gemeinderatsarbeit mehr übrigbleibt.[257] Hier dürfte indes höchstens der Randbereich der Selbstverwaltungsgarantie betroffen sein. Denn der Gemeinderat ist nicht daran gehindert, seinem gesetzlichen Auftrag als Hauptvertretungsorgan für die Gemeinde

---

252 Vgl. zur Relevanz des historisch gewachsenen Bilds der Selbstverwaltung VerfGH Rheinland-Pfalz DVBl 2000, 992.

253 *Mehde*, in: Maunz/Dürig, GG, Art. 28 Abs. 2, Rn. 40. Es ist wie dargelegt in Art. 93 Abs. 1 Nr. 4a GG als grundrechtsgleiches Recht mitaufgeführt und kann über die Kommunalverfassungsbeschwerde verteidigt werden.

254 Dieses Argument spielt v.a. bei Rechtsstreitigkeiten um Verwaltungsreformen, Eingemeindungen etc. eine wesentliche Rolle.

255 BVerfGE 79, 127; als Institution besonders bezeichnet bei *Gern/Brüning*, Kommunalrecht, Kapitel 4: „Die Institution der Gemeinden."

256 BVerfG DVBl 2003, 919 (920); BVerwG NWVBl 2011, 263 (264); *Mehde*, in: Maunz/Dürig, GG, Art. 28 Abs. 2, Rn. 103 f.

257 BVerwG NVwZ 2011, 424; NVwZ 2006, 595 (596); BVerwGE 6, 19 ff.

nachzukommen. Er unterliegt dabei lediglich spezifischen Vorgaben, die überdies nur bei gesetzlich-qualitativ klar umschränkten und faktisch-quantitativ gesehen wenig erheblichen Bürgerentscheiden zum Tragen kommen. Erst recht dürfte dies bei selbstinitiierten Ratsbürgerentscheiden gelten. Die Bindungsklauseln greifen daher auch nicht unverhältnismäßig in die kommunale Selbstverwaltungsgarantie ein. Die Ausübung derselben im Rahmen des Rechts zur Selbstverwaltung steht den Kommunen gemäß Art. 28 Abs. 2 Satz 1 GG wie gezeigt nur nach Maßgabe der Gesetze zu. Die betreffenden Klauseln stellen im Ergebnis gesetzliche Vorschriften dar, die den aus der kommunalen Selbstverwaltung resultierenden Gestaltungsspielraum zur Rechtfertigung anderer Verfassungsgüter[258] und damit zulässigerweise einschränken.

b) Demokratietheoretische Argumente

Weitere Gegenargumente zur direkten Demokratie sowie zu deren Bindungswirkung gegenüber der repräsentativen Demokratie nehmen die Strukturen des Grundgesetzes, der Verfassungsorgane und ihre Beziehungen zueinander zum Ausgangspunkt.

aa) Handlungsfähigkeit des Staates

Ein erstes Gegenargument befasst sich mit der Frage nach dem Ob des staatlichen Handelns. Allgemein wird vertreten, zur Handlungsfähigkeit eines Staates gehöre, nicht nur Recht zu setzen, sondern auch dessen fortwährende Geltungskraft stetig zu überprüfen. Dies setze die Möglichkeit voraus, auf etwaige Änderungen in der Sach- und Rechtslage, die einem erlassenen Rechtssatz zugrunde liegen, angemessen zu reagieren.[259] Diese Mindestanforderung parlamentarisch-repräsentativer oder generell staatlicher Arbeit spreche grundsätzlich gegen eine Bindungswirkung volksbeschlossener Gesetze.[260]

Für die kommunale Ebene trägt dieses Argument wohl zumindest nicht im Hinblick auf die in Modell 4 der kommunalverfassungsrechtlichen Bindungsklauseln geregelte Öffnungsklausel.

---

258 Hierzu genügen sogar untergesetzliche Rechtsnormen, also Rechtsverordnungen, sofern sie auf einer hinreichenden Ermächtigungsgrundlage beruhen, VerfGH Nordrhein-Westfalen DVBl 2012, 29.

259 *Jacobsen*, DÖV 2007, 949 (952).

260 *Borowski*, DÖV 2000, 481 (484, 487); *Przygode*, Die deutsche Rechtsprechung zur unmittelbaren Demokratie, S. 430, 434; *Jellinek*, in: Anschütz/Thoma, Handbuch des deutschen Staatsrechts, Band 2, 182 f.

bb) Qualität des Staatshandelns

Neben die so aufgeworfene Frage, ob der Staat überhaupt handlungsfähig ist, tritt die weitergehende Frage nach dem Wie und der Qualität dieses staatlichen Handelns.[261] Weil ein Volks- oder Bürgerentscheid in der Regel eine Frage beinhalten muss, die sich mit „Ja" oder „Nein" beantworten lässt, wird der Volks- und Bürgergesetzgebung eine Starrheit vorgeworfen, die das insofern vorzugswürdige parlamentarisch-repräsentative System nicht kenne. Dort nämlich könne wichtige thematische Vorarbeit in den Ausschüssen geleistet werden.[262] Die so getane Vorarbeit trage der Komplexität vieler politischer Fragen angemessen Rechnung. Gerade diese entscheidende tiefgehende thematische Auseinandersetzung gehe der Volksgesetzgebung ab. Sie sei dadurch inkonsistent und nehme stets nur punktuelle Aspekte einer Angelegenheit in den Blick.[263] Dadurch fehle ihr weiter die Fähigkeit, „die allgemeinverantwortliche, kontinuierliche, flächendeckende Arbeit des Parlaments zu ersetzen."[264]

Angesichts der dargelegten Ausschlusstatbestände (Haushalts- und Fachplanungsvorbehalt sowie andere abwägerische Materien) dürfte sich diese Argumentation auf den Bereich der Gemeinden und des Bürgerentscheids wenn überhaupt nur punktuell übertragen lassen.

cc) Rechtsunsicherheit bezüglich des Bindungsgegenstands

Über die grundlegende Frage hinweg, ob überhaupt eine Bindungswirkung angenommen werden kann, meldet ein weiteres Argument erhebliche Zweifel daran an, wie diese etwaige Bindung im Ernstfall denn genau aussehen solle. Was wäre Bindungsgegenstand? Oder anders ausgedrückt: Was soll binden?[265] Vertreten werden eine Bindung an den Normtext des volksbeschlossenen Gesetzes sowie an das Regelungsziel.[266] Beide Ansätze aber werden im Ergebnis verworfen. So könne ein Änderungsverbot bezüglich des Normtextes kaum inhaltlichen Schutz gewähren.[267] Weiterhin würde regelmäßig mehr als nur ein Regelungsziel verfolgt[268] und zumeist nur Nebenbestimmungen verändert, die keinen Einfluss

---

261 *Jacobsen*, DÖV 2007, 949 (951).

262 Auf das enorme Verhandlungspotential in der Vorbereitung zur eigentlichen Rechtssetzung wies schon *Montesquieu* hin, Vom Geist der Gesetze, in: Forsthoff, S. 219.

263 *Bugiel*, Volkswille und Repräsentative Entscheidung, S. 486.

264 *Isensee*, in: Festschrift für Krause, S. 303 (310); *ders.*, DVBl 2001, 1161 (1166).

265 *Jacobsen*, DÖV 2007, 949 (952).

266 *Peine*, Der Staat 18 (1979), 375 (400 f.).

267 *Borowski*, DÖV 2000, 481 (486 f.).

268 *Borowski*, DÖV 2000, 481 (483 ff.).

auf die eigentlichen Zielsetzungen hätten.[269] Diese Rechtsunsicherheit könne im Interesse der staatlichen Gesamtstruktur und ihrer Funktionsfähigkeit nicht hingenommen werden.

Was den kommunalverfassungsrechtlichen Bereich betrifft, können diese Probleme grundsätzlich auch bei der Bindung an das Ergebnis eines Bürgerentscheids auftreten und sind daher zu beachten.

c) Rechtspolitische/rechtsphilosophische Argumente

Daneben treten ferner Argumente aus rechtspolitischer und -philosophischer Sicht.

aa) Eigennutz

Ein Gegenargument zur Bindungswirkung von Volks- und Bürgergesetzgebung beruht auf der Annahme, dass sich Einzelpersonen bei einer Abstimmung maßgeblich von eigennützigen oder maximal gruppennützlichen Interessen leiten ließen, anstatt von solchen, die dem gesamten Gemeinwohl dienlich sind.[270] Die Gemeinwohlorientierung sei indes Voraussetzung allen staatlichen Handelns.[271] Die Annahme des Eigennutzes als Entscheidungskriterium für die Abstimmungsbürger bilde auch die Grundlage für den Ausschluss bestimmter Abstimmungsgegenstände aus dem Verfahren der Volks- und Bürgergesetzgebung.[272] Vor allem in Bezug auf finanzwirksame Gesetze[273] lautet der Haupteinwand, „Das Volk könnte nur zu leicht der Versuchung erliegen, seine eigenen finanziellen Lasten übermäßig zu verringern".[274] Des Weiteren fehle es dem Volk

269 *Przygode*, Die deutsche Rechtsprechung zur unmittelbaren Demokratie, S. 432; *Peine*, Der Staat 18 (1979), 375 (399).

270 *Dreier*, in: ders., GG, Band 2, Art. 20 (Demokratie), Rn. 107; *Krause*, in: Isensee/ Kirchhof, HbStR Band III, § 35, 55 (82).

271 Als solche sei sie namentlich aus den Grundrechten abzuleiten, *Jacobsen*, DÖV 2007, 949 (952). Bzgl. der Spielräume, die der Gesetzgeber bei der Einschränkung von Grundrechten innehat und zu deren Ausfüllung er am Gemeinwohl ausgerichtete Zwecke heranziehen muss vgl. *Alexy*, VVDStRL 61, 7 (17) sowie aus der Rspr. etwa die Dreistufentheorie, BVerfGE 7, 377 (405). *Jacobsen* (a.a.O.) verbindet vor diesem Hintergrund Volksgesetzgebung mit Verbandsklagen als gruppenorientierter Form der Verfolgung eigennütziger Interessen.

272 *Jacobsen*, DÖV 2007, 949 (951 f.) – unter Erwähnung des rechtsphilosophischen Ursprungs bei *Aristoteles*.

273 Hierzu auch *Müller-Franken*, in: Festschrift für Frotscher, S. 657 ff.

274 *Borowski*, DÖV 2000, 481 (482).

aufgrund seines allein relevanten Egoismus auch an dem für die Umsetzung der eigenen Entscheidung erforderlichen Verantwortungsgefühl. So könne es entscheiden, für seine Entscheidung nicht zur Verantwortung gezogen werden, weil es schlichtweg keine Adressaten gebe, die diese Verantwortung in sachlicher und/oder persönlicher Hinsicht einforderten.[275]

Unabhängig davon, dass auch bei der Arbeit in einem Vertretungsorgan neben rein sachlichen auch eigennützige Beweggründe mitunter eine Rolle spielen können, dürften insoweit ebenfalls die gesetzlichen Ausschlusstatbestände für Bürgerentscheide dem Effekt des Eigennutzes maßgeblich vorbeugen oder ihn zumindest für darunterfallende Maßnahmen eindämmen.

bb) Verführbarkeit

Ein weiteres Argument liegt in der vermeintlichen Gefahr der Verführbarkeit des Abstimmungsvolkes.[276] So werde es Einzelnen ermöglicht, über die Geschicke einer Gemeinschaft zu bestimmen. Zu befürchten sei dies, da gerade bei Bürgerentscheiden die Beteiligung deutlich geringer ausfalle als bei Kommunalwahlen.[277] Diese wurde zunächst auf „angeblich[278] schlimme

275 *Heinz/Wilhelm*, LKRZ 2011, 246; *Engelken*, DVBl 2005, 415 (420); *Gröschner*, ThürVBl 2001, 193 (195); *Schmitt Glaeser*, DÖV 1998, 824 (830).

276 *Jacobsen*, DÖV 2007, 949 (952).

277 VerfGH Bayern NVwZ-RR 1998, 82.

278 Die Negativerfahrungen, auf die die Verfechter dieses Arguments rekurrieren, sind v.a. die unmittelbaren Wahlen *Paul von Hindenburgs* (1925, 1932) zum Reichspräsidenten und *Adolf Hitlers* (1933) zum Reichskanzler. Darin werden fernab ihres Charakters als Wahlen insofern sachlich-inhaltliche Abstimmungen und damit Volksentscheidungen gesehen, da mit ihnen Grundbestimmungen der WRV (v.a. als Republik und damit als Nicht-Monarchie in Art. 1 Abs. 1) zumindest faktisch außer Kraft gesetzt wurden. Dieser Gedanke kommt auch im später viel gebrauchten Bild vom „Ersatzkaiser" zum Ausdruck. Tatsächlich kannte die WRV sechs verschiedene Formen direkter Demokratie, unter denen das Volksbegehren und der Volksentscheid wegen hoher gesetzlicher Beteiligungsquoren von bis zu 50% der Stimmbeteiligten zumeist erfolglos blieben (eingeleitet auf Ebene der Gesamtrepublik: 8, in den Ländern: 60). 1932 war ein einziges Plebiszit erfolgreich (Auflösung des Oldenburger Landtages). Damit stellt sich in der Gesamtschau die Behauptung der „angeblich schlimmen Erfahrungen" als Zerrbild heraus, welches inzwischen mit der Erkenntnis als korrigiert gilt, dass die Weimarer Republik nicht aufgrund der in der WRV niedergelegten direktdemokratischen Elemente gescheitert ist, vgl. zusammenfassend zu all dem *Schwieger*, Volksgesetzgebung in Deutschland; überblicksartig und m.w.N. auch *Schmidt*, ZRP 2020, 199 als Antwort zu *Salaw-Hanslmaier/Möller*, ZRP 2020, 77, die die Weimarer Republik als Negativbeispiel nennen.

Erfahrungen“[279] mit Plebisziten in der Weimarer Republik sowie unter der Herrschaft der Nationalsozialisten zurückgeführt.[280] Viele kritische Stimmen spitzen die Verführungsgefahr mittlerweile auf punktuelle Ereignisse zu, so beispielsweise auf die Eidgenössische Volksinitiative „Gegen den Bau von Minaretten“, die 2007 ihr Ziel erreichte, mit einem Volksentscheid den neuen Art. 72 Abs. 3 der Schweizerischen Bundesverfassung mit dem Inhalt „Der Bau von Minaretten ist verboten.“[281] einzuführen.[282]

Das Argument der vermeintlichen Verführbarkeit verkennt indes, dass angesichts der für die Instrumente direkter Demokratie auf Landes- wie kommunaler Ebene gesetzlich zwingend erforderlichen Unterschriften und Quoren absolute Minderheiten oder gar Einzelpersonen außerstande sein dürften, Abstimmungen zu erzwingen. Vielmehr bieten diese Mechanismen hinreichende Gewähr dafür, den direktdemokratischen Verfahren in Ergänzung zu den repräsentativen Prozessen sowohl eine Grundlage demokratischer Legitimation als auch rechtlicher Bindungskraft zu vermitteln.[283]

2. Argumente für eine Bindungswirkung

Die Argumente, die auf der anderen Seite für eine Bindungswirkung vertreten werden, befassen sich mit den Schwächen des repräsentativ-parlamentarischen Systems und dem Potential, das die direktdemokratischen Elemente und ihre Bindungswirkung bieten, diese auszugleichen oder gar ganz auszuräumen.

a) Schwächen des repräsentativen Systems

Die Schwächen des repräsentativen Systems werden daher hier in Entkräftung der obigen Gegenargumente dargestellt.

---

279 *Pieroth*, EuGRZ 2006, 330 (332).

280 Fernab dieser pauschalen Wahrnehmung der Negativerfahrungen aber inzwischen differenzierter und umfassend *Jung*, Plebiszit und Diktatur; *ders.*, Volksgesetzgebung.

281 Schweizer Bundesblatt Nr. 18 vom 01.05.2007, S. 3231 ff.

282 *Picecchi*, in: 59. Assistententagung im Öffentlichen Recht, S. 307 ff.; ein weiteres Beispiel nutzt *Christmann*, Die Grenzen direkter Demokratie, S. 21: die Wiedereinführung der Todesstrafe bei Mord mit sexuellem Missbrauch; ferner: „Asylmissbrauch“ (abgelehnt), „Lebenslange Sicherungsverwahrung“, „Ausschaffung krimineller Ausländer“ (beide erfolgreich); *Heuer*, NordÖR 2012, 440 (443), Fn. 11.

283 *Salaw-Hanslmaier/Möller*, ZRP 2020, 77 (79).

aa) Diskussionsforum

Zunächst solle die verfassungsrechtlich getroffene Grundentscheidung für die repräsentativ ausgestaltete Demokratie und damit die Ausnahmefunktion der Volksgesetzgebung nicht bestritten werden. Die Volksgesetzgebung sei fraglos gerade nicht als Standardfall der grundgesetzlichen Demokratie vorgesehen, sondern fungiere vielmehr als punktuelle Ergänzung innerhalb des grundsätzlich repräsentativen und parlamentarisch ausgestalteten Systems. Wo sie aber gesetzlich vorgesehen und geregelt ist, ergebe sich der rechtliche Rang der Volksgesetzgebung aus ihrer systematischen Stellung in der Verfassungsordnung und der damit einhergehenden Normenhierarchie.[284] Denn dort sei die Ausnahme in den Landes- oder Kommunalverfassungen bereits angekommen und die Konkurrenz der Modelle damit bereits entschieden. Dem stehe insbesondere auch nicht entgegen, dass die Zahl der potenziellen Anwendungsfälle von Volksgesetzgebung *de lege lata* begrenzt sei. Allein aus diesem zahlenmäßigen und somit faktischen Rangverständnis[285] aber könne man keinesfalls auf ihre auch normativ-rechtliche Nachrangigkeit schließen.[286] Weiterhin könne die Ausnahmefunktion der Volksgesetzgebung auch nicht dadurch rechtliche Relevanz entfalten, dass sie primär durch den Ausschluss finanzwirksamer Entscheidungen einen sachlich begrenzten Regelungskatalog zum Gegenstand hat, denn dies wäre ein Rang, der sich einzig aus „Addition der Funktionszuständigkeiten" erschließe.[287]

Entsprechend der dargelegten Ausnahme- beziehungsweise Ergänzungsfunktion handele das Volk bei einer Volksabstimmung in verfasster Form „ausnahmsweise als Staatsorgan"[288] und sei als solches an die identischen verfassungsrechtlichen Vorgaben gebunden wie das sonst zuständige Parlament.[289] Eine dieser verfassungsrechtlichen Bindungsregeln sei das ungeschriebene Prinzip der Organtreue, das den grundgesetzlichen Gewaltenteilungsgrundsatz gemäß Art. 20 Abs. 2 Satz 2 GG für gewalteninterne Beziehungen konkretisiert.

284 Zu all dem *Jacobsen*, DÖV 2007, 949 (954).

285 *Jacobsen*, DÖV 2007, 949 (954).

286 VerfGH Sachsen NVwZ 2003, 472 (473). Darin geht er von einem normativen Gleichrang sachunmittelbarer und repräsentativer Demokratie aus, aufgrund dessen sich beide „wechselseitig korrigieren" könnten.

287 *Przygode*, Die Deutsche Rechtsprechung zur unmittelbaren Demokratie, S. 417; so auch schon *Hein*, Rechtsprobleme der Volksgesetzgebung im deutschen Reichs- und Landesverfassungsrecht, S. 38.

288 *Jacobsen*, DÖV 2007, 949 (954).

289 BVerfGE 8, 104 (115).

Dieses Prinzip besagt wie gezeigt, dass die Verfassungsorgane dazu verpflichtet sind, bei Inanspruchnahme ihrer jeweiligen verfassungsmäßigen Kompetenzen auf die Interessen der anderen Verfassungsorgane Rücksicht zu nehmen.[290] Aus ihm erwachse somit eine rechtliche Bindungswirkung, die fernab jeglicher unterschiedlicher politisch-demokratischer Rangunterschiede bestehe und dazu führe, dass Verstöße durch eine der beiden Gesetzgebungsformen von der jeweils anderen gerügt werden könnten. Daher gingen mit der Beachtung des Organtreuegrundsatzes eine grundsätzliche Gleichwertigkeit von einerseits repräsentativ- und direkt-demokratischen Instrumenten einher.

Vor diesem Hintergrund erklärt sich das Argument, welches dafür plädiert, in der Volks- und Bürgergesetzgebung ein solches Verfahren zu sehen, welches der grundsätzlichen Parlamentsgesetzgebung respektive der Arbeit der kommunalen Vertretungsorgane als „zweites Verfahren an die Seite gestellt wird."[291] Gemeint ist damit, dass zwei öffentliche Diskussionen statt nur einer ablaufen, und zwar eine vorgelagerte im Parlament oder sonstigen Vertretungsorgan – weil sich dieses in der Vorstufe zum eigentlichen Volksentscheid immer schon mit der Vorlage befasst haben muss – und eine zweite in der breiten Öffentlichkeit.

Was wohl zutreffen dürfte, – und zwar sowohl auf staats- als auch auf kommunalverfassungsrechtlicher Ebene – ist, dass kein reguläres Gesetzgebungsverfahren auf dem repräsentativ-demokratischen Weg ein derart großes Diskussionsforum bereithält.[292] Der Legitimationswirkung der jeweiligen Gesetze und/oder Beschlüsse kann dies nur zugutekommen.

bb) Kompromissgesetzgebung

Des Weiteren wird der Vorwurf entkräftet, Volks- und Bürgergesetzgebung sei starr, daher Kompromisslösungen nicht zugänglich sowie ungeeignet, die repräsentative Parlaments- oder Ratsgesetzgebung zu binden. Was im Sinne der Gegenargumente zur Bindungswirkung als struktureller Nachteil der Volks- und Bürgergesetzgebung betrachtet wird, stelle damit gleichermaßen eine strukturelle Schwäche der Parlamentsgesetzgebung sowie der Arbeit der kommunalen Vertretungsorgane dar.[293]

---

290 Grundlegend in BVerfGE 35, 193 (199), aufgegriffen in BVerfGE 45, 1 (39); vgl. auch *Schenke*, Die Verfassungsorgantreue; konkret für die Anwendbarkeit auch im Verhältnis zwischen Volks- und Parlamentsgesetzgeber VerfG Hamburg DVBl 2005, 439 (443) = zum Vergleich trotz Nichteingehens auf Stadtstaaten.

291 *Jacobsen*, DÖV 2007, 949 (957).

292 *Jacobsen*, DÖV 2007, 949 (957).

293 *Jacobsen*, DÖV 2007, 949 (957).

Dem ist beizupflichten. Denn auch im Parlament oder Rat wird grundsätzlich mit „Ja" oder „Nein" abgestimmt. Somit stehen auch die einzelnen Abgeordneten beziehungsweise Ratsmitglieder sowie die Fraktionen vor der sachlichen Abstimmungsfrage, ob sie einen Gesetzesentwurf oder eine Beschlussvorlage hinsichtlich des Inhalts und der äußeren Form akzeptieren oder ablehnen sollen.[294] Damit befinden sie sich in genau derselben Situation wie ein Abstimmungsbürger bei der Volks- und Bürgergesetzgebung. Allein der Umstand, dass die Abgeordneten einzeln oder im Kollektiv vor der eigentlichen Abstimmung eventuell die Möglichkeit hatten, auf die endgültige Fassung des Gesetzesentwurfs und damit der Abstimmungsfrage Einfluss zu nehmen, solle nach manchen Stimmen hieran ebenfalls nichts ändern.[295] Im Übrigen sei es kein Privileg der Parlamentsgesetzgebung und der Arbeit der Vertretungsorgane, vor der eigentlichen Sachentscheidung Beratungen durch- und so einen Kompromiss herbeizuführen. Vielmehr eröffne sich diese Möglichkeit auch im Volks- und Bürgergesetzgebungsverfahren dadurch, dass die Initiatoren des Volks- oder Bürgerbegehrens einerseits und das Parlament oder der Rat andererseits bei Konflikten über den Inhalt oder die Reichweite der Abstimmungsfrage eine Einigung suchen und in Kompromissgesetzen finden.[296] Zwar erübrigten sich hierdurch die eigentlichen Volksabstimmungen. Dies wiederum sei im Ergebnis aber für alle Beteiligten und besonders auch die Initiatoren selbst vorteilhaft, da inhaltlich die gewünschte Entscheidung bestmöglich unter Umgehung des sonst stets zu befürchtenden ungewissen oder negativen Ausgangs erreicht werde und auf dem Weg dorthin ferner Arbeit und Kosten eingespart würden. Schließlich sei es dem Parlament oder Rat als Repräsentativorgan regelmäßig auch möglich, einen eigenen differenzierten[297] Entwurf vorzulegen.[298] Auf diesem Wege lasse sich schließlich die angebliche Starrheit der Volks- und Bürgergesetzgebung auflösen oder zumindest insoweit relativieren, dass sich auch die Parlamentsgesetzgebung und die Arbeit der kommunalen Vertretungsorgane dieser strukturellen Schwäche ausgesetzt sehen.[299]

---

294 So *Jacobsen*, DÖV 2007, 949 (955).

295 *Maurer*, Staatsrecht Band I, § 7, Rn. 41.

296 *Landwehr*, Die finanzwirksame Volksgesetzgebung im Volksgesetzgebungsverfahren der Länder, S. 93.

297 *Jacobsen*, DÖV 2007, 949 (955).

298 Mit Ausnahme von Hessen und Nordrhein-Westfalen sehen alle Landesverfassungen diese Möglichkeit vor.

299 *Jacobsen*, DÖV 2007, 949 (955).

In Bezug auf die Bindungswirkung konkret des Bürgerentscheids tragen diese Erwägungen ebenso.

cc) Sachverstand

Dem in Anbetracht seines Engagements für das nationalsozialistische Regime umstrittenen, wegen seiner indirekten Wirkung auf die Rechtswissenschaft der frühen Bundesrepublik Deutschland dennoch bedeutenden Staatsrechtslehrer *Carl Schmitt* wird die Aussage zugeschrieben,[300] wonach Fachleuten ohne Eigeninteresse die letzte und eigentliche Sachkompetenz fehle.[301] Daran anknüpfend führen manche als Argument für die Bindungswirkung der Volks- und Bürgergesetzgebung gegenüber der Parlamentsgesetzgebung sowie der Arbeit der kommunalen Vertretungsorgane an, es lasse sich im Hinblick auf die Frage der Komplexität von Sachfragen und deren zutreffenden Bewertung durch Abstimmungsbürger beziehungsweise durch abstimmende Parlamentarier oder Ratsmitglieder nicht per se unterstellen, dass die gewählten Vertreter mehr oder besseren Sachverstand mitbringen.[302] Möglicherweise könnten ja die Initiatoren eines Volks- oder Bürgergesetzgebungsverfahrens den gleichen, vielleicht sogar besseren Sachverstand haben und aktivieren. Die auch in der Rechtsprechung zum Teil geäußerte Vermutung, der parlamentarisch-repräsentative Gesetzgebungsapparat sei zwar „keine Garantie“ für sachgerechte Entscheidungen, aber enthalte immerhin „eine erhöhte Chance der Gemeinwohlverwirklichung“[303], treffe nicht zu. Das Risiko mangelnden Sachverstands trage indes sowohl die Volks- und Bürgergesetzgebung als auch die parlamentarisch-repräsentative Demokratie in sich. Denn bei beiden Verfahren könnten „Spezialisten oder Dilettanten“ abstimmen.[304] Allein der Umstand, dass in der Parlamentsgesetzgebung zu jedem Verfahrenszeitpunkt die Einschätzungen von externen fachkundigen Personen eingeholt werden könnten, räume diese grundsätzliche Schwäche nicht aus. Wenn die Abgeordneten, Fraktionen oder Ratsmitglieder ständig auf diese Experteneinschätzungen angewiesen sind, könnten auch sie nur fernab einer eigenen inhaltlichen Durchdringung der Abstimmungsfrage wegen mangelnden Sachverstands Entscheidungen lediglich auf der Grundlage

---

300 Etwa von *Mayer-Tasch*, in: Festschrift für Schenke, S. 233 (239).
301 *Schmitt*, Verfassungslehre, S. 234.
302 So vertreten es aber *Bugiel*, Volkswille und Repräsentative Entscheidung, S. 465 ff.; *Montesquieu*, Vom Geist der Gesetze, in: Forsthoff, S. 219.
303 StGH Bremen DÖV 2000, 916 = zum Vergleich trotz Nichteingehens auf Stadtstaaten.
304 *Jacobsen*, DÖV 2007, 949 (955).

von Vertrauensbildung und Ideologie fällen.[305] Ferner trage zu dieser Schwäche bei, dass innerhalb der Reihen der verschiedenen Experten sukzessive Netzwerke und schließlich auch irgendwann ein Lobbyismus entstünden, die sich ihres Einflusses auf die parlamentarisch-repräsentative Willensbildung bewusst und nicht abgeneigt seien, diesen für eigene Zwecke auszunutzen.[306]

Aus denselben Gründen wird auch die Bindungswirkung speziell des Bürgerentscheids nicht mit Erfolg abgelehnt werden können.

b) Kompensations- und Korrektivfunktion

Für die direkte Demokratie an sich und damit auch für die hier in Rede stehende Bindungswirkung derselben gegenüber der repräsentativen Demokratie wird häufig deren sogenannte Kompensations- und Korrektivfunktion angeführt.[307] Darunter versteht man allgemein das Potenzial direktdemokratischer Elemente, die dargestellten strukturellen Defizite des Repräsentativsystems zu kompensieren und zu korrigieren.[308] Zumeist wird dabei auf ein Fehlgehen in zentralen politischen Einzelfallentscheidungen[309] abgestellt, das sowohl in einem positiven Handeln als auch in einem Unterlassen der Repräsentativorgane bestehen

305 *Jacobsen*, DÖV 2007, 949 (956).

306 *Klein*, ZG 12 (1997), 209 (212).

307 *Krüper*, in: Morlok/Schliesky/Wiefelspütz, HbParlR, § 37, 1112 ff., Rn. 34.; „Korrekturfunktion" von „besondere(r), funktionell-institutionelle (r) legitimatorische(r) Bedeutung" bei *Jacobsen*, DÖV 2007, 949 (959); *Dreier*, JURA 1997, 249 (252 ff.); *Berlit*, KritV 76 (1993), 318 (337); *Degenhart*, Der Staat 31 (1992), 77 (96 ff.); *Meyer*, in: Demokratie auf dem Prüfstand, 75; *ders.*, VVDStRL 33 (1975), 69 (115); *Böckenförde*, in: Isensee/Kirchhof, HbStR, Band III, § 34, Rn. 23; *Bugiel*, Volkswille und repräsentative Entscheidung, S. 98 ff.; *Scheuner*, in: ders., Staatstheorie und Staatsrecht, 245 (259).

308 S. z.B. Amtliche Begründung in Landtag Bayern Drs. 13/1252, S. 6; Landtag Niedersachsen Drs. 13/2400, S. 11 – Beide Fundstellen beziehen sich konkret auf die Bürgergesetzgebung; für die Volksgesetzgebung s. *Schmitt*, Volksentscheid und Volksbegehren, S. 9; *Böckenförde*, in: Isensee/Kirchhof, HbStR, Band III, § 34, Rn. 16; *Przygode*, Die deutsche Rechtsprechung zur unmittelbaren Demokratie, S. 421.

309 So sind Instrumente direkter Demokratie gegenüber dem von Sonderinteressen geleiteten Einfluss politischer Parteien in einem Parlament oder Rat regelmäßig „immun", dazu *Waechter*, Kommunalrecht, Rn. 265 (speziell für die Bürgergesetzgebung auf kommunaler Ebene) sowie *Maurer*, Staatsrecht Band I, § 7, Rn. 49 (für die Volksgesetzgebung auf staatlicher Ebene). Dennoch mahnt *Krüper*, in: Morlok/Schliesky/Wiefelspütz, HbParlR, § 37, 1112 ff., Rn. 40 m.w.N. zur Vorsicht (Parteien als „Triebkräfte" direktdemokratischer Maßnahmen).

kann.[310] Des Weiteren wird argumentiert, direktdemokratische Elemente seien in der Lage, die ungleichgewichtige Repräsentation von Interessen in der parteienstaatlichen Demokratie auszugleichen.[311] Während diesbezüglich manche in der direkten Demokratie lediglich das Potenzial erkennen, diese strukturellen Repräsentationsdefizite zu relativieren[312], plädieren andere gar für eine komplette Beseitigung[313].[314]

Hinsichtlich der so vertretenen Korrektivfunktion direkter Demokratie werden zusätzlich Unterkategorien erkannt, etwa im Sinne einer sogenannten „Ventil- und Belebungsfunktion".[315] Für sie streitet der Umstand, dass die thematische Auseinandersetzung der Gesellschaft mit politischen Fragen für ihre demokratische Selbstorganisation sorgt.[316] Wer hiergegen anführt, das geschehe schließlich auch bei Wahlen zu den Repräsentativorganen, lässt indes außer Acht, dass sich die Verfahren direkter Demokratie in ihrem Ablauf weitaus langwieriger gestalten als Wahlen und dadurch zwingend eine zeitlich und sachlich intensivere Befassung erfordern als dies regelmäßig bei reinen Personalentscheidungen der Fall ist.

Für die Frage nach der Bindungswirkung konkret des Bürgerentscheids lässt sich hieraus erschließen, dass auch in ihm eine wertvolle Ergänzung zur Arbeit der kommunalen Vertretungsorgane liegt, die es sinnig erscheinen lässt, eine zumindest punktuelle rechtliche Bindung zuzulassen.

---

310 *Krüper*, in: Morlok/Schliesky/Wiefelspütz, HbParlR, § 37, 1112 ff., Rn. 34 m.w.N.

311 *Krüper*, in: Morlok/Schliesky/Wiefelspütz, HbParlR, § 37, 1112 ff., Rn. 34 m.w.N.

312 *Volkmann*, in: Berliner Kommentar, GG, Art. 20, Rn. 58; *Möstl*, VVDStRL 72 (2013), 355 (369 ff.); *Martini*, Wenn das Volk (mit)entscheidet, S. 91 ff.; *Kühling*, JuS 2009, 777 (783); *Rux*, Direkte Demokratie in Deutschland, S. 105; *Berlit*, KritV 76 (1993), 318 (337).

313 *Schneider*, in: Benda/Maihofer/Vogel, HbVerfR, § 13, Rn. 137 ff.; *Maihofer*, in: Benda/Maihofer/Vogel, HbVerfR, § 12, Rn. 49 ff.; *Krause*, in: Isensee/Kirchhof, HbStR, Band III, § 35, Rn. 1 ff.

314 *Krüper*, in: Morlok/Schliesky/Wiefelspütz, HbParlR, § 37, 1112 ff., Rn. 34 tendiert zurecht zur Relativierung.

315 *Krüper*, in: Morlok/Schliesky/Wiefelspütz, HbParlR, § 37, 1112 ff., Rn. 34; vgl. für das Petitionsrecht *Klein*, in: Maunz/Dürig, GG, Art. 17, Rn. 139; *Böckenförde*, in: Isensee/Kirchhof, HbStR Band III, § 34, 31 (32) spricht von „Balance" zwischen repräsentativer und unmittelbarer Demokratie.

316 So auch *Krüper*, in: Morlok/Schliesky/Wiefelspütz, HbParlR, § 37, 1112 ff., Rn. 34.

3. *Mindestanforderungen an die Bindungswirkung*

Die Argumente, die sich wie gezeigt gegen eine Bindungswirkung von Volks- und Bürgergesetzgebung anführen lassen, können für die Zwecke dieser Untersuchung dadurch entkräftet werden, dass die Bindungswirkung direktdemokratischer Willensbildung und Entscheidungsfindung und damit folglich auch des Bürgerentscheids als direktdemokratisches Instrument an bestimmte Mindestanforderungen zu knüpfen ist. Dazu gehören das klare Bekenntnis zur Ausnahmefunktion direktdemokratischer Entscheidungselemente gerade auch auf kommunaler Ebene und ihre damit einhergehende Bedeutung als Kompensation und Korrektiv zu den verfassungsrechtlich als Standardfall etablierten Instrumenten klassisch repräsentativer Wirkweise.

Obwohl die aus dem grundgesetzlichen Demokratieprinzip gemäß Art. 20 Abs. 1 und 2 sowie Art. 28 Abs. 1 GG erwachsende Neutralitätspflicht in der Volks- und Bürgergesetzgebung generell und damit auch im Verfahren des Bürgerentscheids nicht unmittelbar gilt,[317] haben sich im Wege einer Mindestanforderung auch die Vertreter des Bürgerentscheids bei der Absicherung des darin gefundenen Ergebnisses an ein gewisses Sachlichkeitsgebot zu halten.[318]

Hintergrund ist hierbei vor allem die spezifisch-demokratische Funktion der kommunalen Selbstverwaltung aus Art. 28 Abs. 2 Satz 1 GG, die die repräsentativ-demokratischen Aspekte des Staatsverfassungsrechts auf die örtliche Ebene lediglich mittelbar anwendet. Im Zuge des Partizipationsmoments verstehen sich und wirken die kommunalverfassungsrechtlichen Bindungsklauseln in ihrer Funktion als normative Grundlagen und als einfachgesetzliche Konkretisierungen des von ständigen Konflikten gezeichneten Verhältnisses zwischen Demokratie und kommunaler Selbstverwaltung für die vielseitige Beteiligung der Bürger an Angelegenheiten der örtlichen Gemeinschaft. Auf diese Weise und in Ansehung der nach dem grundsätzlichen Verhältnis von repräsentativer und direkter Demokratie bestehenden bloßen Kompensations- und Korrektivfunktion der Letztgenannten lässt sich eine viel befürchtete sogenannte „Konkordanzdemokratie“ hinreichend sicher vermeiden.[319]

---

317 Hierzu grundlegend OVG Nordrhein-Westfalen NVwZ-RR 2004, 283 (v.a. 285).

318 M.w.N. aus der Rspr. *Heusch/Dickten*, NVwZ 2020, 358 (366).

319 *Rossi/Lenski*, DVBl 2008, 416 (425).

D. Schlussfolgerungen für die Rolle des Gemeindebürgers

Nach dem dargelegten Verständnis über die dogmatische Struktur des kommunalen Selbstverwaltungsrechts, die normativen Grundlagen in den kommunalverfassungsrechtlichen Bindungsklauseln sowie das Spannungsverhältnis von repräsentativer und direkter Demokratie auf kommunaler Ebene ergeben sich für den einzelnen Gemeindebürger und seine Rolle innerhalb der Gemeinde wichtige Konsequenzen, die es ermöglichen, die Argumente der bisher zur hier einschlägigen Forschungsfrage ergangenen verwaltungs- und verfassungsgerichtlichen Rechtsprechungsbeispiele im Folgenden treffend zu systematisieren und verständig zu würdigen.

Der Gemeindebürger ist ausweislich der insofern eindeutigen kommunalverfassungsrechtlichen Vorschriften aller Bundesländer kein Gemeindeorgan. Er hat das Recht, an Wahlen zum Gemeinderat und zum Bürgermeister teilzunehmen sowie Bürgerbegehren zu initiieren, zu vertreten und bei einem Bürgerentscheid abzustimmen. Eine ausdrückliche Aussage darüber, ob er von dem Gemeinderat verlangen kann, dass ein Bürgerentscheid nicht nur durchgeführt, sondern danach auch umgesetzt wird, ist den allgemeinen Grundlagen des Kommunalverfassungsrechts hingegen nicht zu entnehmen.

Ausweislich der in den Kommunalverfassungen zu findenden normativen Aussagen übt der Gemeindebürger durch die dargelegte Teilnahme an Wahlen und Abstimmungen Staatsgewalt aus. Auch wenn er als Vertreter für den Bürgerentscheid und dadurch temporär in einer staatlichen Funktion auftritt, bleibt er aber weiterhin Träger von Grundrechten. Jede andere Wertung würde vollkommen verkennen, dass die partiell direkt-demokratisch ausgestalteten Momente des Kommunalverfassungsrechts eine lediglich kompensatorisch-korrektive Funktion im grundsätzlich repräsentativ-demokratischen Mehrebenensystem des Grundgesetzes erfüllen.

Konkret bedeutet dies, dass sich so wie sämtliche Willensbildung und Entscheidungsfindung auf repräsentativ-demokratischem Wege auch solche über direkt-demokratische Instrumente maßgeblich am Allgemeinwohl und nicht an partikularen Individualinteressen zu orientieren haben.[320] Die angeführten Gründe gegen eine Volks- und Bürgergesetzgebung auf staats- beziehungsweise kommunalverfassungsrechtlicher Ebene zielen primär auf solche Mechanismen ab, die das parlamentarisch-repräsentative Verfahren zum Ausgleich

320 *Jacobsen*, DÖV 2007, 949 (954) m.w.N. u.a. auf die rechtsphilosophischen und -soziologischen Grundlagen bei *Habermas*.

gegenläufiger Belange in einem diskursiven Austausch im Vertretungsorgan bereithält, die wiederum der Bürgerschaft aber abgehen oder aber ihr zumindest nicht in gleich stark ausgeprägtem Maße zur Verfügung stehen.[321] Auf jeden Fall gilt insofern zu vermeiden, dass es durch die Bindungswirkung der Bürgerentscheide zu einer dauerhaften und schwerwiegenden Blockade der Wahrnehmungskompetenzen der kommunalen Repräsentativorgane kommt.

Kapitel 2: Rechtsprechungsanalyse

Nach Erörterung der für die vorliegende Arbeit relevanten rechtsdogmatischen und -politischen Grundlagen trägt dieses Kapitel die vorhandene Rechtsprechung zur Frage eines subjektiv-öffentlichen Rechts des Gemeindebürgers auf gemeindevertretungsseitige Umsetzung des kommunalen Bürgerentscheids im Sinne einer Bestandsaufnahme strukturell zusammen und führt sie einer ersten grundlegenden Bewertung zu.

Die Untersuchung konzentriert sich dabei auf die zum Zeitpunkt ihrer Erstellung bereits ergangene vor allem verwaltungs- und ferner verfassungsrechtliche Rechtsprechung sämtlicher Instanzen, um in einem induktiven Verfahren aus dem jeweils behandelten konkreten Rechtsstreit und seinen Besonderheiten inklusive der entsprechenden juristischen Lösung auf allgemeine Tendenzen zu schließen und diese für die vorliegende Untersuchung nutzbar zu machen. Dazu werden die gerichtlichen Entscheidungen in ihre Lösungsansätze unterteilt und im Hinblick auf Gemeinsamkeiten und Unterschiede gegenübergestellt.

A. Lösungsansätze der Rechtsprechung

In der Rechtsprechung haben sich drei Argumentations- und Lösungsansätze herausgebildet. Ein erster Ansatz (I.) geht davon aus, dass der einzelne Gemeindebürger ein subjektives Recht auf Umsetzung des Bürgerentscheids beziehungsweise auf Einhaltung der gesetzlichen Frist aus den Bindungsklauseln in den Gemeindeordnungen habe. Des Weiteren vertritt ein zweiter Ansatz eine Organstellung des Gemeindebürgers (II.), wohingegen ein dritter Ansatz (III.) jegliche Klagemöglichkeit verneint.

321 *Mehde*, in: Maunz/Dürig, GG, Art. 28 Abs. 2, Rn. 68.

I. Subjektives Recht

Ein erster in der Rechtsprechung auszumachender Lösungsansatz besteht darin, einem nach dem Gesetz zur Abstimmung berechtigten Gemeindebürger ein subjektiv-öffentliches Recht darauf zuzusprechen, dass die Gemeindeorgane einen Bürgerentscheid, der die Wirkung eines Gemeinderatsbeschlusses hat, während der kommunalverfassungsrechtlich festgelegten Bindungsfrist beachten.[322]

1. Rechtsschutzgedanke

Hierzu wird zum einen vertreten, dass ein Bürgerentscheid zugunsten der an seiner Durchführung beteiligten Gemeindebürger ein subjektiv-öffentliches Recht vermittele und damit einhergehenden Rechtsschutz eröffne.[323] Zur Begründung führt diese Ansicht an, dass der einzelne Gemeindebürger anders als ein Gemeinderatsmitglied nicht Teil eines übergeordneten Gemeindeorgans sei. Daher könne er die rein im öffentlichen Interesse agierende Kommunalaufsicht nicht im eigenen oder im Namen eines übergeordneten Organs, dem er angehört, zum Tätigwerden bewegen. Ohne ein subjektiv-öffentliches Recht fände ansonsten ein angemessener Schutz vor einem Nicht-Vollzug des Bürgerentscheids sowie vor ihm gegenläufigen Maßnahmen der Kommunalvertretung nicht statt.[324] Dieser Rechtsschutzgedanke lässt sich wiederum in zwei Aspekte unterteilen.

a) Entwertung des Bürgerentscheids

Zunächst dürfe das Recht der Gemeindebürger auf die Verwirklichung eines von ihnen unterzeichneten Bürgerbegehrens, das in einem Bürgerentscheid fortwirkt, nicht dadurch entwertet werden, dass er seitens der Gemeindevertretung

---

322 VGH Baden-Württemberg KommJur 2015, 101 in Bestätigung der eigenen Rspr. bei DVBl 1975, 552. Hier wird neben der Missachtung des Bürgerentscheids vonseiten des Gemeinderates ausdrücklich auf die Konstellation abgestellt, dass die Rechtsaufsichtsbehörde den Bürgerentscheidet beanstandet.

323 Schleswig-Holsteinisches VG, Urt. v. 19.05.1994 – 6 A 442/93; OVG Schleswig-Holstein, Urt. v. 21.06.1995 – 2 L 121/94, BeckRS 1995, 13176; VGH Baden-Württemberg DVBl 1975, 552; KommJur 2015, 101; VG Freiburg, Beschl. v. 07.08.2014 – 5 K 1706/14, BeckRS 2014, 54750; ferner: OVG Nordrhein-Westfalen NVwZ-RR 1999, 136.

324 VGH Baden-Württemberg DVBl 1975, 552 – Leitsatz Nr. 4 und detailliert bei (553); aufrecht erhalten in KommJur 2015, 101.

contra legem frühzeitig abgeändert oder aufgehoben wird.[325] Dem ausdrücklich gesetzlich geregelten Rechtsinstitut des Bürgerentscheids beziehungsweise dem entsprechenden Verfahren dürfe nicht das „sachliche Substrat" entzogen werden. Die Frist in den Bindungsklauseln der Gemeindeordnungen diene nämlich gerade nicht nur dem öffentlichen Allgemeininteresse der Gemeinde und ihrer grundsätzlich zuständigen Vertretungsorgane, sondern darüber hinaus auch dem privaten, also individuellen und damit subjektiv-grundrechtlich begründeten Interesse der unterzeichnenden Personen.[326]

Zu diesem Schutzziel bedürfe es der effektiven Verhinderung zunächst von Gemeinderatsbeschlüssen sowie außerdem von Ausführungshandlungen desjenigen Organs, das an sich nach der eigentlichen gesetzlichen Wertung berufen ist, die Beschlüsse des Gemeinderats zu vollziehen. Daher sei in der Hauptsache eine Unterlassungsklage beziehungsweise im vorläufigen Rechtsschutzverfahren ein Antrag auf den Erlass einer einstweiligen Anordnung statthaft, um das hinter den privaten Interessen der Gemeindebürger stehende subjektive Recht darauf abzusichern, dass die Gemeindevertretung einen Bürgerentscheid nicht innerhalb der gesetzlichen Frist abändert oder gänzlich aufhebt.[327]

Für einen solchen subjektiven Sicherungsanspruch spricht in der Tat die teleologische Erwägung, dass hier die besondere Gefahr einer schleichenden Umgehung des Bürgerentscheids durch den Gemeinderat gegeben sein dürfte. In Ermangelung einer anderweitigen Möglichkeit zur gerichtlichen Durchsetzung des Bürgerentscheids bedarf es daher einer Klagemöglichkeit von Vertretern des Bürgerentscheides. Hierfür lassen sich ferner das Rechtsstaatsprinzip des Art. 20 Abs. 3 GG und die Rechtsweggarantie des Art. 19 Abs. 4 Satz 1 GG anführen, auch wenn letztere die Rolle der Bürger als Inhaber von Rechten gegenüber der Verwaltung betont, was zumindest bei dem wie dargelegt teilweise vertretenen Verständnis des Bürgerentscheids als (Quasi-) Organ der Kommune nicht ganz naheliegt. Zusätzlich bedient die Rechtsprechung in diesem Zusammenhang der Entwertung des Bürgerentscheids zuweilen das Argument des allgemeinen Willkürverbots allen staatlichen Handelns gemäß Art. 3 Abs. 1 GG.[328]

---

325 Schleswig-Holsteinisches VG, Urt. v. 19.05.1994 – 6 A 442/93, S. 14 ff. unter besonderer Betonung des Missbrauchsgedankens.

326 Die aufgeführte Rspr. bestätigend *Lange*, Kommunalrecht, Rn. 187 (S. 646 f.); *Spies*, Bürgerversammlung, Bürgerbegehren, Bürgerentscheid, S. 287.

327 VGH Baden-Württemberg DVBl 1975, 552 (553).

328 VGH Baden-Württemberg DVBl 1975, 552.

Auch unter diesem Aspekt greift das Argument des effektiven Rechtsschutzes rechtlich durch.

Ein weiterer Teilbegründungsansatz zum Rechtsschutzgedanken und darin zur drohenden Entwertung des Bürgerentscheids geht davon aus, die vertretungsberechtigten Personen eines Bürgerbegehrens hätten einen aus den Bindungsklauseln abgeleiteten Anspruch auf gesetzliche Durchführung des Bürgerentscheids, der ausdrücklich auch die nachträgliche Kontrolle ermögliche.[329] Dadurch verlängert er deren Rechtsschutzmöglichkeiten auf die Zeit nach der eigentlichen Durchführung des Bürgerentscheids.[330] Zur Begründung wird ausgeführt, es bestehe in diesem Fall eine „rechtliche Sonderbeziehung" zwischen den Vertretern einerseits und der Gemeinde sowie ihren gesetzlichen Organen andererseits. Damit relativiert dieser Ansatz gleichzeitig auch den dargelegten Aspekt der Äquivalenz zwischen Bürgerentscheid und Gemeinderatsbeschluss. Zwar sei diese Äquivalenz in der Wirkung rechtlich ausdrücklich vorgeschrieben.[331] Allerdings unterscheide sich das Abstimmungsergebnis eines erfolgreichen Bürgerentscheids besonders mit Blick auf seine rechtliche Überprüfbarkeit von einem sonstigen allgemeinen Gemeinderatsbeschluss.

Hierzu lässt sich kritisch anmerken, dass zwar die gerichtliche Erwägung, wonach andernfalls – also ohne Anspruchsbegründung – das Recht der Vertretungsberechtigten, das Bürgerbegehren verfahrensrechtlich gerade im zentralen Stadium der Entscheidung zu begleiten und in Folge daraus auch der Bürgerentscheid selbst zu einer „leeren Hülle" zu verkommen drohe. Ob sich eine derart weitgehende Vertretungsbefugnis allerdings auch am Gesetz festmacht, darf in Frage gestellt werden.[332]

b) *Durchsetzungsbefugnis als Annexrecht*

Ein weiterer Gesichtspunkt, aus dem heraus sich für die Verfechter des Rechtsschutzgedankens ein subjektives Recht der Gemeindebürger auf Umsetzung des Bürgerentscheids ergibt, besteht in der Annahme einer sogenannten Durchsetzungsbefugnis als Annexrecht zur eigentlichen Durchführungskompetenz.[333]

---

329 OVG Nordrhein-Westfalen, Urt. v. 27.06.2019 – 15 A 2503/18, BeckRS 2019, 16447.

330 *Heusch/Dickten*, NVwZ 2019, 1238 (1244).

331 So unter Bezug auf die Rspr. auch *Dziallas/Jäger*, KommJur 2016, 6 (7). Er betont die „explizite Gleichstellung des erfolgreichen Bürgerentscheids mit einem Gemeinderatsbeschluss *nur* in seiner Wirkung" (Originaltext nicht kursiv).

332 *Heusch/Dickten*, NVwZ 2019, 1238 (1244).

333 OVG Schleswig-Holstein, Urt. v. 21.06.1995 – 2 L 121/94, BeckRS 1995, 13176, Rn. 68.

Danach ergebe sich diese Zuständigkeit der Gemeindebürger aus den Grundsätzen der sogenannten Annexkompetenz nach Maßgabe der allgemeinen rechtsdogmatischen Zuordnung von Annexgebieten zur Hauptkompetenz. Einer solchen Annexkompetenz unterliegen in der Regel solche Neben- und Hilfsgebiete, die keine eigene Sachmaterie darstellen, sondern nur die Vorbereitung oder Durchführung eines Sachgebietes betreffen.[334] Das rechtsdogmatische Konzept der Annexkompetenz stammt ursprünglich aus dem Bereich der Gesetzgebungskompetenzen auf staatsverfassungsrechtlicher Ebene. Es speist sich aus dem Gedanken der Zuständigkeit kraft Sachzusammenhangs und kann angenommen werden, wenn eine ausdrücklich zugewiesene Materie verständiger Weise nicht geregelt werden kann, ohne dass zugleich eine nicht ausdrücklich zugewiesene andere Materie mitgeregelt wird.[335] Kennzeichnend dabei ist der dienende, akzessorische Charakter der Annexkompetenz, die in einem funktionellen Zusammenhang zur Hauptbefugnis steht und von ihr zeitweise überlagert wird, sie aber dennoch in ihrer Existenz zwingend begründet.

Weil das Recht auf Teilnahme an einem Bürgerentscheid im Wege der Abstimmung wie das damit korrespondierende Wahlrecht als subjektives Recht ausgestaltet sei, gelte dies auch für die Annexkompetenz auf Durchsetzung des Abstimmungsergebnisses. Während die vorgenannte Ansicht wegen einer zu befürchtenden Entwertung des Bürgerentscheids in rein zeitlicher Hinsicht den Schutz für die Durchführung auf jene zur nachträglichen Kontrolle erstreckt, tut die hier einschlägige Ansicht zur Annexbefugnis dies in qualitativer Hinsicht. Soweit man eine originäre Kompetenz der Gemeindebürger verneinen sollte, sei die umfassende Zuständigkeit der einen Bürgerentscheid hinsichtlich seiner Umsetzung durch die Vertretungsorgane überprüfenden Bürgerschaft nach diesen Grundsätzen zu bejahen.

Die Begründung des Rechts auf die Umsetzung des Bürgerentscheids selbst erfolgt damit über eine Wertung, die davon ausgeht, dass es eine Art von Verfassungsrecht „auf" Bürgerentscheid beziehungsweise ein solches Recht auf die Durchführung des Bürgerentscheids nach Maßgabe der zugrundeliegenden gesetzlichen Vorschriften gibt, bezüglich dessen Sicherung die Umsetzung desselben als Annexkompetenz zur Sachkompetenz fungiert. Dabei handelt es sich um eine Begründung subjektiv-öffentlicher Rechte *a priori*, während die Anbindung des Rechts an die gesetzlichen Bindungsklauseln und die Herleitung aus ihnen eine Geltung subjektiv-öffentlicher Rechte *a posteriori* bedeutet. Diese

334 *Uhle*, in: Maunz/Dürig, GG, Art. 70, Rn. 71 ff.

335 BVerfG NJW 2010, 833 (837).

Gegenüberstellung ist ein wiederkehrendes Motiv innerhalb der Forschung, die das Rechtsinstitut des subjektiv-öffentlichen Rechts über zwei verschiedene Begründungstendenzen herleitet. Inhaltlich sind ihr aber keine tiefgreifenden Erkenntnisse zu entnehmen.

2. Verfahrensrüge in Anlehnung an Wahl- und Abstimmungsrechte

Die von der Rechtsprechung außerdem vertretene Rüge des Verfahrens zielt darauf ab, dem Gemeindebürger über eine Art Prozessgrundrecht dazu zu befähigen, die Ergebnisse des Bürgerentscheids gerichtlich sichern zu lassen.[336] Vertreten wird damit vor allem eine Begründung subjektiv-öffentlicher Rechte der Gemeindebürger im Hinblick auf den Bürgerentscheid und seine Durchsetzung über die allgemeinen Wahlrechtsgrundsätze in Anlehnung an Art. 38 GG. Diese verfassungsrechtliche Position wird gewährt, geprüft und durchgesetzt wie ein Grundrecht und daher als grundrechtsgleiches und damit individualverfassungsbeschwerdefähiges Recht in Art. 93 Abs. 1 Nr. 4a GG aufgeführt.[337] Daneben ist sie indes auch organschaftliche Befugnis.[338]

Diese Auffassung trifft aber nicht den eigentlichen Kern des seitens der Gemeindebürger verfolgten Rechtsschutzziels. Denn der Erfolg des besagten Arguments setzt zunächst voraus, dass die Wahlrechtsgrundsätze auf die beschriebene Situation überhaupt anwendbar sind. Die Wahlrechtsgrundsätze des Art. 38 Abs. 1 Satz 1 GG gelten für Bundestagswahlen, jene des Art. 28 Abs. 1 Satz 2 GG greifen bei Landtagswahlen und Kommunalwahlen.[339] Über diese grundgesetzlichen Verfassungsprinzipien und die entsprechenden Parallelvorschriften in den Landesverfassungen hinaus finden sich die rechtlichen Grundlagen für Wahlen auf Landes- und Kommunalebene in den Landes- und Kommunalwahlgesetzen als einfachgesetzliche Ausprägungen der genannten Verfassungsprinzipien. Sie regeln die Durchführung der Wahlen als Prozesse

336 Schleswig-Holsteinisches VG, Urt. v. 19.05.1994 – 6 A 442/93, S. 15 ff. insbesondere bzgl. der Mobilisierung des Gemeindebürgers zur Wahrnehmung seines Wahl- und Abstimmungsrechts.

337 *Butzer*, in: Epping/Hillgruber, Beck OK GG, Art. 38, Rn. 59, 107; *Klein*, in: Maunz/Dürig, GG, Art. 38, Rn. 148 ff. (s. die in der dortigen Kommentierung benutzte Überschrift: „Das Wahlrecht als subjektives Recht").

338 *Klein*, in: Maunz/Dürig, GG, Art. 38, Rn. 191.

339 BVerfG NVwZ 2013, 1540 (1541): Art. 38 GG erfasst unmittelbar nur die Wahlen zum Deutschen Bundestag. Eine analoge Anwendung auf Wahlen in den Ländern scheidet mit Rücksicht auf die selbstständigen Verfassungsräume von Bund und Ländern aus; *Hellermann*, in: Epping/Hillgruber, BeckOK GG, Art. 28, Rn. 13 ff.

der Willensbildung und den Vollzug der dadurch gefundenen verbindlichen Resultate. Bei einem Bürgerentscheid handelt es sich indes nicht um eine Wahl im Sinne der Kommunalwahlgesetze.[340] Allgemeine Einigkeit besteht hingegen darüber, dass er eine Abstimmung darstellt, und diese Abstimmung hinsichtlich ihres Ergebnisses einem endgültigen Gemeinderatsbeschluss unter der Bedingung rechtlich gleichgestellt ist, dass das gesetzlich erforderliche Quorum erreicht wird. Über diese weitgehend unumstrittene Feststellung hinaus treffen die einschlägigen Gerichtsentscheidungen mitunter ausschließlich Aussagen darüber, wie ein dergestalt rechtlich qualifizierter Bürgerentscheid angefochten werden kann.[341] Das heißt sie gehen in der Regel von der Konstellation aus, dass der Gemeindebürger – entweder als individuelles Subjekt oder als Teil des Kollektivs der Gemeindebürgerschaft – gegen den Bürgerentscheid beziehungsweise das in ihm gefundene Ergebnis vorgehen möchte, weil beides ihm rechtlich oder tatsächlich nachteilig ist und er Rechtsschutz dagegen begehrt. Dass in dieser – zahlenmäßig häufigeren – Sachverhaltslage ein subjektiv-öffentliches Recht des Gemeindebürgers nicht angenommen werden kann, leuchtet ein. Denn dann stellt sich der einzelne Bürger als Teil der demokratischen Minderheit gegen die demokratische Mehrheit.

So wie aber bei einer regulären Wahl der einzelne für den Fall, dass er sich mit seiner Stimmabgabe für oder gegen eine Person nicht in den Stimmen aller anderer an der Wahl teilnehmenden und zu ihr berechtigten Bürger wiederfindet, kein gesondertes Recht darauf hat, dass sich seine subjektiv-individuelle Meinung in dem Wahlergebnis qualitativ und inhaltlich abbildet, – genauso kann auch ein Bürger, der gegen das Ergebnis eines Bürgerentscheids vorgeht und dessen faktische Aufhebung begehrt, nicht in einer subjektiv-rechtlichen Dimension verlangen, dass seine eigene Meinung gegen jene der Mehrheit aller an der entsprechenden Abstimmung beteiligter Bürger ein hinreichendes Maß an Berücksichtigung findet. Die Situation, die es hier zu betrachten gilt, ist aber genau umgekehrt ausgestaltet. Denn der Bürger will eben die beschriebene positive Bindungswirkung der Kommunalorgane an das Ergebnis des Bürgerentscheids erreichen und sich nicht seiner Geltung und Umsetzung entgegenstellen. Daher können punktuelle Wertungen aus den angeführten Gerichtsentscheidungen auch für die hier gegebene Konstellation rechtlich nicht fruchtbar gemacht werden. Dazu gehören zum Beispiel die von betroffenen Bürgern für eine Verletzung in eigenen Rechten geltend gemachten Aspekte, bei der Durchführung

340 Für die dortige Rechtslage vgl. VGH Baden-Württemberg NVwZ-RR 2001, 68.
341 Z.B. OVG Rheinland-Pfalz KommJur 2013, 453.

des Bürgerentscheids seien die Grundsätze der Freiheit beziehungsweise Gleichheit der Wahl oder grundlegende Informationspflichten seitens der staatlichen Stellen nicht beachtet worden.[342]

Der erste Ausgangspunkt liegt für diese Ansicht darin, dass der einzelne Gemeindebürger einen sogenannten *status activus* habe. Dieser erwachse einerseits aus seinem Recht, an Wahlen teilzunehmen aber auch darauf, bei Sachentscheidungen wie beispielsweise bei Bürgerentscheiden abzustimmen. Gleichzeitig folge umgekehrt auch der *status activus* aus dem Wahl- und Abstimmungsrecht. Bei diesen Rechten handele es sich jedenfalls um subjektiv-öffentliche Rechte. Dahingegen übe die Gesamtheit der Bürger eine rein objektiv-rechtlich begründete Wahrnehmungszuständigkeit aus. Daher fungiere die kollektive Bürgerschaft als „komplementäres Funktionssubjekt"[343] zur eigentlich grundsätzlich für Gemeindeangelegenheiten zuständigen Gemeindevertretung. Als solche sei hingegen nicht der einzelne weiter grundrechtsberechtigte Gemeindebürger anzusehen.

Zu dieser Unterscheidung tritt eine weitere, die aus der strukturellen und teleologischen Verschiedenheit von Wahlen und Abstimmungen herrührt, wegen der Wahlen und Abstimmungen samt der dahinterstehenden Strukturmerkmale nicht völlig miteinander gleichgesetzt werden. Die Teilnahme an einer Wahl nämlich zielt darauf ab, die zu den in der Gemeindevertretung zum Treffen von Sachentscheidungen befugten Personen auszuwählen und demokratisch zu legitimieren.[344] Sie werden dadurch zu Mandatsträgern oder Amtswaltern mit bestimmten Befugnissen (Kompetenzen). Im Gegensatz dazu stellen Abstimmungen „Stellungnahmen des Volkes zu ihm gestellten Sachfragen"[345] dar. Die unmittelbar getroffene Sachentscheidung wirkt dabei nicht nur für den Bürger allein, sondern ganz entscheidend auch für die Gemeinde. Dieser Umstand ist eigentlich untypisch für ein subjektiv-öffentliches Recht und kann daher in einem ersten Zugriff nur gegen dessen Herleitung auf diesem Wege sprechen.

---

342 VGH Baden-Württemberg, Urt. v. 10.04.2001 – 1 S 2283/00, Rn. 22 f.

343 Die dargelegte Rspr. aufgreifend *Fügemann*, DVBl 2004, 343 (347).

344 *Sommermann*, in: von Mangoldt/Klein/Starck, GG, Band 2, Art. 20, Rn. 152; *Grawert*, in: Isensee/Kirchhof, HbStR Band I, § 14, Rn. 49; hierzu auch *Fügemann*, DVBl 2004, 343 (347); *Engelken*, DÖV 2002, 977 (984).

345 *Stern*, Staatsrecht Band II, § 25 II 1.b).

II. Organstellung

Ein weiterer Lösungsansatz in der Rechtsprechung entwickelt aus den kommunalverfassungsrechtlichen Bindungsklauseln eine Organstellung der Bürgerschaft als Ganzes beziehungsweise eine solche des einzelnen Gemeindebürgers.[346]

1. Verpflichtung des Gemeindebürgers

Für die Annahme einer Organstellung spreche zunächst, dass mit der Einleitung eines Bürgergesetzgebungsverfahrens eine kommunalverfassungsrechtliche Pflicht des Gemeindebürgers gegenüber den anderen gleichgeordneten Organen der Gemeinde entstehe.[347] Zur Begründung wird verwiesen auf die systematische Stellung der kommunalverfassungsrechtlichen Vorschriften über den Bürgerentscheid an sich und insbesondere über seine Bindungswirkung in dem Abschnitt, der sich mit den Rechten und Pflichten der Gemeindebürger befasst.[348] In den dortigen Regelungen[349] finde eine Differenzierung zwischen Rechten und Pflichten – vermeintlich bewusst – nicht statt.

Grundlage einer solchen Verpflichtung des Gemeindebürgers ist die Wertung, dass die Vertreter des Bürgerbegehrens und damit auch des nachgelagerten -entscheids „in einer Art organschaftlichem Verhältnis zur betreffenden Gemeinde ‚Amtswalter'" seien.[350] Durch die Benennung dieser Personen bei Einleitung des Bürgergesetzgebungsverfahrens konkretisiere sich die Verfassung

---

346 Für die hessische Vorschrift in § 8b Abs. 3 Satz GO entschied das BVerfG NVwZ 2019, 642, Rn. 17; ebenso bereits VG Darmstadt NVwZ-RR 1995, 156 (157); OVG Sachsen NVwZ-RR 1997, 253; Beschl. v. 02.05.2002 – 4 E 182/00. Dem Beschl. des BVerfG folgend sodann auch VGH Baden-Württemberg, Beschl. v. 25.07.2019 – 1 S 699/19, BeckRS 2019, 18689, Rn. 19 und OVG Niedersachsen, Urt. v. 04.12.2019 –10 LC 43/19, BeckRS 2019, 31619, Rn. 21, und – 10 LC 154/18, BeckRS 2019, 31651, Rn. 31; VG Göttingen, Urt. v. 27.11.2019 – 1 A 394/17, BeckRS 2019, 33595, Rn. 18 und VG Trier, Beschl. v. 15.10.2019 – 7 N 4075/19, BeckRS 2019, 26015, hierzu mit Anmerkungen *Heusch/Dickten*, NVwZ 2020, 358 (364 f.).

347 VG Darmstadt NVwZ-RR 1995, 156 (157).

348 BVerfG NVwZ 2019, 642, Rn. 17 ff.

349 Eine vergleichbare Vorschrift sehen alle Gemeindeordnungen vor: § 10 Abs. 3 GemO Baden-Württemberg; Art. 21 GO Bayern; § 12 KVerf Brandenburg; § 19 GO Hessen; § 14 Abs. 2 KV Mecklenburg-Vorpommern; § 30 KomVG Niedersachsen; § 8 GO Nordrhein-Westfalen; § 14 GemO Rheinland-Pfalz; § 19 Abs. 1 KSVG Saarland; § 10 Abs. 2 GemO Sachsen; § 24 Abs. 1 KVG Sachsen-Anhalt; § 18 GO Schleswig-Holstein; § 14 Abs. 1 KO Thüringen.

350 BVerfG NVwZ 2019, 642, Rn. 17.

der Unterstützer eines Bürgerbegehrens sowie -entscheids im gesetzlich vorgesehenen und erforderlichen Umfang mit der Folge, dass ein eigenständiges kommunales Organ mit Rechten und Pflichten entstehe.[351] Dahinter steckt die Ansicht, die den Vertrauenspersonen eines Bürgerbegehrens beziehungsweise -entscheids durch das Kommunalrecht zugewiesenen Rechte seien Teil der kommunalen Willensbildung. Somit bildeten ein zugelassenes Bürgerbegehren und im Wege des Erst-Recht-Schlusses daher auch ein erfolgreicher -entscheid Bestandteile des institutionellen Gefüges der Gemeinde, mit dem die Bürgerschaft als Kollektiv an der politischen Willensbildung in der Gemeinde teilhabe. Kraft dieser Teilhabefunktion nähmen die Vertrauensleute insoweit eine gleichsam organschaftliche Funktion wahr.[352]

Diesem Ansatz des Erst-Recht-Schlusses zwischen dem über § 123 Abs. 1 VwGO geschützten Bürgerbegehren und dem mindestens genauso stark zu schützenden Bürgerentscheid ist zwar zunächst Folgendes zuzugestehen: Er vermag der extremen Widersinnigkeit entgegenzutreten, welche darin gesehen werden muss, dass die Interessenlage bei Bürgerbegehren und -entscheid ähnlich gelagert ist und trotzdem der Schutz des Bürgerentscheids weniger stark ausgeprägt sein soll als der des Bürgerbegehrens. In der Konsequenz nämlich könnte ein dem Bürgerbegehren zuwiderlaufender Beschluss des Gemeinderats auf dem Eilrechtsschutzweg verwaltungsgerichtlich verhindert werden, nicht hingegen ein solcher, der dem nachfolgenden Bürgerentscheid widerspricht.[353]

Betrachtet man jedoch die prozessualen Folgen, fällt auf, wie wenig sinnhaft dieser Ansatz im Ergebnis sein dürfte: Bei Auseinandersetzungen über die Zulässigkeit eines Bürgerbegehrens oder über die Umsetzung eines erfolgreichen -entscheids handelte es sich dann folglich um kommunalverfassungsrechtliche Streitigkeiten.[354] Diese wären im Wege der Feststellungsklage gegen den die Zulässigkeit des Bürgerbegehrens beziehungsweise die Rechtswirkungen des Bürgerentscheids versagenden Rats zu verfolgen. Im Rahmen dieser Klage hätten die Vertrauensleute und Vertretungsberechtigten konsequenter Weise ausschließlich die Möglichkeit, diejenigen Rechte geltend zu machen, die ihnen aus ihrer Eigenschaft als (gleichsame) Gemeindeorgane zukommen. Dabei muss es sich zwingend um organschaftliche Rechte handeln. Das heißt, dass

351 VG Darmstadt NVwZ-RR 1995, 156 (157) m.w.N. auf die Rspr. des VG Frankfurt a. M. HessVGRspr 1987, 54 f.

352 BVerfG NVwZ 2019, 642, Rn. 22.; hierzu *Heusch/Dickten*, NVwZ 2019, 1238 (1244).

353 *Peine/Starke*, DÖV 2007, 740 (742).

354 BVerfG NVwZ 2019, 642, Rn. 24.

die Vertreter ihre Grundrechtsberechtigung dadurch gleichsam gänzlich abgesprochen bekommen. Sie können also weder eine Verletzung der allgemeinen Rechtsschutzgarantie aus Art. 19 Abs. 4 Satz 1 GG noch einen Verstoß gegen das allgemeine Gleichheitsgebot und das damit einhergehende allgemeine Willkürverbot allen staatlichen Handelns des Art. 3 Abs. 1 GG geltend machen.

Dieser Ansatz vermag aufgrund der im Ergebnis untragbaren prozessrechtlichen Konsequenzen nicht zu überzeugen. Zunächst kann nicht davon ausgegangen werden, dass allein die faktische Teilhabe der Vertretungsberechtigten an der gemeindlichen Willensbildung durch die ihnen in der Gemeindeordnung zugewiesenen Rechte eine reguläre organschaftliche Stellung innerhalb der Gemeinde begründet. Kraft dieser Rechte werden vielmehr die Befugnisse im direktdemokratischen Verfahren auf die Gruppe der Unterzeichnenden des Bürgerbegehrens beziehungsweise der Abstimmenden an einem Bürgerentscheid konzentriert und deren Handlungsfähigkeit allein zu diesem punktuellen Zweck begründet. Sie machen aber aus Vertretungsberechtigten keine Gemeindeorgane.[355] Genauso wenig ist davon auszugehen, dass diese ihre organschaftliche Stellung von dem Bürgerbegehren -entscheid selbst beziehen können, da auch diese wie gezeigt allerhöchstens als sogenanntes Quasi-Organ oder außerordentliches Organ, keinesfalls aber als Organ im eigentlichen formal-rechtlichen Sinne charakterisiert werden können.[356] Im gesamten grundgesetzlichen Mehrebenensystem, aber vor allem auf der kommunalen Ebene wollen plebiszitäre Elemente – auch wenn sie kraft gesetzlicher Regelung wie der erfolgreiche Bürgerentscheid die Wirkung eines normalen Gemeinderatsbeschlusses haben – die Bürger nicht in die gemeindliche Organstruktur eingliedern. Stattdessen lassen diese Instrumente unmittelbarer Demokratie und die entsprechend anwendbaren Vorschriften die (Gemeinde-) Bürger an der der kommunalen Willensbildung selbstständig, aber nur punktuell teilhaben.[357] Diese punktuelle Teilhabe setzt aber denklogisch voraus, dass sie regulär eben nicht Teil der gemeindlichen Verwaltung sind. Denn andernfalls bräuchten sie gerade nicht einen gesonderten Teil zu erhalten, sondern könnten sich insoweit auf ihre grundsätzliche

355 *Heusch/Dickten*, NVwZ 2019, 1238 (1244). Darauf, dass auch Wähler kraft Wahlakts keine Organqualität erhalten, weist *Gornig*, in: ders./Horn/Will, Öffentliches Recht in Hessen, 1. Teil, Rn. 414 f. hin.

356 *Heusch/Dickten*, NVwZ 2019, 1238 (1244). Ferner weisen sie darauf hin, dass sich das BVerfG zu der Rechtsnatur des Bürgerbegehrens (noch) nicht ausdrücklich verhalten hat.

357 *Heusch/Dickten*, NVwZ 2019, 1238 (1244).

organschaftliche Stellung berufen. Mithin kann es sich bei der Teilhabe an der kommunalen Willensbildung keinesfalls um eine verwaltungsinterne Verhaltensweise handeln, sondern richtigerweise nur um eine solche, die „von außen" in die Arbeit der regulär zuständigen Verwaltungsorgane hineinwirkt.[358]

In dieser Wertung vollzieht sich überdies auch keinen Widerspruch zu der Verfassungsvorgabe aus Art. 28 Abs. 1 Satz 4 GG, wonach in Gemeinden an die Stelle einer gewählten Körperschaft die Gemeindeversammlung treten kann. Denn damit ist richtigerweise bloß eine fakultative direktdemokratische Option in den Gemeinden beabsichtigt.[359] In der Praxis geht ihr aber infolge der mittlerweile durchgeführten kommunalen Gebietsreformen jegliche Relevanz ab.

Außerdem lässt diese Rechtsprechungsansicht völlig außer Acht, dass der Gemeindebürger in seiner Rolle als Vertrauensperson beziehungsweise Vertretungsberechtigte für Bürgerbegehren oder -entscheid nicht ausschließlich Wahrnehmungskompetenzen innehat, die ihn zur Geltendmachung damit verbundener organschaftlicher Positionen befugen, sondern dessen ungeachtet weiterhin auch abstimmungsberechtigter Grundrechtsträger ist. Man mag hiergegen zwar anführen, dass dieser Entfall der Grundrechtsberechtigung einzig punktuell stattfindet, das heißt der Gemeindebürger als Vertreter des Bürgerbegehrens oder -entscheids verliert nur für die unmittelbar damit zusammenhängenden Streitigkeiten seine Grundrechte, was im Wege der relativen Gesamtbetrachtung zu anderen möglichen Auseinandersetzungen, bei denen er Grundrechtsträger bleibt, eventuell sogar zu verkraften sein dürfte. Auch dieser Einwand vermag indes letztendlich nicht zu überzeugen. Denn hier bestehen unüberwindbare Abgrenzungsschwierigkeiten: So lässt sich wohl nur mit großem Aufwand und zudem zum Teil nicht verlässlich differenzieren, nach welchen Kriterien eine bürgerentscheidsrelevante Streitigkeit vorliegt, bei der der Einzelne keine Grundrechte genießt und im Gegensatz dazu eine solche, bei denen er unter die

---

358 VGH Bayern NVwZ-RR 1998, 256 (257); *Lange*, Kommunalrecht, Rn. 144; *Dünchheim*, in: Dietlein/Ogorek, BeckOK Kommunalrecht Hessen, GO; § 8b, Rn. 20; *Dietlein/Peters*, in: Dietlein/Heusch, BeckOK Kommunalrecht Nordrhein-Westfalen, GO, § 26, Rn. 75.1; *Muckel*, JA 2019, 633 (635); *Heusch/Dickten*, NVwZ 2019, 1238 (1244).

359 *Nierhaus/Engels*, in: Sachs, GG, Art. 28, Rn. 23. Allein in § 54 GO Schleswig-Holstein existiert noch eine landesgesetzliche Parallelnorm. Bürgerversammlungen namentlich i.S.v. Art. 18 GO Bayern sind keine Gemeindeversammlungen nach Art. 28 Abs. 1 Satz 4 GG, da diesen lediglich ein Mitberatungsrecht zusteht, s. *Mehde*, in: Maunz/Dürig, GG, Art. 28 Abs. 1, Rn. 127; *Pieroth*, in: Jarass/ders., GG, Art. 28, Rn. 16.

Gruppe der Grundrechtsträger fällt.[360] Was insoweit die gemeindeverfassungsrechtlichen Vorschriften über Rechte und Pflichten der Gemeindebürger angeht, so differenzieren sie deswegen nicht zwischen einerseits dem Recht und andererseits der Pflicht, weil beide für die Rolle des Gemeindebürgers von Belang sind. Ihm daraus eine Verpflichtung im Sinne einer Organstellung konstruieren zu wollen, wäre schlichtweg zu einseitig und würde den Aspekt der Berechtigung unzulässig ignorieren.

Des Weiteren vernachlässigt dieser Begründungsansatz in der Rechtsprechung die aufgezeigte Kontrollfunktion, die die Gemeindebürger als Kollektiv sowie als Individuen gegenüber der von ihr kraft Wahlakts demokratisch legitimierten Gemeindevertretung innehaben. Dieser Funktion können nämlich sie nicht länger entsprechen, wenn sie zu Gemeindeorganen und damit selbst zum Teil der Exekutive werden. Im Ergebnis kann damit sogar eine Einbuße an kommunaler Rechtsstaatlichkeit einhergehen.

Der Gedanke des auf diesem Wege verpflichteten Gemeindebürgers trägt daher im Ergebnis rechtlich nicht. Vielmehr bedeutet dieser Ansatz eine Abkehr von der im Übrigen als wünschenswert empfundenen klaren Trennung zwischen einerseits der grundrechtlichen und andererseits der gemeindeorganschaftlichen Sphäre und verschränkt diese Innen- und Außenrechtsbeziehungen miteinander.

2. Sanktionsgedanke

Ein weiterer Ansatz bemüht den sogenannten Sanktionsgedanken und bedient sich hierzu des dargestellten Grundsatzes der Organtreue. Der Ansatz geht insofern davon aus, dass es dem gesetzgeberisch gewollten Zweck des Bürgerentscheids widerspreche, den Bürgern aufgrund ihrer fehlenden Organstellung sowohl im Kollektiv der Bürgerschaft als auch in der individuellen Einzelrolle die für eine gerichtliche Überprüfung erforderliche Klagebefugnis gemäß § 42 Abs. 2 VwGO gegen die fehlende Umsetzung eines Bürgerentscheids durch die Kommunalvertretungsorgane abzusprechen.[361] In dieser Argumentation ähnelt

---

360 Die von *Hartmann*, Volksgesetzgebung und Grundrechte bemühte Stufenbetrachtung zu den einzelnen Verfahrensschritten der Volksgesetzgebung macht hierzu auch keinen abschließenden Sinn, weil die Annahme, der Gemeindebürger könne hinsichtlich seiner Grundrechtsfähigkeit gleichsam chronologisch aufgeteilt werden, nach hiesiger Sicht schwerlich überzeugen dürfte.

361 OVG Rheinland-Pfalz NVwZ-RR 1995, 411 (413); *Sodan/Ziekow*, Grundkurs Öffentliches Recht, § 60, Rn. 8.

sie der oben geschilderten Ansicht zur Entwertung des Bürgerentscheids. Im maßgeblichen Unterschied hierzu geht der Sanktionsgedanke aber von dem Erfordernis einer organschaftlichen oder zumindest organähnlichen Stellung der Bürger einer Gemeinde aus, während die Verfechter des Entwertungsgedankens auf das subjektive Recht auf Abstimmung abstellen. Dann aber bliebe das Ignorieren seitens der Kommunalvertretungsorgane frei von Sanktionen.

Teilweise aber lässt die Rechtsprechung gerade diesen Sanktionsgedanken nicht zu:[362] Es seien keine rechtlichen Bedenken daran zu finden, dem einzelnen Gemeindebürger die Klagebefugnis gegen eine Nichtbeachtung des Bürgerentscheids abzusprechen. In der Tat erscheint es fraglich, ob der Sanktionsgedanke hier wirklich als Argument für die überprüfbare Umsetzung des Bürgerentscheids greift. Denn was zumindest potentiell im öffentlichen Interesse durchgeführt werden kann, ist eine objektive Kontrolle durch die Kommunalaufsicht. Gänzlich „straflos" verbliebe das Verhalten des Gemeinderats daher kaum. Allerdings käme diese Kontrolle einer gerichtlichen Prüfung nicht gleich. Auch hier ist als Begründung anzuführen, dass kein Anspruch auf Einschreiten der Aufsichtsbehörden besteht.

3. *Äquivalenz von Gemeinderatsbeschluss und Bürgerentscheid*

Als entscheidend erachtet die Rechtsprechung weiter, dass in allen Gemeindeordnungen der Gemeinderatsbeschluss und der Bürgerentscheid kraft ausdrücklicher gesetzlicher Vorschrift[363] miteinander gleichgestellt sind.[364] Sofern das erforderliche Abstimmungsquorum erreicht wurde, erstreckt sich diese Gleichstellung[365] grundsätzlich auf alle für Gemeinderatsbeschlüsse einschlägigen kommunalverfassungsrechtlichen Regeln.[366] Dazu gehören insbesondere die

---

362 OVG Sachsen, Beschl. v. 12.02.2008 – 4 B 16/08, juris; bestätigt durch BVerfG NVwZ-RR 2011, 1.

363 § 21 Abs. 8 Satz 1 GemO Baden-Württemberg; Art. 18a Abs. 13 Satz 1 GO Bayern; § 15 Abs. 5 Satz 1 KVerf Brandenburg; § 8b Abs. 7 Satz 1 GO Hessen; § 20 Abs. 1 Satz 2 KV Mecklenburg-Vorpommern; § 33 Abs. 4 Satz 1 KomVG Niedersachsen; § 26 Abs. 8 Satz 1 GemO Nordrhein-Westfalen; § 17a Abs. 8 Satz 1 GemO Rheinland-Pfalz; § 21a Abs. 7 Satz 1 KSVG Saarland; § 24 Abs. 4 Satz 1 GemO Sachsen; § 26 Abs. 4 Satz 1 GO Sachsen-Anhalt; § 16g Abs. 8 Satz 1 GO Schleswig-Holstein; § 17 Satz 4 KO i.V.m. § 23 Abs. 2 EBBG Thüringen.

364 Sehr deutlich verhält sich hierzu z.B. das VG Darmstadt NVwZ-RR 1995, 156.

365 *Peine/Starke*, DÖV 2007, 740 (741) sprechen von „Parallelwertung", meinen inhaltlich aber dasselbe.

366 Zu beachten gilt aber der geschilderte Entfall interner Kontrollmechanismen.

Vorschriften über die Pflicht zur Umsetzung von Gemeinderatsbeschlüssen. So bedarf der Bürgerentscheid keiner gesonderten Bestätigung durch den Gemeinderat[367], sondern muss kraft seines materiellen Gehalts von der an das Rechtsstaatsgebot aus Art. 20 Abs. 2 und 3 GG[368] gebundenen exekutiven Gewalt des Verwaltungsorgans Gemeinderat unmittelbar umgesetzt werden. Beschränkt ist die rechtliche Bindungswirkung des Bürgerentscheids indes auf eine *ex nunc*-Wirkung. Da nämlich auch Gemeinderatsbeschlüssen keine Rückwirkung zukommt, können Bürgerentscheide nicht *ex tunc* Wirkung entfalten.[369] Zwar können sie in der Konstellation des Kassationsbegehrens aufgehoben werden oder ihrerseits Gemeinderatsbeschlüsse aufheben, in diesem Zuge aber nicht vergangene Sachverhalte umgestalten.[370]

Von dieser Äquivalenz ausgehend argumentieren die Verfechter der bürgerschaftlichen Organstellung, dass dem Gemeindebürger kraft des Bürgerentscheids als Einzelakt das Recht eines Organs begründet werde. Zum Teil berufen sie sich hierzu auf die parallele Wertung bei Bürgerbegehren, die als Quasi-Organ anerkannt sind, und sprechen dazu von einem außerordentlichen Gemeindeorgan.[371] Die gängige Definition eines Organs verlangt, dass durch einen Rechtssatz oder ermächtigenden Einzelsatz ein eigenständiges institutionalisiertes Subjekt mit eigenen Zuständigkeiten, die ihm innerhalb seines Aufgabenbereichs zur Wahrnehmung von Rechten und Pflichten für eine (teil)rechtsfähige Organisation, in die es eingegliedert ist, zugewiesen werden, gebildet wird.[372] Die Ansicht, die sich für eine Organstellung des Gemeindebürgers ausspricht,

---

367 VG Koblenz NVwZ-RR 2002, 453 (454).

368 Im Übrigen gilt auch für Bürgerentscheide die einfachgesetzliche Vollzugspflicht des Bürgermeisters in allen Kommunalverfassungen: § 43 Abs. 1 GemO Baden-Württemberg; Art. 36 GO Bayern; § 54 Abs. 1 Nr. 2 KVerf Brandenburg; § 70 Abs. 1 GO Hessen; § 38 Abs. 3 KV Mecklenburg-Vorpommern; § 85 Abs. 1 Satz 1 Nr. 2 KomVG Niedersachsen; §§ 62 Abs. 2, 60 GO Nordrhein-Westfalen; § 47 Abs. 1 Nr. 2 GemO Rheinland-Pfalz = hierzu *Dietlein*, in: Praxis der Kommunalverwaltung Rheinland-Pfalz B-1 (GemO), § 17a, Erl. 5.4.1; § 59 Abs. 2 KSVG Saarland; § 52 Abs. 1 GemO Sachsen; § 65 Abs. 1 KVG Sachsen-Anhalt; § 55 Abs. 1 Nr. 2 GO Schleswig-Holstein; § 29 Abs. 1 Satz 2 KO Thüringen.

369 OVG Nordrhein-Westfalen NVwZ-RR 2007, 625 (626); *Dietlein*, in: Praxis der Kommunalverwaltung Rheinland-Pfalz B-1 (GemO), § 17a, Erl. 5.4.1.

370 OVG Nordrhein-Westfalen NVwZ-RR 2007, 625 (626).

371 OVG Sachsen NVwZ-RR 1997, 253; Beschl. v. 02.05.2002 – 4 E 182/00.

372 Mit dieser Definition allerdings gegen eine Organstellung: OVG Sachsen, Urt. v. 11.05.2004 – 4 B 620/03, juris Rn. 38, m.w.N. u.a. auf *Papier*, DÖV 1980, 292.

sieht in dem Bürgerentscheid selbst als ermächtigender Einzelakt beziehungsweise in den einschlägigen gesetzlichen Vorschriften ihre Grundlage. Dadurch werde der Gemeindebürger zu einer Funktionseinheit, die dem Gemeinderat als grundsätzlich zuständigem Vertretungsorgan gegenübertrete und von ihm die Umsetzung des Bürgerentscheids im Wege des gemeindeinternen Rechtsstreits verlangen könne.[373]

Vor diesem Hintergrund erscheint die geschilderte Ansicht zwar zunächst gut vertretbar. Sie begegnet allerdings dem verhältnismäßig großen Bedenken, dass die Annahme eines außerordentlichen Organs eine besondere Missbrauchsgefahr in sich trägt, zumal es für diese Rechtsstellung fernab der kommunalverfassungsrechtlichen Bindungsklauseln keine belastbaren gesetzlichen Grundlagen gibt. Solche – so ist unter vergleichender Betrachtung mit anderen gesetzlich geregelten Organkompetenzen zu vermuten – hätte der Gesetzgeber jedoch mitgeregelt, um etwaigen Fragestellungen zur Reichweite der Organrechte vorzubeugen oder zumindest begegnen zu können. Der Umstand, dass er dies gerade nicht getan hat, lässt aber darauf schließen, dass eine Organstellung des Individualbürgers nicht gewollt war. Eine planwidrige Regelungslücke für eine hiernach denkbare analoge Anwendung der Vorschriften über die Gemeindeorgane und ihre Kompetenzen liegt daher nicht vor. Vielmehr sollte dieser auch in der Situation des Bürgerentscheids und der Teilnahme an der entsprechenden Abstimmung sowie im Nachgang dazu ausschließlich subjektive und eben keine organschaftlichen Rechte geltend machen können.

III. Keine Klagemöglichkeit

Eine dritte Linie in der bisher ergangenen Rechtsprechung macht auf Grundlage des durchgeführten Bürgerentscheids gar keine irgendwie gearteten individuellen Rechte des Gemeindebürgers aus.[374]

---

373 OVG Sachsen NVwZ-RR 1998, 253 (254).

374 BVerfG NVwZ-RR 2011, 1; VGH Baden-Württemberg, Urt. v. 10.04.2001 – 1 S 2283/00; OVG Sachsen, Beschl. v. 12.02.2008 – 4 B 16/08 sowie LKV 1998, 237; OVG Niedersachsen NVwZ-RR 2009, 735; VG Neustadt a. d. W., Urt. v. 25.03.2013 – 3 K 857/12.NW, BeckRS 2013, 49055; VG Bayreuth, Beschl. v. 21.05.2004 – B 2 E 04.451, BeckRS 2004, 32581.

1. Fehlen eines Vollzugsanspruchs

Zunächst stützt sich diese Ansicht darauf, dass es sowohl nach der allgemeinen Rechtsdogmatik als auch im regulär repräsentativ-demokratisch ausgestalteten Kommunalverfassungsrecht keinen Vollzugsanspruch gibt.

a) Fehlen eines allgemeinen Anspruchs auf Gesetzesvollzug

Ein erster Ansatz zur Begründung dieser Rechtsprechungslinie besteht darin, auf den nach anerkannter Ansicht in der öffentlich-rechtlichen Lehre und Judikatur fehlenden Anspruch auf Gesetzesvollzug zu verweisen.[375] Bereits vor diesem Hintergrund sei ein klagbares Individualrecht auf Umsetzung einer Entscheidung dem allgemeinen deutschen Rechtssystem fremd und führe zu einem systemwidrigen Ergebnis, das so nicht gewollt sein könne. Dem Recht des Bürgers darauf, dass die Verwaltung das objektive Recht vollzieht, fehle danach die zwingend erforderliche verfassungsrechtliche Grundlage.[376] Ein solcher Vollzugsanspruch eines jeden grundrechtsberechtigten Individualbürgers existiere nicht, weil derselbe es grundsätzlich nicht von der Exekutive verlangen könne, die von der Legislative erlassenen Gesetze auch tatsächlich umzusetzen.[377] Als Gründe hierfür werden gängiger Weise das haushaltspolitische Interesse und die entsprechende Verpflichtung der staatlichen Stellen, gefällte Entscheidungen nur dann umzusetzen, wenn hierfür auch die erforderlichen finanziellen Mittel zur Verfügung stehen, genannt.[378] Weiter dient dieser Ausschluss der Entlastung der Verwaltung.[379] Es soll daneben auch der Betroffene in seiner Freiheit über die Entscheidung geschützt werden, einen Rechtsstreit – zu dem er nach der objektiven Rechtsordnung befugt wäre – zu führen oder eben dies nicht zu tun.[380]

---

375 VG Neustadt a. d. W., Urt. v. 25.03.2013 – 3 K 857/12.NW, BeckRS 2013, 49055; OVG Niedersachsen NVwZ-RR 2009, 735; VGH Baden-Württemberg, Urt. v. 10.04.2001 – 1 S 2283/00, Rn. 23.

376 *Peine*, Allgemeines Verwaltungsrecht, Rn. 263.

377 So besteht für die Exekutive zwar aus Art. 20 Abs. 3 GG eine objektiv-öffentliche Vollzugspflicht, aber eben kein subjektiver Anspruch der Legislative auf deren Erfüllung, vgl. hierzu *Durner*, JZ 2015, 157 (160 f.) m.w.N. auch für die Anwendbarkeit auf untergesetzliche Normen; VGH Bayern, Beschl. v. 28.05.2018 – 22 CE 17.2260, BeckRS 2018, 11367, Rn. 147 a. E.

378 *Peine*, Allgemeines Verwaltungsrecht, Rn. 263.

379 Die ganz frühe Rspr. z.B. in BVerwGE 1, 159 ließ dieses Argument v.a. mit Blick auf das Sozialstaatsprinzip hingegen nicht ausreichen. Heute allerdings gilt diese Rspr. wegen der dezidierten Anspruchsregelungen im Sozialrecht als überholt.

380 Hierzu allgemein *Durner*, JZ 2015, 157 (159 ff.).

b) Fehlen eines Anspruchs auf Vollzug von Gemeinderatsbeschlüssen

Darüber hinaus verlagert die Rechtsprechung an manchen Stellen[381] diese allgemeine Argumentation auf die einschlägige Spezialmaterie des Kommunalverfassungsrechts, indem sie darauf abstellt, dass das einzelne Gemeinderatsmitglied weder gegenüber dem Gesamtkommunalvertretungsorgan Gemeinderat noch gegenüber dem Bürgermeister als dessen Vorsitzenden ein organschaftliches Recht auf Vollzug des unter seiner persönlichen Beteiligung zustande gekommenen Gemeinderatsbeschlusses geltend machen könne. Weil dem so sei und der Bürgerentscheid dem Gemeinderatsbeschluss gesetzlich ausdrücklich gleichgestellt werde, könne auch der Vollzug des Bürgerentscheids nicht im Interesse des einzelnen Gemeindebürgers verlangt werden.[382]

Zu diesem Begründungsansatz stellt sich die Frage, ob die Argumente, die wie oben ausgeführt in vornehmlicher rechtssystematischer wie teleologischer Hinsicht gegen einen allgemeinen Gesetzesvollzugsanspruch angebracht werden, auch für die Situation des mit einem endgültigen Gemeinderatsbeschluss gesetzlich ausdrücklich gleichgestellten erfolgreichen Bürgerentscheid greifen. Dem zuvorderst angeführten Kriterium, wonach aus haushaltspolitischen Erwägungen heraus gefällte Entscheidungen nur bei finanzieller Deckung der damit zu erreichenden Maßnahmen umgesetzt werden sollen, dürfte hier entgegenstehen, dass es in sämtlichen kommunalverfassungsrechtlichen Vorschriften zu Bürgerbegehren und -entscheid die Vorgabe gibt, diese nur dann zuzulassen, wenn ein Kostendeckungsvorschlag oder zumindest eine Kosteneinschätzung für das verfolgte Projekt miteingereicht wird.[383] Am wenigsten sinnvoll erscheint hier freilich ein Pochen auf den Aspekt über die Entlastung der Verwaltung: Denn sie erfährt bereits eine erhebliche Entlastung dadurch, die eigentliche Entscheidung über die konkrete Maßnahme an die Gemeindebürger auszulagern, sodass ihr

---

381 OVG Schleswig-Holstein, Beschl. v. 07.06.2021 – 3 MB 6/21, juris Rn. 30; OVG Niedersachsen NVwZ-RR 2009, 735; VGH Bayern, Urt. v. 02.07.2002 – 4 B 00.3532, juris Rn. 15 ff; BVerwG, Beschl. v. 19.06.1972 – VII B 64/71, BeckRS 2009, 37191; VGH Bayern VerwRspr 1957, 75.

382 Dies stehe nur dem Gemeinderat als Plenum zu, VG Bayreuth, Beschl. v. 21.05.2004 – B 2 E 04.451, BeckRS 2004, 32581.

383 § 21 Abs. 3 Satz 4 GemO Baden-Württemberg; Art. 18a GO Bayern; § 15 Abs. 1 Satz 8 KVerf Brandenburg; § 8b Abs. 3 Satz 2 GO Hessen; § 20 Abs. 5 Satz 1 KV Mecklenburg-Vorpommern; § 26 Abs. 2 Satz 4 GO Nordrhein-Westfalen; § 17a Abs. 6 Satz 2 GemO Rheinland-Pfalz; § 21a Abs. 2 Satz 2 KSVG Saarland; § 25 Abs. 2 Satz 2 GemO Sachsen; § 26 Abs. 3 Satz 2 KVG Sachsen-Anhalt; § 16a Abs. 3 Satz 1 GO Schleswig-Holstein; § 17 Satz 4 KO i.V.m. § 6 Abs. 1 Satz 3 EBBG Thüringen.

im Wege dieser Gesamtschau dann die Umsetzung dieser Maßnahme – zumindest im Hinblick auf das Ob – zugemutet werden kann, ohne eine Überbelastung befürchten zu müssen. Auch das letztgenannte Argument gegen einen allgemeinen Gesetzesvollzugsanspruch verfängt nicht. Es leuchtet nämlich nicht ein, warum der Gemeindebürger deswegen kein Klagerecht gegenüber der Gemeindevertretung erhalten sollte, weil er in seiner freien Entscheidung darüber geschützt werden soll, dieses Klagerecht überhaupt erst geltend zu machen. Dieser Widersinnigkeit vermag die dargelegte Rechtsprechung nicht angemessen zu begegnen. Schließlich beschreibt der als solcher rechtsdogmatisch ausgeschlossene allgemeine Vollzugsanspruch ein Spannungsverhältnis zwischen Legislative und Exekutive, das – anders als im Staatsverfassungsrecht[384] – in der Gemeinde so nicht auftritt.

2. Unzulässige Ungleichbehandlung von Gemeinderatsmitgliedern und Gemeindebürgern

Ein weiterer Aspekt innerhalb der Rechtsprechungslinie, die sich gegen eine Klagemöglichkeit der Gemeindebürger ausspricht, liegt in der Annahme, dass durch eine solche die Gemeinderatsmitglieder im Vergleich zu den Gemeindebürgern unzulässig ungleichbehandelt würden.[385] Oder andersherum ausgedrückt: Die Gemeindebürger würden im Vergleich zu den grundsätzlich zuständigen und durch Wahl demokratisch legitimierten Ratsmitgliedern ohne sachlichen Grund privilegiert.

a) Keine Zuständigkeit der Gemeindebürger

Zunächst beruft sich diese Ansicht in der Rechtsprechung in subjektiver Dimension darauf, dass dem Gemeindebürger für die rechtliche Durchdringung der Frage, ob ein Bürgerentscheid im Hinblick auf sein Ergebnis von

---

384 Im Übrigen kann auch dort ein Gesetzesvollzugsanspruch des Gesetzgebers gegenüber der Regierung keine gänzlich fehlerfreie Umsetzung zum Gegenstand haben, sondern lediglich einen Mindestschutz auf Beachtung der gesetzlichen Vorgaben beinhalten, *Durner*, JZ 2015, 157 (162).

385 Interessanterweise macht genau andersherum das OVG Schleswig-Holstein, Urt. v. 21.06.1995 – 2 L 121/94, BeckRS 1995, 13176, Rn. 73 eine Diskriminierung der Gemeindebürger daran fest, dass keine Rechtfertigung ersichtlich sei, warum „die Gemeindevertretung jederzeit und uneingeschränkt vor Ablauf von 2 Jahren einen neuen Bürgerentscheid durchführen lassen dürfte, während die Bürger selbst dieses Recht nicht vor Ablauf der Frist hätten."

den Gemeindeorganen umgesetzt wird, die Kompetenz fehle.[386] Dieses Recht stehe demgegenüber dem Gemeinderatsmitglied aber gerade zu. Sie auch dem Gemeindebürger zu verleihen, beraube in der Folge das Gemeinderatsmitglied seiner gesetzlich gewollten Rechtsposition.

Der argumentative Hintergrund hierfür liegt darin, dass sie einen kommunalverfassungsrechtlichen Streit zwischen den Kommunalvertretungsorganen und den Gemeindebürgern ablehnt, weil den Letzteren nicht die hierfür erforderliche rechtliche Eigenschaft als Organ zugeschrieben werden könne.[387] Dies liege daran, dass Bürgerentscheide als Ausübung direkter Demokratie und damit staatlicher Hoheitsbefugnisse durch die Gemeindebürger selbstständig neben Maßnahmen der repräsentativen Organe stünden und demnach nicht in den interkommunalen Wirkungskreis mit hineingezogen werden könnten.

Der zur Begründung wesentlich angeführte Aspekt ist, dass der Gemeindebürger nur kurzzeitig und nur im weiteren Sinne eine staatliche Funktion ausübe.[388] Die Beteiligten an einem Bürgerentscheid kämen nämlich lediglich *ad hoc* zusammen und träten nach Erfüllung ihres Zwecks sodann wieder auseinander.[389] Ihnen fehle daher das für die rechtliche Eigenschaft als Gemeindeorgan zwingend erforderliche Merkmal der Verfestigung. Als Kompensation sei kein subjektiv-öffentliches Recht zum Schutz des Bürgerentscheids anzunehmen, sondern ein solches gerade abzusprechen. Andernfalls nämlich würden die Gemeinderatsmitglieder wesentliche Rechte verlieren.

Weiter fehle dem Gemeindebürger das Merkmal der bedeutenden Einwirkung für die fehlerfreie Funktionsfähigkeit der Verwaltungseinheit der Gemeinde als solche, wonach auch der Bürgerentscheid, an dem die Stellen teilnehmen, für das reguläre Funktionieren der Gemeinde keine Rolle spiele. Es komme hierzu allein auf das ungestörte Tätigwerden der gesetzlichen Organe, nämlich des kommunalen Vertretungsorgans in Gestalt des Gemeinderats sowie des Hauptverwaltungsbeamten (Gemeindevorstand und Bürgermeister) an.[390]

Auch fehle entscheidend die Zuständigkeit der Gemeindebürger in ihrer Rolle als Vertretungsberechtigte für das dem Bürgerentscheid vorgelagerte

386 OVG Niedersachsen NVwZ-RR 2009, 735.

387 VGH Bayern, Beschl. v. 19.08.1997 – 4 ZE 97.2417, juris Rn. 10.

388 OVG Niedersachsen NVwZ-RR 2009, 735.

389 VG Neustadt a. d. W., Urt. v. 25.03.2013 – 3 K 857/12.NW, BeckRS 2013, 49055.

390 OVG Niedersachsen NVwZ-RR 2009, 735; *Thum*, Bürgerbegehren und Bürgerentscheid in Bayern, Kennziffer 13.13 zu Art. 18a Abs. 13 GO, Erl. 1 a cc).

Bürgerbegehren, da diese mit der Durchführung -entscheids ihr Ende finde.[391] So seien die Gemeindebürger kraft gesetzlicher Regelung nur bis zu einem festgeschriebenen und ihnen selbst indisponiblen Zeitpunkt dazu berechtigt, an der direktdemokratischen Willensbildung in der Gemeinde teilzunehmen. Dieser Zeitpunkt liege in dem Abschluss der eigentlichen Durchführung des Bürgerentscheids als Abstimmungsvorgang.[392]. Hinzukomme, dass der Bürgerentscheid in geheimer Abstimmung erfolge und von einem ganz anderen Personenkreis getragen werde als das Bürgerbegehren.[393]

Schließlich könne der einzelne abstimmungsberechtigte Bürger ein Recht auf Umsetzung des Bürgerentscheids nicht erheben, weil von der gesetzlichen Wertung nur ein solches Recht gegen die Beeinträchtigung bei der Ausübung des eigentlichen Stimmrechts gewollt sei.[394] Darüber hinaus hätten sie keine ausdrücklich gesetzlich vorgesehenen oder durch Auslegung zu gewinnenden Rechte hinsichtlich des Vollzugs und der Umsetzung oder auch nur der dahingehenden gerichtlich-rechtlichen Überprüfung des Bürgerentscheids und seines Ergebnisses. Daher sei ihnen jegliche Befugnis abzusprechen, auch an der tatsächlichen und zutreffenden Umsetzung desselbigen und der Realisierung des darin erreichten Ergebnisses mitzuwirken, und zwar noch nicht einmal in dem Sinne, dass sie die Umsetzung passiv gerichtlich überprüfen lassen dürften.

Damit bezieht diese ablehnende Rechtsprechungslinie zumindest indirekt Stellung zu der Argumentation der entgegengesetzten bejahenden Ansicht, wonach allein aus der normativen Bestimmung der Abstimmungs- und Teilhabemöglichkeiten der Bürger als weitere Dimension zu dessen Effektivität auch ein Recht zu dessen Umsetzung zu schlussfolgern sei.

b) Gefährdung der Funktionsfähigkeit des Gemeinderats

Des Weiteren wird eine Klagemöglichkeit des einzelnen Gemeindebürgers auf Umsetzung des Bürgerentscheids seitens des Gemeinderats abgelehnt, weil dies in objektiver Dimension eine Gefahr für die Funktionsfähigkeit des Gemeinderats

---

391 OVG Niedersachsen NVwZ-RR 2009, 735: Mit der Durchführung des Bürgerentscheids hätten sich das Bürgerbegehren und sämtliche Rechte der daran Beteiligten erledigt; mit diesem Wortlaut auch VGH Bayern BayVBl 2002, 670.

392 OVG Niedersachsen NVwZ-RR 2009, 735; ähnlich entschieden auch durch das VG Aachen, Beschl. v. 16.03.2005 – 4 L 166/05; VGH Bayern NVwZ-RR 2003, 448.

393 VG Regensburg, Beschl. v. 28.04.1999 – RO 3 E 99.761, juris.

394 OVG Niedersachsen NVwZ-RR 2009, 735.

als grundsätzlich zuständigem Vertretungsorgan bedeute und damit die gesetzlichen Befugnisse der gewählten Mitglieder *contra legem* beschneide.

Zwar hat ein Gemeinderatsmitglied keinen Anspruch darauf, dass ein Ratsbeschluss, an dem er mitgewirkt und dem er zugestimmt hat, bestehen bleibt und im Falle seiner irgendwie gearteten Fehlerhaftigkeit nur durch einen rechtmäßigen weiteren Beschluss beziehungsweise durch einen Bürgerentscheid ersetzt wird. Der Bürgerentscheid steht einem Gemeinderatsbeschluss kraft ausdrücklicher Gesetzesbestimmung gleich und ist daher nur mit den Rechtsmitteln, die zur Anfechtung der Gemeinderatsbeschlüsse allgemein statthaft sind, angreifbar. Das Kommunalverfassungsrecht aber räumt einem Gemeinderatsmitglied als Teil des Organs Gemeinderat solche Rechte gerade nicht ein. Sie demgegenüber dem einzelnen Gemeindebürger oder der Bürgerschaft als Gesamtheit zuzuschreiben, bedinge in der Folge nicht nur eine unzulässige Ungleichbehandlung von Gemeinderatsmitgliedern und Gemeindebürgern, sondern darüber hinaus ebenso eine Gefahr für die Funktionsfähigkeit des Gemeinderats.[395]

Ob eine solche in Wirklichkeit tatsächlich zu befürchten ist, dürfte zumindest bezweifelt werden. Denn diese Schlussfolgerung würde nicht nur bedeuten, das Klagerecht des Gemeindebürgers auf Umsetzung des Bürgerentscheids seitens der Gemeindevertretung wegen einer möglichen Gefährdung ihrer Funktionsfähigkeit abzusprechen. Stattdessen käme dies gleichzeitig einer Negierung sämtlicher kommunalrechtlich ausgeprägter Instrumente direktdemokratischer Willensbildung und Entscheidungsfindung gleich, die aber im Wege ihrer dargelegten Kompensations- und Korrektivfunktion gerade einen Rechtfertigungsgrund für die Abweichung von der grundsätzlich repräsentativen Gemeindeverfassung darstellt.

B. Zusammenfassende Rechtsprechungsdarstellung

Der entscheidende Ausgangspunkt innerhalb der verwaltungs- und verfassungsgerichtlichen Rechtsprechung um die Bindungswirkung eines Bürgerentscheids ist der Umstand, dass in allen kommunalverfassungsrechtlichen Bindungsklauseln der erfolgreiche Bürgerentscheid die Wirkung eines endgültigen Ratsbeschlusses hat (Äquivalenz). So liefert dieser Umstand sowohl den Vertretern der ablehnenden Linie ihre Argumente gegen ein subjektiv-öffentliches Recht des Gemeindebürgers, als auch den Vertretern der bejahenden Linie die Argumente dafür.

---

395 VG Neustadt a. d. W. LKRZ 2013, 266.

Die ablehnende Ansicht in der Rechtsprechung (III.) verneint ein subjektiv-öffentliches Recht des Gemeindebürgers auf Absicherung des in einem Bürgerentscheid gefundenen Ergebnisses. Sowohl der fehlende Vollzugsanspruch als auch die gesetzlich nicht gewollte Besserstellung von Gemeindebürgern im Vergleich zu Gemeinderatsmitgliedern und die gefährdete Funktionsfähigkeit des Gemeinderats stünden einem subjektiv-öffentlichen Recht des Gemeindebürgers entgegen. Diese Ansicht verneint im Ergebnis sowohl die Möglichkeit, die Umsetzung des Bürgerentscheids einzuklagen, als auch eine Verletzung der gesetzlichen Bindungsfrist, innerhalb derer der Bürgerentscheid von den Kommunalorganen nicht geändert werden darf, gerichtlich geltend zu machen. Eine derart pauschale Absage an subjektiv-öffentliche Rechte aus den kommunalverfassungsrechtlichen Vorschriften zum Bürgerentscheid ist jedoch nicht haltbar.

Insbesondere die Ansicht zur Organstellung der Gemeindebürger (II.) sieht sich dem Bedenken gegenüber, dass hier eine Rechtsschutzkonstellation und ein entsprechendes Rechtsschutzbedürfnis nur schwerlich zu konstruieren sein dürfte. Denn wenn das Bürgerbegehren, der Bürgerentscheid oder dessen Vertreter beziehungsweise Mitwirkende als Quasi-, außerordentliches oder echtes Organ angesehen werden müssen, sind diese als der Gemeinde zugehörige exekutiv handelnde staatliche Stellen zu werten, denen subjektiv-öffentliche Rechte nicht zugeschrieben werden können.

Ausschließlich eine Ansicht in der Rechtsprechung (I.) bejaht ein subjektiv-öffentliches Recht des Gemeindebürgers auf Absicherung des in einem Bürgerentscheid gefundenen Ergebnis. Dabei geht sie zugunsten des einzelnen Gemeindebürgers insbesondere auf den Gedanken des effektiven Rechtsschutzes aus Art. 19 Abs. 4 SATZ 1 GG ein. Ferner hält sie den wahl- und abstimmungsverfahrensrechtlichen Rügeaspekt hoch, den ein subjektiv-öffentliches Recht dergestalt vermitteln kann, dass es nicht direkt die rechtlichen Interessen des Gemeindebürgers selbst im Blick hat, sondern eher auf das Fehlverhalten der kommunalen Vertretungsorgane schaut, die es schuldhaft unterlassen haben, den Bürgerentscheid zu vollziehen oder darüber hinaus auch noch ihm widersprechende eigene Maßnahmen erlassen. Insbesondere der Rechtsschutzansatz ist in seiner dogmatischen Konstruktion und Herleitung hinreichend dazu in der Lage, ein subjektiv-öffentliches Recht in sich stimmig und plausibel zu begründen.

Ergebnisse zu Teil 1

In rechtsdogmatischer Hinsicht lässt sich herausstellen, dass die direkte Demokratie als solche Bedenken begegnet, die in Ansatz und Begründung stark den

Bedenken ähneln, die auch gegen die Bindungswirkung von konkreten direktdemokratischen Entscheidungen wie dem Bürgerentscheid angeführt werden. Sie lassen sich dadurch entkräften, dass eine „Konkordanzdemokratie“ oder gar Gefährdung durch direktdemokratische Rechtsinstitute nicht zu befürchten ist, weil diese lediglich eine Kompensations- und Korrektivfunktion gegenüber repräsentativ-demokratischen Entscheidungsprozessen erfüllen.[396]

Besagte Kompensations- und Korrektivfunktion lässt sich auch in der Rechtsprechung zur Forschungsfrage festmachen: Innerhalb der einzelnen Lösungsansätze nämlich werden Aspekte angeführt, die entweder Belange der Gemeinde als solche oder aber Interessen der Gemeindebürgerschaft beziehungsweise der Gemeindebürger vor Augen haben. Damit zeigen sie ein Spannungsfeld zwischen den Rechten der Gemeinde respektive ihrer Organe als Inhaber von Wahrnehmungskompetenzen auf der einen und der Gemeindebürger als Grundrechtsträger auf der anderen Seite auf. In der Begründung eines Subjekt- oder Organrechts liegt somit ein Ausgleich für die fehlenden Rechte der Gemeindebürger und andererseits in der Negierung eines solchen die Überzeugung, dass es dieser Rechte mangels Rechtsschutzlücke nicht bedürfe.

396 *Rossi/Lenski*, DVBl 2008, 416 (425).

Teil 2: Auslegung der kommunalverfassungsrechtlichen Bindungsklauseln

Teil 2 der Untersuchung liefert eine eigene juristische Auslegung der kommunalverfassungsrechtlichen Bindungsklauseln.[397]

Kapitel 3: Zur Entstehungs- und Entwicklungsgeschichte, Gegenwart und Zukunft des subjektiv-öffentlichen Rechts

Eine jede juristische Gesetzesauslegung hat das Ziel der Erkenntnisgewinnung auf eine bestimmte rechtliche Fragestellung hin. Für die Forschungsfrage nach dem *Ob* eines subjektiv-öffentlichen Recht des Gemeindebürgers auf gemeinde- und vor allem gemeindeorganseitige Umsetzung (Vollzug und Beachtung) eines Bürgerentscheids liegen Auslegungsgegenstand und -grundlage in den kommunalverfassungsrechtlichen Bindungsklauseln. Weil aber der dazugehörige Auslegungsmaßstab des subjektiv-öffentlichen Rechts als Figur an sich und insbesondere als nationalrechtliche Besonderheit im europarechtlichen Vergleich ständigen und aktuellen erheblichen thematischen Diskussionen unterworfen ist, bedarf es zunächst der Herleitung seiner ideengeschichtlichen Entstehung und heutigen sowie voraussichtlich künftigen Bedeutung in der modernen Rechtsdogmatik.

A. Anliegen und Ziel der Auslegung

Die eigene Gesetzesauslegung in diesem Teil der Arbeit verfolgt zwei Zielsetzungen, die in ihrer Bedeutung gleichrangig sind. Dazu gehört zunächst die

397 § 21 Abs. 8 Satz 2 GemO Baden-Württemberg; Art. 18a Abs. 13 Satz 2 GO Bayern; § 15 Abs. 5 Satz 2 KVerf Brandenburg; § 8b Abs. 7 Satz 2 GO Hessen; § 20 Abs. 1 Satz 2 KV Mecklenburg-Vorpommern; § 26 Abs. 8 Satz 2 GO Nordrhein-Westfalen; § 33 Abs. 4 Satz 2 NKomVG Niedersachsen; § 17a Abs. 8 Satz 3 GemO Rheinland-Pfalz; § 21a Abs. 7 Satz 3 KSVG Saarland; § 24 Abs. 4 Satz 2 GemO Sachsen; § 27 Abs. 4 Satz 3 KVG Sachsen-Anhalt; § 16g Abs. 8 Satz 2 GO Schleswig-Holstein; § 17 Satz 4 KO i.V.m. § 23 Abs. 3 Satz 1, 6 EBBG Thüringen.

Rechtsdogmatik als Lehre vom geltenden Recht *(de lege lata)*.[398] Des Weiteren verpflichtet sich diese Auslegung dem Ziel der innerdeutschen Rechtsvergleichung.

Über die vergleichende Betrachtung der unterschiedlichen gesetzgeberischen Ausgestaltungen der Kommunalverfassungen der deutschen Bundesländer wird eine rechtlich allgemein vertretbare Antwort auf die Frage erarbeitet, ob die entsprechenden Vorschriften dem einzelnen Gemeindebürger ein wehrhaftes subjektives Recht auf Vollzug und Beachtung eines Bürgerentscheids vermitteln. Ob eine solche Individualrechtsposition zugunsten des Gemeindebürgers durch die einschlägigen Normen vermittelt wird, lässt sich nämlich nur durch eine dezidierte Auslegung ermitteln.[399] Weil eine solche Auslegung sowohl taugliche Grundlagen als auch taugliche Kriterien benötigt, sind beide im Hinblick auf die hier in Rede stehende Forschungsfrage zu beleuchten. Nur wenn sich die einzelnen Merkmale aus der aufzuzeigenden gängigen Definition des subjektiv-öffentlichen Rechts in den Regelungen der Gemeindeordnungen kumulativ festmachen lassen, vermitteln letztere die fragliche Individualrechtsposition des Gemeindebürgers gegenüber den kommunalen Vertretungsorganen.

Folgendes ist als grundsätzliche Überlegung vorabzuschicken: Die juristische Auslegung einer bestimmten Vorschrift erfolgt nach gängigen Auslegungskriterien, zu denen entscheidend die teleologische Auslegungsmethode nach Maßgabe des Sinns und Zwecks der Norm gehört. Nun erscheint es zumindest untypisch, wenn die vorliegende Untersuchung genau anders herum vorgeht. Denn sie entwickelt nicht anhand des Schutzzwecks einer Vorschrift verschiedene Argumente, die dafür- oder dagegensprechen, dass ein bestimmter Sachverhalt noch von ihr erfasst wird – in dieser Richtung aber vollzieht sich die klassische juristische Auslegung. Will man wie hier hingegen den Zweck der Norm dadurch untersuchen, dass man sie selbst auslegt, stößt man an Grenzen und Probleme, die von der klassischen juristischen Auslegung nur zum

398 Klassisch werden hiervon die Rechtsgeschichte als Lehre vom vergangenen Recht und die Rechtspolitik als Lehre vom zukünftigen Recht *(de lege ferenda)* abgegrenzt, vgl. *Groh*, in: Creifelds/Weber, Rechtswörterbuch, S. 200; *Hilgendorf*, in: ders./Joerden, Handbuch Rechtsphilosophie, 246.

399 *Gusy*, ZJS 2008, 233. Zu dem im Fortgang der Arbeit vertieft behandelten „Schutznormkriterium“ bereits an dieser Stelle s. grundlegend bei BVerfGE 31, 33 (39 ff.); *Schmidt-Aßmann*, in: Maunz/Dürig, GG, Art. 19 Abs. 4, Rn. 127 ff.; *Ibler*, Rechtspflegender Rechtsschutz im Verwaltungsrecht, S. 170 ff. Zu dem noch immer andauernden Streit um die Notwendigkeit und die Anforderungen an die Anerkennung des subjektiv-öffentlichen Rechts s. ferner etwa (überblicksartig) bei *Zuleeg*, DVBl 1976, 509.

Teil gelöst werden können. Nichtsdestotrotz handelt es sich bei dieser Richtung und diesem Erkenntnisziel der Auslegung um einen Akt der juristischen Auslegungsarbeit und kann und muss diese Auslegung unter Anwendung der hierzu üblichen Methoden stattfinden. Denn bei rechter Überlegung wird klar: Es geht nicht nur darum, die Schutzrichtung der Norm herauszufinden, sondern damit gleichzeitig auch darum, ihren Anwendungsbereich in Bezug auf private Personen und ihre Individualinteressen abzustecken.[400] Damit bewegt sich diese Variante der Auslegung wieder im bekannten Gefilde. In der Praxis bedeutet das, dass mehrere Thesen durchgespielt werden müssen und zu deren Beleg verschiedene Argumente aus der grammatischen, historischen und systematischen sowie der verfassungs- und grundrechtlichen einschließlich der europarechtskonformen Auslegung heranzuziehen sind.[401]

B. Normative Anbindung zur Begründung subjektiv-öffentlicher Rechte

Bei dem gleichermaßen formal im Titel verwendeten und materiell-thematisch im Mittelpunkt der Arbeit stehenden Begriff des subjektiv-öffentlichen Rechts handelt sich um eine der zentralsten Figuren im gesamten deutschen – speziell im öffentlichen – Recht, der in seiner Bedeutung ständigen Wandlungen unterworfen ist.

I. Begrifflich-funktionelle Einordnung des subjektiv-öffentlichen Rechts

Er wird daher in seiner historischen Entwicklung aufgezeigt, seine wesentlichen Herleitungskriterien diametral gegenübergestellt und als andauernder Diskursgegenstand in national- sowie europarechtlicher Dimension nachvollzogen.

1. Historische Entwicklung

In geschichtlicher Hinsicht[402] vereinnahmte – zumindest in Deutschland[403] – zunächst allein das Privatrecht den Begriff des subjektiven Rechts für sich.[404]

---

400 *Ramsauer*, JuS 2012, 769 (771); *ders.*, AöR 111 (1986), 501 (510).

401 *Ramsauer*, JuS 2012, 769 (771).

402 Hierzu im Detail bei *Bauer*, AöR 113 (1988), 582 ff.; *ders.*, Geschichtliche Grundlagen der Lehre vom subjektiven öffentlichen Recht, S. 22 ff.

403 Anders aber in den USA (Zusatzartikel zur Verfassung der Vereinigten Staaten von 1787) und Frankreich (Erklärung der Menschen- und Bürgerrechte von 1789).

404 *Franzius*, UPR 2016, 281; *Voßkuhle/Kaiser*, JuS 2009, 16 (17).

Dies war der bis dato aufgrund der politisch-gesellschaftlichen Gepflogenheiten allgemein verbreiteten und unerschütterlichen Überzeugung geschuldet, dass nur private Personen – gleichermaßen natürliche wie juristische – einander als Subjekte gegenübertreten und als solche interagieren. Dementsprechend ging man auch davon aus, dass nur in diesem Verhältnis der Gleichordnung von Privaten mit- und untereinander überhaupt jedwede Rechte und damit verbunden auch nur subjektive Rechte zum Entstehen kommen könnten.[405] Im Verhältnis des einzelnen privaten Bürgers zum ihm übergeordneten Staat hingegen wurde der Erstere zunächst nicht als mit eigenen Rechten ausgestattetes Subjekt, sondern in einer rein-hoheitlich geprägten Rollenzuschreibung eher als Untertan und damit als reines Objekt staatlichen Handelns oder zumindest staatlicher Fürsorge gesehen, die ihm der Staat aus eigener Antriebskraft zukommen lässt, das aber der Bürger auf der anderen Seite nicht aus eigener Befugnis von ihm verlangen oder gar einklagen kann.[406]

Diese Sichtweise änderte sich erst, als im Zuge der gesamteuropäischen Aufklärungsbewegung im ausgehenden 18. und im Laufe des 19. Jahrhunderts die neue „Leitidee" eines freien Bürgers aufkam und jene der übergeordneten Staatssouveränität ablöste.[407] Dies war gleichzeitig der entscheidende Zeitpunkt, in dem aus dem nur *subjektiven Recht* oder zumindest subjektiv-*privaten* Recht das subjektiv-*öffentliche* Recht wurde. Der eigentliche Begriff des subjektiven öffentlichen Rechts als solcher wurde jedoch noch nicht verwendet. Zum Teil werden die sogenannten wohlerworbenen Rechte[408] oder *iura quesita* als ihr Vorgänger empfunden: Ihre Gewährleistung und ihr Schutz waren hinsichtlich der Frage des Ob gegenüber den jeweiligen Landesherren anerkannt, lange bevor sich eine irgendwie geartete Verwaltungsgerichtsbarkeit etablierte.[409] Fragt man nach dem Wie des Rechtsschutzes, war dieser jedoch relativ gesehen weniger stark und effektiv ausgestaltet als jener durch die subjektiv-öffentlichen Rechte. Ihr Inhalt und Umfang lassen sich in etwa mit dem später geläufigen Begriffspaar „Freiheit und Eigentum"[410] gleichsetzen. Streitigkeiten um die Verletzung

405 *Ramsauer*, JuS 2012, 769 (770) m.w.N.; *Voßkuhle/Kaiser*, JuS 2009, 16 (17).

406 Zu dem damals geltenden Herrschaftsprinzip und der damit einhergehenden Begründung von Staatssouveränität grundsätzlich *Meisner*, Die Lehre vom monarchischen Prinzip im Zeitalter der Restauration und des Deutschen Bundes.

407 *Voßkuhle/Kaiser*, JuS 2009, 16 (17).

408 Vgl. hierzu die detaillierten Ausführungen bei *Henke*, Das subjektive öffentliche Recht, S. 9 ff.

409 *Ramsauer*, JuS 2012, 769 (770).

410 *Ramsauer*, NordÖR 2019, 157 (158) m.w.N.

derartiger Rechte durch Maßnahmen der Landesherren fielen in die Zuständigkeit des Reichskammergerichts.[411] Auch hier fand die gerichtliche Kontrolle nur in vergleichsweise engen Grenzen statt, war also das Wie des Rechtsschutzes stark eingeschränkt.[412] Nachdem das bis dato primär zuständige Reichskammergericht mit dem Ende des Heiligen Römischen Reiches Deutscher Nation im Jahre 1806 abgeschafft worden war, zeigten sich – zeitlich gesehen in etwa parallel zur Ausgestaltung des öffentlichen Rechts als solchem – erste Bestrebungen für den Ausbau einer Verwaltungsgerichtsbarkeit, um diese öffentlichen Rechte erstreiten zu können.[413] Erste Ansätze bestanden darin, bei den Verwaltungsbehörden selbst gerichtliche Stellen zu führen. Aus der Natur der Sache dürfte auf der Hand liegen, dass deren Unabhängigkeit nur schwerlich gegeben war.[414]

In der Folgezeit wurden diese Schwächen überwunden und im Land Baden das erste unabhängige Verwaltungsgericht mit Sitz in Karlsruhe (1863), das Preußische Verwaltungsgericht (1875) sowie verschiedene andere unabhängige Verwaltungs- und Oberverwaltungsgerichte in den deutschen Ländern gegründet.[415]

Nunmehr waren die im Grundrechtskatalog des 1949 in Kraft getretenen Grundgesetzes endgültig niedergelegten, doch auch bereits zuvor anerkannten Grundrechte vor allem in Gestalt der Menschenwürde gemäß Art. 1 Abs. 1 GG und der freien Persönlichkeitsentfaltung nach Art. 2 Abs. 1 GG als materiellrechtlicher sowie die Garantie des effektiven Rechtsschutzes nach Art. 19 Abs. 4

---

411 Zu all dem näher auch *Bauer*, Von der Administrativjustiz zur Verwaltungsgerichtsbarkeit, S. 11 ff.

412 *Ramsauer*, JuS 2012, 769 (770).

413 Vgl. hierfür überblicksartig *Ramsauer*, NordÖR 2019, 157 ff. sowie JuS 2012, 769 (770) und im Detail *Sydow*, VerwArch 92 (2001), 389 ff.

414 *Ramsauer*, JuS 2012, 769 (770). Dies galt trotz der durch die *Stein-Hardenberg'schen* Reformen eingerichteten bürokratischen Verwaltung, *ders.*, NordÖR 2019, 157, der sie aus heutiger Sicht mit den bei den Widerspruchsbehörden angesiedelten Rechtsausschüssen vergleicht; *Menger*, in: Bettermann/Nipperdey/Scheuner, Die Grundrechte Band III/2, 717 (725); *ders.*, DÖV 1963, 726, der daher in der Vorschrift aus § 182 Abs. 1 der Paulskirchenverfassung vom 28.03.1849 („Die Verwaltungsrechtspflege hört auf; über alle Rechtsverletzungen entscheiden die Gerichte.") eine historische Errungenschaft sah; so ferner auch *von Unruh*, DVBl 1975, 838; zur sog. „Adminstrativjustiz" weniger kritisch *Rüfner*, DÖV 1963, 719; m.w.N. *Kronisch*, in: Sodan/Ziekow, VwGO, § 1, Rn. 1 ff., 5 ff.

415 In den süddeutschen Staaten trugen die obersten Verwaltungsgerichte teilweise den Namen Verwaltungsgerichtshof, was sich in Baden-Württemberg, Bayern und Hessen bis heute durchgesetzt hat, *Ramsauer*, NordÖR 2019, 157 ff.

Satz 1 GG als formell- und prozessrechtlicher Gehalt in ihrer Gesamtschau gleichermaßen Ergebnis und Ausgangspunkt einer Versubjektivierung der gesamten öffentlich-rechtlichen Rechtsordnung.[416] Diese Versubjektivierungstendenz vollzog sich vom späten 19. und frühen 20. Jahrhundert ausgehend im Wesentlichen in zwei grundsätzlich unterschiedlichen Begründungslinien – namentlich einerseits der Statuslehre und andererseits der Schutznormtheorie. Beide werden im Folgenden dargestellt.

a) Statuslehre

Die von *Georg Jellinek* in der zweiten Hälfte des 19. Jahrhunderts begründete Statuslehre verwarf in entscheidender Weise die wie gezeigt bis dato vorherrschende Annahme, wonach die Möglichkeit, subjektiv-öffentliche Rechte überhaupt und als solche vor allem als Bürger gegenüber dem Staat geltend zu machen, an der rechtssystematischen Erwägung scheitere, dass der Staat derartige Rechte nicht gegen sich selbst einräumen könne.[417] Das dahinterstehende System der subjektiven öffentlichen Rechte erarbeite *Jellinek* in seinem gleichnamigen Werk von 1892.[418] Darin ging er von der Existenz allgemeiner Freiheitsrechte des einzelnen Menschen aus, die fernab gesetzlicher Fixierung und unabhängig davon zu jeder Zeit bestehen und von jeglicher staatlichen Gewalt zu achten sind. Seine Statuslehre passte er in die damals vorherrschende Vorstellung eines modernen Staatsrechts ein. Zentrale Aussage seiner Lehre war die des sogenannten *status negativus*, demzufolge „Alle Freiheit (…) einfach Freiheit von gesetzwidrigem Zwange" sei.[419] Er bezeichnete dieses Freiheitsrecht und den entsprechenden Schutzstatus als allgemein und „amorph".[420] Damit meinte er, dass das subjektive Recht auf „Freiheit von ungesetzlichem Zwange" nicht als Kehrseite aus den diese Freiheit einschränkenden und zu Zwang ermächtigenden Gesetzen folge, sondern aus der Freiheit des Menschen, die ihm als solchem gegenüber all denjenigen staatlichen Maßnahmen zukomme, die seine Freiheit beschränken. Gerichtet sei dieses allgemeine und nicht an konkreten gesetzlichen Vorschriften

---

416 *Voßkuhle/Kaiser*, JuS 2009, 16; vgl. hierzu *Wahl*, Herausforderungen und Antworten, S. 20 ff., 35 ff. Dies trifft speziell auf den Nachgang zur *Elfes*-Entscheidung in BVerfGE 6, 32 (37) zu.

417 So *von Gerber*, Über öffentliche Rechte.

418 *Jellinek*, System der subjektiven öffentlichen Rechte.

419 *Jellinek*, System der subjektiven öffentlichen Rechte, S. 103.

420 *Ramsauer*, JuS 2012, 769 (770); *Jellinek*, System der subjektiven öffentlichen Rechte, S. 103.

zu messende Recht auf die Abwehr von ungesetzlichem Zwang. Es bestand also immer dann, wenn eine Maßnahme des Staates Zwangscharakter hatte[421] und diese Maßnahme nicht auf einer passenden gesetzlichen Grundlage beruhte.

Aus heutiger Sicht lässt sich an dieser Lösung im Wesentlichen aus zwei Gesichtspunkten heraus massive Kritik üben:[422] Zum ersten gilt es heute als weitgehend überholt, dass im Sinne des klassischen Eingriffsbegriffs nur unmittelbare Beeinträchtigungen mit Zwangscharakter zu einem Grundrechtseingriff führen können. Vielmehr greifen auch mittelbare und rein faktisch wirkende staatliche Handlungen potentiell in grundrechtliche Positionen ein.[423] Des Weiteren wurde inzwischen die rein historische Vorstellung aufgegeben, dass Freiheit auch ganz ohne das Vorliegen näher definierter Voraussetzungen seitens staatlicher Stellen durch Gesetz oder aufgrund Gesetzes eingeschränkt werden könne.[424] Heute kommt es nämlich zudem maßgeblich auf die Rechtfertigung dieses Eingriffs durch andere Verfassungswerte und deren Abwägung mit den betroffenen Grundrechtspositionen im konkreten Einzelfall an.

b) Schutznormtheorie

Die der aufgezeigten Statuslehre entgegen gerichtete Schutznormtheorie geht im Wesentlichen auf *Ottmar Bühler* zurück. In seinem 1914 erschienenen Werk[425] formulierte er erstmalig die Voraussetzungen, nach deren Vorliegen sich bis heute[426] entscheidet, ob ein bestimmter Rechtssatz ein subjektives öffentliches Recht vermittelt. Darin leitet er subjektiv-öffentliche Rechte nicht länger – wie zuvor im Rahmen der Statuslehre vertreten – aus einem allgemeinen Schutzstatus ab, sondern macht ihr Bestehen davon abhängig, ob einfachgesetzliche Rechtsnormen des öffentlichen Rechts solche ausdrücklich oder durch

---

421 Maßnahmen ohne Zwangscharakter wurden – anders als nach heutigem Rechtsverständnis – in diesem System hingegen gar nicht erfasst, *Ramsauer*, JuS 2012, 769 (770).

422 *Ramsauer*, JuS 2012, 769 (770).

423 Der Rechtsbegriff des modernen, erweiterten Grundrechtseingriffs, der auch mittelbare Einwirkungen erfasst, wurde begründet in BVerfGE 105, 252 und 279, Rn. 68 ff. sowie in BVerfGE 110, 177, Rn. 35; 116, 202, Rn. 82 fortentwickelt.

424 *Ramsauer*, JuS 2012, 769 (770); *ders.*, NordÖR 2019, 157 (158) erwähnt hierzu m.w.N. außerdem die durch Rspr. und Lit. gleichermaßen sukzessive erweiterte Schutzbereichslehre; hierzu auch *Hillgruber*, in: Isensee/Kirchhof, HbStR Band IX, § 200.

425 *Bühler*, Die subjektiven öffentlichen Rechte und ihr Schutz in der deutschen Verwaltungsrechtsprechung.

426 *Schmidt-Aßmann*, in: Maunz/Dürig, GG, Art. 19 Abs. 4, Rn. 127 ff.

Auslegungsarbeit ermittelt festschreiben. Wortwörtlich führte er aus:[427] „Subjektives öffentliches Recht ist diejenige rechtliche Stellung des Untertanen zum Staat, in der er aufgrund eines Rechtsgeschäftes oder eines zwingenden, zum Schutz seiner Individualinteressen erlassenen Rechtssatzes, auf den er sich der Verwaltung gegenüber soll berufen können, vom Staat etwas verlangen kann oder ihm gegenüber etwas tun darf." Diese Aussage schuf die Grundlage für die heutige Schutznormtheorie.[428] Danach bemisst sich ein subjektiv-öffentliches Recht immer nach der ihm zugrundliegenden gesetzlichen Vorschrift und ist auf deren Einhaltung gerichtet. Demgegenüber geht die zuvor dargestellte Statuslehre von einem Abwehrrecht gegenüber ungesetzlichem Handeln des Staates und seiner Vertreter aus.

Trotz dieser unterschiedlichen dogmatischen Ansätze von Statuslehre und Schutznormtheorie erkannte auch *Bühler* das Bedürfnis, im Falle einer fehlenden einschlägigen gesetzlichen Vorschrift als Rechtsgrundlage einen effektiven Schutz für den Bürger und seine Interessen zu installieren.[429] Zwar maß er diesem Aspekt nicht so viel Bedeutung bei, wie dies zuvor noch *Jellinek* getan hatte. Letzterer nämlich hatte hierin ja wie dargelegt den Ausgangspunkt eines allgemeinen menschlichen Freiheitsrechts gesehen, ohne das jedwede subjektiv-öffentliche Rechte niemals zum Entstehen kommen können und das demnach auf einfachgesetzliche Vorschriften nicht angewiesen ist. Demgegenüber sah *Bühler* hierin höchstens eine nur periphere Materie zur Lösung des Problems der subjektiv-öffentlichen Rechte, weil er sich auf konkret festgeschriebene Bestimmungen begrenzt hielt.[430] Hinsichtlich des bereits erwähnten zur damaligen Zeit gängigen Begriffspaars von „Freiheit und Eigentum" sah er den Grundsatz der recht- und gesetzmäßigen Verwaltung als eine Art Auffangrechtsgrundlage für ein subjektives Abwehrrecht des Einzelnen gegenüber staatlichem Zwang.[431] Nun mag es auf den ersten Blick überraschen, dass *Bühler* hier nicht an spezifische grundrechtliche Positionen der Bürger anknüpfte, die im Zusammenhang mit staatlicher Zwangsausübung relevant sein könnten – etwa die Menschenwürde oder die körperliche Unversehrtheit und die allgemeine Handlungsfreiheit – sondern

---

427 *Bühler*, Die subjektiven öffentlichen Rechte und ihr Schutz in der deutschen Verwaltungsrechtsprechung, S. 224.

428 *Ramsauer*, NordÖR 2019, 157 (159), *ders.*, JuS 2012, 769 (770).

429 *Ramsauer*, JuS 2012, 769 (770).

430 *Ramsauer*, NordÖR 2019, 157 (159).

431 *Bühler*, Die subjektiven öffentlichen Rechte und ihr Schutz in der deutschen Verwaltungsrechtsprechung, S. 87.

stattdessen an die allgemeine Verpflichtung der Verwaltung zur Gesetzmäßigkeit.[432] Zu erinnern ist aber dabei, dass zur damaligen Zeit einerseits der Grundrechtskatalog als solcher im Vergleich zum heutigen Maßstab aus Art. 1 bis 19 GG noch sehr lückenhaft ausgestaltet war und andererseits die vorhandenen grundrechtlichen Gewährleistungen in den Verfassungen der verschiedenen deutschen Staaten kaum praktische Relevanz hatten.[433]

Auch der aus heutiger Sicht vornehmlich als einer der bedeutendsten Begründer der modernen Privatrechtswissenschaft verstandene *Rudolf von Jhering* definierte im Jahr 1872 subjektiv-öffentliche Rechte als rechtlich geschützte Interessen, die einklagbar sein müssen.[434] In dieser sehr frühen Definition ist die bis heute in der herrschenden Ansicht andauernde Idee des Interessenschutzes sehr gut erkennbar. Sie verhält sich zu der Allgemeinen Rechtslehre, der zufolge es zur zutreffenden und rechtsgebietsübergreifenden Bestimmung des subjektiv-öffentlichen Rechts einer solchen Akzessorietät zwischen Recht und schutzwürdigem Interesse nicht bedarf,[435] diametral.[436]

Die Schutznormtheorie entwickelte sich im weiteren Verlauf der Rechtsgeschichte fort. Nachdem sie in der Weimarer Republik sowohl von der Literatur als auch von der Rechtsprechung[437] als allgemeiner Konsens aufgefasst und angewandt wurde[438], begegnete sie zum ersten Mal in der Zeit des Nationalsozialismus tiefgreifenden Bedenken.[439] Dies war zuvorderst dem Umstand geschuldet, dass während der diktatorischen Herrschaft und Kriegspolitik

432 *Ramsauer*, JuS 2012, 769 (770); *ders.*, NordÖR 2019, 157 (159) ruft ins Gedächtnis, dass darüber hinaus eine normative Rückbindung in grundrechtlichen Positionen bereits zur Geltungszeit der WRV angenommen wurde.

433 Soweit damals bereits in den Verfassungen der deutschen Länder Grundrechte geregelt waren, stufte *Bühler* sie nicht als zwingendes Recht ein, denn sie seien durch das Prinzip der Gesetzmäßigkeit der Verwaltung überholt, *Bühler,* Die subjektiven öffentlichen Rechte und ihr Schutz in der deutschen Verwaltungsrechtsprechung, S. 128, 155. Heute muss dieser Ansatz als unzutreffend eingestuft werden, *Ramsauer*, JuS 2012, 769 (770).

434 *Jhering*, Der Kampf um das Recht; s. dazu auch *Voßkuhle/Kaiser*, JuS 2009, 16; *Wagner*, AcP, 1993, 139.

435 Reine Rechtslehre bei *Kelsen*, Allgemeine Theorie der Normen.

436 *Voßkuhle/Kaiser*, JuS 2009, 16 (17).

437 *Jellinek*, AllgVerwR, § 9 Abs. 4, m.w.N. aus der Rspr.

438 Dazu *Bauer*, Geschichtliche Grundlagen der Lehre vom subjektiven öffentlichen Recht, S. 84 ff.

439 *Bauer*, Geschichtliche Grundlagen der Lehre vom subjektiven öffentlichen Recht, S. 102 ff.

Hitlers die Verwaltungsgerichtsbarkeit ihre Arbeit nicht mehr wahrnehmen konnte.[440] Bei dem Neuaufbau derselben unter dem 1949 in Kraft getretenen Grundgesetz wurde auch die Geltung der subjektiv-öffentlichen Rechte vorrangig in Ansehung des neu fixierten Grundrechtskatalogs bewertet.[441] Dabei ging es vor allem um die Rechtsschutzgarantie aus Art. 19 Abs. 4 Satz 1 GG. Nach ihrem Maßstab erweiterte sich das Verständnis von den subjektiv-öffentlichen Rechten entscheidend. So bezog *Otto Bachof*[442] neben Vorschriften mit einer gebundenen Verwaltungsentscheidung, die bis zu diesem Zeitpunkt bereits als zwingende Rechtssätze im Sinne der Definition zur Anerkennung des subjektiv-öffentlichen Rechts gewertet wurden, auch solche mit einer Ermessensentscheidung in diese Definition mit hinein.[443] Zur Begründung führte er an, dass auch Ermessensvorschriften für den Fall, dass sie feste und gerichtlich überprüfbare Vorgaben zur Ausübung des behördlichen Ermessens bereithalten, einen zwingenden Charakter im Sinne der Definition haben könnten.[444] Auch erweiterte *Bachof* das Verständnis zur Anerkennung subjektiv-öffentlicher Rechte dahingehend, dass er die Voraussetzung der Rechtsmacht auch als gegeben ansah, wenn durch einen Rechtssatz ein Individualinteresse geschützt wird, der Gesetzgeber aber hieran nicht ausdrücklich die Befugnis knüpft, dieses Interesse gegenüber dem Staat auch durchzusetzen. In diesem Fall dürfe der Gesetzgeber dem Privaten, um dessen Individualinteressen es geht, die zur Durchsetzung erforderliche Rechtsmacht nicht unterschlagen.[445] Diese Wertung sei ebenfalls primär der Rechtsschutzgarantie des Art. 19 Abs. 4 GG zu entnehmen sowie subsidiär dem allgemeinen Rechtsstaatsprinzip aus Art. 20 Abs. 2, 3 GG. Daher erweise sich das für die Definition des subjektiv-öffentlichen Rechts noch für *Bühler* erforderliche dritte Kriterium der Rechtsmacht seiner Logik nach im Endeffekt als verzichtbar.[446]

---

440 Das zu dieser Zeit zwar geschaffene (Reichs) Verwaltungsgericht hatte praktisch aber keine Bedeutung inne, *Ramsauer*, NordÖR 2019, 157, v.a. angesichts fehlender richterlicher Unabhängigkeit, so m.w.N. *Kronisch*, in: Sodan/Ziekow, VwGO, § 1, Rn. 11 f.

441 *Bauer*, Geschichtliche Grundlagen der Lehre vom subjektiven öffentlichen Recht, S. 129 ff.

442 *Bachof*, in: Gedächtnisschrift für Jellinek, S. 287 (299 ff.).

443 *Ramsauer*, JuS 2012, 769 (771).

444 *Bachof*, in: Gedächtnisschrift für Jellinek, S. 287 ff. (295).

445 *Ramsauer*, JuS 2012, 769 (771).

446 *Ramsauer*, NordÖR 2019, 157 (159); *ders.*, JuS 2012, 769 (771); *Bachof*, in: Gedächtnisschrift für Jellinek, S. 287 ff. (299 ff.).

Der somit bis heute gängigen Definition und herrschenden Ansicht in Rechtsprechung[447] und Literatur zufolge ist „ein subjektiv-öffentliches Recht die dem Einzelnen kraft öffentlichen Rechts zuerkannte Rechtsmacht, zur Verfolgung eigener Interessen vom Staat ein bestimmtes Verhalten (Tun, Dulden oder Unterlassen) verlangen zu können."[448] Ein subjektiv-öffentliches Recht liegt demnach vor, wenn die in Rede stehende Norm zumindest *auch* Individualinteressen zu dienen bestimmt ist. Der Umstand, dass in das Telos der Vorschrift auch der Schutz von objektiven Allgemeininteressen mit hineinspielt, ist dafür unschädlich.

aa) Rechtsmacht oder Rechtsreflex?

Dabei genügt es jedoch nicht, dass die Beeinträchtigung bei dem Betroffenen in rein tatsächlicher Hinsicht spürbar ist – er zum Beispiel einen schweren monetärwirtschaftlichen Schaden erleidet. Hierin ist lediglich ein sogenannter Rechtsreflex zu sehen, der allerdings nicht die dargelegte Rechtsmacht dazu verleiht, die Verletzung auch gerichtlich einzuklagen und vom Staat hierfür entschädigt zu werden.[449] Vielmehr muss dieser Schaden gerade genau in den Schutzzweck der einschlägigen gesetzlichen Bestimmung fallen – oder anders ausgedrückt: Die Norm muss genau deshalb geschaffen sein, da derartige Schäden passieren können und um hierfür vorrangige Schutz- oder nachträgliche Erstattungsmöglichkeiten zu regeln. Des Weiteren muss der Betroffene in den Kreis der von der Norm geschützten Personen fallen. So kann eine fachgesetzliche Vorschrift etwa festschreiben, dass für Nachbarn einer Biogasanlage gewisse Ansprüche auf Schutz vor ihren Immissionen bestehen.[450] Dem liegt der Gedanke zugrunde, dass die Nachbarn im Einzugsgebiet der Anlage ihren dauernden Lebensmittelpunkt haben und von den entsprechenden Stoffen (Lärm, Gestank, Schmutz) regelmäßig in spürbarer Weise betroffen sind.[451] Jemand, der nur für einige Tage als Gast bei den Nachbarn der Anlage weilt, kann zwar in tatsächlicher Hinsicht genauso intensiv mit den Immissionen in Kontakt kommen und unter Umständen auch Schäden an seiner Gesundheit erleiden. Dieser rein faktische Umstand ermächtigt ihn aber nicht dazu, die allein für Nachbarn aufgrund ihrer

---

447 BVerfGE 27, 297 (307).

448 *Schmidt-Aßmann*, in: Maunz/Dürig, GG, Art. 19 Abs. 4, Rn. 127 ff. m.w.N.

449 *Weber*, in: Creifelds, Rechtswörterbuch, Subjektives öffentliches Recht.

450 Z.B. §§ 5 ff.; 22 ff. BImSchG und die Vorschriften der LImSchGe.

451 Vgl. die Vorschrift aus § 1 BImSchG „Zweck des Gesetzes", hierzu *Dietlein*, in: Landmann/Rohmer, Umweltrecht, § 1 BImSchG, Rn. 9 ff.

regelmäßigen Betroffenheit im Kernbereich ihrer Lebensführung normierte Schutzfunktion auf sich selbst zu erstrecken. Denn hierzu fehlt es schlicht an einer zugrundeliegenden Bestimmung. Selbst wenn der Gast fraglos Grundrechte – wie jenes auf körperliche Unversehrtheit nach Art. 2 Abs. 2 GG – für sich und den Schutz seiner Interessen geltend machen kann, gehört er dennoch nicht zum Kreis der von der besagten fachgesetzlichen Vorschrift geschützten Kreis. Sein Schaden ist ein bloßer Rechtsreflex, der nach der geltenden Definition ein subjektiv-öffentliches Recht gerade nicht zu begründen vermag.[452]

bb) Subjektiv-öffentliches Recht oder Klagemöglichkeit?

Ein weiterer wesentlicher Aspekt zum Zweck der begrifflich-funktionellen Einordnung des subjektiv-öffentlichen Rechts nach der Schutznormtheorie besteht in seiner Abgrenzung zur Klagemöglichkeit. Beide Begriffe sind in ihrer jeweiligen inneren Existenz voneinander unabhängig, bedingen einander jedoch im Hinblick auf ihre jeweilige äußere Realisierbarkeit.[453] Für die Durchsetzbarkeit der dem subjektiv-öffentlichen Recht zugrundeliegenden Handlungspflicht eines bestimmten Klage- oder Antragsgegners kommt es auf den gerichtlichen Rechtsschutz, also die Klage- oder Antragsmöglichkeit an. Subjektiv-öffentliche Rechte eröffnen den Rechtsschutz, ermöglichen ihn aber nicht. Der Rechtsschutz – also die Klage- oder Antragsmöglichkeit – wiederum ist seinerseits selbst nicht Inhalt des Rechts, sondern hat es vielmehr zum (Streit-) Gegenstand und dient seiner praktischen Durchsetzung.[454] Die Klage- oder Antragsmöglichkeit als prozess-rechtlicher Begriff ist damit zwar keine Voraussetzung für die Inhaberschaft eines materiellen Rechts. Aber auf der anderen Seite deutet die fehlende Einräumung einer solchen darauf hin, dass ein derartiges Recht schon in der Sache nicht besteht.

---

452 *Ramsauer*, JuS 2012, 769 (772); *Voßkuhle/Kaiser*, JuS 2009, 16 (17).

453 Deutlich wird dies auch an der als Prozessgrundrecht ausgestalteten Verfassungsvorschrift aus Art. 19 Abs. 4 Satz 1 GG, die subjektiv-öffentliche Rechte nicht begründet, sondern bereits bestehende im Hinblick auf ihre Durchsetzung schützt, vgl. BVerfGE 83, 182 (194). Bildlich gesprochen könnte man formulieren, dass ohne den Rechtsschutz bzw. die Klage-/Antragsmöglichkeit das zugrundeliegende Recht nur auf dem Papier bestünde und ein „zahnloser Tiger“ oder ein „stumpfes Schwert“ wäre; *Sachs*, in: ders., GG, Art. 19 Abs. 4, Rn. 126.

454 *Wahl*, in: Schoch/Schneider/Bier, VwGO, Vor. § 42 Abs. 2, Rn. 45.

cc) *Objektive Schutzwirkung*

Des Weiteren kann für die Beantwortung der Frage, ob einer bestimmten Gesetzesnorm der dargelegte Schutzzweck im Sinne der Definition zum subjektiv-öffentlichen Recht zu entnehmen ist, nicht maßgeblich sein, ob diese Norm wörtlich regelt, dass und gegebenenfalls wer ihre Einhaltung durch die Verwaltung verlangen kann. Solche Regelungen finden sich eher selten. Vielmehr genügt es, wenn ausdrücklich oder auf dem Wege der Auslegung festgestellt werden kann, dass es zum Zweck oder zu den Zwecken der Norm gehört, bestimmte Personen vor einem Verstoß seitens des Staates durch sie zu schützen (objektive Schutzwirkung).[455] Ebenso spielt es keine Rolle, wie viele Personen von einer Norm geschützt werden. Es kommt auf die Qualität des Schutzes, nicht die Quantität der Geschützten an.[456] Ein Indiz für die Annahme eines Individualschutzcharakters kann indes darin gesehen werden, dass durch eine Norm ein gewisser Interessenausgleich geschaffen werden soll.[457] Ebenso deutet es regelmäßig auf die Gewährung subjektiver Rechte hin, wenn eine gesetzliche Bestimmung konkrete Antragsrechte für einen offenen oder abgegrenzten Personenkreis einräumt. Dasselbe gilt, wenn sich aus dem Gesetz oder der Rechtsordnung als solche ergibt, dass die Interessen der Betroffenen an der Einhaltung der Rechtsnorm schutzwürdig sind.[458] Wenn diese Betroffenen ausdrücklich genannt, besonders erwähnt oder hinsichtlich ihrer potentiell tangierten Interessen umschrieben sind, spricht auch dieser Umstand in der Regel für die Anerkennung subjektiver Rechte.[459]

Genau hierin besteht aber wiederum ein entscheidendes systemimmanentes Folgeproblem: Es liegt in der Natur der Sache, dass einfachgesetzliche öffentlich-rechtliche Bestimmungen, die zur Begründung subjektiv-öffentlicher Rechte auf dem Auslegungswege herangezogen werden, nach ihrem Sinn und Zweck primär öffentliche Belange regeln und schützen. Ob sie darüber hinaus auch oder sogar hauptsächlich private Interessen von Individuen schützen, lässt sich den wenigsten öffentlich-rechtlichen Regelungen problemlos entnehmen. So ist es möglich, dass eine Rechtsnorm einzig im öffentlichen Interesse erlassen wurde

455 *Ramsauer*, JuS 2012, 769 (772).

456 BVerwG NJW 1988, 434; *Kopp/Schenke*, VwGO, § 42, Rn. 84; *Bachof*, in: Gedächtnisschrift für Jellinek, S. 287 ff. (297).

457 S. hierzu *Wahl*, in: Schoch/Schneider/Bier, VwGO, Vor. § 42 Abs. 2, Rn. 62.

458 S. hierzu die Beispiele bei *Bachof*, in: Gedächtnisschrift für Jellinek, S. 287 ff. (296 f.).

459 *Ramsauer*, JuS 2012, 769 (772).

und kein Bürger ihre Einhaltung verlangen kann.[460] Mit der objektiven Schutzrichtung ist allein darauf abzustellen, ob zu irgendeinem Zeitpunkt nach Erlass der Vorschrift durch sie ein Individualrechtsschutz eröffnet sein kann – nicht darauf, ob der historische Gesetzgeber einer einfachgesetzlichen öffentlich-rechtlichen Bestimmung Individualrechtsschutz als ihr Sinn und Zweck erdacht hat.[461] Denn es ist durchaus möglich und nicht selten der Fall, dass der Gesetzgeber beim Normerlass kein Bewusstsein dahingehend hatte, damit nicht nur Allgemeininteressen zu wahren, sondern auch subjektiv-öffentliche Rechte zu schaffen. So kann ein individualschützender Normzweck auch viel später erkannt und ermittelt werden.[462]

2. Schutznormtheorie vs. a priori-Geltung

Aus dieser geschichtlichen Entwicklung heraus erklären sich die bis heute vertretenen Stimmen zur Begründung von subjektiv-öffentlichen Rechten samt ihrer jeweiligen Herleitungskriterien. Die Schutznormtheorie steht demnach der Lehre über die Existenz und Geltung subjektiv-öffentlicher Rechte *a priori*[463] diametral gegenüber. Der Ansatz über die sogenannte *a priori*-Geltung bezieht sich dabei vor allem auf die Grundrechte und andere verfassungsrechtliche Wertungen und weist insofern eine starke Parallelität zur historischen Statuslehre nach *Jellinek* auf.

Zur Vorgehensweise der eigenen Untersuchung ist vor diesem Hintergrund weiterhin klarzustellen, dass die in Schrifttum und Rechtsprechung gleichermaßen als herrschend und vorzugswürdig angesehene Schutznormtheorie trotz immer wieder aufbegehrender Kritiker zur Begründung subjektiv-öffentlicher Rechte herangezogen werden muss. Die kritischen Stimmen werden hierzu kurz vorgestellt und diskutiert, um sie anschließend mit den vorzugswürdigen

---

460 In wenigen Fällen können Antworten auf die Frage nach der Individualschutzrichtung einer Norm in den Gesetzesmaterialien gefunden werden, *Ramsauer*, JuS 2012, 769 (771). *Bühler* schreibt für den Fall, dass sich den Gesetzesmaterialien insoweit keine Aussagen entnehmen lassen: „Dann hat man im Zweifel wohl anzunehmen, dass ein Rechtssatz, der faktisch Individualinteressen zugutekommt, mindestens dann, wenn dies vorauszusehen war, auch den Zweck hat„ ihnen zu dienen.“, *Bühler*, Die subjektiven öffentlichen Rechte und ihr Schutz in der deutschen Verwaltungsrechtsprechung, S. 45.

461 *Ramsauer*, JuS 2012, 769 (772); *Bachof*, in: Gedächtnisschrift für Jellinek, S. 287 ff. (297).

462 *Ramsauer*, JuS 2012, 769 (771).

463 Begriff verwendet z.B. durch *Bartlsperger*, in: Festschrift für Schenke, S. 17 ff.

Sachargumenten zu verwerfen und die Schutznormtheorie auf die einschlägige Forschungsfrage anzuwenden.

a) Rechts(un)sicherheit

Die Schutznormtheorie definiert die Voraussetzungen, unter denen ein Rechtssatz ein subjektives öffentliches Recht gewährt. Nur wenn sie vorliegen, kann ein solches Recht bestehen. Die durch diesen umfänglichen Kontrollmechanismus vermittelte Rechtssicherheit stellt das Hauptargument dar, um eine *a priori*-Geltung subjektiv-öffentlicher Rechte im Ergebnis ganz abzulehnen.

Für den Fall, dass sich der Individualrechtsschutzcharakter einer bestimmten Norm nicht ausdrücklich ihrem Wortlaut entnehmen lässt, ist der Gehalt des Rechts mithilfe der juristischen Auslegungsmethoden zu ermitteln. Dieser Vorgehensweise wohnt eine grundsätzliche rechtliche Sicherheit inne, die für die Anbindung subjektiv-öffentlicher Rechte an eine bestimmte Gesetzesnorm und gegen die freie Begründung über Verfassungsprinzipien spricht.

Diesem Ansatz liegt die Überzeugung zugrunde, wonach es die ureigene Aufgabe des einfachen Gesetzgebers ist, zu bestimmen, durch welche Vorschriften ein subjektives öffentliches Recht eingeräumt werden soll: Ihm allein soll die freie Entscheidung darüber obliegen, welche Rechtsnormen er mit einem Individualschutz versieht.[464] Die Verfassung und ihre Gewährleistungen agieren bei dieser einfachgesetzgeberischen Ausgestaltung lediglich im Hintergrund. Weil je nach den Gegebenheiten der jeweiligen Zeit die Antwort auf die Frage nach dem Bestehen subjektiv-öffentlicher Rechte stark divergiert, können sie hierfür auch keine stets gültige Lösung bieten, sondern stattdessen nur mittelbar herangezogen werden. Die Bestimmungen des einfachen Rechts eignen sich insoweit viel besser. Sie sind flexibler und anpassungsfähiger an neue Entwicklungen und können diese verlässlicher gesetzlich abbilden.[465] Freilich dürfen sich diese Wandlungen und Anpassungen stets nur auf dem Boden der Verfassung und ihrer Wertungen vollziehen, die für derartige Entwicklungen aber stets den passenden Rahmen bilden. Vor diesem Hintergrund lässt sich das Argument der Rechtssicherheit sowohl für als auch gegen die Schutznormtheorie anbringen, denn

---

464 *Ramsauer*, JuS 2012, 769 (771 f.); BVerfG NVwZ 2011, 991; NVwZ 2008, 780; *Schenke*, in: Bonner Kommentar GG, Art. 19 Abs. 4, Rn. 431; *Dreier*, in: ders., GG, Band 1, Vor. Art. 1, Rn. 64.

465 *Winkler/Schaub*, Ad Legendum 2017, 111 (117) sprechen auch von der „Elastizität des deutschen Konzepts der Klagebefugnis", welches indes nicht überstrapaziert werden dürfe, damit es nicht seine Konturen verliere.

auch die Ableitung von subjektiv-öffentlichen Rechten aus einfach-gesetzlichen Normen ist mit etwaigen extensiven Lesarten verbunden.

Ferner ist allein die Schutzzwecktheorie in der Lage, die innerhalb der Dogmatik allgemein gängige Differenzierung zwischen Rechtsposition und Rechtsreflex verlässlich und rechtssicher abzubilden. In dem obigen Beispiel mit dem Nachbarn der Biosgasanlage und seinem Gast bleibt Letzterer natürlich nicht schutzlos, weil – so die Logik der Statuslehre – er einen allgemeinen Freiheitsanspruch auf Schutz vor staatlichen Einflüssen hat, der durch seine jeweils betroffenen Grundrechte und die Rechtsschutzgarantie gemäß Art. 19 Abs. 4 Satz 1 GG verbürgt wird. Genau diese allgemeinen verfassungsrechtlichen Rechte werden jedoch nicht dadurch in Frage gestellt, dass in einer bestimmten fachgesetzlichen Materie ein staatlicher Schutz und damit korrespondierender staatlicher Schutzanspruch nach Maßgabe des Fachgesetzes nur für einen abgegrenzten Bereich von Personen etabliert werden, die sowohl in zeitlicher als auch inhaltlicher Hinsicht besonders intensiv mit dem staatlichen Handeln in Kontakt kommen.

b) Verfassungsautorität

Diesem stark normativen Ansatz der Schutznormtheorie wird entgegengehalten, dass allein aus der autoritären Kraft der Verfassung der subjektiv- oder objektivrechtliche Charakter einer normenhierarchisch darunterliegenden einfachgesetzlichen Bestimmung folgen könne.[466]

Die Bedeutung der Grundrechte für die Anerkennung von subjektiv-öffentlichen Rechten nimmt zweifelsohne stark zu.[467] Die grundrechtlichen Bestimmungen wirken dabei auf zwei unterschiedliche Weisen auf die in Rede stehende Dogmatik und ihre Anwendung ein:[468] Entweder sie fungieren selbst als subjektiv-öffentliche Rechte, weil sie subjektiv-öffentlich-rechtliche Gehalte direkt in sich tragen und vermitteln so unmittelbar einen entsprechenden Individualschutzzweck oder aber sie gewähren diesen nur indirekt. Zur ersten Variante ist einzuräumen, dass mittlerweile[469] die Fähigkeit der Grundrechte, subjektiv-öffentliche Rechte selbst zu begründen, nicht mehr ernsthaft in Zweifel zu ziehen sein dürfte. Diese Wertung gibt bereits die Verfassungsvorschrift

---

466 Etwa *Bartlsperger*, in: Festschrift für Schenke, S. 17 ff.

467 Dies konstatiert z.B. *Ramsauer*, JuS 2012, 769 (772).

468 *Ramsauer*, JuS 2012, 769 (772); ausführlich bei *Kopp/Schenke*, VwGO, § 42, Rn. 118 ff. (norminterne/normexterne Wirkung).

469 Anders war dies zu Zeiten von *Jellinek* und *Bühler*, denen wegen der oben geschilderten Probleme ein solches Unterfangen argumentativ kaum bis gar nicht möglich war.

aus Art. 1 Abs. 3 GG vor, der zufolge die Grundrechte gleichermaßen Gesetzgebung, vollziehende Gewalt und Rechtsprechung als unmittelbar geltendes Recht binden. Insbesondere dürfte auf der Hand liegen, dass die Grundrechte nicht vorrangig im objektiv-öffentlichen Interesse der Allgemeinheit erlassen wurden, sondern primär den Interessen der Einzelpersonen innerhalb dieses Gemeinwesens zum rechtlich verbürgten Schutz verhelfen sollen. Dementsprechend sollen sie diesen Einzelpersonen die dazu erforderliche Rechtsmacht verleihen. In ihrem unmittelbaren Anwendungsbereich vermitteln die Grundrechtsnormen des Grundgesetzes somit subjektive Rechte, auf die sich der Betroffene unmittelbar – das heißt ohne zusätzlichen ausdrücklichen Rückgriff auf eine einfachgesetzliche Bestimmung und ihre Voraussetzungen auf Tatbestands- und Rechtsfolgenseite – gegenüber dem Staat und seiner für ihn handelnden Behörde beziehen kann.[470] Dieser Aspekt trägt damit auch der dargelegten frühen Überlegung bei *Jellinek* und *Bühler* Rechnung, dass zumindest im Hinblick auf den Schutz Einzelner vor willkürlichem im Sinne von ungesetzlichem staatlichen Zwang korrespondierende Individualrechte zwingend bestehen müssen. Für sie beide äußerte sich dieser Rechtsschutz in der Forderung nach einem Gesetzesvorbehalt für staatliche Eingriffe in das Begriffspaar von Freiheit und Eigentum. Freilich erstreckt sich diese Gewährleistung unter der Geltung des heutigen Grundrechtskatalogs aus Art. 1 bis 19 GG auf sämtliche dort geregelte Positionen inklusive der auf ihrer Grundlage entwickelten richterlichen Rechtsfortbildungen.[471] Daneben ergibt sich ein Individualschutzgebot aber auch mittelbar aufgrund grundrechtlicher Gewährleistungen. Dies liegt wie bereits erwähnt daran, dass das von *Jellinek* und *Bühler* zugrunde gelegte Verständnis der Statuslehre und der entsprechenden allgemeinen Freiheitsrechte über die Annahme eines *status negativus* beziehungsweise eines Gesetzmäßigkeitsprinzips für alles staatliche Handeln qualitativ weit hinter dem zurückblieb, was die heutige Grundrechtsdogmatik nach dem Grundgesetz dem Einzelnen an Individualrechtsschutz nicht nur passiv zur Verfügung stellt, sondern die staatlichen Stellen selbst zu erfüllen verpflichtet, Art. 1 Abs. 3 GG.[472] Nach dieser modernen Grundrechtsdogmatik können nicht nur klassische, also vom Staat bewusst gewollte und gezielt angeordnete Beschränkungen individueller Rechte mithilfe

470 *Herdegen*, in: Maunz/Dürig, Art. 1 Abs. 3, Rn. 14 ff.

471 Dazu gehört beispielsweise das Recht auf informationelle Selbstbestimmung als Bestandteil des allgemeinen Persönlichkeitsrechts aus Art. 1 Abs. 1 i.V.m. Art. 2 Abs. 1 GG, vgl. BVerfGE 65, 1 (41).

472 *Ramsauer*, JuS 2012, 769 (772).

der Grundrechte abgewehrt werden. Vielmehr ist dies nunmehr auch für rein faktische wirkende Einflüsse möglich, sofern sie in ihrer Schwere dem klassischen Eingriff gleichkommen und dem Staat objektiv vorhersehbar waren.[473]

Hinzu kommt, dass sich die Dimension der Grundrechtsfunktionen erheblich erweitert hat. Während zunächst nur ein rein repressives Verständnis darauf abstellte, dass der Staat verpflichtet sei, bereits geschehene Eingriffe in grundrechtliche Positionen abzuwehren, ging nach und nach der Konsens dahin, dass zum Ziel eines möglichst umfassenden Grundrechtsgehalts ebenso präventive Schutzpflichten zu etablieren waren.[474] Auch diese Schutzpflichten können dazu beitragen, dass einfachgesetzliche Bestimmungen im Wege der grundrechtskonformen Auslegung zu einer Anerkennung subjektiv-öffentlicher Rechte führen.[475]

Vor diesem Hintergrund gewandelter und im Vergleich mit der historischen Statuslehre vor allem intensivierter Grundrechtsdogmatik stellt sich die Frage, ob sie eine Schutznormtheorie überhaupt weiterhin braucht[476] oder vielmehr die Grundrechte über die beiden gezeigten Varianten zur Anbindung subjektiv-öffentlicher Rechte genügen.[477] Statt sich auf eine einfachgesetzliche Rechtsvorschrift berufen zu müssen, an der sich eine Klagebefugnis im Sinne von § 42 Abs. 2 VwGO ausdrücklich oder per Auslegung festmachen lässt, könnte es zur gerichtlichen Geltendmachung etwaiger Abwehr-, Leistungs- oder Schutzansprüche ausreichen, wenn der Betroffene ein möglicherweise einschlägiges Grundrecht bedient.

Dem von der Schutzzwecktheorie vertretenen Argument der Rechtssicherheit wird in diesem Zusammenhang zum Teil somit die mitunter mühevolle Suche nach einer einschlägigen normativen Grundlage vorgeworfen.[478] Denn wenn man davon ausgeht, dass sich ein subjektiv-öffentliches Recht nur anhand einer zugrundeliegenden Gesetzesbestimmung begründen lässt, ist man zwangsläufig darauf angewiesen, eine solche auch zu finden, will man das subjektiv-öffentliche Recht im Ergebnis mit Erfolg herleiten. Dieser kritischen Stimme ist zunächst

---

473 BVerfGE 105, 252 und 279.

474 Näher bei *Schenke*, in: Bonner Kommentar GG, Art. 19 Abs. 4, Rn. 431; *Dreier*, in: ders., GG, Band 1, Vor. Art. 1, Rn. 62.

475 Etwa für die Menschenwürde als Kerngehalt jeglichen Grundrechts s. *Herdegen*, in: Maunz/Dürig, Art. 1 Abs. 1 GG, Rn. 78 f.; *Couzinet*, DVBl 2008, 754 (760); *Ramsauer*, AöR 111 (1986), 501 (527).

476 *Ramsauer*, JuS 2012, 769 (772).

477 *Bartlsperger*, in: Festschrift für Schenke, S. 17 ff.

478 *Bartlsperger*, in: Festschrift für Schenke, S. 17 ff.

zuzuerkennen, dass dem von ihr bevorzugten Weg über grundrechtliche Bestimmungen ein ganz wesentlicher prozessualer Vorteil innewohnen würde.[479] Denn die oft anspruchsvolle und mühsame Prüfung der Klage- oder Antragsbefugnis bei Gericht würde damit entfallen und zur erstrebenswerten Entlastung der Justiz in ganz erheblichem Maße beitragen. In der nach der Schutznormlehre erforderlichen Suche nach einer einfachgesetzlichen Grundlage liegt auch ein gewisses Missbrauchspotential, das sich als Argument nicht ganz einfach von der Hand weisen lassen dürfte. Dieser Überlegung ist aber trotz der sicher begründeten Vorsicht entgegenzuhalten, dass eben dieses Missbrauchspotential genauso auch bei einer *a priori*-Geltung aufkommen kann. Denn das Bestreben, ein allgemeines Freiheitsrecht statusbezogen an Grundrechten festzumachen, unterliegt der Gefahr, diese eher extensiv und damit unter Umständen nicht mehr verfassungskonform zu deuten. Damit wäre die von der *a priori*-Geltung angeführte Verfassungsautorität aber gleichsam ihrer Grundlage beraubt und somit als Argument *ad absurdum* geführt.

Ferner ist hierzu anzumerken, dass hinter sämtlichen gesetzlichen Vorschriften, die auf der Ebene des einfachen Rechts eine solche Befugnis einräumen, ohnehin eine oder mehrere „passende" grundrechtliche Positionen stehen.[480] Auf sie kann der Betroffene grundsätzlich für den Fall direkt rekurrieren, dass die jeweiligen Grundrechte unmittelbar Recht setzen.[481] Oder anders ausgedrückt: Die einfachgesetzlichen Normen vermitteln sowieso nur unter der zwingenden Voraussetzung die Befugnis, wegen eines bestimmten Interesses vor Gericht zu ziehen, dass die Norm in ihrem Gewährleistungsgehalt von einem Grundrecht oder grundrechtsgleichen Recht gedeckt ist – hinter ihr also eine grundrechtliche Position steht, derer einfachgesetzlichen Konkretisierung sie dient. Dabei kann die grundrechtliche Bestimmung zur Garantie effektiven Rechtsschutzes aus Art. 19 Abs. 4 Satz 1 GG als Prozessgrundrecht mit der bestimmten Grundrechtsvorschrift in Verbindung wirken und erstere qualitativ anreichern. Jedenfalls für die Eingriffsabwehrfunktion der Grundrechte dürfte dieser unmittelbare Bezug unproblematisch herzustellen sein, wohingegen bei der Schutzfunktion durchaus argumentative Komplikationen auftreten können.[482] Hinsichtlich dieser Schutzfunktion gilt es als anerkannt, dass es allein dem Gesetzgeber in eigener Entscheidung obliegt, diese im einfachen Recht

479 *Ramsauer*, JuS 2012, 769 (772).
480 *Ramsauer*, JuS 2012, 769 (773).
481 *Kopp/Schenke*, VwGO, § 42, Rn. 121 m. w. N.; *Sodan/Ziekow*, VwGO, § 42, Rn. 395.
482 *Ramsauer*, JuS 2012, 769 (772).

auszugestalten und zu konkretisieren.[483] Freilich bedeutet dieser Umstand nicht, dass der Gesetzgeber bei der Gewährleistung von einfachen subjektiven Rechten stets nur Grundrechte konkretisiert. Dies würde zu kurz greifen und mutet als Ansatz sehr konstitutionalistisch an. Denn schließlich würde so manches Gesetz, das dem Bürger wichtige staatliche Schutzpflichten vermittelt, nicht existieren, wenn der Staat die dahinterstehende Aufgabe auch ohne konkrete gesetzliche Grundlage in dessen Interesse erfüllen dürfte.[484] Eben dies ist aber aus gutem Grund – und zwar in Ansehung des in Art. 20 Abs. 2, 3 GG verfassungsrechtlich fixierten Grundsatz vom Vorbehalt des Gesetzes – nicht der Fall. Danach nämlich erwächst die Eigenschaft als den Bürger belastenden staatlicher Verwaltungsakt bereits dadurch, dass es diesem Verwaltungsakt an einer gesetzlichen Ermächtigung fehlt.[485] Die hierzu mitunter in ihrer Funktion als Auffanggrundrecht bediente Verfassungsvorschrift aus Art. 2 Abs. 1 GG bietet insoweit zwar ein „grundrechtliches Fundament"[486], genügt als solches allerdings nicht den Anforderungen aus dem rechtsstaatlichen Gesetzesvorbehalt. Vielmehr bedarf es angesichts der sich mit dem Gesetzesvorbehalt verdichtenden Beziehung zwischen Staat und Bürger eines verlässlichen und belastbaren Normenbestandes auch und gerade in der einfachgesetzlichen Ebene.[487]

Mit dieser Deutung der Verfassungsautorität geht weiterhin der Vorteil einher, dass der einfache Gesetzgeber sich bei seiner Entscheidung nicht nur mit allgemeinen grundrechtlichen Wertungen auseinandersetzt, sondern denknotwendig auch Vorgaben aus den fachlichen Spezialmaterien in die Ausgestaltung mit einfließen lassen muss. Damit sind in der Regel ein weitaus detaillierterer und differenzierterer Gesetzeswortlaut und -zweck verbunden, als wenn dies einzig über das allgemeine Grundrecht möglich wäre. Im Optimalfall können sich folglich nur die nachweislich Betroffenen auf die jeweilige Bestimmung berufen. An den Vorgaben des jeweiligen Grundrechts muss sich die einfachrechtliche Bestimmung ohnehin messen lassen. Dieser so oder so vorgesehene Auffang- oder subsidiäre Prüfmechanismus erstreckt sich dabei ebenfalls auf die Frage, ob und in welchem Umfang das einfache Recht dem grundrechtlich

483 BVerfG NVwZ 2011, 991; NVwZ 2008, 780; *Schenke*, in: Bonner Kommentar GG, Art. 19 Abs. 4, Rn. 431; *Dreier*, in: ders., GG, Band 1, Vor. Art. 1, Rn. 64.

484 *Grzeszick*, in: Maunz/Dürig, GG, Art. 20, Rn. 82.

485 Dazu im Detail BVerfG NJW 1996, 3146.

486 *Grzeszick*, in: Maunz/Dürig, GG, Art. 20, Rn. 82, der darin aber zumindest ein Grundrecht auf Beachtung des Vorbehalts des Gesetzes durch Gesetzgeber und Verwaltung erkennt.

487 *Grzeszick*, in: Maunz/Dürig, GG, Art. 20, Rn. 82.

Schutzberechtigten ausreichende klagbare Rechte verleiht.[488] Aus diesem Zusammenspiel einfachgesetzlicher und verfassungsrechtlicher Regelungen folgt nach heutigem Verständnis der Grundsatz der vorrangigen Heranziehung einfachgesetzlicher Bestimmungen zur Begründung von subjektiv-öffentlichen Rechten.[489]

Einzig dieser Grundsatz vermag schließlich auch in Drittschutzfällen weiterzuhelfen.[490] Grundrechtliche Gewährleistungen können hier nämlich gerade nicht zur Lösung herangezogen werden. Sie gelten – zumindest unmittelbar – nur im vertikalen Verhältnis zwischen Staat und Bürger, nicht aber in der gleichrangig-horizontalen Beziehung zwischen Privaten untereinander. Hier entfalten sie ihre Wirkung stattdessen lediglich mittelbar[491] als Auslegungsdirektive in Gestalt der verfassungs- beziehungsweise grundrechtskonformen Auslegung. Damit verkörpern die Grundrechte trotz der unbestreitbaren Verfassungsautorität den Auslegungsmaßstab, nicht aber den Auslegungsgegenstand. Warum folglich in klassischen öffentlich-rechtlichen Subordinationsverhältnissen die Statuslehre in ihrem modernen Gewand der *a-priori*-Geltung subjektiv-öffentlicher Rechte zur Anwendung kommen soll und abweichend von diesem Grundsatz in Dreierkonstellationen die Schutznormtheorie, leuchtet zudem schlichtweg nicht ein.

c) *Zusammenfassung*

Nach der herrschenden Schutznormtheorie verlangt die Definition des subjektiv-öffentlichen Rechts als erste Voraussetzung einen zwingenden Rechtssatz, der zum Zweiten zumindest auch dem Schutz von Individualrechtsgütern dient und drittens dem Einzelnen die Rechtsmacht einräumt, vom Hoheitsträger ein bestimmtes Verhalten zu verlangen, nämlich die Einhaltung des in dem zwingenden Rechtssatz angeordneten Gebots.[492]

---

488 *Wahl*, in: Schoch/Schneider/Bier, VwGO, Vor. § 42 Abs. 2, Rn. 75; *Couzinet*, DVBl 2008, 754 (760); *Ramsauer*, AöR 111 (1986), 501 (510).

489 *Schmidt-Aßmann*, in: Maunz/Dürig, GG, Art. 19 Abs. 4, Rn. 121; *Sodan*, in: ders./ Ziekow, VwGO, § 42, Rn. 392; *Ramsauer*, JuS 2012, 769 (772 f.).

490 *Ramsauer*, JuS 2012, 769 (773).

491 Zur mittelbaren Drittwirkung und Ausstrahlungsfunktion der Grundrechte grundlegend BVerfGE 7, 198 (207) = Lüth; zusammenfassend *de Wall/Wagner*, JA 2011, 734.

492 *Schmidt-Aßmann*, in: Maunz/Dürig, GG, Art. 19 Abs. 4, Rn. 127 ff. m.w.N.; *Sachs*, in: ders., GG, Art. 19 Abs. 4, Rn. 129.

Die normative Anbindung des Schutzzwecks verbürgt im Ergebnis gleichsam das Gewollt- und „Gesollt-Sein" des Individualrechtsschutzes[493] und vermittelt so vor dem Hintergrund der beiden entscheidenden argumentativen Erwägungen der Rechtssicherheit sowie der Verfassungsautorität eine sehr viel belastbarere Grundlage, als es die *a priori*-Geltung über einen allgemeinen Freiheits- und Schutzstatus vermag.

Fernab dieser Feststellung aber gehört zur ganzen Wahrheit abschließend auch der nicht von der Hand zu weisende Umstand, dass die Statuslehre und die Schutznormtheorie auf lange Sicht weniger tatsächliche Gegenbegriffe darstellen als sich vielmehr insoweit ergänzen, als sie Antworten auf unterschiedliche Fragen liefern. Denn was die in den meisten Fällen vorzugswürdige Schutznormtheorie in Ausnahmekonstellationen – wenn etwa eine einschlägige normative Grundlage schlichtweg fehlt – nicht zu lösen vermag, kann an ihrer Stelle die Statuslehre in Anknüpfung an allgemeine menschliche Freiheitsrechte angemessen auffangen und kompensieren.

3. *Kritik in europarechtlicher Dimension*

In europäischer Perspektive sind vorwiegend solche Tendenzen auszumachen, nach denen verwaltungsgerichtlicher Rechtsschutz sowie korrespondierende Klage- und Antragsarten ausschließlich oder doch zumindest überwiegend der objektiv-rechtlichen Überprüfung von Verwaltungshandeln dienen.[494] Zwar kennt auch das Unionsrecht keine Popularklage[495], der Begriff des subjektiv-öffentlichen Rechst aber ist ihm weitestgehend fremd.[496] Abgestellt wird eher auf „Rechte des Einzelnen"[497], oder „individuelle Rechte"[498]. Deutschland hingegen weist eine sehr viel stärker auf den Schutz subjektiver Rechte ausgerichtete Verwaltungsverfahrens- sowie -prozessordnung und -gerichtsbarkeit vor. Es stellt daher ein lange bewusstes dogmatisches Problem dar, wie sich unionsrechtlich begründete Klagerechte – insbesondere im

493 *Ramsauer*, JuS 2012, 769 (772).

494 Zu all dem m.w.N. BVerwG NVwZ 2021, 736 (738 ff.) m. Anm. *Kment*; *Winkler/Schaub*, Ad Legendum 2017, 111 f. sowie *Scherzberg*, JURA 2006, 839 (848); *Stüber*, JURA 2001, 798 (799); ausführlich und rechtsgebietsübergreifend auch *Gluding*, Kollektiver und überindividueller Rechtsschutz im Zivil- und Verwaltungsprozessrecht, S. 484 (Zusammenfassung in Thesen).

495 Zu all dem m.w.N. *Gernert*, ZJS 2021, 444 (446, 451).

496 *Scherzberg*, JURA 2006, 839 (847); EuGH Slg 1963, 1 (25); Slg 1964, 1251 (1270 f.).

497 Wörtlich „Berechtigung Einzelner", *Schoch*, NVwZ 1999, 457 (463).

498 *Triantafyllou*, DÖV 1997, 192 (193); *von Danwitz*, DÖV 1996, 481 (484).

Bereich des Umweltrechts[499] – in das deutsche Schutznormkonzept einfügen lassen.[500]

Nun könnte man in europäischer Lesart das Unterfangen, aus den Vorschriften in den deutschen Kommunalverfassungen ein subjektiv-öffentliches Recht des Gemeindebürgers auf Vollzug und Beachtung des Bürgerentscheids herzuleiten, an sich schon deshalb in Frage stellen, weil in dieser Perspektive ein solches gar nicht möglich oder erforderlich ist. Dem ist jedoch entgegenzuhalten, dass eine derartige dogmatische Rekonstruktion des gesamten öffentlichen Rechts und insbesondere des Verwaltungsrechts, die kategorisch zwischen dem objektiv-rechtlichen und dem subjektiv-rechtlichem Schutz unterscheidet, dort keinen Sinn macht, wo sowohl objektiv- als auch subjektiv-rechtliche Interessen in Rede stehen und daher nach einem angemessenen Ausgleich verlangen. Mit der Argumentation, dass der Gemeindebürger nicht nur im eigenen Interesse auftritt, sondern den Bürgerentscheid darüber hinaus auch für das gemeindliche Gesamtwohl aufrechterhalten will, vollzieht sich ein Lösungsansatz, der beiden Schutzrichtungen gerecht wird.

Generell gesehen übt das Unionsrecht auf die Lehre von den subjektiv-öffentlichen Rechte einen ähnlich starken Einfluss wie die Grundrechte aus Art. 1 bis 19 GG aus.[501] Dieser Einfluss kann ebenso wie bei den Grundrechten[502] von unmittelbarer[503] oder mittelbarer Natur sein. Der Europäische Gerichtshof hat schon mehrfach darüber entschieden, dass subjektiv-öffentliche Rechte zwar direkt aus dem Primärrecht der Europäischen Union hergeleitet werden können, soweit es auch innerhalb

---

499 Die hier zunehmend auszumachende sektorale Gesetzgebung bedingt für *Winkler/Schaub*, Ad Legendum 2017, 111 eine teilweise „Fragmentierung des Rechts" – vice versa, welche im Ergebnis aber nicht dazu führen dürften, das subjektiv-öffentliche Recht als allgemeines Rechtsinstitut abzulegen.

500 *Kahl/Ohlendorf*, JA 2011, 41 (42 f.) m.w.N.; *Krüper*, Gemeinwohl im Prozeß; *Schlacke*, Überindividueller Rechtsschutz, S. 87 ff.; *Reiling*, Zu individuellen Rechten im deutschen und im Gemeinschaftsrecht, S. 231 ff.; *Ehlers*, Die Europäisierung des Verwaltungsprozessrechts; *Wegener*, Rechte des Einzelnen; *Masing*, Die Mobilisierung des Bürgers für die Durchsetzung des Rechts, S. 178; *Ruffert*, Subjektive Rechte im Umweltrecht der Europäischen Gemeinschaft.

501 *Mangold/Wahl*, Die Verwaltung 48 (2015), 1; *Masing*, in: *Hofmann-Riem/Schmidt-Aßmann/Voßkuhle*, Grundlagen des VerwR, Band I, § 7, insbes. Rn. 98 ff.; *Pasemann*, Die Entwicklung des Schutzes subjektiver öffentlicher Rechte; *Stüber*, JURA 2001, 798; *Schoch*, NvwZ 1999, 457 (463).

502 *Ramsauer*, JuS 2012, 769 (773).

503 Zur Frage der Invocabilité oder Berufbarkeit, wonach sich Unionsbürger auf unmittelbar wirksames Unionsrecht berufen können *Happ*, in: Eyermann, VwGO, § 42, Rn. 81a m.w.N. u.a. auf EuGH NVwZ 1996, 367, Rn. 19.

des jeweiligen Mitgliedsstaates unmittelbare Anwendung findet, aber die praktische Bedeutung eher bei den Vorschriften des ohnehin unmittelbar anwendbaren Sekundärrechts, also den Verordnungen und Richtlinien – letztere für den Ausnahmefall, dass sie unmittelbare Wirkung entfalten[504] – gesehen.[505]

Nicht ausschließlich, aber insbesondere in Bezug auf Drittschutzanforderungen, übt das Unionsrecht unter diesen Vorzeichen einen starken Einfluss aus. Hier hat insbesondere das Umweltrecht zahlreiche Änderungen erfahren.[506] Auch dem Naturschutzrecht lassen sich aussagekräftige Beispiele entnehmen: So hat die Rechtsprechung des Europäischen Gerichtshofs in den Rechtssachen Trianel[507] und Slowakischer Braunbär[508] die Klagemöglichkeiten von Umweltverbänden gestärkt.[509] In dieser Einflusstendenz hat ebenso das Bundesverwaltungsgericht in seiner Entscheidung zu Luftreinhalteplänen nach dem Bundesimmissionsschutzgesetz einem Umweltverband zwar kein unmittelbares subjektives Recht, aber ein Klagerecht im Sinne des materiellen Verständnisses zugesprochen.[510] Nach dieser Wertung hat der Umweltverband im Rahmen der Verbandsklage das Recht, nach § 47 Abs. 1 BImSchG „die Aufstellung eines den zwingenden Vorschriften des Luftqualitätsrechts entsprechenden Luftreinhalteplans zu verlangen".[511] Aktuell spielen sich entsprechende Verbandsklagerechte vorrangig auf dem Gebiet des zunehmend relevant werdenden Datenschutzrechts ab.[512]

504 Das ist der Fall, wenn (neben dem Ablauf der Umsetzungsfrist und der fehlenden oder fehlerhaften Umsetzung durch den Mitgliedsstaat) die Richtlinie hinreichend bestimmt sowie inhaltlich unbedingt ist, sodass ihr rechtlicher Gehalt gerade auch ohne Umsetzungsakt erkennbar ist, EuGH Slg 1986, 723, Rn. 46; Slg 1989, 53, Rn. 25 ff.; Slg 1995, I-2189, Rn. 24 ff; zu den Fallgruppen unmittelbarer Drittwirkung von Richtlinien *Schroeder*, in: Streinz, EUV/AEUV, Art. 288, Rn. 98 ff.

505 EuGH Slg 1995, I-2303, Rn. 19; Slg 2000, I-6917, Rn. 32 = NVwZ 2001, 421; Slg 1999, I-5613, Rn. 69; hierzu *Ramsauer*, JuS 2012, 769 (773).

506 All dies gilt vorrangig aufgrund Art. 1 der Aarhus-Konvention, dazu vertieft *Schwerdtfeger*, Der deutsche Verwaltungsrechtsschutz unter dem Einfluss der Aarhus-Konvention.

507 EuGH Slg 2011, I-3673, Rn. 35 ff.

508 EuGH Slg 2011, I-1255, Rn. 46 ff.

509 *Franzius*, UPR 2016, 281; ferner *Funke*, JZ 2015, 369 (378 f.) und *Gellermann*, DVBl 2013, 1341 (1342), die diese Rspr. indes materiell-rechtlich einordnen, d.h. restriktiv auf solche Rechte schließen, die zunächst gegenüber der Verwaltung bestehen, ohne dass diese zwingend gerichtlich geltend gemacht werden.

510 BVerwGE 147, 312 (322 f.); dazu *Gärditz*, EurUP 2014, 39.

511 BVerwGE 147, 312 (323) = NVwZ 2014, 64 (v.a. 67 = Rn. 38 ff.).

512 Vgl. etwa *Spindler*, ZD 2016, 114; ferner aus vorwiegend zivilrechtlicher Sicht *Lühmann*, NJW 2019, 570; *Halfmeier*, NJW 2016, 1126.

Als Phänomene in diesem Zusammenhang seien weiter die Popular-, Interessenten- und Verletztenklage[513] erwähnt. All diese Klagen sind dem unionsrechtlichen Rechtsraum beziehungsweise dessen Anlehnung an bestimmte nationalrechtliche Besonderheiten entnommen und gehen davon aus, dass der Bürger durch eine großzügige Anerkennung von subjektiven und subjektiv-öffentlichen Rechten auch für die dezentrale Durchsetzung des Unionsrecht mobilisiert werden könne.[514] Der Ansatzpunkt dieser legislatorischen Theorie – auf die insbesondere auch das deutsche Bundesverwaltungsgericht in seiner als „dogmatische Revolution"[515] bezeichneten Entscheidung[516] rekurrierte – besteht in der Annahme, der Unionsbürger habe eine sogenannte „prokuratorische Rechtsstellung" inne.[517] Dieses unionsrechtliche Strukturprinzip der „funktionalen Subjektivierung"[518] vernachlässigt den Aspekt des individuellen Rechtsschutzes und bedingt durch extensivere klagefähige Rechtspositionen eine Vollzugsverbesserung des Unionsrechts.[519] Solange hierdurch die vom Grundgesetz getroffene Systementscheidung für den Individualrechtsschutz weder in qualitativer noch in quantitativer Hinsicht in Frage gestellt wird, erweist sich dieses Vorgehen als mit der deutschen Verfassungsvorgabe aus Art. 19 Abs. 4 Satz 1 GG vereinbar.[520]

Letzten Endes lässt sich aber trotz zunehmend erweiterter Klagekonstruktionen auch in der Rechtsprechung des Europäischen Gerichtshofs eine Tendenz ausmachen, die sich der deutschen Schutznormtheorie in der Sache langsam, aber sukzessive annähert.[521] So hat er in seiner Rechtsprechung neben den

---

513 *Winkler/Schaub*, Ad Legendum 2017, 111 (112); *Schlacke*, DVBl 2015, 929; *dies.*, NVwZ 2014, 11 (13).

514 *Pietzcker/Marsch*, in: Schoch/Schneider/Bier, VwGO, Vor. § 42 Abs. 1, Rn. 13 ff.; *Winkler/Schaub*, Ad Legendum 2017, 111 (113 f.).

515 *Schlacke*, NVwZ 2014, 11 (13).

516 BVerwGE 147, 312 (324, 325).

517 *Franzius*, UPR 2016, 281 (Überschrift zu 3. „Subjektive Rechte als prokuratorische Rechte"); *Masing*, in: Hoffmann-Riem/Schmidt-Aßmann/Voßkuhle-Masing, Grundlagen des VerwR Band I, § 7, Rn. 91 ff.; 98 ff.; 112 ff.

518 Etwa bei *Franzius*, UPR 2016, 281 (Überschrift zu III. 1. „Funktionale Subjektivierung").

519 *Winkler/Schaub*, Ad Legendum 2017, 111 (114); *Schoch*, NVwZ 1999, 457 (463 f.); *Ruffert*, Subjektive Rechte im Umweltrecht der Europäischen Gemeinschaft, S. 222.

520 *Schmidt-Aßmann*, in: Maunz/Dürig, GG, Art. 19 Abs. 4, Rn. 9.

521 *Winkler/Schaub*, Ad Legendum 2017, 111 (114). Allerdings kommt ein absoluter Rückgriff auf die in den Rechtsordnungen der Mitgliedsstaaten entwickelten Kriterien zur Herleitung subjektiv-öffentlicher Rechte nicht in Betracht, *Scherzberg*, JURA 2006, 839 (848); EuGH Slg 1987, 2141 (2160).

Verbandsrechten auch die Klagebefugnisse Einzelner betrachtet. Für Drittbetroffene im Rahmen der Nichtigkeitsklage gemäß Art. 263 Abs. 4 Alt. 2 AEUV formulierte er einschränkend und dabei angelehnt an die Definition der Schutznormtheorie:[522] Nach der sogenannten Plaumann-Formel nämlich ist eine Person nur dann durch einen Unionsrechtsakt individuell betroffen, wenn dieser sie „aufgrund bestimmter persönlicher Eigenschaften oder anderer Umstände berührt, die sie aus dem Kreis der übrigen Personen herausheben und dadurch in ähnlicher Weise individualisieren wie einen Adressaten."[523]

4. Ausblick in die Zukunft der Schutzzwecktheorie

Schon oft wurde gefordert, die Schutzzwecktheorie abzuschaffen.[524] Mit den genannten Kritikpunkten wird stattdessen zum Teil für eine Alternativlösung nach dem Vorbild der Statuslehre plädiert.

Dieser Vorgehensweise muss zugutegehalten werden, dass sie in dem Wortlaut der entscheidenden Gesetzesvorschrift aus § 42 Abs. 2 VwGO selbst bereits angelegt zu sein scheint. Für den Fall nämlich, dass einmal wegen veränderter zeitlich-gesellschaftlicher Entwicklungen[525] ein abweichendes Verständnis darüber herrschen würde, wer aus welchen Gründen und mit welchen Anforderungen das Recht haben muss, eine Klage zu den staatlichen Gerichten anzustrengen, sollte es möglich sein, über die in § 42 Abs. 2 HS. 1 VwGO etablierte Öffnungsklausel besondere Bestimmungen zur Klagebefugnis zu schaffen. Damit sind Ausnahmen vom Erfordernis der Verletzung in eigenen Rechten aufgrund

---

522 *Winkler/Schaub*, Ad Legendum 2017, 111 (114); *Skouris*, Verletztenklage und Interessentenklage, S. 139; *Dörr*, in: *Grabitz/Hilf/Nettesheim*, Recht der EU, Art. 263, Rn. 68 ff. Der Wortlaut der Formel erinnert aber auch an die zu Entschädigungsansprüchen wegen der Verletzung von Art. 14 GG entwickelte sog. Sonderopfertheorie des BGH von 1952 (BGHZ 6, 270), die durch den Nassauskiesungsbeschluss des BVerfG von 1981 (BVerfGE 58, 300) eine restriktive Anwendung erfuhr.

523 So st. Rspr. seit EuGH Slg 1963, 211 (238); vgl. *Gernert*, ZJS 2021, 444 (446).

524 Z.B. *Hoffmann-Riem*, in: Schmidt-Aßmann/Hoffmann-Riem, Strukturen des Europäischen Verwaltungsrechts, 317 (366); *Bauer*, in: Heckmann/Meßerschmidt, Gegenwartsfragen des öffentlichen Rechts, S. 113 (136 ff.) m.w.N.; *Schmidt-Aßmann*, in: Maunz/Dürig, GG, Art. 19 Abs. 4, Rn. 128 weist bei aller vorgebrachter Kritik jedoch zurecht darauf hin, dass die als solche system- und entwicklungsoffen formulierte Schutzzwecktheorie einen Kanon verschiedener Methoden und Regeln bereithält, dessen Potential es auch künftig auszunutzen gilt.

525 *Dörr/Lenz*, in: dies., Europäischer Verwaltungsrechtsschutz, 2. Teil, Rn. 543; *Wysk*, in: *ders.*, VwGO, § 42 Abs. 2, Rn. 101 ff.

gesetzlicher Regelung ermöglicht. So könnte man angesichts der besonderen unionsrechtlichen Vorgaben zur Klagebefugnis und deren Rezeption durch die bundesverwaltungsgerichtliche Rechtsprechung, wenn schon keine Abschaffung, dann aber doch zumindest ein erweitertes und damit „modernisiertes" Verständnis der Schutzzwecktheorie fordern.[526] So wird etwa vertreten, eine jede Norm müsse den Bürger final als „Anwalt gemeiner Belange" ansprechen und anerkennen.[527] Die Figur des vom Bundesverwaltungsgericht aufgenommenen „prokuratorischen Rechts"[528] bringt dies ebenfalls zum Ausdruck. Wie gesehen räumt diese besondere Ausprägung dem Betroffenen ein subjektiv-öffentliches Recht nicht zur Wahrung seiner eigenen individuellen Belange, sondern unabhängig von einer solchen privaten Schutzrichtung im rein objektiv-öffentlichen Interesse ein.[529] Darüber hinaus hat dieses typisierte subjektiv-öffentliche Recht die Funktion, den Einzelnen zur Durchsetzung öffentlicher Belange zu mobilisieren.[530] Man könnte daran anlehnend vertreten, dass zwecks Mobilisierung der Gemeindebürgerschaft zur bürgerschaftlichen Teilnahme eine Klagebefugnis anerkannt werden sollte.[531] Der Vorteil dieser Option bestünde darin, dass dann streng genommen gar keine konkrete gesetzliche Grundlage erforderlich wäre, um ein Klagerecht im Sinne von § 42 Abs. 2 VwGO anzuerkennen.[532] Eine bestimmte Vorschrift erhielte so nämlich schon im Wege ihrer Auslegung den Charakter als einklagbares subjektiv-öffentliches Recht. Überdies ginge damit der Nutzen einher, dass hier etwaige Probleme beim Vollzug des Rechts gar nicht erst aufkämen.[533]

Für diese Lösung spricht weiter, dass sich mittlerweile private und öffentliche Interessen häufig nicht mehr trennscharf differenzieren lassen.[534] Insbesondere

---

526 So m.w.N. *Winkler/Schaub*, Ad Legendum 2017, 111 (115).

527 *Masing*, in: Hoffmann-Riem/Schmidt-Aßmann/Voßkuhle, Grundlagen des VerwR Band I, § 7, Rn. 107; *Franzius*, UPR 2016, 281 (290).

528 BVerwGE 147, 312 (324 f.).

529 *Masing*, in: Hofmann-Riem/Schmidt-Aßmann/Voßkuhle, Grundlagen des VerwR Band I, § 7, Rn. 112.

530 *Masing*, Die Mobilisierung des Bürgers für die Durchsetzung des Rechts; ferner *ders.* in: Hofmann-Riem/Schmidt-Aßmann/Voßkuhl*e*, Grundlagen des VerwR Band I, § 7, Rn. 102.

531 In diese Richtung *Franzius*, UPR 2016, 281 ff. unter dem Stichwort „politische Teilhabe (…) des Einzelnen."

532 *Winkler/Schaub*, Ad Legendum 2017, 111 (115).

533 Vgl. *Guckelberger*, JA 2014, 647 (653).

534 *Schmidt-Aßmann*, Kohärenz und Konsistenz des Verwaltungsrechtsschutzes, S. 20.

vor dem aufgezeigten unionsrechtlichen Hintergrund vermag die hergekommene strenge Kategorisierung zwischen subjektiven Rechtsschutzinstrumentarien und objektiven Rechtskontrollmechanismen nicht länger zu überzeugen.[535] Da aber die Rekapitulation und etwaige Neugestaltung des subjektiv-öffentlichen Rechts den freiheitlichen Rechtsschutz im gesamten europäischen Rechtsraum betrifft,[536] kann zu diesem Unterfangen eine lediglich prozessuale Lösung über § 42 Abs. 2 HS. 1 VwGO nicht ausreichen.[537] Denn in der Tat[538] werden damit materielle Erwägung komplett ausgeblendet, was insbesondere in Anbetracht der nur dienenden Funktion des Prozessrechts nicht sachgerecht bis widersprüchlich erscheinen dürfte.

Gegen diese Lösung aber spricht mit den Prinzipien der Demokratie aus Art. 20 Abs. 1, 2 GG und der Rechtsstaatlichkeit aus Art. 20 Abs. 2, 3 GG ein weiteres gewichtiges verfassungsrechtliches Argument:[539] Denn verwaltungsprozessrechtlich verkürzt das Klagerecht, das einer Person eingeräumt wird, die Freiheit der anderen Person[540], woraus eine grundrechtliche Relevanz und damit eine Pflicht zur verfassungsrechtlichen Rechtfertigung erwachsen.[541] Wenn aber der Individualkläger seine Klageberechtigung und damit seine Legitimation in verfassungsrechtlicher Sicht daraus bezieht, dass er vom Staat in eigenen Rechten betroffen und möglicher Weise verletzt ist, kann diese Art der Legitimation dem sogenannten „prokuratorischen" Kläger nur abgehen.[542] Seine Befugnis, nicht nur eigene Interessen, sondern darüber hinaus auch Gemeinwohlbelange durchzusetzen, verlangt nach einer vertieften Begründung.[543] Den Stimmen, die den demokratischen Gesetzgeber mit Nachdruck dazu auffordern, er solle mittels Abwägung widerstreitender Interessen über die Schaffung gemeinwohlbezogener Rechte entscheiden,[544] ist daher beizupflichten.[545]

535 *Franzius*, UPR 2016, 281 (285).

536 *Franzius*, UPR 2016, 281 (294).

537 *Hong*, JZ 2012, 380.

538 So resümieren *Winkler/Schaub*, Ad Legendum 2017, 111 (115).

539 *Winkler/Schaub*, Ad Legendum 2017, 111 (116) sprechen insoweit von den „legitimatorischen Grundlagen des Verwaltungsprozesses"; *Franzius*, UPR 2016, 281 von der „rechtsstaatliche(n) Fundierung des subjektiven Rechts".

540 *Gärditz*, Gutachten D zum 71. Deutschen Juristentag 2016, D 46.

541 *Rennert*, DVBl 2015, 793 (799); *Gärditz*, NVwZ 2014, 1 (6).

542 *Winkler/Schaub*, Ad Legendum 2017, 111 (112, 116).

543 *Rennert*, DVBl 2015, 793 (800).

544 *Hong*, JZ 2012, 380 (386).

545 *Gernert*, ZJS 2021, 444 (451); *Winkler/Schaub*, Ad Legendum 2017, 111 (116).

Für die Schutzzwecktheorie und ihre Geeignetheit auch in der Gegenwart und ganz besonders in der Zukunft der verwaltungs- und verfassungsrechtlichen Dogmatik sprechen hingegen ihre Widerspruchsfreiheit und Widerstandsfähigkeit: So war sie in der Lage, mehrere Verfassungswechsel und tiefgreifende Veränderungen der korrespondierenden grundrechtlichen Gewährleistungen zu überstehen. Ob sie dem „Sturm der Europäisierung", der sich vor allem im Umwelt- und Wirtschaftsverwaltungsrecht erhebt, gewappnet ist, bleibt fraglich.[546] Da sie sich als extrem flexibel erwiesen hat, bietet sie auch in Zukunft viele geeignete Anhaltspunkte für richterliche Rechtsfortbildungen. Zugegebenermaßen muss mit solcher Flexibilität und Offenheit jedoch eine relativ gesehen verminderte Steuerungsfähigkeit einhergehen.[547]

Für die Zwecke dieser Untersuchung ist festzuhalten, dass zwingend an der Schutznormtheorie festgehalten werden muss. Zum Teil vertretene Kompromisslösungen wie das Aktionenmodell[548] oder andere Mittelwege[549] sind indes nur wenig geeignet, gleichzeitig rechtlich verlässliche und zudem zeitlich flexible Lösungen zu bieten.

Die die Schutznormtheorie teilweise abwandelnden Tendenzen aus dem unionsrechtlichen Raum sind jedoch zumindest dem Gedanken nach punktuell zu übernehmen. Diese Übernahme kann indes lediglich durch eine „systemimmanente Verarbeitung" der modernen Anforderungen an die Klagebefugnis gelingen.[550] Dies gilt auch für die vorliegende Arbeit und ihr Anliegen dergestalt, dass innerhalb der Grenzen der ausdrücklichen normativen Fixierung der Ansprüche und entsprechenden Klagerechte im Wege ihrer juristischen Auslegung eine „prokuratorische" Geltendmachung möglicherweise in Betracht kommt.

546 Dies bejahend *Ramsauer*, JuS 2012, 769 (777).

547 So auch *Ramsauer*, JuS 2012, 769 (777), der auf die „Erfindung" des Rücksichtnahmegebots Bezug nimmt.

548 Z.B. *Buchheimer*, Eine aktionenrechtliche Rekonstruktion des Verwaltungsrechts.

549 Vgl. etwa *Funke*, JZ 2015, 369 (380), für den sich die verwaltungsrechtliche Dogmatik am Status des Einzelnen ausrichten muss, ohne dabei aber die funktionellen Eigenarten der Exekutive und Judikative zu ignorieren. Damit sei sowohl dem rechtsrealistischen, auf Kompetenzen reduzierten Denken einerseits und dem auf der konkreten gesetzlichen Norm als Rechtsgrundlage basierenden Ansatz andererseits in angemessener Weise Rechnung getragen; kritisch hierzu *Franzius*, UPR 2016, 281 (dort Fn. 17).

550 *Gernert*, ZJS 2021, 444 (451); *Winkler/Schaub*, Ad Legendum 2017, 111 (116).

II. Kommunalverfassungsrechtliche Bindungsklauseln als Auslegungsgegenstand

Der vertiefte Blick auf die Entstehungs- und Entwicklungsgeschichte, Gegenwart und Zukunft des subjektiven Rechts und des Rechtsschutzes zeigt, dass nur die Schutznormtheorie und die von ihr geforderte Gesetzesakzessorietät verlässliche und belastbare Kriterien zur Herleitung eines subjektiv-öffentlichen Rechts im Einzelnen bieten. Betrachtet man vor diesem Hintergrund nun konkret die kommunalverfassungsrechtlichen Bindungsklauseln als Auslegungsgegenstand, wird die Erkenntnis gewahr, dass auch der heutige Gemeindebürger als Hauptakteur innerhalb der Kommune zur Teilnahme an demokratischer Willensbildung und Entscheidungsfindung mobilisiert werden soll. Dazu bedarf es eines gut austarierten Verhältnisses zwischen den einschlägigen Verfassungsgütern auf der einen und den einfachgesetzlichen Bestimmungen auf der anderen Seite.

Als Ergebnis zu diesem Kapitel ist demnach festzuhalten, dass trotz der nach wie vor vorzugswürdigen strengen einfachgesetzlichen Anbindung zur Begründung jeglicher subjektiv-öffentlicher Rechte im Sinne der herrschenden Schutznormtheorie der Einfluss des Verfassungsrechts stets zumindest über die grundgesetzkonforme Auslegung dieser einfachgesetzlichen Vorschriften stattfindet. Besonderes Augenmerk liegt hierbei auf den grundrechtlichen Gewährleistungen, da wie gezeigt der Gemeindebürger hinsichtlich des Bürgerentscheids keine derartige Hoheitsstellung innehat, dass hiervon seine Eigenschaft als Grundrechtsträger komplett überlagert und verdrängt wäre. Die verfassungsrechtlichen Grundaussagen der Art. 1 bis 19 GG sind daher bei der folgenden Gesetzesauslegung stets wertend zu berücksichtigen.

Kapitel 4: Auslegung

Nachdem Hintergrund und Anspruch der Auslegung erläutert wurden, erfolgt im Anschluss die eigentliche juristische Auslegungsarbeit der kommunalverfassungsrechtlichen Bindungsklauseln und des ihnen zugrundeliegenden Modellkonzepts[551] anhand der klassischen Auslegungstopoi (Gesetzeswortlaut,

551 Modell der einfachen Abänderung (Hessen; Rheinland-Pfalz); Modell der fristgebundenen und bürgerentscheidsbedingten Abänderung (Baden-Württemberg; Brandenburg; Mecklenburg-Vorpommern; Sachsen; Schleswig-Holstein); Modell der fristgebundenen, vertretungskörperschaftlich initiiert bürgerentscheidsbedingten Abänderung (Niedersachsen; Nordrhein-Westfalen; Saarland); Modell der Abänderung gemäß dem Grundsatz clausula rebus sic stantibus (Bayern; Sachsen-Anhalt; Thüringen).

Gesetzesgenese, Gesetzessystematik sowie Sinn und Zweck des Gesetzes).[552] Denn nach heutiger Auffassung kann es nicht allein auf die besonders intendierte Verleihung eines Rechts durch den Gesetzgeber ankommen.[553] Vielmehr sollte sich die Entscheidung darüber, ob ein subjektives und insbesondere ein subjektiv-öffentliches Recht vorliegt, an drei Aspekten orientieren: So muss sie gleichermaßen das gesamte, das jeweilige Rechtsverhältnis regelnde Normenmaterial bedenken[554], dabei die konkreten Sachstrukturen des jeweiligen Regelungsbereichs aufnehmen sowie das dahinterstehende Verfassungsrecht auf nationaler wie internationaler Ebene in die Betrachtung mit einbringen.[555]

A. Auslegung nach Maßgabe der Modellbetrachtung der Bindungsklauseln

Da die Bindungsklauseln trotz ihrer unterschiedlichen gesetzgeberisch-gestalterischen Ausprägungen als Gegenstand der Auslegung im Mittelpunkt stehen, sind sie zusammenfassend im Zuge der jeweiligen Auslegungskriterien dargestellt. Eine Differenzierung nach den unterschiedlichen Modellen erfolgt nur, wo sie zur Auslegung zielführend ist.

I. Grammatische Auslegung

Im ersten Zugriff verwendet die grammatische Auslegung den genauen Gesetzeswortlaut zur Deutung.

1. Der Wortlaut als erster und äußerster Zugriff zum Inhalt der Norm

Das primäre Auslegungskriterium zur grammatischen Ausgestaltung einer Norm will anhand ihres Wortlauts ihren (Wort-) Sinn erfassen.[556]

---

552 Speziell zur Gesetzesauslegung vgl. *Savigny*, System des heutigen Römischen Rechts, Band I, S. 206 ff., 212 ff.

553 *Wahl*, in: Schoch/Schneider/Bier, VwGO, Vor § 42, Rn. 95.

554 BVerwGE 78, 40; *Wahl*, in: Schoch/Schneider/Bier, VwGO, Vor § 42, Rn. 97.

555 *Ramsauer*, JuS 2012, 769 (771); *Bauer*, in: Heckmann/Meßerschmidt, Gegenwartsfragen des öffentlichen Rechts, S. 113 (147 f.).

556 *Metz*, JA 2018, 47 (48).

2. Der Wortlaut der kommunalverfassungsrechtlichen Bindungsklauseln allgemein

Der Wortlaut der einschlägigen kommunalverfassungsrechtlichen Vorschriften selbst kommt in den meisten Fällen relativ unspektakulär daher. Dies gilt sowohl für die Tatbestands- als auch die Rechtsfolgenseite der Normen.

a) Tatbestand

Es handelt sich in der Regel um kurze Sätze mit einer unkomplizierten Satzstruktur und einer prägnanten Sprache, etwa in § 21 Abs. 8 Satz 2 der baden-württembergischen Gemeindeordnung: „Er (eigene Anmerkung: der Bürgerentscheid) kann innerhalb von drei Jahren nur durch einen neuen Bürgerentscheid abgeändert werden." oder in § 33 Abs. 4 Satz 2 des Kommunalverfassungsgesetzes von Niedersachsen „Vor Ablauf von zwei Jahren kann der Bürgerentscheid nur auf Veranlassung der Vertretung durch einen Bürgerentscheid abgeändert oder aufgehoben werden." Zwangsläufig geht mit der aufgezeigten inhaltlichen Varianz der normativen Modelle auch ihre grammatische Unterschiedlichkeit einher: Während der Wortlaut der Bindungsklausel in § 8b Abs. 7 Satz 2 der hessischen Gemeindeordnung nur knapp formuliert „Die Gemeindevertretung kann einen Bürgerentscheid frühestens nach drei Jahren abändern.", muss demgegenüber Art. 18a Abs. 13 Satz 2 der bayerischen Gemeindeordnung etwas ausführlicher ausfallen: „Der Bürgerentscheid kann innerhalb eines Jahres nur durch einen neuen Bürgerentscheid abgeändert werden, es sei denn, dass sich die dem Bürgerentscheid zugrunde liegende Sach- oder Rechtslage wesentlich geändert hat." Eine relativ gesehen grammatisch sehr ausführliche Regelung weist die Bindungsklausel in der Kommunalordnung und dem Sondergesetz von Thüringen (§ 17 Satz 4 KO in Verbindung mit § 23 Abs. 3 EBBG) auf. Sie erstreckt sich über mehrere einfach formulierte (Konditional-) Sätze und stellt dabei auf eine Legaldefinition sowie verschiedene klar umrissene Tatbestandsmerkmale ab: „Zum gleichen Sachverhalt darf zum Ablauf von zwei Jahren nach einem erfolgreichen Bürgerentscheid kein inhaltlich abweichender Gemeinderatsbeschluss gefasst sowie kein neues Bürgerbegehren und kein neuer Bürgerentscheid durchgeführt werden (Bindungswirkung). Trifft der Gemeinderat nach Ablauf der Frist nach Satz 1 eine abweichende Entscheidung zum Ergebnis des Bürgerentscheids, ist gegen die Entscheidung des Gemeinderats jederzeit ein Bürgerbegehren zulässig. Ein solches Bürgerbegehren ist abweichend von § 14 Abs. 2 zustande gekommen, wenn dreieinhalb vom Hundert der stimmberechtigten Bürger, höchstens aber 3.500 der stimmberechtigten Bürger, unterschrieben haben. Alle Rechtsbehelfe und Rechtsmittel gegen

Gemeinderatsbeschlüsse innerhalb der Zwei-Jahres-Frist des Satzes 1 bleiben unberührt. Ein Bürgerbegehren nach den Sätzen 3 und 4 ist auch zulässig, wenn der Gemeinderat mit seiner Entscheidung gegen die Bindungswirkung nach Satz 1 verstößt. Die Sätze 1 bis 5 gelten nicht, wenn seit dem Bürgerentscheid eine wesentliche Änderung der Sach- oder Rechtslage eingetreten ist."

Außerdem variiert die tatbestandliche Formulierung der Bindungsklauseln in einem weiteren entscheidenden Punkt, der aber inhaltlich dieselbe Aussage trifft: Während nämlich Modell 1 an den Zeitpunkt nach Ablauf der Bindungsfrist anknüpft, stellen die Modelle 2, 3 und 4 an einen Zeitpunkt innerhalb ihres Laufs ab. Dahinter steckt aber das in der Sache einheitliche Ziel, die gesetzliche Bindungsfrist als solche zu wahren. Insoweit spielt es keine Rolle, ob der Gesetzeswortlaut diesen Zeitrahmen ausdrücklich in Bezug nimmt („frühestens nach drei Jahren") oder aber indirekt („vor Ablauf von zwei Jahren"). Auch im letzteren Fall nämlich steckt die als Umkehrschluss zu gewinnende normative Aussage, wonach innerhalb dieses Zeitrahmens eine Abänderung oder gar Aufhebung grundsätzlich unzulässig und nur bei Vorliegen der genannten Ausnahmen zulässig ist. Nach dem Wortlaut aller Modelle darf der Bürgerentscheid nach dem Ablauf der Bindungsfrist ohne besondere gesetzliche Voraussetzung von der Gemeindevertretung abgeändert werden.

Trotz dieser grammatischen Differenzierung fallen die konkreten Begriffe Anspruch oder Recht in keiner der Vorschriften, weder ausdrücklich (etwa im Sinne der Formulierung: „hat einen Anspruch/ein Recht; kann beanspruchen, ist berechtigt") noch umschrieben (in etwa: „kann verlangen/fordern"). Auch eine (in)direkte Benennung oder sinngemäße Umschreibung des Gemeindebürgers erfolgt in den Vorschriften nicht. Hieraus folgt wie gezeigt aber noch nicht, dass ein solcher Anspruch oder ein solches Recht nicht in der Sache bestehen können. Denn selbst wenn eine Vorschrift ihren Inhalt nicht als Befugnisnorm bezeichnet, kann sie dennoch als solche fungieren.

Blickt man des Weiteren über die grammatische Ausgestaltung der eigentlichen Bindungsklauseln hinweg, finden sich auch dort gewichtige Anhaltspunkte für die Anerkennung eines subjektiv-öffentlichen Rechts des Gemeindebürgers: Nach dem ersten Zugriff aus dem Wortlaut der einschlägigen Bestimmungen aller Bundesländer[557] ist nämlich entscheidend, dass es die „Bürger einer

557 § 21 Abs. 3 Satz 1 GemO Baden-Württemberg; Art. 18a Abs. 1 GO Bayern; § 15 Abs. 1 Satz 1 KVerf Brandenburg; § 8b Abs. 1 Satz 1 GO Hessen; § 20 Abs. 4 KV Mecklenburg-Vorpommern; § 26 Abs. 1 Satz 1 GO Nordrhein-Westfalen; § 32 Abs. 1 KomVG Niedersachsen; § 17a Abs. 1 Satz 1 GemO Rheinland-Pfalz; § 21a Abs. 1 Satz

Gemeinde" sind, die im Vorfeld zur Regelung einer bestimmten gemeindlichen Angelegenheit seitens der Repräsentativorgane einen Bürgerentscheid beantragen können.[558] Des Weiteren gibt der Wortlaut der vorhandenen Vorschriften über die Sperrwirkung des Bürgerbegehrens[559] vor, dass weder das Bürgerbegehren als solches noch seine Unterzeichner in Gesamtheit oder einzeln oder die Vertreter des Bürgerbegehrens Organe der Gemeinde im klassischen beziehungsweise engeren Sinne sind.[560] Diese bewussten gesetzgeberischen Formulierungen zeigen sehr deutlich, dass die Gemeindebürger bei der Einleitung eines Bürgerbegehrens als Außenstehende der Gemeinde gegenübertreten.[561] Dies spricht gegen ihre Rolle als Organ oder organähnliche Stelle. Ordne man sie hingegen als solche ein, verkennt dies „den bürgerschaftlichen Charakter" – also das freiwillige und gemeinwohlfördernde Wesen – des dahinterstehenden direktdemokratischen Instruments zur gemeindlichen Willensbildung und Entscheidungsfindung. Seine „plebiszitäre Bedeutung" droht damit geschwächt und die unmittelbare Einflussnahmemöglichkeit der Gemeindebürger geschmälert zu werden.[562] In der Folge kann sogar die kommunale Selbstverwaltungsgarantie ihre rechtspolitische Funktion zur Aktivierung des Bürgers an gemeindlichen Entscheidungsprozessen gänzlich einbüßen.[563]

---

1 KSVG Saarland; § 25 Abs. 1 Satz 1 GemO Sachsen; § 26 Abs. 1 KVG Sachsen-Anhalt; § 16g Abs. 3 Satz 1 GO Schleswig-Holstein; § 17 Satz 4 KO i.V.m. § 12 Abs. 1 EBBG Thüringen.

558 So auch *Roth*, NVwZ 2019, 1419 (1421).

559 § 21 Abs. 4 Satz 2 GemO Baden-Württemberg; Art. 18a Abs. 9 GO Bayern; § 15 Abs. 2 Satz 5 KVerf Brandenburg; § 26 Abs. 6 Satz 7 GO Nordrhein-Westfalen; § 32 Abs. 7 KomVG Niedersachsen; § 24 Abs. 4 Satz 5 GemO Sachsen; § 26 Abs. 6 Satz 5 KVG Sachsen-Anhalt; § 16g Abs. 5 Satz 2 GO Schleswig-Holstein; § 17 Satz 4 KO i.V.m. § 15 Abs. 1 EBBG Thüringen.

560 So auch VG Gelsenkirchen, Urt. v. 09.10.2019 – 15 K 1732/19, BeckRS 2019, 25954, Rn. 43 und Urt. v. 13.11.2019 – 15 K 2349/19, BeckRS 2019, 29124; hierzu *Heusch/Dickten*, NVwZ 2020, 358 (364).

561 Oder anders formuliert: Das Bürgerbegehren und der Bürgerentscheid führen gleichermaßen zu einer „Teilhabe der Gemeindebürger an kommunalen Entscheidungsprozessen von außen", so schreibt *Dünchheim*, jurisPR-ÖffBauR 5/2019, Anm. 1. (unter C.).

562 *Muckel*, JA 2019, 633 (635).

563 *Roth*, NVwZ 2019, 1419 (1422) geht so weit, zu behaupten, damit werde eine dem geltenden Kommunalrecht unbekannte und daher systemwidrige „*eigene* Organstellung", nicht nur eine solche als Quasi-Organ, vorgespielt und ein „Amt" suggeriert, das die Gemeindebürger aber in Wirklichkeit gerade nicht erhielten.

b) Rechtsfolge

Wenngleich sich manche Vorschriften kraft ihrer Rechtsfolge(n) als Grundlage bestimmter Rechte oder Ansprüche wenig bis kaum eignen und andere dafür umso sehr, wäre es doch unzutreffend, aus dieser Entgegensetzung den Schluss zu ziehen, es gäbe im geltenden Recht nur das eine oder andere Extrem, das heißt nur Anspruchsnormen einerseits und Normen entgegengesetzten Charakters als ausschließliche Regeln des objektiven Rechts andererseits. Wie die dargestellte Definition des subjektiv-öffentlichen Rechts und ihre Voraussetzungen zeigen, trifft in Wahrheit das genaue Gegenteil zu: Denn Rechtsnormen können sehr wohl zugleich subjektive Rechte begründen als auch objektiv-rechtliche Gehalte aufweisen.[564] Der wichtigste Aspekt unter den letztgenannten objektivrechtlichen Gehalten, der grundsätzlich allen Rechtsvorschriften innewohnt, ist jener des Schutzes von Rechtsfrieden und Rechtssicherheit, der im weitesten Sinne der grundgesetzlichen Rechtstaatlichkeitsmaxime aus Art. 20 Abs. 2 und 3 GG unterfällt.[565]

Die Frage, ob ein subjektives Recht aus einer Vorschrift eingeräumt wird, kann vor diesem Hintergrund regelmäßig anhand ihrer Rechtsfolge beantwortet werden.[566] Wenn in der jeweiligen normativen Rechtsgrundlage eindeutig formuliert ist, dass einzelne Rechtsfolgen bei Vorliegen der tatbestandlichen Voraussetzungen eintreten, kann hieraus ein entsprechendes Recht auf den objektiven Eintritt und das subjektive Erlangen dieser Rechtsfolgen resultieren. Dazu müssen zum einen diese Rechtsfolgen selbst klar beschrieben sein. Des Weiteren aber ist hierzu erforderlich, dass die konkrete Vorschrift den Kreis der aus ihr berechtigten Personen eindeutig benennt und hinreichend individualisiert.[567]

Trennt man den Wortlaut der kommunalverfassungsrechtlichen Bindungsklauseln in einen tatbestandlichen Teil und einen Rechtsfolgenteil, fällt auf, dass die Voraussetzung der Abänderung oder Aufhebung des Bürgerentscheids durch den Gemeinderat auf der Seite der Rechtsfolge zu verorten sein dürfte. Denn hierzu ermächtigt die Vorschrift ja gerade ausdrücklich. Auf der anderen Seite konstituiert sie damit einen materiellen Änderungsschutz für die vom Bürgerentscheid beziehungsweise vom Gemeindebürger durch den Bürgerentscheid

---

564 *Gusy*, ZJS 2008, 233 (234).

565 Als Kehrseite dieses Schutzzwecks fungiert die Überlegung, dass damit gleichzeitig auch stets etwaige Bestrebungen von Selbsthilfe oder Selbstjustiz unterbunden werden sollen.

566 *Gusy*, ZJS 2008, 233.

567 *Ramsauer*, JuS 2012, 769 (772); *Gusy*, ZJS 2008, 233.

getroffene Sachentscheidung.[568] Dieser Änderungsschutz greift grundsätzlich in umfassender Weise. Das heißt insbesondere erfasst er die beiden denkbaren Konstellationen, dass sich der Gemeinderat als sachlicher Streitgegner entweder ausdrücklich gegen den Gegenstand des Bürgerentscheids als solchen richtet oder aber in nur inhaltlicher Hinsicht gegen dessen Entscheidungssubstanz.[569] Daher unterfällt es unproblematisch dem Änderungsschutz der Vorschrift, wenn der Gemeinderat sich weigert oder es aus anderen Gründen bewusst vereitelt, den Bürgerentscheid umzusetzen.

Fraglich ist demgegenüber jedoch, ob auch der Fall, bei dem der Gemeinderat den Bürgerentscheid lediglich nicht umsetzt, ohne dabei aber zusätzlich noch ihm gegenläufige eigene Ratsbeschlüsse zu treffen, davon erfasst ist und ob allein dies schon zu einem Verstoß gegen das Änderungsverbot sowie zu einem entsprechenden Rechtsschutz zugunsten des Gemeindebürgers führt.[570] In rein grammatischer Hinsicht dürfte das Problem darin liegen, dass der vom Gesetzgeber verwendete Begriff des Änderungsschutzes dem allgemeinen Wortlaut und Wortsinn zufolge lediglich bedeutet, dass eine Entscheidung nicht von ihrem ursprünglichen materiellen Inhalt abweicht. Damit einhergehende Rechte etwaiger an der Entscheidungsfindung beteiligter Personen können dadurch zunächst nur mittelbar begründet sein. Allerdings kommt eine Nichtumsetzung einer schlichten Nichtbeachtung im Hinblick auf die Folgen des in dem Bürgerentscheid gefundenen Ergebnisses gleich: Sie treten so oder so nicht ein. Daher dürfte auch die fehlende Umsetzung dem grammatisch vorgesehenen Änderungsschutz unterfallen. Diese Deutung wird zudem dadurch gestützt, dass beispielsweise in den Bindungsklauseln der Kommunalverfassungen von Mecklenburg-Vorpommern[571] und Niedersachsen[572] ein Bürgerentscheid ausdrücklich weder abgeändert noch aufgehoben werden darf. Hinsichtlich der aufgezeigten Rechtsschutzkonstellationen auf Vollzug (Ob der Umsetzung) und Beachtung (Wie der Umsetzung) des Bürgerentscheids lässt sich dem Wortlaut der Bindungsklauseln also eine ausdrückliche Differenzierung zwar nicht entnehmen. Gleichwohl sind beide von ihm erfasst. Denn eine Aufhebung oder

568 *Dietlein*, in: Praxis der Kommunalverwaltung Rheinland-Pfalz B-1 (GemO), § 17a, Erl. 5.4.3.

569 *Dietlein*, in: Praxis der Kommunalverwaltung Rheinland-Pfalz, B-1 (GemO), § 17a, Erl. 5.4.3.

570 Ablehnend *Dietlein*, in: Praxis der Kommunalverwaltung Rheinland-Pfalz, B-1 (GemO), § 17a, Erl. 5.4.3

571 § 5 Abs. 1 Satz 2 KV.

572 § 33 Abs. 4 Satz 2 KomVG.

Abänderung des Bürgerentscheids vereitelt im Ergebnis sowohl das Ob als auch das Wie seiner Umsetzung, sodass beides geregelt sein muss.

Ein weiterer Aspekt auf Rechtsfolgenseite, der allein auf den ersten Blick gegen ein subjektiv-öffentliches Recht des Gemeindebürgers streitet, liegt in der genauen grammatischen Ausgestaltung der Äquivalenzwirkung zwischen dem endgültigen Gemeinderatsbeschluss und dem erfolgreichen Bürgerentscheid. Dort ist nämlich die Rede davon, dass beide nur in ihrer Wirkung miteinander gleichgestellt sein sollen. Daraus ließe sich zunächst folgern, weder die Vertretungspersonen und Unterstützer des Bürgerentscheids als Individualpersonen noch die Gemeindebürgerschaft als Ganzes sollten als weiteres originäres Gemeindeorgan wie der Gemeinderat und der Bürgermeister fungieren. Somit wären sie auch nicht dazu befugt, den Vollzug der von den jeweils anderen getroffenen Entscheidungen zu kontrollieren.[573] Auf den zweiten Blick dieser Gesetzesformulierung aber fällt auf, dass wegen der zutreffenden Einordnung von Gemeindebürgern und -bürgerschaft als nicht-organschaftliche Stellen ein subjektiv-öffentliches Recht gerade zwingend herzuleiten ist. Wenn nämlich die Äquivalenz des endgültigen Gemeinderatsbeschlusses und des erfolgreichen Bürgerentscheids sich *expressis verbis* gerade nur auf die Wirkung erstreckt, ist die Frage des Vollzuges nicht bewusst geregelt. Dieses regulatorische Unterlassen kann entweder bedeuten, dass der Gesetzgeber einen Vollzug des Bürgerentscheids gleich dem normalen Gemeinderatsbeschluss gerade nicht gewollt hat. Dann aber leuchtet nicht ein, warum er nicht simultan zu der ausdrücklichen Äquivalenzklausel auch eine besondere Bestimmung zum vom Regelfall des gesetzlichen Vollzugs der Gemeinderatsbeschlüsse abweichenden Vollzug der Bürgerentscheide aufgenommen hat. In der Gesamtschau all dieser Umstände sehr viel sinnvoller erscheint daher der Schluss, dass der Gesetzgeber davon ausging, dass es einer solchen Sondervollzugsregel deswegen nicht bedurfte, weil der Vollzug von Bürgerentscheiden auf exakt die nämliche Weise zu geschehen habe wie jener von regulären Gemeinderatsbeschlüssen. Bezüglich solcher regulärer Gemeinderatsbeschlüsse haben zwar die grundsätzlich zuständigen Gemeindevertreter in den kommunalen Gremien in der Regel[574] keinen Vollzugsanspruch. Sie sind allerdings mit organschaftlichen und mitgliedschaftlichen Rechten

573 So in der Begründung *Dziallas/Jäger*, KommJur 2016, 6 (7), die im Ergebnis aber die Regeln über den Vollzug von Gemeinderatsbeschlüssen grundsätzlich auch auf jenen von Bürgerentscheiden anwenden.

574 *Dziallas/Jäger*, KommJur 2016, 6 (7) nennen den „seltenen Einzelfall“ der Verletzung eigener, mitgliedschaftlicher Rechte.

ausgestattet, die es ihnen ermöglichen, ihre eigenen Rechte selbst oder aber die Rechte ihres Organs prozessstandschaftlich vor Gericht geltend zu machen. Diese Rechte gehen den Gemeindebürgern hingegen gerade ab. Zur Kompensation dieser Rechtsschutzlücke ist ihnen ein subjektiv-öffentliches Recht kraft der gesetzlich vorgesehenen Äquivalenzwirkung gebotener Weise einzuräumen.

3. Grammatische Besonderheiten der konkreten Modelle

In den Gemeindeordnungen, die dem Modell der einfachen Abänderungen folgen, weist der Wortlaut keine ausdrücklichen Hinweise auf eine irgendwie geartete subjektiv-rechtlich wirkende Bindungskraft des Bürgerentscheids hin. Nach dem Wortlaut der Norm kann der Gemeinderat den Bürgerentscheid frühestens nach drei Jahren abändern. Dasselbe gilt für die Normen zu Modell 2 und 3. Die dort festgehaltenen Voraussetzungen verschiedener qualitativer Art – Änderung nur aufgrund eines Bürgerentscheids (Modell 2), der darüber hinaus durch die Kommunalvertretungskörperschaft initiiert sein muss (Modell 3) – geben auch keine direkte Auskunft über die hieraus abzuleitenden Rechte der Gemeindebürger.

Allerdings sind sie in ihrer modellartigen Gesamtschau derart auszulegen, dass sie durch die in ihrer Quantität – es werden schlicht zahlenmäßig mehr Voraussetzungen – und an inhaltlicher Schärfe immer weiter zunehmenden Anforderungen einen immer stärkeren Interessenausgleich zwischen einerseits den hieran beteiligten Gemeindebürgern als Vertreter des Bürgerentscheids und andererseits den Gemeinderatsmitgliedern als Vertreter des grundsätzlich zuständigen kommunalen Entscheidungsträgers anstreben. So ist der rein fristbezogene Schutz des Bürgerentscheids komplett ohne grammatische Nennung organschaftlicher Belange (Modell 1) schwächer ausgestaltet als derjenige, den der zusätzliche Schutz über eine Änderung des zeitlich ersten Bürgerentscheids durch einen weiteren Bürgerentscheid (Modell 2) vermittelt.

In dieser Dimension stellen die Modelle 3 und 4 zunächst gleichrangige Stufen dar. Denn sowohl durch einen von der Vertretungskörperschaft initiierten Bürgerentscheid (Modell 3) als auch durch eine Änderung des Bürgerentscheids kraft eines weiteren Bürgerentscheids unter der besonderen Voraussetzung einer im Wesentlichen gleichbleibenden Sach- und Rechtslage (Modell 4) soll den Interessen der Gemeindevertretung entsprochen werden. Einen im Ergebnis stärkeren Schutz zugunsten der gemeindlichen und vor allem der organschaftlichen Belange dürfte hierunter aber die Gesetzesausgestaltung über Modell 4 gewähren. Die Bewertung der vielfach entscheidenden Frage, ob eine wesentlich veränderte Sach- und Rechtslage vorliegt (Modell 4), räumt nämlich der

Gemeindevertretung relativ gesehen mehr Befugnisse ein als die Bewertung der Frage, ob ein neuer Bürgerentscheid initiiert werden soll (Modell 3). Zudem ist ein neuer Bürgerentscheid an erheblich mehr formale Voraussetzungen geknüpft.

Zu Modell 4 und dessen Wortlaut spricht ein weiterer Gesichtspunkt für ein subjektiv-öffentliches Recht des Gemeindebürgers: In der thüringischen Kommunalverfassung in Verbindung mit dem dortigen Sondergesetz über direktdemokratische Instrumente auf kommunaler Ebene[575] wurde nämlich exemplarisch ein sogenanntes Korrekturbegehren eingeführt. Danach können 3,5 % der stimmberechtigten Bürger ein Bürgerbegehren für den Fall initiieren, dass der Gemeinderat nach Ablauf der dort geltenden zweijährigen Bindungsfrist eine dem Bürgerentscheid abweichende Entscheidung trifft. Dieses Quorum liegt bewusst niedriger als jenes für das reguläre Einleitungsverfahren.[576] Das wiederum lässt den Schluss zu, dass es dem Gemeindebürger auf diesem Weg – neben der dadurch vermittelten höheren politischen Wirkung des Instruments – vor allem auch mit rechtlich verbindlicher Qualität ermöglicht werden soll, das Ergebnis des Bürgerentscheids gegenüber der Gemeindevertretung zu schützen.[577]

In grammatischer Hinsicht macht es daher Sinn, die Voraussetzung der Veränderung wesentlicher Umstände, wie sie als sogenannte Öffnungs- oder Flexibilisierungsklausel ausdrücklich von Modell 4 geregelt wird, zu allen Modellen zusätzlich zu den dort bereits geregelten Kriterien zu verlangen, um so einen größtmöglichen Interessenausgleich aller an dem Bürgerentscheid beteiligten Akteure zu gewinnen.[578] Dagegen spricht zwar zunächst der Wortlaut, der nämlich eine solche Voraussetzung nur in den Gemeindeordnungen von Bayern, Sachsen-Anhalt und Thüringen ausdrücklich verlangt und in den Vorschriften der anderen Bundesländer gerade nicht.[579] Wenn außerdem an anderer Stelle in der Binnensystematik der Gemeindeordnung eines bestimmten Bundeslandes eine wesentliche Änderung der Sach- und Rechtslage zu beachten ist,[580]

575 § 17 Satz 4 KO i.V.m. § 23 Abs. 3 Satz 2 EBBG Thüringen.

576 Gemäß § 14 Abs. 2 EBBG Thüringen liegt dieses bei 7 %.

577 Zu all dem *Salaw-Hanslmaier/Möller*, ZRP 2020, 77 (79).

578 *Salaw-Hanslmaier/Möller*, ZRP 2020, 77 (78).

579 Z.B. für das OVG Sachsen SächsVBl 2007, 137 (141); *Menke/Arens*, SächsGO, § 24, Rn. 10; *Müller*, NJ 2007, 252 (253) ist dies der springende Punkt, um eine solche ungeschriebene Öffnungsklausel abzulehnen.

580 Etwa in §§ 22 Abs. 3, 23 Abs. 1 Satz 2 i.V.m. 22 Abs. 2 oder 36 Abs. 5 Satz 1 der GemO Sachsen.

kann das Fehlen einer solchen Formulierung auf eine strikte und unbedingte Bindungswirkung schließen lassen. Hier bedarf es jedoch eines Anhaltspunktes, dass der Gesetzgeber sich des dahinterstehenden Problems der veränderten Sach- und Rechtslage überhaupt bewusst war. Daran aber dürfte es jedoch gerade fehlen.[581] Das so ausgemachte gesetzgeberische Schweigen bedeutet also keineswegs zwingend, dass eine derartige Voraussetzung nicht trotzdem als allgemeines Rechtsprinzip der *clausula rebus sic stantibus*[582] und im Wege ergänzender Auslegung in sämtliche Bindungsklauseln mithineinzulesen wäre.[583] Für einen solchen ungeschriebenen Vorbehalt spricht die Überlegung, dass auch wiederholende Ratsbürgerentscheide nur bei einer wesentlichen Änderung der der jeweiligen Angelegenheit zugrundeliegenden Verhältnisse zulässig sein sollen – und zwar, obwohl diese Voraussetzung nicht ausdrücklich vom Gesetz gefordert wird.[584] Die Sprache der Bindungsklauseln ist vielmehr dahin auszulegen, dass einerseits zwar dem Gemeindebürger und seiner Entscheidung rechtliche Wirkung zukommen, andererseits und gleichbedeutend dazu aber auch eine unter Umständen sachlich gerechtfertigte „Durchbrechung" der Bindungswirkung ermöglicht werden sollte.[585]

II. Systematische Auslegung

Die rechtssystematische Auslegung geht einen Schritt weiter als die grammatische Auslegung. Sie untersucht die in Rede stehenden gesetzlichen Vorschriften nicht nur an und in sich, sondern im Gesamtgefüge ihrer benachbarten Vorschriften sowohl innerhalb des einschlägigen Normenwerkes als auch – falls nötig – der weiter anwendbaren Rechtsmaterie oder Rechtsordnung.[586]

---

581 *Scheffer*, LKV 2007, 499 (500) tendiert in diese Richtung, wenngleich mit offenem Ergebnis.

582 *Scheffer*, LKV 499 (500) verwendet den Begriff der „Flexibilisierungsklausel" und verweist auf deren positivrechtliche Aufnahme, etwa in §§ 51, 60 VwVfG oder § 313 BGB (Wegfall der Geschäftsgrundlage).

583 *Engelken*, DÖV 2000, 881 (884); *Knemeyer*, DVBl 1998, 113 (115); a.A. *Stapelfeldt/ Siemko*, NVwZ 2010, 419 (422), die eine bewusste und gewollte Nicht-Reaktion des Gesetzgebers annehmen.

584 *Scheffer*, LKV 2007, 499 (500); so entschieden in OVG Schleswig-Holstein, Urt. v. 21.06.1995 – 2 l 121/94, juris Rn. 73; VGH Baden-Württemberg BWVBl 1992, 421 (422).

585 Zu all dem mit z.T. abweichendem Ergebnis *Scheffer*, LKV 2007, 499 (500).

586 *Metz*, JA 2018, 47 (49).

1. Die Systematik als Blick auf das normative Gesamtgefüge

Ähnlich wie die Wortlautauslegung geht auch die rechtssystematische Auslegung davon aus, dass der Gesetzgeber sachlich zusammenhängende Aspekte so geregelt hat, dass die hierfür anwendbaren einzelnen Rechtssätze einerseits miteinander logisch vereinbar sind als auch in der Gesamtschau aller Vorschriften zu einer verbindlichen Gesamtordnung zusammenkommen.[587]

2. Die Systematik der kommunalverfassungsrechtlichen Bindungsklauseln allgemein

Der individuelle Gemeindebürger wird in den besagten Vorschriften zum Bürgerentscheid selbst nicht als Organ oder Organteil angesprochen, sondern als ein der Verwaltung extern gegenüberstehender Dritter. Dies streitet dafür, dass die Bindungsklauseln in den verschieden ausgeprägten Gemeindeordnungen dem Gemeindebürger ein subjektiv-öffentliches Recht auf Vollzug und Beachtung des Bürgerentscheids einräumen. Sie sind nämlich zuvorderst in den verschieden übertitelten Abschnitten respektive Unterabschnitten zu den Rechten und Pflichten der Einwohner und Bürger der Gemeinde geregelt. Damit geht einher, dass deren Belange maßgeblich auch in die Auslegung der in diesem Abschnitt befindlichen Vorschriften hineinfließen müssen. Die Normen zum organisatorisch-funktionellen Zusammenwirken der Gemeindeorgane – das heißt zu den Organen der Gemeinde und der rechtlichen Stellung der Organwalter – finden sich indes in einem weiteren gesonderten Abschnitt beziehungsweise Unterabschnitt. Das heißt, die Regeln zum Bürgerentscheid und dessen Rechtswirkungen behandeln den Gemeindebürger insoweit als eine Art „Fremdkörper“. Dies spricht dafür, dass er eben kein reguläres Organ darstellt, sondern nur ausnahmsweise und kurzzeitig zu einem fest umgrenzten Zweck wie ein solches auftritt und so behandelt werden muss. Mit dieser bewussten und deutlichen räumlichen Trennung wurde beabsichtigt, die grundsätzlich als getrennte Sphären einerseits der Gemeindebürger als Grundrechtsträger und andererseits der Gemeinderäte als Inhaber organschaftlicher Rechte zu manifestieren. Hierbei verbietet sich eine Verschränkung oder Durchbrechung nämlich im ersten Zugriff. Ausnahmen von diesem Trennungsgrundsatz sind nur unter besonderen Voraussetzungen möglich. Darüber hinaus muss berücksichtigt werden, dass die Organe einer Gemeinde in den kommunalverfassungsrechtlichen Vorschriften

---

587 BVerfGE 48, 246 (257); näher zu all dem m.w.N. *Metz*, JA 2018, 47 (49).

ausdrücklich aufgezählt sind[588] und keine Anhaltspunkte dafür existieren, diese Aufzählung nur als beispielhaft anstatt als abschließend zu begreifen.[589]

Dieses Ergebnis stützen auch die rechtssystematisch angezeigten Deutungen der kommunalverfassungsrechtlichen Bindungsklauseln als Schutzvorrichtungen. Solcher Mechanismen bedarf der Gemeindevertreter gerade nicht, da er nämlich nicht mit eigenen Interessen beteiligt ist, sondern lediglich mit jenen des eigentlichen öffentlich-rechtlichen Akteurs, und zwar des Gemeinderats beziehungsweise der Gemeinde. Diesen Umstand zeigen die von den Gemeindeordnungen eingerichteten Schutzrechte zugunsten des Gemeinderatsmitglieds auf, die in quantitativer wie qualitativer Hinsicht weitaus weniger stark ausgestaltet sind. Anderes gilt für den Bürger: Er braucht diesen besonderen Schutz, denn er hat anders als der durch direkte Wahl demokratisch legitimierte Gemeindevertreter kein Amt[590] oder Mandat[591] inne. Somit kann sich sein Status bei der Abstimmung im Rahmen des Bürgerentscheids nicht in der Ausübung dieser Funktion erschöpfen, sondern muss anders begründet sein. Dies geschieht dergestalt, dass ihm auch in dieser Situation der uneingeschränkte Schutz über die grundrechtlichen Gewährleistungen zuzugestehen ist.

Vergleicht man weiterhin die Rechte des Gemeinderatsmitglieds mit jenen des Gemeindebürgers, zeigt sich eine Rechtsschutzlücke, die es durch die Anerkennung eines subjektiv-öffentlichen Rechts zugunsten des Gemeindebürgers zu füllen gilt: Nach allgemeinen Grundsätzen ist es dem einzelnen Gemeinderatsmitglied verwehrt, sich mit einer eigenen Klage gegen Maßnahmen des Gemeinderats oder der Aufsichtsbehörde zu wenden, sofern nicht ausnahmsweise dadurch auch in seine persönliche Rechtsstellung eingegriffen wird.[592]

---

588 § 23 GO Baden-Württemberg; Art. 29 GO Bayern; § 27 KVerf Brandenburg; § 9 GO Hessen; § 21 KV Mecklenburg-Vorpommern; § 7 KomVG Niedersachsen; § 40 GO Nordrhein-Westfalen; § 28 GemO Rheinland-Pfalz; § 29 KSVG Saarland; § 1 GemO Sachsen; § 35 KVG Sachsen-Anhalt; § 7 GO Schleswig-Holstein; § 22 KO Thüringen.

589 *Bennemann*, in: Praxis der Kommunalverwaltung Hessen, B-1 (GO), § 8b, Erl. 148; *Roth*, NVwZ 2019, 1419 (1421).

590 Da der Gemeindevertreter strukturell zur Exekutive gehört, bekleidet er damit gleichzeitig auch ein Verwaltungsamt – zumindest im weiteren Sinne; zu den Begrifflichkeiten s. *Fügemann*, DVBl 2004, 343 (348 ff.).

591 Der Grundsatz der Mandatsfreiheit entstammt wie gezeigt ursprünglich dem Staatsverfassungsrecht und ist damit eigentlich nur auf Abgeordnete der Bundes- und Landesparlamente anwendbar. Allerdings ist seine Geltung als Grundsatz auch im Gemeindeverfassungsrecht allgemein anerkannt.

592 BayVGHE n.F. 13 I 85, 92; OVG Nordrhein-Westfalen OVGE 27, 258 (265).

Als Ausweichmöglichkeit und um diese Unfähigkeit zu kompensieren, ist ihm indes der Weg eingeräumt, die Rechte des Gemeinderats, dem er angehört, zur Geltendmachung anzuregen. So kann der Gemeinderat entweder als Organ eine solche Klage beschließen, den Bürgermeister zur Einreichung einer solchen Klage verpflichten oder aber im äußersten Fall den Beschluss zur Klageerhebung im internen Kommunalverfassungsstreit gegen den Bürgermeister durchsetzen. Eben diese Möglichkeiten stehen der Gemeindebürgerschaft als Gesamtheit deswegen nicht zu, weil sie kein formelles Organ wie der Gemeinderat ist. Sie kann sich nicht mit einer eigenen Klage gegen Gemeindeorgane oder Aufsichtsbehörden wenden. Sie kann nur dann überhaupt Rechtsschutz erlangen, wenn dem Gemeindebürger aus der Bindungswirkung ein Individualrecht zugesprochen wird, welches dem Schutz der Gemeinderatsbeschlüsse gegen den Bürgermeister oder die Aufsichtsbehörde entspricht.

In diesem rechtsschutzspezifischen Zusammenhang liegt ein weiteres rechtssystematisches Argument darin begründet, dass wie gesehen nahezu alle Kommunalverfassungen in den Klauseln zur Bindungswirkung des Bürgerentscheids in Verbindung mit den kommunalwahlrechtlichen Vorschriften zum Bürgerentscheid eine nachträgliche behördliche oder gerichtliche Überprüfung nach dem jeweiligen Kommunalwahlgesetz teilweise ausschließen.[593] Dasselbe gilt für den teils ausdrücklich normativ geregelten, teils systematisch begründeten Ausschluss innergemeindlicher Kontrollinstrumentarien im Zusammenhang mit der gemeindeorganseitigen Vollziehung und Beachtung des Bürgerentscheids.[594] Um dieser gesetzlichen Wertung zu entsprechen und trotzdem einen effektiven Rechtsschutz im Sinne der Verfassungsvorgabe aus Art. 19 Abs. 4 Satz 1 GG zu ermöglichen, ist dem Gemeindebürger das in Rede stehende subjektiv-öffentliche Recht auf gemeinde(organ)seitige Vollziehung und Beachtung des Bürgerentscheids einzuräumen.

Hierzu sind weiterhin staatsorganisationsrechtliche Erwägungen zu kontextualisieren: Denn so besteht bekanntermaßen zwar kein allgemeiner Normvollzugsanspruch des Bürgers. Allerdings bildet die effektive Kontrolle der Exekutive eine der wesentlichen Aufgaben des Parlaments. In dieser Dimension ließe sich

---

593 Etwa §§ 29 – 33, 41 Abs. 3 KWG Baden-Württemberg; §§ 25 – 27, 54 KWG Hessen; §§ 48 – 52, 67 – 70 KWG und §§ 83 – 87 KWO Rheinland-Pfalz; §§ 1, 22 bis 30, 41 bis 44 und 50, 91 Abs. 1 KWG Saarland.

594 § 17a Abs. 8 Satz 2 GemO Rheinland-Pfalz; § 8b Abs. 7 Satz 3 GO Hessen; § 21a Abs. 7 Satz 2 KSVG Saarland; § 27 Abs. 4 Satz 2 KVG Sachsen-Anhalt; § 43 GO Schleswig-Holstein.

fernab der dargelegten kommunalverfassungsrechtlichen Besonderheiten[595] der individuelle Gemeindebürger oder die gesamte Gemeindebürgerschaft als Legislative begreifen, die den gesetzlichen Vollzug ihrer Beschlüsse durch den Gemeinderat und den Bürgermeister als Exekutivorgane überwachen. Darüber hinaus kann auch ein Gemeindebürger bei der Kommunalaufsicht zwar nicht rechtlich verbindlich fordern, aber doch anregen, dass im allgemein-öffentlichen Interesse die Kommunalorgane staatlicherseits zum Vollzug bewegt werden.

Schließlich ist durch die verbindliche Feststellung seitens der Gemeindevertretung darüber, ob durch das eingereichte Bürgerbegehren die formalen Voraussetzungen für die Durchführung eines Bürgerentscheids erfüllt sind, ein subjektiv-öffentliches Recht der Gemeindebürger betroffen, die insofern eine Position des Außenrechts geltend machen.[596] Dasselbe muss im Wege eines Erst-Recht-Schlusses auch für die Lage zeitlich nach der Durchführung des Bürgerentscheids und im Hinblick auf seinen Vollzug gelten.

Die systematische Auslegung schaut außerdem auf innerhalb des Regelungswerks nahegelegene andere Vorschriften, aus denen sich ein Rückschluss auf die einschlägige juristische Frage erlaubt. Während wie gezeigt die Bindungsklauseln zu unmittelbaren Rechtswirkungen nach außen gegenüber den Bürgern führen, verhält es sich bei einem Einwohnerantrag[597] anders. Dort besteht zwischen dem Einwohnerantrag einerseits und dem Gemeinderat andererseits ein innerorganschaftliches Verhältnis. Denn die hinter einem Einwohnerantrag stehenden Einwohner der Gemeinde treten nicht als mit subjektiven Rechten des Außenrechtskreises ausgestattete Einzelne oder ein Kollektiv aus solchen Einzelnen auf, sondern quasi als Organ der Kommunalverfassung.[598] Allerdings ist dieses Rechtsinstitut – anders als der Bürgerentscheid – auch nicht verbindlich und kann daher zur vergleichenden rechtssystematischen Überlegung wenn überhaupt nur am Rande herbeigezogen werden.

---

595 Hier v.a.: Der Rat ist kein Parlament.

596 Vgl. etwa OVG Nordrhein-Westfalen NVwZ-RR 2003, 448 (449). Dies gilt umso mehr in den Bundesländern, wo statt der Gemeindevertretung die staatliche Kommunalaufsicht über die Zulässigkeit des Bürgerbegehrens entscheidet (§ 15 Abs. 2 KVerf Brandenburg; § 16g Abs. 5 GO Schleswig-Holstein).

597 § 20b GemO Baden-Württemberg; Art. 18b GO Bayern (Bürgerantrag); § 14 KVerf Brandenburg; § 18 KV Mecklenburg-Vorpommern; § 31 KomVG Niedersachsen; § 25 GO Nordrhein-Westfalen; § 17 GemO Rheinland-Pfalz; § 21 KSVG Saarland; § 23 GemO Sachsen; § 25 KVG Sachsen-Anhalt; § 16f GO Schleswig-Holstein; § 16 KO i.V.m. §§ 7 ff. EBBG Thüringen.

598 OVG Rheinland-Pfalz NVwZ 1988, 468 (Bürgerinititative).

3. *Rechtssystematische Besonderheiten der konkreten Modelle*

Während die ersten drei Modelle der kommunalverfassungsrechtlichen Bindungsklauseln hierzu keine Besonderheiten aufweisen[599], gibt das vierte Modell auch in systematischer Hinsicht wichtige Aufschlüsse über die Bindungswirkungen eines kommunalen Bürgerentscheids. Ausgangspunkt hierfür ist, dass ein jeglicher Gemeinderatsbeschluss – insbesondere ein solcher, der einen Bürgerentscheid zuwiderläuft – nur getroffen werden darf, wenn hierfür eine objektive Notwendigkeit besteht. Auch wenn die Kommunalorgane diese Notwendigkeit nach Art. 28 Abs. 2 Satz 1 GG frei bewerten können, sind sie dabei an gewisse Vorgaben – primär die Einhaltung gesetzlicher Vorschriften – gebunden. Darunter fallen auch die kommunalverfassungsrechtlichen Bindungsklauseln, welche nicht außer Acht gelassen oder missbraucht werden dürfen.[600]

So kann die Sachverhaltskonstellation auftreten, dass der Gemeinderat sich durch seine Entscheidung, die Gemeindebürger durch einen Ratsbürgerentscheid über eine örtliche Angelegenheit abstimmen zu lassen, in seiner eigenen Arbeit gestört sieht, weil die Gemeindebürger darin nicht die Ansicht des Gemeinderats verfolgt, sondern ein ihr gegenläufiges Ergebnis zum Ausdruck gebracht haben.[601] In diesem Fall gibt die Gesetzessystematik vor, dass auch dieser Bürgerentscheid – obwohl der Gemeinderat dabei mit seiner Ansicht unterlegen ist – nach Maßgabe der gesetzlichen Vorschriften zum Vollzug von Gemeinderatsbeschlüssen vom Bürgermeister vollzogen wird. Andernfalls nämlich hätte es einer abweichenden Regelung zum gesonderten Vollzug von

599 Nur so viel – was sich schon als Wortlautargument fruchtbar machen lässt, gleichwohl aber auch rechtssystematisch gilt: In Modell 3, das eine Abänderung oder Aufhebung des Bürgerentscheids unter den kumulativen Voraussetzungen der Fristgebundenheit sowie des neuen, durch die Vertretungskörperschaft initiierten Bürgerentscheids ermöglicht (u.a. in § 21a Abs. 7 Satz 3 des saarländischen KSVG), deutet zumeist das Wort „nur“ auf den besonderen Wert dieser Vorschrift hin, die sich ihrer Schutzrichtung nach eher auf die Gemeindebürger und den Bürgerentscheid als deren Abstimmung als auf jenen Schutz zugunsten der Gemeindevertretung bezieht.

600 Zum Gedanken des Missbrauchs repräsentativ-demokratischer Rechtssetzungsbefugnisse angesichts direkter Demokratieausübung (allerdings auf staatsverfassungsrechtlicher Ebene) vgl. detailliert bei *Borowski*, DÖV 2000, 481 (489 ff.) unter Bezug auf *Peine*, Der Staat 18 (1979), 375 ff.

601 Von „politischer Niederlage“ sprechen zu all dem *Peine/Starke*, DÖV 2007, 740; *Borowski*, DÖV 2000, 481 (482) erkennt eine „Versuchung“ aufseiten der Parlamentsmehrheit, „trotz erfolgreichen Volksentscheids ihre Vorstellungen durch nachträglich erlassenes Parlamentsgesetz durchzusetzen.“

(Rats-)Bürgerentscheiden in den Gemeindeordnungen bedurft. Weil diese aber wie gezeigt fehlt und darin kein gesetzgeberisch-redaktionelles Versehen zu erkennen ist, muss sich die Systematik zum Gesetzesvollzug auch auf Ratsbürgerentscheide und vom Gemeindevolk initiierte Bürgerentscheide erstrecken.[602] Daher darf sich der Gemeinderat in seiner Rolle als grundsätzlich zuständiges kommunales Hauptvertretungsorgan über diese Systematik auch nicht dadurch hinwegsetzen, dass er den Bürgerentscheid einzig aus dem Grund abändern will, da er bei ihm mit seiner Ansicht unterlegen ist. Hierin läge nämlich eine missbräuchliche Ausübung seines Rechts, einen Ratsbürgerentscheid durchführen zu lassen.[603] Denn damit hätte im Ergebnis der erfolgreiche Bürgerentscheid schlichtweg nicht die Rechtswirkungen eines endgültigen Gemeinderatsbeschlusses, die ihm aber die Bindungs- und Äquivalenzklauseln gerade zuschreiben. Eine solche Missbrauchsoption kann aber gesamtsystematisch nicht gewollt sein und ist daher möglichst effektiv zu unterbinden.[604]

Vor diesem Hintergrund ist es sinnig, die Möglichkeit zur Abänderung des Bürgerentscheids seitens der Gemeindevertretung nicht allein an ihre eigene Entscheidung zu binden, sondern darüber hinaus eine objektive Bedingung aufzustellen. Hieran lässt sich zwar kritisieren, dass der unbestimmte Rechtsbegriff der veränderten Umstände aus Modell 4 selbst vielerlei Auslegungsschwierigkeiten begegnet. Das trifft jedoch auf sämtliche unbestimmten Rechtsbegriffe zu, die seither mit rechtspolitischen Kritikpunkten in Frage gestellt werden.[605] Insoweit besteht Einigkeit, dass sich auch unbestimmte Rechtsbegriffe und Generalklauseln je nach einschlägiger fachrechtlicher Materie derart auslegen lassen, dass sie dem verfassungsrechtlichen Bestimmtheitsgebot aus Art. 20 Abs. 2, 3; 103 Abs. 2 GG genügen.[606] Daher dürfte die Grundsatzkritik an dieser gesetzgeberischen Vorgehensweise ausgeräumt sein.

Des Weiteren lässt sich die Voraussetzung der Öffnungsklausel aus einer Vergleichsbetrachtung gewinnen. Wegen der ähnlichen politischen Interessenlage kann man nämlich dem Verhältnis eines Bürgerentscheids zu einem hiervon

---

602 *Dietlein*, in: Praxis der Kommunalverwaltung Rheinland-Pfalz, B-1 (GemO), § 17a, Erl. 4.2.1; *Dziallas/Jäger*, KommJur 2016, 6 (7).

603 Schleswig-Holsteinisches VG, Urt. v. 19.05.1994 – 6 A 442/93, S. 15 m.W.n. auf einschlägige Lit.

604 *Borowski*, DÖV 2000, 481 (489).

605 *Sachs*, in: Stelkens/Bonk/Sachs, VwVfG, § 40, Rn. 150 m.w.N. auf die z.T. vertretenen Alternativlösungen.

606 *Sachs*, in: Stelkens/Bonk/Sachs, VwVfG, § 40, Rn. 149.

abweichenden Beschluss der Gemeindevertretung[607] das Verhältnis gegenüberstellen, das innerhalb der Gemeindevertretung zwischen einem Mehrheitsbeschluss einerseits und dem Begehren der in der Abstimmung unterlegenen Mitglieder andererseits herrscht.[608] Denn auch hierbei wird ein Beschluss, der eigentlich bereits eine gesetzeskonforme Erledigung gefunden hat, aus diversen Gründen – die freilich die vormals unterlegene Gruppe vorbringt – neu aufgegriffen und seine Wirkung damit durchbrochen. In einem solchen Fall regeln die Geschäftsordnungen der Gemeinderäte[609], dass eine durch Beschluss erledigte Sache nur unter besonderen Voraussetzungen in derselben Sitzung wieder behandelt werden kann. In einer der folgenden Sitzungen ist die ihre Beratung jedoch wieder möglich. Selbst solche Angelegenheiten, bei denen die einzelnen oder als Fraktion organisierten Antragsteller in einer der vorhergehenden Sitzungen unterlegen sind, lassen sich in einer weiteren Sitzung auf die Tagesordnung bringen und erörtern.

Zwecks Fruchtbarmachung dieses Gedankens zur Auslegung der kommunalverfassungsrechtlichen Bindungsklauseln ist zunächst mit der Allzuständigkeit der Gemeindevertretung[610] zu argumentieren.[611] Aus ihr nämlich ergäben sich das Recht und gleichsam die Pflicht der Gemeindeorgane, in vorangegangenen Sitzungen getroffene Entscheidungen zu überprüfen und gegebenenfalls erforderliche Änderungen vorzunehmen. Diese Allzuständigkeit würde fernab einer gesonderten gesetzlichen Vorschrift auch die Situation mitumfassen, dass in einer erneuten Beratung zu einer bestimmten Angelegenheit der erstmals unterlegene Teil der Gemeindevertretung die damalige Mehrheit von

---

607 Zum Spannungsverhältnis zwischen Gemeindevertretung und Gemeindebürgerschaft, *Jacobsen*, DÖV 2007, 949 ff; *Peine/Starke*, DÖV 2007, 740 ff.; *Borowski*, DÖV 2000, 481 ff.

608 Zu all dem Schleswig-Holsteinisches VG, Urt. v. 19.05.1994 – 6 A 442/93, S. 17.

609 Zur umstrittenen Rechtsnatur (Innenrechtssatz oder außenwirksames Gesetz?) s. *Gern/Brüning*, Kommunalrecht, Rn. 568.

610 § 24 Abs. 1 Satz 2 GemO Baden-Württemberg; Art. 30 Abs. 2 GO Bayern; § 28 Abs. 1 KVerf Brandenburg; § 50 Abs. 1 Satz 1 GO Hessen; § 22 Abs. 2 Satz 1 KV Mecklenburg-Vorpommern; § 45 KomVG Niedersachsen; § 41 Abs. 1 Satz 1 GO Nordrhein-Westfalen; § 32 GemO Rheinland-Pfalz; § 34 KSVG Saarland; § 28 Abs. 1 GemO Sachsen; § 44 Abs. 2 KVG Sachsen-Anhalt; § 27 Abs. 1 Satz 1 GO Schleswig-Holstein; § 22 Abs. 3 KO Thüringen; vgl. hierzu auch *Peine/Starke*, DÖV 2007, 740 (741).

611 Schleswig-Holsteinisches VG, Urt. v. 19.05.1994 – 6 A 442/93, S. 17 f.

ihren Argumenten zu überzeugen vermag.[612] Hierin muss auch nicht gleich ein ähnlicher Missbrauch des Mitwirkungsrechts in der Gemeindevertretung gesehen werden, wie er für die oben geschilderte Konstellation des Ratsbürgerentscheids in Betracht kommt.[613] Andererseits jedoch lassen sich die Grundsätze der Geschäftsordnung sowie der Lösungsweg über die kommunalorganschaftliche Allzuständigkeit nicht auf den Bürgerentscheid und dessen Verhältnis zur Gemeindevertretung übertragen. Denn zuvorderst gilt die Universalität nur im internen Verhältnis der Organe zueinander, in welches die Gemeindebürger aber gerade nicht eintreten, sondern an dem sie als Außenstehende zeitweise teilhaben. Außerdem bedarf es dieses Hilfsansatzes hier gar nicht. Während nämlich für die Situation mehrerer aufeinanderfolgender Sitzungen des Gemeinderats keine Regelungen existieren, kraft derer eine unterlegende Mitgliedschaft nur unter der Voraussetzung einer veränderten Sachlage gegen den erstgefassten Beschluss agieren darf, sind für das organschaftliche Abänderungs- und/oder Aufhebungsbegehren hinsichtlich eines Bürgerentscheids in den Bindungsklauseln gesetzliche Grundlagen mit ihren Tatbestandsmerkmalen ausdrücklich anwendbar. Diese sehen eine Öffnungsklausel vor und ermöglichen eine Überprüfung einmal gefasster Beschlüsse durch die Gemeindevertretung gerade nur unter den dort genannten einschränkenden Voraussetzungen. Sie grenzen sich damit zur sonst unklaren Rechtslage innerhalb der Gemeindevertretung deutlich ab, welche hilfsweise einzig über den Gedanken der Allzuständigkeit gelöst werden kann. Damit trägt dieses Modell dem Umstand Rechnung, dass Bürgerentscheide oft besonders sensible Themen kommunaler Selbstverwaltung betreffen, bei denen ein Wechsel zwischen verschiedenen zur Entscheidung befugten (organschaftlichen) Stellen nur schwer – oder eben unter besonderen Voraussetzungen, die hier in geänderten Umständen liegen – erträglich sein dürfte.[614]

Zum Begriff des Organs ist anzubringen, dass beim Bürgerentscheid die Gemeindebürger als nur vorübergehend mit organschaftlichen Kompetenzen ausgestattete Entscheidungsträger fungieren und die Gemeindevertretung als

---

612 Zum sog. „Rückholrecht der Gemeindevertretung“ s. *Engels*, in: BeckOK Kommunalrecht Hessen, GO, § 50, Rn. 8 f. m.w.N. auch auf die Regelungen in den Kommunalverfassungen. Ihm zufolge bleibt es aber fraglich oder zumindest nach Maßgabe materiell-rechtlicher Bestimmungen zu entscheiden, ob die Gemeindevertretung auch eine solche Angelegenheit wieder an sich ziehen darf, über die bereits von anderer Seite beschlossen wurde.

613 Schleswig-Holsteinisches VG, Urt. v. 19.05.1994 – 6 A 442/93, S. 17 f.

614 Schleswig-Holsteinisches VG, Urt. v. 19.05.1994 – 6 A 442/93, S. 18 spricht von „Hin und Her“; *Rossi/Lenski*, DVBl 2008, 416 (424 f.); *Ritgen*, NVwZ 2000, 129 (132).

grundsätzlich hierzu befugtes kommunales Hauptvertretungsorgan. Die gerade dadurch entstehende Unruhe sowie den mit einem erneuten Bürgerentscheid verbundenen organisatorischen und finanziellen Aufwand in der Gemeinde will die in das Gesetz aufgenommene Bindungswirkung vermeiden.[615] Eine solche Wirkung könnte hingegen eine jederzeitige Abänderbarkeit des einmal erfolgreichen Bürgerentscheids durch die Herbeiführung eines abweichenden Gemeinderatsbeschlusses oder aber eines neuen Bürgerentscheids mit vorausgehender Debatte in der Gemeinde gerade nicht erzielen. All dies wiederum ließe sich aber nur hinnehmen, wenn eine wesentlich veränderte faktische oder rechtliche Situation eine neue Entscheidung verlangte.[616] Nach dem erkennbaren Willen des Gesetzgebers soll es in systematischer Hinsicht jedoch ohne eine solche wesentliche Änderung der Sach- oder Rechtslage jedenfalls für die Dauer der gesetzlichen Bindungsfrist bei der einmal getroffenen Entscheidung bleiben. Insoweit erhält der erfolgreichen Bürgerentscheid kraft seiner ausdrücklich geregelten Äquivalenzwirkung zu einem endgültigen Beschluss der Gemeindevertretung für die Dauer der Bindungsfrist gleichsam Rechtskraftwirkung.[617]

Auch in rechtssystematischer Hinsicht ist es daher im Ergebnis sinnvoll, die Voraussetzung der Veränderung wesentlicher Umstände zu allen Modellen zusätzlich zu den dort bereits geregelten Kriterien zu verlangen. Damit in der gleichen Angelegenheit ein erneuter Bürgerentscheid durchgeführt oder aber ein erster Bürgerentscheid durch einen Gemeinderatsbeschluss abgeändert werden kann, bedarf es also während der Bindungsfrist als zwingender zusätzlicher Voraussetzung des Vorliegens einer im Vergleich zur vorherigen Sach- oder Rechtslage wesentlich geänderten tatsächlichen oder rechtlichen Situation, die wiederum eine erneute Entscheidung erforderlich macht. Allein unter diesen geänderten Umständen kann ein neuer Beschluss als Grundlage für die weitere Gemeindearbeit getroffen werden. Denn nur diese neue Entscheidung in einer veränderten Situation wollte der Gesetzgeber durch seine Ausgestaltung der besagten Normen nicht ausschließen.[618]

---

615 *Peine/Starke*, DÖV 2007, 740 (741) m.w.N.

616 Schleswig-Holsteinisches VG, Urt. v. 19.05.1994 – 6 A 442/93, S. 18.

617 Schleswig-Holsteinisches VG, Urt. v. 19.05.1994 – 6 A 442/93, S. 18; *Lange*, Kommunalrecht, Rn. 187 f. (S. 646 f.) m.w.N. u.a. auf VGH Baden-Württemberg DVBl 1975, 552 (553) sowie auf *Ritgen*, Bürgerbegehren, S. 286 f.

618 OVG Schleswig-Holstein, Urt. v. 21.06.1995 – 2 L 121/94, BeckRS 1995, 13176, Rn. 73 m.w.N. auf die vorangegangenen Entscheidungen (etwa Schleswig-Holsteinisches VG, Urt. v. 19.05.1994 – 6 A 442/93, S. 18); so in Begründungsansatz und Ergebnis auch *Salaw-Hanslmaier/Möller*, ZRP 2020, 77 (78, 80).

III. Historische Auslegung

Die historische Auslegung untersucht darüber hinaus die Entstehung und Entwicklung der fraglichen Norm(en).

1. Die Rechtsgeschichte als synoptischer Vergleich

Die Geschichte einer bestimmten Gesetzesnorm lässt sich am treffendsten durch einen synoptischen Vergleich[619] nachzeichnen. Diese Synopse vollzieht sich in zweifacher Hinsicht: der historischen Auslegung im engeren Sinne und der genetischen Auslegung.[620]

2. Die Geschichte und Genese der kommunalverfassungsrechtlichen Bindungsklauseln allgemein

Die Vorschriften zum kommunalen Bürgerentscheid sind durchgehend in den 1990er Jahren entstanden und haben einander dadurch naturgemäß in ihren konkreten Ausgestaltungen bedingt.[621] Im Zuge umfassender kommunalpolitischer Änderungsgesetze inklusive Maßnahmen wie der ausdrücklich normativen Gleichstellung von Mann und Frau auf kommunaler Ebene, der Einführung der Direktwahl zum Bürgermeister sowie der grundlegenden Neufassung der Bestimmungen zur wirtschaftlichen Betätigung und privatrechtlichen Beteiligung der Kommunen fanden auch die Institute Bürgerbegehren und -entscheid Eingang in die Gemeindeordnungen der Länder. Zumeist wurde hierfür an eine bestehende Vorschrift eine Nachfolgevorschrift mit einem Buchstabenzusatz geschaffen.[622]

---

619 Der Begriff Synopse (vergleichende Gegenüberstellung von Texten) entstammt dem Altgriechischen und bedeutet in etwa „das Ganze zusammen sehend/betreffend“. Er lässt sich daher auch den anderen Auslegungskriterien zuschreiben, wird aber klassisch v.a. zur rechtshistorischen Auslegung herangezogen.

620 Für den Fall, dass keine Vorgängerregelungen existieren, hilft die genetische Auslegung weiter. Sie betrachtet den Gesetzgebungsprozess (Genese) und die begleitenden Gesetzesmaterialien haben. Ihr Erkenntniswert ist jedoch beschränkt und kann allenfalls Indizien für den Regelungswillen des Gesetzgebers liefern, so auch BVerfGE 54, 277 (279), worin zunächst die Bedeutung der genetischen Auslegung bei „neuen … Regelungen“ betont, daraufhin aber unmittelbar eingeschränkt wird, dass dies nur dann gelte, wenn „Wortlaut und Sinnzusammenhang der Norm Zweifel offenlassen“. Näher zu all dem m.w.N. *Metz,* JA 2018, 47 (49).

621 Hierzu auch *Dziallas/Jäger*, KommJur 2016, 6.

622 So der Fall in § 8b GemO Hessen; § 17a GemO Rheinland-Pfalz; § 21a KV Saarland; § 16g GO Schleswig-Holstein.

In der Begründung zum entsprechenden Änderungsgesetz zur rheinland-pfälzischen Gemeindeordnung[623] heißt es wörtlich: „Die Einführung dieser Form der unmittelbaren Bürgerentscheidung in rechtlich eindeutigen Grenzen ist rechtspolitisch geboten". Den Gesetzesmaterialien und vor allen den Begründungen zu den eigentlichen Bindungsklauseln selbst lassen sich zum größten Teil keine weitergehenden Aussagen hinsichtlich der Bindungswirkungen des Bürgerentscheids entnehmen. An den meisten Stellen wird in der Begründung lediglich der Gesetzeswortlaut ausdrücklich oder paraphrasierend wiedergegeben. Vielmehr muss daher stattdessen im Wege einer Gesamtschau der sonstigen Ausführungen auf die Bedeutung der Klauseln geschlossen werden.

In der Begründung zum saarländischen Änderungsgesetz[624] findet sich die Feststellung, wonach für den Fall, dass vor Ablauf der Frist aus der Bindungsklausel – im Saarland sind dies zwei Jahre – Umstände eintreten, die es zum Wohle der Gemeinde erforderlich machen, die mit dem Bürgerentscheid getroffene Entscheidung zu korrigieren, der Gemeinderat die Angelegenheit den Bürgerinnen und Bürgern erneut zur Entscheidung vorlegen kann. Dem lässt sich das gesetzgeberische Bewusstsein entnehmen, die Bindungsklauseln maßgeblich zu dem Zweck zu schaffen, den Gemeindebürgern und ihren berechtigten Interessen Genüge zu tun und weniger der Funktionsfähigkeit der Gemeindeorgane. Im Umkehrschluss kann man hieraus ferner erschließen, dass über die zeitliche Wirkung der Bindungsklauseln hinaus eine Eingriffsmöglichkeit der Gemeindevertretung zum Wohle der Gemeinde gerade ausgeschlossen sein soll.

Des Weiteren kann man diese Lesart ebenfalls an der Begründung zu dem nordrhein-westfälischen Änderungsgesetz[625] festmachen. Sie führt aus, der Bürgerentscheid trete an die Stelle eines Ratsbeschlusses und habe dieselben Wirkungen. Dies sei der entscheidende Grund, weshalb er innerhalb der gesetzlichen Frist aus der Bindungsklausel – in Nordrhein-Westfalen sind dies ebenfalls zwei Jahre – nicht abgeändert werden dürfe, und zwar weder durch einen Ratsbeschluss, noch durch einen Bürgerentscheid aufgrund eines neuen Bürgerbegehrens. Innerhalb dieses Zeitraums sei eine Änderung oder Aufhebung allein dadurch möglich, dass der Rat die in Frage stehende Angelegenheit erneut den Bürgern zur Abstimmung stellt. Nach Ablauf der gesetzlichen Frist hingegen sei der Rat in seiner Entscheidung frei.

---

623 Gesetzesentwurf der Landesregierung, 16.03.1993, Drs. 12/2796, S. 66.
624 Landtag Saarland Drs. 11/675, S. 37.
625 Landtag Nordrhein-Westfalen Drs. 11/4983, S. 139.

Auch nach der Begründung zum bayerischen Änderungsgesetz[626] solle das Recht auf Bürgerbegehren und -entscheid in der Verfassung des Freistaates verankert werden. Daneben solle seine einfachgesetzliche Konkretisierung in der Gemeindeordnung geregelt sein. Auch wird ausdrücklich die Gemeindebürgerschaft in ihrer Eigenschaft als Souverän erwähnt.[627]

In der Begründung zum brandenburgischen Änderungsgesetz wird weiter die Frage der Bindungswirkung relativ ausführlich und unter Anbringung von Beispielsfällen thematisiert.[628] Ausgangspunkt bildet auch hier die ausdrückliche gesetzliche Vorgabe, dass der Bürgerentscheid nur dann die Wirkung eines endgültigen Beschlusses der Gemeindevertretung hat, wenn er mit der erforderlichen Anzahl und damit der Mehrheit an Ja-Stimmen zustande gekommen ist. Im Umkehrschluss kann für den Fall, dass der Bürgerentscheid wegen der entsprechenden Anzahl und damit der Mehrheit an Nein-Stimmen abgelehnt wurde, die Gemeindevertretung ohne gesonderte Begrenzungen einen anderen Beschluss treffen. Hierzu wird ein Beispiel angeführt, welches sich mit der Errichtung eines kommunalen Theaters beschäftigt. Wenn ein Bürgerentscheid zu der Frage, ob ein Theater an einem bestimmten Ort errichtet werden soll, wegen der gesetzlich erforderlichen Mehrheit an Nein-Stimmen abgelehnt wird, sei die Gemeindevertretung innerhalb der nächsten zwei Jahre nicht daran gehindert, eine von dieser Ablehnungsentscheidung abweichende Entscheidung selbst zu treffen. Denn bei einer Mehrheit von Nein-Stimmen sei nicht klar erkennbar, ob sich diese gesetzlich vorgeschriebene Mehrheit schon grundsätzlich gegen die Frage des Ob (hier: Errichtung des Theaters überhaupt) oder einzig gegen die Frage des Wie (hier: bestimmter Standort) richte.

3. *Rechtshistorische/-genetische Besonderheiten der konkreten Modelle*

Die unterschiedliche föderale Entwicklung in Deutschland hat auch verschiedene Formen der Gemeindeverfassungen entstehen lassen, deren Kennzeichen sich zum Teil auch an den Modellen zur Regelung des Bürgerentscheids und seiner Bindungswirkung festmachen.

Die Idee, dass neben repräsentativdemokratischen Wegen der Willensbildung und Entscheidungsfindung auch solche der direkten Demokratie funktionieren könnten, ist relativ jung. In historischer Perspektive lassen sich der unterschiedlichen Entwicklung der Kommunalverfassungen im innerdeutschen Vergleich

626 Landtag Bayern Drs. 12/1252, S. 5.

627 Landtag Bayern Drs. 12/1252, S. 13.

628 Landtag Brandenburg Drs. 01/1902, S. 136.

daher zunächst wenige Aussagen zu den politischen Rechten der Gemeindebürger entnehmen. Das Recht, eine Gemeindevertretung zu wählen beziehungsweise sich für eine solche wählen zu lassen, besteht durchgehend seit etwa dem 19. Jahrhundert.[629] Die Existenz eines Gemeinderats als solcher ist allen Kommunalverfassungen gemeinsam, wenngleich die namentliche Ausgestaltung zum Teil – insbesondere in den Stadtstaaten[630] – variiert.[631] Seine Aufgabe bestand schon immer und besteht noch heute darin, wesentliche kommunale Entscheidungen zu treffen, die in der jeweiligen Gemeindeordnung aufgeführt sind. Vor diesem Hintergrund wurde der Gemeinderat stets als das Hauptorgan der Gemeinde verstanden, neben dem es eines weiteren Organs nicht bedurfte. Hinsichtlich der Rolle des Hauptverwaltungsbeamten gab und gibt es Unterschiede, deren Merkmale die verschiedenen historischen Typen der Kommunalverfassung ausmachen. Im Wesentlichen hängen diese Unterschiede der Verfassungstypen in den deutschen Bundesländern damit zusammen, dass die dortigen Besatzungsmächte ihre eigenen Vorstellungen kommunaler Strukturen vorgaben.[632]

Die Bürgermeisterverfassung mit den Untertypen der Süddeutschen (heute Süddeutsche Ratsverfassung) und der Rheinischen Bürgermeisterverfassung (heute nicht mehr existent) unterschied sich lediglich im Wahlverfahren von der Ratsverfassung (oder Norddeutsche Ratsverfassung) und Magistratsverfassung (besteht heute nur noch in Hessen). Die Bürgermeisterverfassung bildet den Typ, der heute in den Kommunalverfassungen der meisten Bundesländer vorzufinden ist.[633] In der Süddeutschen Ausprägung, die sich seit dem 19. Jahrhundert traditionell im Königreich Bayern, im Königreich Württemberg und im Großherzogtum Baden entwickelte, wurden die kommunalen Entscheidungen durch zwei Organe getroffen. Bei diesen zwei Organen handelte es sich einerseits

---

629 Zu den verschiedenen Regelwerken vgl. m.w.N. *Gern/Brüning*, Kommunalrecht, Rn. 41 f.

630 Dies liegt wie gezeigt auch daran, dass bei den Stadtstaaten eine scharfe Trennung zwischen der Ebene des Landes- und des Kommunalverfassungsrechts nicht möglich ist. Vielmehr fallen beide ineinander zusammen, wodurch das Kommunalverfassungsrecht durch das Landesverfassungsrecht überlagert wird.

631 In Brandenburg, Hessen, Mecklenburg-Vorpommern und Schleswig-Holstein wird aus historischen Gründen die Bezeichnung der Gemeindevertretung verwendet. Des Weiteren weicht die Bezeichnung in Städten ab.

632 Zu den Gemeindeverfassungssystemen und ihren historischen Entwicklungen vgl. *Gern/Brüning*, Kommunalrecht, Rn. 54 ff.

633 *Schmidt-Jortzig*, DÖV 1987, 281 ff.

um den Rat und andererseits um den hauptamtlichen Bürgermeister. Sie beide wurden durch die Bürger der Gemeinde unmittelbar gewählt. Um aber die Unabhängigkeit der Organe voneinander zu betonen, waren oft abweichende Wahlperioden festgelegt. Der Bürgermeister hatte in diesem Verfassungstypus eine sehr starke Stellung inne, wodurch sich dessen Name erklärt. Er vollzog die Beschlüsse des Rates, vertrat die Kommune nach außen und leitete die Gemeindeverwaltung. Zudem hatte er einige Spezialkompetenzen inne, die ihm auch der Rat nicht entziehen konnte. Dazu zählte man Weisungsangelegenheiten und Geschäfte der laufenden Verwaltung. Sofern der Bürgermeister nicht auch Vorsitzender des Rates war, bezeichnete man diesen Verfassungstyp mitunter als Dualistische Bürgermeisterverfassung.[634]

Der einzige Unterschied zwischen der Süddeutschen und der in Rheinland-Pfalz und im Saarland bis in die 1990er Jahre vorzufindenden Rheinischen Bürgermeisterverfassung bestand in der Form, in welcher der Bürgermeister gewählt wurde. Während dies in der Süddeutschen Ausprägung direkt geschah, bestimmten ihn im Rheinischen Typus die Ratsmitglieder indirekt. Besonders spürbar zeigte sich der Einfluss der Besatzungsmächte und ihrer kommunalpolitischen und -rechtlichen Vorstellung als Gegenentwurf zur nationalsozialistischen politischen Machtkonzentration in der (Norddeutschen) Ratsverfassung.[635] Sie geht im Wesentlichen auf Vorgaben der britischen Besatzungsmacht nach 1945 zurück und fand Einzug in die heutigen Gemeindeordnungen von Nordrhein-Westfalen[636] und Niedersachsen. Dort war die Stellung des Bürgermeisters im Vergleich zu den sonstigen Verfassungstypen sehr viel schwächer ausgeprägt und begrenzte sich auf die bloße Vorsitzfunktion im Rat.

Ein subjektiv-öffentliches Recht des Gemeindebürgers kann der historischen Auslegung nicht direkt entnommen werden. Sie steht ihr auf der anderen Seite aber auch nicht entgegen.[637] Betrachtet man hingegen die jüngere Rechtsgeschichte, die freilich auch die Entwicklungen um den Bürgerentscheid mit in den Blick nimmt, zeigt sich indes ein anderes Bild. Die regierungsamtliche Begründung des baden-württembergischen Gesetzes zur Änderung und Ergänzung des Gesetzes über die Gemeinde- und Kreiswahlen vom 18.07.1956[638] erkannte die Möglichkeit einer individuellen Klage nach allgemeinen verwaltungsrechtlichen

634 Zu all dem *Gern/Brüning*, Kommunalrecht, Rn. 55 m.w.N.

635 *Gern/Brüning*, Kommunalrecht, Rn. 58.

636 *Oebbecke*, DÖV 1995, 701.

637 S. auch die oben erwähnte Zweifelsregel von *Bühler*.

638 GesBl. S. 111.

Grundsätzen an und bezog sich dabei ausdrücklich auf Verfahrensverstöße bei der Durchführung des Bürgerentscheids. Es war zu diesem Zeitpunkt vom Gesetzgeber noch nicht vorauszusehen, dass es zu einer Kollision von Bürgerentscheid und regulärem Gemeinderatsbeschluss würde kommen können, weswegen sich der Rechtsschutz lediglich auf den vorgelagerten Zeitraum bei der eigentlichen Abstimmungsdurchführung beschränkte. Wenn es einen solchen aber vor der Abstimmung zum Zwecke ihrer Ermöglichung geben sollte, leuchtet nur schwerlich ein, warum das Ergebnis dieser Abstimmung im Nachgang nicht den nämlichen Schutz erfahren soll.

Des Weiteren lohnt bezüglich der Frage zur Positionierung der Gemeindebürger innerhalb der Gemeinde und ihrer Akteure ein rechtsgenetischer Blick in die historischen nordrhein-westfälischen Gesetzesmaterialien zur Kommunalverfassung:[639] Bis zum 20.12.2011 galt dort eine Fassung der Vorschrift[640] über die Zulassungsentscheidung des Bürgerbegehrens, die in ihrem Satz 2 die folgende Aussage traf: „Gegen die ablehnende Entscheidung des Rates können [...] die Vertreter des Bürgerbegehrens [...] *Widerspruch* einlegen". Dies lässt darauf schließen, dass der Landesgesetzgeber das Bürgerbegehren und seine Unterstützer und damit verbunden auch den Bürgerentscheid und seine Vertretungsberechtigten außerhalb der gemeindeinternen Strukturen verortete. Denn nur gegen einen solchen außenwirksamen Verwaltungsakt ist ein Widerspruch statthaft. Dem steht auch nicht die heute gültige Fassung in Satz 3 der Vorschrift[641] entgegen, wonach statt früher *Widerspruch* nunmehr *Rechtsbehelf* eingelegt werden kann. Denn der Hintergrund für diese grammatische Änderung liegt einzig und allein in dem Wegfall des Vorverfahrens im nordrhein-westfälischen Landesrecht.[642] Dass damit auch eine Einordnung des Bürgerbegehrens/-entscheids geschweige denn der Vertretungsberechtigten als gemeindliche (Quasi-) Organe einhergehen sollte, liegt fern.[643]

Mit dem so auch rechtsgeschichtlich belegbaren Ziel, einen größtmöglichen Ausgleich der Interessen aller am Bürgerentscheid beteiligten Akteure zu gewinnen, macht es schließlich im Ergebnis ebenfalls in rechtshistorischer Hinsicht

639 So beschrieben von *Heusch/Dickten*, NVwZ 2020, 358 (364).
640 § 26 Abs. 6 GO Nordrhein-Westfalen.
641 Eingefügt durch Art. 1 Nr. 4 des Gesetzes zur Stärkung der Bürgerbeteiligung vom 13.12.2011 (GV. NRW. 2011, 683).
642 § 110 JustG Nordrhein-Westfalen; vgl. Landtag Drs. 15/2151, S. 16.
643 *Heusch/Dickten*, NVwZ 2020, 358 (364).

Sinn, die Voraussetzung der Veränderung wesentlicher Umstände zu allen Modellen zusätzlich zu den dort bereits geregelten Kriterien zu verlangen.

IV. Teleologische Auslegung

Innerhalb der klassischen Auslegungskriterien wird das Ergebnis, das über die teleologische Auslegung ermittelt wird, als das zentrale angesehen. Diese Methode fragt nach dem Sinn und Zweck einer gesetzlichen Vorschrift.[644]

1. Das Telos als zeitloser Gesetzeszweck

Wie der Gesetzeszweck verlässlich zu ermitteln ist, erweist sich jedoch weiterhin als fraglich. Während die psychologische oder subjektiv-historische Theorie dem Willen des historischen Gesetzgebers das maßgebliche Gewicht zuschreibt, stellt demgegenüber die objektiv-teleologische Vorgehensweise einen davon gänzlich losgelösten Ansatz auf, der allein auf den normativen Gehalt des Gesetzes schaut.[645] Das Credo der letzteren Auffassung ist, das Gesetz könne klüger sein als der Gesetzgeber. Oder anders ausgedrückt: Den Autor des (Gesetzes-) Textes gelte es im Rahmen der teleologischen Auslegung „besser zu verstehen, als er sich selbst verstand".[646] Die teilweise noch immer auszumachende Diskrepanz zwischen objektiver und subjektiver Theorie sowie dazwischenstehender vermittelnder Ansätze[647] lässt sich zur Beantwortung der spezifischen Forschungsfrage dadurch auflösen, dass Aspekte beider Ansätze für die teleologische Auslegung der kommunalverfassungsrechtlichen Bindungsklauseln im Hinblick auf die Fragestellung fruchtbar gemacht werden müssen.[648]

---

644 *Metz*, JA 2018, 47 (51); *Walz*, ZJS 2010, 482 (483 f.).

645 *Eser/Hecker*, in: Schönke/Schröder, StGB, § 1, Rn. 40 ff.

646 *Kant*, in: Weischedel, Immanuel Kant, Werkausgabe, Band 3/4, Kritik der reinen Vernunft, S. 322.

647 Etwa die Differenzierung nach dem Alter des Gesetzes (subjektiv-geltungszeitliche Auslegungstheorie), welche die Vorzüge beider Theorien miteinander verbindet, so vertreten von *Bydlinski*, Juristische Methodenlehre und Rechtsbegriff, S. 435; *Larenz*, Methodenlehre der Rechtswissenschaft, S. 316.

648 Das BVerfG stellt vermittelnd auf den „objektivierten Willen des Gesetzgebers" ab, „so wie er sich aus dem Wortlaut der Vorschrift und dem Sinnzusammenhang ergibt, in den sie hineingestellt ist.", Beschl. v. 31.03.2016 – 2 BvR 1576/13, Rn. 63. Näher zu all dem m.w.N. *Walz*, ZJS 2010, 482 (483 f.).

2. Sinn und Zweck der kommunalverfassungsrechtlichen Bindungsklauseln allgemein

Nach der wie aufgezeigt herrschenden und nach wie vor vorzugswürdigen Schutznormtheorie verlangt die Definition des subjektiv-öffentlichen Rechts als erste Voraussetzung einen zwingenden Rechtssatz, der zweitens zumindest auch dem Schutz von Individualrechtsgütern dienen und drittens dem Einzelnen die Rechtsmacht einräumen muss, vom Hoheitsträger ein bestimmtes Verhalten zu verlangen, nämlich konkret die Einhaltung des in dem zwingenden Rechtssatz angeordneten Gebots.[649]

Als erster Schritt stellt sich die Frage, ob die kommunalverfassungsrechtlichen Bindungsklauseln zwingende Rechtssätze im Sinne dieser Definition darstellen. Trotz ihrer streng grammatischen Einstufung als Ermessensnormen ist diese Voraussetzung zu bejahen.[650] Es handelt sich hierbei nämlich um Rechtsnormen, die einem Träger der öffentlichen Verwaltung – was wie gezeigt die Gemeindevertreter trotz ihrer durch den Wahlakt erlangten demokratischen Legitimation sind – eine bestimmte Verhaltensweise aufgeben, nämlich es zu unterlassen, innerhalb einer gesetzlich festgelegten Frist einen den Bürgerentscheid abändernden oder aufhebenden Beschluss zu fassen. An ihre Nichteinhaltung sind damit rechtlich wirksame Konsequenzen geknüpft. Zudem kommt die grammatische Ausgestaltung der einschlägigen Vorschriften eher einem intendierten Ermessen oder sogar einer gebundenen Entscheidung gleich, da sie den Gemeindevertretern an anzustellenden Überlegungen mehr aufgibt als die regulären Ermessenserwägungen.

Weiterhin kommt es auf die Lösung der Frage an, ob die kommunalverfassungsrechtlichen Bindungsklauseln zumindest auch Individualrechtspositionen schützen sollen. In dieser Voraussetzung liegt wie gezeigt der eigentliche Kern der Definition zum subjektiv-öffentlichen Recht. Vor diesem Hintergrund ist das Telos der hier auszulegenden Bindungsklauseln primär anhand einer Abgrenzung zwischen einerseits den objektiv-öffentlichen Interessen der Gemeinde inklusive ihrer Organe und dem subjektiv-individuellen Begehren des Gemeindebürgers andererseits zu ermitteln.

---

649 *Schmidt-Aßmann*, in: Maunz/Dürig, GG, Art. 19 Abs. 4, Rn. 127 ff. m.w.N.; *Sachs*, in: ders., GG, Art. 19 Abs. 4, Rn. 129.

650 Wie gezeigt ntgegen der früheren Einschätzung bei *Bühler*, Die subjektiven öffentlichen Rechte und ihr Schutz in der deutschen Verwaltungsrechtsprechung, S. 21 ff. (158, 174) zutreffend *Bachof*, in: Gedächtnisschrift für Jellinek, S. 287 ff. (295); *Ramsauer*, Jus 2012, 769 (771).

Während staatliche Institutionen und Akteure mit ihrem Handeln in der Regel der Erfüllung öffentlicher Aufgaben dienen, vollzieht sich das Handeln privater Personen vornehmlich in der Wahrnehmung individueller Rechte. Sowohl das Handeln der staatlichen Stellen als auch der privaten Akteure geschieht auf der Grundlage einer positiv-rechtlichen Zuordnung und ist dabei inhaltlich festgelegt. Diese Zuordnungen beschreiben die grundsätzliche Trennung zwischen objektiv-rechtlichen Vorschriften einerseits und subjektiv-rechtlichen Vorschriften andererseits. Schnittmengen sind denkbar. Das staatliche Handeln im Interesse der Allgemeinheit und Öffentlichkeit auf Grundlage solcher Normen, die einen vorwiegend objektiv-rechtlichen Einschlag vorweisen, vollzieht sich aufgrund sogenannter Kompetenzzuschreibungen. Die Entscheidung der aus ihnen resultierenden Konflikte ist allein Gegenstand des objektiven Rechts, nicht aber der Grundrechte.[651]

Demgegenüber kennzeichnet sich alles private Handeln grundsätzlich als Wahrnehmung grundrechtlich verbürgter ursprünglicher menschlicher Freiheiten.[652] Die Freiheit des Menschen besteht dabei natürlich und unabhängig von ihrer normativen Fixierung in den Grundrechten sowie deren einfachgesetzlichen Konkretisierungen. Der Mensch ist frei, weil er lebt – nicht, weil eine bestimmte gesetzliche Vorschrift dies bestimmt. Seine Freiheit aber findet dort ihre Grenzen, wo die Freiheit des anderen Menschen als Individuum oder aller anderen Menschen als Gemeinschaft anfängt. In dem Moment, wo sich ein Mensch über das Eintreten für seine eigene Freiheit hinaus auch für das Wohl anderer Menschen oder der menschlichen Gemeinschaft stark macht, braucht es Kompetenzen und entsprechende besondere gesetzliche Vorschriften. Denn das Recht und die Befugnis, für andere oder das Gemeinwesen einzutreten, bestehen – anders als die menschliche Freiheit – faktisch nicht. Sie müssen erst noch künstlich erschaffen werden, und zwar durch rechtliche Instrumentarien.

Wie aber ist in diesem objektiv-subjektivem Spannungsfeld zu differenzieren? Ein Ansatz betrachtet das vom Bundesverfassungsgericht entwickelte und in ständiger Rechtsprechung aufrechterhaltene sogenannte „personale Substrat“. Es

---

651 Zu all dem überblicksartig und m.w.N. *Muckel*, JA 2019, 633 ff.

652 Juristische Personen des öffentlichen Rechts können danach nicht Träger von Grundrechten sein, weil sie die ihnen zugewiesenen öffentlichen Aufgaben „nicht in Wahrnehmung unabgeleiteter, ursprünglicher Freiheiten, das eigene Leben, die Existenz, nach eigenen Entwürfen zu gestalten und über sich selbst zu bestimmen“ erfüllen, sondern aufgrund von Kompetenzen, die ihnen vom positiven Recht verliehen sowie inhaltlich begrenzt sind, BVerfG NJW 1982, 2173 (2174); hierzu auch *Muckel*, JA 2019, 633 ff.

stellt darauf ab, ob bei einem Zusammenschluss verschiedentlicher Akteure als künstlich geschaffenes neues juristisches Wesen der „Durchblick auf die hinter den juristischen Personen stehenden Menschen" möglich sei und darauf, ob die juristische Person als „Sachwalter" von Einzelnen bei der Wahrnehmung ihrer Grundrechte gesehen werden könne.[653] Befindet sich die juristische Person dem Staat gegenüber in der gleichen oder einer ähnlichen „grundrechtstypischen Gefährdungslage"[654] wie der Einzelne, kommt eine Kompetenzzuweisung nicht in Betracht und es liegt eine vornehmlich subjektiv-rechtliche Norm vor.

Die Bindungsklauseln lassen sich unter Anwendung dieser differenzierenden Betrachtung nicht trennscharf in die eine oder die andere Kategorie einordnen. Sie dienen sowohl den privaten Interessen des Gemeindebürgers als auch den öffentlichen Interessen der Gemeinde als solcher. Denn die Besonderheit bei der durch die Forschungsfrage aufgeworfenen Konstellation besteht darin, dass – anders als in klassischen Fällen – der Gemeindebürger nicht allein für sich und seine privaten Individualinteressen tätig wird, sondern gleichzeitig im Namen und Interesse der gesamten Gemeindebürgerschaft und der Gemeinde auftritt und handelt.[655] Mit seiner Abstimmung nimmt der Gemeindebürger an der kommunalen Selbstverwaltung teil, wie es ihm gleichermaßen als Recht eingeräumt und als Pflicht auferlegt ist.[656]

Fraglich erscheint vor diesem Hintergrund ebenso das Vorliegen der letzten Voraussetzung aus der Definition zum subjektiv-öffentlichen Recht, und zwar jene der Rechtsmacht. Diese muss im Gesetz als Befugnis angelegt sein, das individuell schützende Handlungsgebot aus dem zwingenden Rechtssatz auch im individuellen Interesse vor den Gerichten einklagen zu können. Hierfür spricht der von Art. 19 Abs. 4 Satz 1 GG verlangte effektive Rechtsschutz zugunsten der einzelnen Gemeindebürger. Hiergegen spricht jedoch die Funktionsfähigkeit der Gemeinde und ihrer durch Wahl demokratisch legitimierten Vertretungsorgane.

Diese beiden hier fraglichen Voraussetzungen – der zumindest auch individualrechtsschützenden Funktion sowie der Rechtsmachtverleihung der kommunalverfassungsrechtlichen Bindungsklauseln – werden im Folgenden genauer betrachtet. Weil sie begrifflich und inhaltlich eng zusammenhängen, weist die Untersuchung sie nur dort getrennt aus, wo es geboten erscheint. Ansonsten erstrecken sich die Ausführungen auf beide Voraussetzungen.

---

653 BVerfG NJW 1982, 2173 (2174).
654 BVerfG NJW 1982, 2173 (2174).
655 *Fügemann*, DVBl 2004, 343 ff.
656 So formuliert z.B. in § 19 Abs. 1 KV Mecklenburg-Vorpommern.

a) *Kommunale Selbstverwaltungsgarantie*

Die kommunalverfassungsrechtlichen Bindungsklauseln bezwecken primär die effektive Gewährleistung kommunaler Selbstverwaltung. Denn der Bürgerentscheid selbst sowie die Umsetzung der darin gefundenen Ergebnisse dienen der Einbindung des Gemeindebürgers in die kommunalen Angelegenheiten. Kommunale Selbstverwaltung aber beinhaltet eine sowohl objektiv- als auch subjektiv-rechtliche Dimension, weswegen allein anhand dieser Feststellung nicht ermittelt werden kann, ob die Bindungsklauseln in dem einschlägigen Spannungsfeld gerade auch darauf abzielen, die Rechte der abstimmenden Gemeindebürger als Individuen und nicht bloß als Vertreter der Gemeindeinteressen zu schützen.

Der rechtsdogmatische Charakter der kommunalen Selbstverwaltung als institutionelle Garantie gibt vor, dass sich nur die einzelne Gemeinde als solche auf sie berufen darf. Dem individuellen Rechtsträger ist dies jedoch verwehrt. Denn Art. 28 Abs. 2 Satz 1 GG schützt nicht den Einzelnen – er ist nicht Träger der dort normierten Rechte –, sondern ausschließlich die objektiv-rechtliche Institution der kommunalen Selbstverwaltung. Sie gibt den Kommunen das Recht, eigene Angelegenheiten zu regeln, ohne dabei Einmischungen von außen befürchten oder gar hinnehmen zu müssen.[657] Durch ein Recht des Gemeindebürgers, von den Gemeindevertretern zu verlangen, dass der Bürgerentscheid formalen Vollzug und inhaltliche Beachtung findet, wird diese eigenverantwortliche Aufgabenerfüllung nicht berührt. Es handelt sich auch weiterhin um gemeindliche Angelegenheiten, deren Erledigung für einen zeitlich klar begrenzten Zeitraum von den Gemeindevertretern auf die Gemeindebürger übertragen wurde. Die Gemeindebürger aber gehören zur Gemeinde, auch wenn sie keine Organe oder Organwalter derselben darstellen, sondern nur „transitorische“[658], also vorübergehende Befugnisse innehaben. Zu einer Fremdbestimmung kommt es also nicht.

Ferner muss neben dem Bund, dem Land und anderen Kommunen, die durch gesetzgeberische oder andere Maßnahmen in die Hoheiten der betroffenen Kommune eingreifen können, richtigerweise auch ein Schutz der Kommune vor sich selbst beziehungsweise vor eigenen Maßnahmen anerkannt werden. Alles andere würde zu kurz greifen. Art. 28 Abs. 2 Satz 1 GG verbietet zwar nicht, die Spielräume zur Selbstverwaltung voll auszuschöpfen. Allerdings unterbindet die Verfassungsvorschrift das Treffen solcher Maßnahmen, welche

657 BVerwG NVwZ 2014, 527 (Besprechung in JuS 2014, 958 m. Anm. *Waldhoff*).
658 Begriff etwa bei *Fügemann*, DVBl 2004, 343 ff. (346).

auf eine komplette Aushöhlung der Selbstverwaltung innerhalb der Gemeinde gerichtet sind. Dazu müssen der Schutz sowohl des Kern- als auch des Randbereichs gewahrt sein. Nach dem Gedanken des Kernbereichsschutzes darf die Eigenverantwortlichkeit der Gemeinde nicht (im Keim) erstickt werden.[659] Der Kernbereich der Selbstverwaltung ist also absolut geschützt.[660]

Wendet man diesen Maßstab auf die hier einschlägige Frage an, zeigt sich: Es würde keinen Sinn ergeben, würde man den Gesetzesvorbehalt aus Art. 28 Abs. 2 Satz 1 GG dahingehend verstehen, dass er ausschließlich objektivrechtliche Belange zu schützen beabsichtigt.[661] Denn dann müsste die Gemeinde als Trägerin der Selbstverwaltungsgarantie solche Beschränkungen der selbigen hinnehmen, die ihrerseits allein im Interesse der Gemeinde auftreten können. Naheliegend dürfte es eher sein, hierunter Vorschriften zu fassen, die zumindest auch im Interesse Einzelner erlassen sind. Aus diesem Umkehrschluss heraus sind die kommunalverfassungsrechtlichen Bindungsklauseln als zumindest auch subjektiv-rechtlich geprägte Normen zugunsten des Gemeindebürgers zu verstehen.

Zwar wird mitunter befürchtet, eine zu starke Ausprägung sachunmittelbarer Demokratie auf kommunalrechtlicher Ebene und in diesem Zusammenhang auch ein einklagbares Individualrecht des Gemeindebürgers könne die Funktionsfähigkeit der Kommunen beeinträchtigen und sie so in ihrem Recht auf kommunale Selbstverwaltungsgarantie selbst schwächen.[662] Eine Antwort auf diese Befürchtung liegt aber in dem bereits aufgezeigten Begründungsansatz, dem zufolge punktuell – hier also bei Abstimmungen im Rahmen von Bürgerentscheiden – neben den grundsätzlichen kommunalen Organen auch die Gesamtheit der Gemeindebürger als ein Gemeindeorgan – zumindest im weiteren Sinne – anzusehen sei, weswegen eine Kompetenzverlagerung von einem Gemeindeorgan zum anderen keine Schwächung der kommunalen Selbstverwaltung herbeiführen könne.[663] Für den individuellen abstimmungsberechtigten Gemeindebürger, der weder Organ noch Organwalter ist, kann vor diesem Hintergrund teleologisch nichts grundlegend anderes gelten: Auch er wird

---

659 So die ständige Rspr., z.B. in BVerfG NVwZ 2010, 895 (900); BVerwG NWVBl 2011, 263 (264); VerfGH Rheinland-Pfalz NVwZ 2001, 912 (914); *Nierhaus/Engels*, in: Sachs, GG, Art. 28, Rn. 64.

660 BVerfG DVBl 2003, 919 (920); OVG Rheinland-Pfalz AS 38, 136.

661 *Hellermann*, in: Epping/Hillgruber, BeckOK GG, Art. 28, Rn. 46.

662 VerfGH Bayern BayVBl 1997, 622 (625); *Huber*, AöR 126 (2001), 165 (194).

663 *Dreier*, in: ders., GG, Band 2, Art. 28, Rn. 77.

nämlich trotz des grundrechtlich verbürgten Abstimmungsaktes nicht allein im eigenen Interesse, sondern auch in jenem der Gemeinde als solcher tätig. Somit begründet ein ihm kraft der Bindungsklauseln herzuleitendes subjektiv-öffentliches Recht auf Vollzug und Beachtung des Bürgerentscheids keinen Einschnitt für die weiterhin bestehenden Kompetenzen der Gemeindevertreter und die Funktionsfähigkeit der kommunalen Vertretungsorgane.

Wohl nur für den äußerst selten auftretenden Ausnahmefall, dass eine bestimmte Angelegenheit der örtlichen Gemeinschaft wegen drohender Schäden für die Kommune einer dringlichen Lösung bedarf, die auf dem langwierigen Weg eines direkt-demokratischen Verfahrens nicht zu erreichen sein dürfte, könnte eine Bindungswirkung des Bürgerentscheids und ein daraus abgeleitetes subjektiv-öffentliches Recht des Gemeindebürgers die kurzfristig handlungsfähigen Repräsentativorgane und damit im Ergebnis das gesamte gemeindlich-öffentliche Interesses belasten.[664] In diesen Fällen wird es aber wegen der hohen gesetzlichen Zulässigkeitsanforderungen an ein Bürgerbegehren meist schon gar nicht zu einem Bürgerentscheid kommen.

b) *Abstimmungsfreiheit*

Darüber hinaus zielen die kommunalverfassungsrechtlichen Bindungsklauseln darauf ab, die Abstimmungsfreiheit der Gemeindebürger zu schützen und zu wahren. In dieser Abstimmung vollzieht der Gemeindebürger nämlich eine Aufgabe sowohl für sich selbst und seine subjektiv-individuellen Begehren als auch für die öffentlichen-objektiven Interessen der Gemeinde.

Die somit durch die Bindungsklauseln bezweckte Gewähr der Abstimmungsfreiheit der ausnahmsweise zur Entscheidung berufenen Gemeindebürger verletzt im Umkehrschluss auch nicht die Mandatsfreiheit der grundsätzlich zuständigen Gemeindevertreter. Das freie Mandat des Gemeindevertreters lässt sich wie dargelegt anders als das Prinzip des freien Mandats für die Abgeordneten des Bundestags und der Landesparlamente zumindest nicht direkt an Art. 38 GG festmachen.[665] Obwohl es als ein grundlegendes Element der freiheitlichen

---

664 So auch *Beckermann*, KommJur 2019, 445 (447), m.w.N. u.a. auf *Lange*, Kommunalrecht, S. 665, für den „überwiegende Interessen" einen solchen Ausnahmefall rechtfertigen können. Genauso *Oldiges*, in: Festschrift Juristenfakultät Leipzig, S. 540 (549), der für eine Sperrwirkung plädiert, sofern „das parlamentarische (eigene Anmerkung: für den kommunalverfassungsrechtlichen Bereich treffender wäre wohl eher „repräsentativ-demokratische") Verfahren Aufschub verträgt, ohne dass wesentliche Nachteile drohen.".

665 Grundlegend *Frowein*, DÖV 1976, 44.

Demokratie anerkannt ist[666], besteht über seine Geltung als Verfassungsgrundsatz auch im Gemeinderecht nur bedingt Einigkeit.[667] In allen Kommunalverfassungen jedenfalls finden sich einschlägige einfachgesetzliche Bestimmungen.[668] Danach handeln Gemeindevertreter nach ihrer freien Überzeugung. In Ausübung seines freien Mandats ist das einzelne Gemeinderatsmitglied verpflichtet, die Interessen der gesamten Gemeindebevölkerung zu vertreten. Das wiederum schließt explizit aus, dass er sich auf Einzelinteressen berufen darf – seien es die eigenen oder die dritter (natürlicher oder juristischer) Personen. Er erhält Schutz gegenüber seiner Fraktion und Partei und soll sich eine möglichst offene Meinung bilden können. Im Kernbereich seines so gewährten Schutzes muss der Gemeindevertreter bei der Wahrnehmung seines Amtes vorrangig von Weisungen und Aufträgen frei sein.[669]

Soll ihm aber entgegen dieser Vorgabe eine derartige Bindung, wie sie die kommunalverfassungsrechtlichen Bindungsklauseln normieren, auferlegt werden, könnte er in seiner Mandatsfreiheit betroffen werden. Denn in der seitens des Gemeindebürgers geltend gemachten und gerichtlich einklagbaren Verpflichtung, den Bürgerentscheid umzusetzen, ließe sich eine solche Bindung erkennen, welche einem gerade nicht gewollten Auftrag oder einer Weisung an den Gemeindevertreter gleichkommt. Die Gemeindevertreter dürften durch die Anerkennung eines subjektiv-öffentlichen Rechts des Gemeindebürgers auf Vollzug und Beachtung des Bürgerentscheids im Ergebnis jedoch nicht in ihren Mandatsrechten beschnitten sein. Ihre Stellung als durch Wahl demokratisch legitimierte Repräsentanten ist hierdurch nämlich nicht in Frage gestellt, geschweige denn zu irgendeinem Zeitpunkt aufgehoben. Geht man des Weiteren

666 *Hesse*, Grundzüge des Verfassungsrechts der Bundesrepublik Deutschland, S. 241 f.

667 *Klüber*, Das Gemeinderecht in der Bundesrepublik Deutschland, S. 174 legt hingegen dar, dass das freie Mandat der repräsentativen Demokratie immanent sei und daher nicht nur für das Staatsverfassungsrecht, sondern auch für das Kommunalverfassungsrecht gelte. Dazu müsse es nicht gesondert ausdrücklich in der Gemeindeordnung oder an anderer Stelle geregelt sein.

668 § 32 Abs. 3 GemO Baden-Württemberg; Art. 30 GO Bayern; § 30 Abs. 1 KVerf Brandenburg; § 35 Abs. 1 GO Hessen; § 23 Abs. 3 Satz 1, 2 Mecklenburg-Vorpommern; § 45 KomVG Niedersachsen; § 43 Abs. 1 GO Nordrhein-Westfalen; § 30 Abs. 1 *GemO* Rheinland-Pfalz; § 30 Abs. 1 Satz 2 KSVG Saarland; § 35 Abs. 3 Satz 1 GemO Sachsen; § 43 Abs. 1 KVG Sachsen-Anhalt; § 32 Abs. 1 GO Schleswig-Holstein; § 24 Abs. 1 KO Thüringen.

669 „Sie sind an Aufträge und Weisungen nicht gebunden.“, zu all dem m.w.N. *Butzer*, in: Epping/Hillgruber, Beck OK GG, Art. 38, Rn. 122 ff., 125, 129 ff.

davon aus, dass eine lediglich zeitlich begrenzte Bindung der Gemeindevertreter an das Ergebnis des Bürgerentscheids vorliegt, dürfte eine unverhältnismäßige Einbuße des freien Mandats umso fernerliegen. Hinzu kommt, dass es eine weitere rechtliche Möglichkeit, die Gemeindevertreter an das Ergebnis eines Bürgerbegehrens oder Bürgerentscheids zu binden, nicht gibt. Die vorhandenen gesetzlichen Instrumentarien gilt es daher möglichst effektiv umzusetzen – auch und gerade im subjektiv-öffentlichen Interesse der individuellen abstimmungsberechtigten Gemeindebürger, die eine gemeindliche Aufgabe – und zwar ebenfalls im Interesse der gewählten Vertreter – wahrnehmen.

Im Ergebnis also ist es nicht Sinn des Bürgerbegehrens oder des nachfolgenden Bürgerentscheids sowie eines daraus folgenden subjektiv-öffentlichen Rechts des Gemeindebürgers auf dessen Vollzug und Beachtung, die Gemeinde und ihre vom Gemeindevolk gewählten Vertreter in die Situation der Handlungsunfähigkeit zu bringen – mit der Konsequenz, dass weder die Gemeinde noch ihre Vertreter ihren jeweiligen Aufgaben nachkommen können. Denn dies würde entgegen Art. 28 Abs. 2 Satz 1 GG dazu führen, dass die grundsätzlich bestehende Handlungspflicht der Kommune auf die staatliche Kommunalaufsicht verlagert und diese faktisch zum Einschreiten gezwungen wird. Darin läge ein Widerspruch zum wie gezeigt strukturell ausgeschlossenen Anspruch auf Tätigwerden der Kommunalaufsicht.[670] Eine derartige Handlungsunfähigkeit ist jedoch in der in Rede stehenden Konstellation wie dargestellt gerade nicht zu befürchten.

Auch der in Zusammenhang mit der Mandatsfreiheit der gewählten Vertreter teilweise vorgebrachte Vergleich mit der Verteidigung von Parteienrechten aus Art. 21 GG[671] hinkt:[672] Streitigkeiten von Parteien über die daraus resultierenden Rechtspositionen weist das Bundesverfassungsgericht dem Organstreitverfahren zu. Damit schließt sich für Parteien der Weg über die Verfassungsbeschwerde. Demgegenüber sieht Karlsruhe in bloßen Wählergemeinschaften solche Akteure, die nicht zur Binnenorganisation eines Gremiums gehören und lehnt daher ihre Parteifähigkeit im Organstreitverfahren ab.[673] Zwar erklärt sich diese Argumentation in der Rechtsprechung mit der besonderen verfassungsrechtlichen Stellung der Parteien, die Art. 21 GG eben nur ihnen und nicht auch

---

670 S. zur rechtsdogmatischen Herleitung z.B. VG Saarlouis, Urt. v. 18.06.2015 – 3 K 756/14, BeckRS 117596; *Brüning/Vogelsang*, Kommunalaufsicht, Rn. 155 ff.

671 Dies mit Blick auf die st. Rspr. des BVerfG seit BVerfGE 1, 208 (223 ff.).

672 Diesen verteidigt aber *Beckermann*, KommJur 2019, 445 (446).

673 BVerfGE 51, 222 (233); 74 (96 (100 f.); 79, 379 (383 f.).

Wählergemeinschaften gewährt. Allerdings geht sie im direkten Vergleich von Bürgerentscheiden sowie Gemeindebürgern auf der einen und Wählergemeinschaften auf der anderen Seite inkonsequent vor.[674] Ersteren nämlich schreibt das Bundesverfassungsgericht wie gezeigt die Organeigenschaft zu[675], während es sie letzteren abspricht. Selbst wenn man hierzu anführt, dass Bürgerentscheide als solche kommunalverfassungsrechtlich anerkannt und die Gemeindebürger durch sie mit besonderen Rechtspositionen ausgestattet sind,[676] vermag dieser qualitative Unterschied in der Sache dennoch nicht gänzlich zu überzeugen. Statusrechtliche Mandats- oder Parteienbefugnisse beanspruchen nämlich weder Bürger noch Wählergemeinschaften.

c) *Rechtsstaatlichkeit*

Es stellt weiter keine rechtsstaatlich bedenkliche Lösung dar, dem abstimmungsberechtigten Gemeindebürger ein subjektiv-öffentliches Recht auf Vollzug und Beachtung eines Bürgerentscheids anzuerkennen. Vielmehr zielt ein solches Recht des Gemeindebürgers gerade darauf ab und trägt dazu bei, rechtsstaatliche Zustände in der Kommune zu sichern.

Wie gezeigt liegt eine entscheidende Besonderheit der Kommunen darin, dass sie (staats)organisationsrechtlich zur Verwaltung gehören.[677] Sie sind über das Homogenitätsgebot aus Art. 28 Abs. 1 Satz 1 GG an das grundgesetzliche Rechtsstaatsgebot aus Art. 20 Abs. 2 und 3 GG gebunden. Weil die Kommunen und ihre Organe strukturell zur exekutiven Gewalt gezählt werden, äußert sich das Rechtsstaatlichkeitsprinzip für sie vorrangig in seiner Ausprägung als Grundsatz von der Rechtmäßigkeit der Verwaltung und den beiden Aspekten des Vorrangs sowie des Vorbehalts des Gesetzes.[678] Hierin liegt ein maßgeblicher Unterschied zur staatsverfassungsrechtlichen Ebene, weil die Parlamente aufgrund ihrer nach dem Grundgesetz und den Landesverfassungen eingeräumten Gesetzgebungsbefugnisse, kraft derer sie es ja selbst sind, die die Gesetze erlassen, stattdessen eher an andere Vorgaben gebunden sind. Vor diesem Hintergrund wird mitunter

674 Dagegen verwehrt sich jedoch *Beckermann*, KommJur 2019, 445 (446).

675 Dies v.a. mit der Begründung, der Bürgerentscheid ersetze eine Entscheidung der Gemeindevertretung, also eines Organs. Daher müsse auch dem Bürgerentscheid bzw. den abstimmungsberechtigten Gemeindebürgern Organqualität zukommen.

676 So *Beckermann*, KommJur 2019, 445 (446) unter Bezug auf Art. 12 Abs. 3 Satz 1 Landesverfassung Bayern.

677 *Hellermann*, in: Epping/Hillgruber, BeckOK GG, Art. 28, Rn. 21 f.

678 *Huster/Rux*, in: Epping/Hillgruber, Beck OK GG, Art. 20, Rn. 156, 159.

befürchtet, eine zu starke und direkte Einbindung der Gemeindebürgerschaft als Kollektiv beziehungsweise des individuellen Gemeindebürgers könne zu einer Beeinträchtigung beim sonst (im repräsentativ-demokratischen Grundsatz) einwandfreien Gesetzesvollzug führen und dadurch den Grundsatz vom Vorrang des Gesetzes gefährden.[679]

Dieses sowohl auf staats- wie auf kommunalverfassungsrechtlicher Ebene immer wieder geäußerte Befürchtung lässt sich für die hier einschlägige kommunale Ebene mit einer Differenzierung nach dem jeweiligen Aufgabeninhalt widerlegen: Wenn es sich um Selbstverwaltungsangelegenheiten[680] handelt – egal, ob freiwillige oder pflichtige –, so sind die Kommunen zunächst grundsätzlich ohne Einschränkungen an die Prinzipien von Vorrang und Vorbehalt des Gesetzes gebunden. Allerdings besteht hierbei die Besonderheit, dass sie wegen der Wahrnehmung der ihnen nach Art. 28 Abs. 2 Satz 1 GG zustehenden kommunalen Selbstverwaltungsgarantie weniger stark als bei den vom Land übertragenen Auftragsangelegenheiten in die staatliche Aufgabenwahrnehmung mit eingebunden sind.[681] Damit geht aber keine Einbuße hinsichtlich der Wahrung der rechtstaatlichen Standards auf kommunalrechtlicher Ebene einher.

Vielmehr trägt ein subjektives-öffentliches Recht des abstimmungsberechtigten Gemeindebürgers auf gemeindeorganseitige Vollziehung und Beachtung des Bürgerentscheids zur Wahrung der Rechtstaatlichkeit in der Kommune bei. Dazu muss aber entgegen zum Teil verlautbarter Stimmen[682] nicht gesondert auf die sogenannte Organtreue als Ausfluss des Rechtsstaatsprinzips abgestellt werden. Über diesen aufgezeigten Grundsatz lässt sich ein Anspruch des Gemeindebürgers auf Umsetzung des Bürgerentscheids nämlich nicht zutreffend begründen. Dieser Weg trüge zwar den Vorteil in sich, dass man dann zur Anspruchsbegründung neben dem Prinzip der Organtreue nicht auf positivrechtliche Vorschriften – hier die kommunalverfassungsrechtlichen Vorschriften zum Bürgerentscheid – abzustellen bräuchte.[683] Denn diese Vorschriften begegnen wie gesehen zuweilen dem Vorwurf, sie würden die Gestaltungsfreiheit der

679 Etwa *Huber*, AöR 126 (2001), 165 (199).

680 § 2 GemO Baden-Württemberg; Art. 7 GO Bayern; § 2 KVerf Brandenburg; § 2 GO Hessen; § 2 KV Mecklenburg-Vorpommern; § 6 KomVG Niedersachsen; § 2 GO Nordrhein-Westfalen; § 2 GemO Rheinland-Pfalz; § 2 KSVG Saarland; § 2 GemO Sachsen; § 77 KVG Sachsen-Anhalt; § 2 GO Schleswig-Holstein; § 2 KO Thüringen.

681 *Huber*, AöR 126 (2001), 165 (200 f.).

682 *Beckermann*, KommJur 2019, 445 (447) m.w.N.

683 *Oldiges*, in: Festschrift Juristenfakultät Leipzig, S. 540 (548 f.); *Borowski*, DÖV 2000, 481 (490 f.).

kommunalen Organe und damit das kommunale Selbstverwaltungsrecht als solches beeinträchtigen.[684] In diesem Zusammenhang wird auch oft vorgebracht, die einfachgesetzlichen Vorschriften umgingen vorrangige Gesetzesbestimmungen.[685] Wenn nämlich in einem Bundesland der Gesetzgeber aus bestimmten Gründen von der Regelung einer Bindungswirkung bewusst abgesehen habe, ließe sich dem mit dem allgemeinen Gedanken der Organtreue angemessen und ohne große Reibungsverluste begegnen.[686] Denn das herrschende Verständnis der Organtreue könne, weil es – anders als ein aus den kommunalverfassungsrechtlichen und damit einfachgesetzlichen Normen im Wege juristischer Auslegungsarbeit abgeleiteter allgemeiner Abwehranspruch dogmatisch nicht auf geschriebene Rechtsregeln angewiesen sei, Wertungen des einfachen Gesetzgebers nicht widersprechen.[687]

Dieser Ansatz vermag jedoch schwerlich zu überzeugen. Vielmehr vollzieht sich darin ein argumentativer Zirkelschluss. So kann doch den vorhandenen Vorschriften und ihrer teleologischen Auslegung nicht der Vorwurf entgegengebracht werden, sie unterlaufe die landesgesetzgeberische Entscheidung für oder gegen Schutzwirkungen.[688] Diese Gefahr lässt sich im Vergleich dazu wohl viel eher bei der Anwendung des Organtreueprinzips annehmen, weil dieses dann einfach entgegen einer ausdrücklich planmäßigen Regelungslücke greift.

All diese negativen Konsequenzen sind hingegen nicht zu befürchten, wenn man vom subjektiv-öffentlichen Recht des individuellen abstimmungsberechtigten Gemeindebürgers ausgeht. Denn zunächst ist der Grundsatz der (Verfassungs-) Organtreue wie dargelegt ein ursprünglich dem Staatsverfassungsrecht entstammendes Konstrukt.[689] Er wurde im Hinblick auf das Verhältnis der Verfassungsorgane zueinander entwickelt und ist bis heute vornehmlich für diese Beziehung anerkannt.[690] In kommunalverfassungsrechtlichen Streitigkeiten hingegen haben ihn die Verwaltungsgerichte lediglich übernommen oder

---

684 Z.B. VerfGH Bayern NVwZ-RR 1998, 82 (84 ff.).

685 *Beckermann*, KommJur 2019, 445 (447); *Unger*, AöR 139 (2014), 80 (107 ff.).

686 *Beckermann*, KommJur 2019, 445 (447).

687 *Unger*, AöR 139 (2014), 80 (113).

688 So aber *Unger*, AöR 139 (2014), 80 (108 ff.).

689 Zu all dem *Beckermann*, KommJur 2019, 445 (447).

690 BVerfGE 36, 1(15); 135, 259 (281 f.); nach *Voßkuhle* hingegen sei die Figur „in der Praxis eher blaß geblieben", NJW 1997, 2216 (2217) m.w.N. auf die grundlegende Lit., u.a. *Schenke*, Die Verfassungsorgantreue, 1977.

für mittelbar anwendbar erklärt.[691] Dadurch sollten die Hürden für kommunale Interorganklagen erhöht[692], aber auch wechselseitige Ansprüche der Gemeindeorgane auf Rücksichtnahme überhaupt begründet werden. Die letztgenannte teleologische Erwägung betraf regelmäßig das Verhältnis von Bürgerbegehren zu den Vertretungsorganen der Gemeinde.[693] Dieser Umstand zeigt somit die nur punktuelle Übertragbarkeit des Organtreueprinzips auf den kommunalverfassungsrechtlichen Bereich auf. Denn in dieser Ebene bestehen anders als in staatsverfassungsrechtlichen Gremien nicht derart stark ausgeprägte grundsätzliche Konflikte wie zwischen den Staatsorganen in ihren jeweiligen Aufgaben der unterschiedlichen Staatsgewalten (darunter vorrangig jene der Legislative einerseits und der Exekutive andererseits). Vielmehr fallen sie wie gezeigt grundsätzlich in den kommunalen Organen zusammen.

Die unmittelbare Anwendung des Organtreueprinzips überzeugt vor diesem Hintergrund nicht, weil durch den Bürgerentscheid keine „dauerhafte vertrauensvolle Zusammenarbeit" mit anhaltenden gegenseitigen Rücksichtnahmepflichten zwischen den kommunalen Verantwortlichen in Gestalt von Gemeindevertretung und Gemeindebürger geschaffen, sondern Letztere nur punktuell an der Aufgabenerfüllung beteiligt werden sollen.[694] Vielmehr lässt sich die Rolle der Gemeindebürger zutreffend über die ihnen zugeschriebene Kontrollfunktion gegenüber der von ihnen gewählten Gemeindevertretung

---

691 OVG Nordrhein-Westfalen, Beschl. v. 06.12.2007 – 15 B 1744/07, BeckRS 2007, 28459, Rn. 23; OVG Thüringen, Beschl. v. 19.11.2015 – 3 EO 363/15, BeckRS 2016, 48210, Rn. 32; *Unger*, AöR 139 (2014), 80 (111 f.).

692 V.a. für die Zulässigkeitsvoraussetzung des Rechtsschutzbedürfnisses, OVG Nordrhein-Westfalen, Urt. v. 15.09.2015 – 15 A 1961/13, BeckRS 2015, 54638; Urt. v. 02.05.2006 – 15 A 817/04, BeckRS 2006, 23435.

693 Nicht jede dem Bürgerbegehren widersprechende Maßnahme verletzt die Organtreue, *Beckermann*, KommJur 2019, 445 (447): „Ein in diesem Sinne treuwidriges Handeln eines Gemeindeorgans setzt vielmehr voraus, dass dessen Handeln (…) bei objektiver Betrachtung nicht durch einen sachlichen Grund gerechtfertigt war, sondern allein dem Zweck diente, dem Bürgerbegehren die Grundlage zu entziehen und damit eine Willensbildung auf direktdemokratischem Wege zu verhindern.", OVG Nordrhein-Westfalen, Beschl. v. 06.12.2007 – 15 B 1744/07, BeckRS 2007, 28459, Rn. 24; ferner NVwZ-RR 2004, 519 (521); VGH Baden-Württemberg DVBl 2011, 1035 (1039); OVG Thüringen, Beschl. v. 19.11.2015 – 3 EO 363/15, BeckRS 2016, 48210, Rn. 32; VG Düsseldorf, Beschl. v. 08.11.2010 – 2 L 586/10, BeckRS 2012, 57063; ablehnend *Schoch*, NVwZ 2014, 1473 (1481).

694 VG Gelsenkirchen, Urt. v. 09.10.2019 – 15 K 1732/19, BeckRS 2019, 5594, Rn. 49 f., hierzu *Heusch/Dickten*, NVwZ 2020, 358 (364).

kennzeichnen. Diese Funktion können sie aber nur ausüben, wenn sie außerhalb der Gemeindeverwaltung positioniert sind. Andernfalls könnte es sogar zu einer Einbuße an kommunaler Rechtsstaatlichkeit kommen.

Nimmt man natürlich an, dass das Bürgerbegehren und in Folge hieraus auch der Bürgerentscheid sowie der aus ihm berechtigte Gemeindebürger als Organ(e) zu begreifen sind, erklärt dies auf besonders plakative und schlüssige Art und Weise, dass und warum diese aus der Organtreue berechtigt sind.[695] Dem ist jedoch entgegenzuhalten, dass allein die Rechtsfigur der Organtreue die einschlägige Forschungsfrage nicht abschließend zu beantworten vermag. Sie bietet vielmehr einzig eine Art von „Mindestschutz“ für Bürgerbegehren, -entscheid und die Gemeindebürger.[696] Dieser Schutz wiederum wird durch explizite gesetzliche Vorschriften in den Kommunalverfassungen der Bundesländer erweitert.[697] Es liegt nämlich vorrangig – wie in der Diskussion um die Zukunftsfähigkeit der Schutznormtheorie dargelegt – maßgeblich in der Verantwortung des einfachen Gesetzgebers, rechtlich verlässliche sowie belastbare Regelungen zur innergemeindlichen Kompetenzabgrenzung zu erlassen.[698] Der Grundsatz der Organtreue kann daneben – und dies gilt vor allem im hier einschlägigen Kommunalverfassungsrecht mit seinen aufgezeigten Besonderheiten – lediglich eine Auffangfunktion innehaben. Diese Wertung bedeutet indes keinesfalls eine Abkehr vom höherrangigen Verfassungsrecht. Denn die einschlägigen kommunalverfassungsrechtlichen und Vorschriften stellen wie gesehen einfachgesetzliche Konkretisierungen dieses verfassungsrechtlichen

695 Mit *Beckermann*, KommJur 2019, 445 (447) könnte man daher *Unger*, AöR 139 (2014), 80 ff. einen gewissen argumentativen Bruch vorwerfen, wenn er einerseits annimmt, das Bürgerbegehren habe keine Organstellung inne (S. 92), andererseits jedoch aus der Organtreue Sicherungsrechte ableiten will (S. 111 ff.). *Hager*, NVwZ 1994, 766 (767) hingegen übergeht nach *Beckermann*, KommJur 2019, 445 (447) den Aspekt der Organtreue komplett, obwohl er das Bürgerbegehren als Organ einstuft. Diese Diskrepanzen vermeidet hingegen *Oldiges*, wenn er beim plebiszitären Gesetzgebungsverfahren gegen die direkte Organqualität, aber dennoch für eine „sinngemäß(e)“ Anwendung der Organgrundsätze, darunter auch jenen der Organtreue plädiert, in: Festschrift Juristenfakultät Leipzig, S. 540 (548).

696 *Beckermann*, KommJur 2019, 445 (447).

697 Diese Auslegung verhält sich somit auch nicht widersprüchlich zu der in Teil 1 getroffenen Aussage, wonach die kommunalverfassungsrechtlichen Bindungsklauseln den Organtreuegrundsatz einfachgesetzlich konkretisieren. Diese verhält sich zu der Frage, *ob* der Organtreuegrundsatz überhaupt anwendbar ist, nicht wie hier zur Frage nach dem *Wie*.

698 *Ramsauer*, JuS 2012, 769 (772) m.w.N.

Prinzips dar. Vor diesem Hintergrund verfängt die dargelegte Argumentation zur Organstellung der Gemeindebürger an dieser Stelle kaum bis gar nicht.

Dasselbe gilt für die oft gezogene[699] Parallele zur Rechtsprechung des Bundesverfassungsgerichts betreffend die Volksbegehren auf Landesebene:[700] Zwar kann über die Klassifizierung von Gemeindebürgern als kommunale Organe eine konsequente Argumentationslinie verfolgt werden, als Karlsruhe hierzu festgestellt hat, „daß die Unterzeichner eines rechtsgültigen Volksbegehrens mit diesem nicht nur ihre politischen Individualrechte aus dem *status activus* zur Geltung bringen. Daneben nehme die von ihnen gebildete Gruppe mit dem Gesetzesinitiativrecht eine Funktion im Verfassungsleben wahr und sei insoweit in die Organisation des Staates ein (bezogen).“[701] Daher sei ein Berufen auf Grundrechte insoweit ausgeschlossen und stattdessen eine Bindung an die Organtreue angezeigt.[702] Diese Parallele als Grund für die Positionierung der Gemeindebürger in der kommunalen Binnenorganisation heranzuziehen, übersieht jedoch die wesentlichen Unterschiede zwischen Staats- und Kommunalverfassungsrecht – etwa die fehlende Gesetzgebungsbefugnisse des Gemeinderats.

e) *Grundrechtsschutz*

Neben der Gewährleistung kommunaler Selbstverwaltung, der Abstimmungsfreiheit der Gemeindebürger sowie rechtsstaatlicher Standards innerhalb der Gemeinde besteht der Zweck der kommunalverfassungsrechtlichen Bindungsklauseln entscheidend darin, dem abstimmungsberechtigten Gemeindebürger einen effektiven Grundrechtsschutz zu eröffnen. Das Verfassungsgut nämlich, das im Zusammenhang mit der Anerkennung respektive Versagung eines subjektiv-öffentlichen Rechts des Gemeindebürgers hinsichtlich der Absicherung des Bürgerentscheids mit Abstand am häufigsten erwähnt wird und daher auch entscheidend in die hier vorzunehmende Auslegungsarbeit mit hineinzustellen ist, ist die Garantie des effektiven Rechtsschutzes nach Art. 19 Abs. 4 Satz 1 GG. Die Rechtsschutzgarantie betont in ihrer ursprünglichen Zielrichtung die Rolle der Bürger als Inhaber von Rechten gegenüber der Verwaltung und postuliert den entsprechenden Schutz dieser Rechte.[703] Die Rechtsprechungsanalyse

---

699 Z.B. *Beckermann*, KommJur 2019, 445 (446).

700 BVerfGE 96, 231 (240); VerfGH Sachsen (z.B. LKV 1998, 443) bejaht den Organstatus ebenfalls.

701 BVerfGE 96, 231 (241).

702 *Beckermann*, KommJur 2019, 445 (446).

703 *Schmidt-Aßmann*, in: Maunz-Dürig, GG, Art. 19 Abs. 4, Rn. 8 m.w.N.

hat gezeigt, dass ein wesentlicher Ansatz darin besteht, den Vertrauensleuten eines Bürgerbegehrens beziehungsweise den Vertretungsberechtigten eines Bürgerentscheids eine (Quasi-) Organstellung zuzusprechen. Kraft dieser Organstellung würden sich die Betroffenen als „Amtswalter" der Gemeinde nicht auf Art. 19 Abs. 4 Satz 1 GG berufen können. Dies bedeutet gleichsam, dass sein Anwendungsbereich schon gar nicht eröffnet und folglich die Tätigkeit der Betroffenen nicht hiervon umfasst wäre.

Dieses Ergebnis ist als unbefriedigend zu bewerten. Zwar trifft zu, dass Art. 19 Abs. 4 Satz 1 GG als Rechtsschutzgarantie vor den Akten staatlicher Gewalt auf Gebietskörperschaften und deren Organe wie vorgestellt grundsätzlich keine Anwendung findet. Das hinter diesem Grundsatz stehende Konfusionsargument kann auf den Sachverhalt der kommunalrechtlichen Bürgergesetzgebung jedoch nicht gänzlich übertragen werden. Denn wenn Vertrauensleute des Bürgerbegehrens beziehungsweise Vertretungsberechtigte des Bürgerentscheids tätig werden, machen sie – anders als es das Bundesverfassungsgericht ausführt[704] – nicht eine Verletzung der mit dem Bürgerbegehren beziehungsweise Bürgerentscheid verbundenen Kompetenzen geltend, sondern die Beeinträchtigung ihnen als natürliche Personen zustehender Rechte.[705] Die Kompetenzen, die der Gemeindebürger in seiner Rolle als Vertreter des Bürgerentscheids innehat und ausübt, sind ihm nicht dauerhaft, sondern nur vorübergehend übertragen – sie sind lediglich transitorischer Natur. Die Grundrechte indes gibt der Bürger niemals ab, sie werden lediglich im Moment der Teilnahme am Bürgerentscheid von den ihm so übertragenen transitorischen Kompetenzen überlagert. Eine komplette Verdrängung indes findet zu keinem Zeitpunkt statt. Eine solche Wertung würde den Grundrechtsschutz und die dahinterstehende Dogmatik unzulässiger Weise *ad absurdum* führen. Anerkannt ist in dieser Hinsicht nämlich, dass der Grundrechtsträger bezüglich seiner Grundrechte nicht frei verfügen, auf diese nicht gänzlich verzichten oder sie abgeben kann.[706] Was er hingegen kann, ist sie hinter anderen Rechten hintanzustellen, wie es bei den transitorischen Organrechten im Rahmen der Bürgergesetzgebung geschieht. Aus diesen nur vorübergehenden Kompetenzen kann aber kein dauerhafter Ausschluss der Möglichkeit, sich auf Art. 19 Abs. 4 Satz 1 GG zu berufen, folgen. Vielmehr gibt er das fragliche subjektiv-öffentliche Recht des Gemeindebürgers gerade her.

704 BVerfG NVwZ 2019, 642.

705 *Lehner*, in: Kollektivität – Öffentliches Recht zwischen Gruppeninteresse und Gemeinwohl, S. 271 im Umkehrschluss (276) bzw. ausdrücklich (277).

706 *Sachs*, in: ders., GG, Vor. Abschnitt I, Rn. 52 ff.

Damit ist auch die vorgestellte Rechtsprechungslinie (III.) widerlegt, die aus der infolge Zeitablaufs fehlenden Zuständigkeit der Gemeindebürger ihr subjektiv-öffentliches Recht verneint.

Gut erkennbar wird die Bedeutung der besagten Verfassungsvorschrift für die teleologische Auslegung der kommunalverfassungsrechtlichen Bindungsklauseln zudem, wenn man eine Folgenbetrachtung anstellt: Würde man dem abstimmungsberechtigten Gemeindebürger ein subjektiv-öffentliches Recht nämlich nicht anerkennen, wären die Rechtsschutzgarantie und damit dessen individueller Rechtsschutz gerade massiv beschnitten. Diese Wertung käme im Endeffekt einem Komplettausschluss des Rechtsschutzes gleich.[707] Der Gemeindebürger wäre in diesem Fall jeglicher Möglichkeit entledigt, eine fehlende Umsetzung des Bürgerentscheids irgendwie, geschweige denn gerichtlich geltend zu machen. Denn wie gezeigt, kann er in den meisten Fällen weder innergemeindliche Kontrollmechanismen, noch solche nach dem Kommunalwahlrecht und schließlich auch kein Eingreifen bei der allein im objektiv-öffentlichen Interesse agierenden staatlichen Kommunalaufsichtsbehörde beanspruchen. Hinzu kommt, dass der Gemeindebürger dabei nicht allein im eigenen individuellen Interesse tätig wird, sondern für die Allgemeinbelange der Gemeinde als solche. Zu diesem gemeindlichen Allgemeininteresse zählen auch die Positionen der gewählten Gemeindevertreter. Neben dieses an sich schon zu honorierende altruistische Auftreten und Handeln des Gemeindebürgers tritt der Gedanke, dass er damit nicht in Widerspruch zu den Belangen tritt, für die die Gemeindevertreter tätig werden, sondern beide ineinander aufgehen. Kraft der gesetzlichen Vorschriften zur Bereitstellung direktdemokratischer Mittel der Willensbildung und Entscheidungsfindung sind dem Gemeindebürger für eine klar festgelegte Materie und für eine begrenzte Zeitspanne die Kompetenz und das damit einhergehende Recht übertragen, anstelle der Gemeindevertreter zu entscheiden. Aus dieser zeitlichen Begrenzung folgt der weitere Aspekt, dass diese Kompetenzübertragung auf ein Mindestmaß beschränkt ist. Das heißt die Gemeindevertreter können nach dem Ende dieser Frist wieder ihrer grundsätzlichen gesetzlichen Aufgabe nachgehen.

Dieselben Erwägungen gelten mit den nämlichen Argumenten auch für das allgemeine staatlich-behördliche Willkürverbot aus Art. 3 Abs. 1 GG:[708] Es kann

---

707 *Lange*, Kommunalrecht, Rn. 187 (S. 646 f.); *Dünchheim*, jurisPR-ÖffBauR 5/2019, Anmerkung 1. (unter D.).

708 *Sachs*, in: Stelkens/Bonk/Sachs, VwVfG, § 40, Rn. 143 m.w.N. etwa auf *Osterloh/Nußberger*, in: Sachs, GG, Art. 3, Rn. 38; *Heun*, in: Dreier, GG, Band 1, Art. 3, Rn. 18 für

nur dann zuverlässig gewährt werden, wenn das besagte subjektiv-öffentliche Recht des Gemeindebürgers anerkannt wird. Letzteres muss daher zwingend aus der teleologischen Betrachtung hervorgehen.

Eine Rechtsmacht im Sinne der aufgezeigten Definition zum subjektiv-öffentlichen Recht kann folglich über eine Zusammenschau aus dem Telos der kommunalverfassungsrechtlichen Bindungsklauseln, der Rechtsschutzgarantie gemäß Art. 19 Abs. 1 Satz 4 GG sowie der allgemeinen Rechtsstaatlichkeit nach Art. 20 Abs. 2 und 3 GG hergeleitet werden. Denn sie vermitteln die erforderliche „Berechtigung, eine normative Konfliktentscheidung den verpflichteten Rechtssubjekten gegenüber geltend zu machen“[709] oder anders ausgedrückt: von dem jeweiligen Hoheitsträger ein bestimmtes Verhalten zu verlangen. Damit ist den Gemeindebürgern der Rechtsweg zu den Verwaltungsgerichten eröffnet. Hierbei vollzieht sich auch nicht eine bloße faktische Folge im Sinne des sogenannten Rechtsreflexes, sondern eine solche mit rechtlichem Wirkgehalt. Wenn nämlich die Gemeindevertreter während der gesetzlich festgeschriebenen Bindungsfrist einen den Bürgerentscheid abändernden oder aufhebenden Beschluss nicht treffen dürfen, erwächst aus dieser Vorgabe nicht nur eine rein tatsächliche Unmöglichkeit von entsprechenden Gemeinderatsbeschlüssen, sondern eine solche, die mit spürbaren rechtlichen Konsequenzen durchgesetzt werden kann. Das heißt, für den Fall, dass ein solcher Beschluss entgegen der gesetzlichen Vorgabe doch getroffen wird – was ja allein schon dafürspricht, dass er faktisch möglich ist und es daher auf diese Folge nicht allein ankommen kann – besteht in der Konsequenz ein rechtliches Verbot, diesen Beschluss aufrechtzuerhalten, geschweige denn vom Bürgermeister vollziehen zu lassen. Geschähe dies doch, wären die dahinterstehenden Akteure wegen dienstlicher Vergehen staatshaftungsrechtlich in Verantwortung zu ziehen.[710]

3. *Teleologische Besonderheiten der konkreten Modelle*

Die verschiedenen Modelle der kommunalverfassungsrechtlichen und damit einfachgesetzlichen Bürgerentscheide eröffnen der Gemeindevertretung allesamt die Möglichkeit, den Bürgerentscheid abzuändern oder aufzuheben, um so nicht länger an sein Ergebnis gebunden zu sein. Mit der Einführung dieses

---

die Begründung subjektiv-öffentlicher Rechte über Art. 3 Abs. 1 GG; anders hingegen *Sachs*, DÖV 1984, 411 ff.; offengelassen in BVerwGE 65, 167 (173).

709 *Wahl*, in: Schoch/Schneider/Bier, VwGO, Vor. § 42 Abs. 2, Rn. 46.

710 Zum Umkehrschluss (fehlender Vollzug des rechtmäßigen Bürgerentscheids) *Dziallas/Jäger*, KommJur 2016, 6 (7).

Rechtsinstituts ist unter Berücksichtigung von Sinn und Zweck der danach ausgestalteten Vorschriften in den Gemeindeordnungen eine differenzierte Betrachtung angezeigt: Für den Fall, dass es die Gemeindevertretung für erforderlich oder zweckmäßig hält, den Bürgerentscheid innerhalb der gesetzlichen Frist abzuändern oder aufzuheben, kann dies grundsätzlich erfolgen. An welche Voraussetzungen diese Abänderung oder Aufhebung gebunden ist, variiert indes nach den verschiedenen Modellen und wird daher im Folgenden differenziert dargestellt.

Dem Modell 1, das einzig auf den unterschiedlich ausgestalteten Zeitablauf abstellt, ist in teleologischer Hinsicht einzig die Erkenntnis entnehmen, dass der dort geregelte Zeitrahmen maßgeblich den Rechten der Gemeindebürger und dem Schutz des Bürgerentscheids dienen dürfte. Dies spricht für die Annahme eines subjektiv-öffentlichen Rechts gegenüber der Gemeindevertretung.

In Bezug auf die Modelle (2 – 4) wiederum, welche die Abänderungs- oder Aufhebungsmöglichkeit zusätzlich von einem neuen Bürgerentscheid abhängig machen, lassen sich die zugrundeliegenden Vorschriften dergestalt deuten, dass sie als eine Art Missbrauchsschutzklausel fungieren. Dies gilt vor allem in Ansehung der gewählten Kann-Regelung und in Anlehnung an die Regeln über die Eröffnung eines Ermessensspielraums und die Nachprüfung von Ermessensentscheidungen aus §§ 40 VwVfG; 114 VwGO. Wenn die Gemeindebürger abstimmen, kommt in diesem Abstimmungsakt das plebiszitäre Element der kommunalverfassungsrechtlichen Demokratie zum Ausdruck. Demgegenüber liegt in einem Beschluss der Gemeindevertretung das Element der repräsentativen Demokratie in der Kommune begründet. Das hierdurch bestehende Spannungsverhältnis kann im Wege der teleologischen Gesetzesauslegung nur aufgelöst werden, wenn man die gleichen Maßstäbe für beide Entscheidungen anlegt.[711] Die vorangegangene Entscheidungsfindung durch die Gemeindebürger ist eine solche durch den Souverän selbst, die einer Vertretung oder Vermittlung durch gewählte Repräsentanten nicht bedarf. Nachdem sie auf diesem Wege eine Entscheidung gefunden haben, sind sie kraft der gesetzlichen Bestimmung für einen gewissen festgelegten Zeitraum an dieses Ergebnis gebunden. Eine solche Beschränkung muss daher auch für die Gemeindevertretung gelten, ohne dass diese dadurch in ihrem grundsätzlichen Recht auf Wahrnehmung der Selbstverwaltung für die Kommune als solche gehindert wäre. Während die Bürger der Gemeinde das Recht, einen neuen Bürgerentscheid durchführen zu lassen und damit den vorangegangen abzuändern oder

---

711 So auch *Peine/Starke*, DÖV 2007, 740.

aufzuheben, kraft der Gesetzeslage nur nach Ablauf der dort geregelten Frist haben, könnte dies ansonsten die Gemeindevertretung jederzeit und uneingeschränkt bereits vor Fristablauf unternehmen. Hierin aber läge ein unsachgemäßer Wertungswiderspruch.[712]

Das gesetzgeberisch am komplexesten ausgestaltete Modell 4 ist ferner auch in teleologischer Hinsicht am ausführlichsten auszulegen. Neben die sonstigen Voraussetzungen aus den ersten drei Modellen tritt hier die besondere Bedingung, dass sich zusätzlich die tatsächlichen oder rechtlichen Umstände wesentlich verändert haben müssen. Andernfalls könne eine Abänderung des Bürgerentscheids durch den Gemeinderat rechtlich nicht stattfinden. In teleologischer Hinsicht erklärt sich diese zusätzliche Voraussetzung primär vor dem Hintergrund, dass nicht nur formelle Schritte ausreichen, um einen Bürgerentscheid hinsichtlich seines Ergebnisses abändern zu können, sondern darüber hinaus auch materiell-inhaltlich eine andere Grundlage für abweichende Beschlüsse des Gemeinderats erforderlich ist. Vor diesem teleologischen Hintergrund wird – neben den bereits dargelegten grammatischen, systematischen und historischen Erwägungen – vertreten, dass auch in den anderen drei Modellen dieses Kriterium als ungeschriebenes mit in den Wortlaut hineinlesen lasse beziehungsweise sogar hineingelesen werden müsse.[713]

Dieser Auslegungsart ist aus rein teleologischer Sicht zuzugestehen, dass sie der Bedeutung des Bürgerentscheids und seines materiell-inhaltlichen Ergebnisses nicht nur hinreichend, sondern angemessen Rechnung trägt. Fraglich jedoch erscheint dabei schließlich einzig, wer über das Vorliegen einer wesentlich anderen tatsächlichen Grundlage entscheidet: der Gemeinderat in subjektiver Perspektive selbst – was bedeutet, dass er vermutlich meist bis immer ein solches bejaht – oder eine nach objektiven Maßstäben urteilende Rechtsstelle. Nur wenn Letzteres der Fall ist, kann garantiert werden, dass fernab der formellen Kriterien nach den ersten drei Modellen auch eine von dem vierten Modell beabsichtigte wirkliche Kontrolle nach dem inneren Gehalt der Entscheidungsgrundlage stattfindet. Allein eine solche Auslegungsweise wäre daher wirklich

---

712 OVG Schleswig-Holstein, Urt. v. 21.06.1995 – 2 L 121/94, BeckRS 1995, 13176, Rn. 73.

713 Zusammenfassend: Schleswig-Holsteinisches VG, Urt. v. 19.05.1994 – 6 A 442/93, S. 14 f.; VGH Baden-Württemberg, DÖV 1992, 842; Schleswig-Holsteinisches Verwaltungsgericht, Beschl. v. 10.11.1993 – 6 B 79/93); m.w.N. *von Rotberg/Königsberg*, Gemeindeordnung für Baden-Württemberg, § 21, Rn. 36; *Galette/Laux*, Kommentar zur Gemeindeordnung für Schleswig-Holstein, Erl. 3 zu § 16g Abs. 8.

dazu geeignet, dem Bedürfnis nach Rechtsschutz gemäß Art. 19 Abs. 4 Satz 1 GG für die betroffenen Bürger der Gemeinde angemessen zu entsprechen.

Auch in teleologischer Hinsicht macht es daher im Ergebnis Sinn, die Voraussetzung der Veränderung wesentlicher Umstände zu allen Modellen zusätzlich zu den dort bereits geregelten Kriterien zu verlangen.

B. Zusammenfassende Bewertung

Betrachtet man die anzuwendenden kommunalverfassungsrechtlichen Vorschriften und speziell die einschlägigen Bindungsklauseln nach Maßgabe der klassischen juristischen Auslegungskriterien, zeigt sich, dass der Wortlaut aussagekräftig ist. Denn danach können die „Bürger einer Gemeinde" im Vorfeld zur Regelung einer bestimmten gemeindlichen Angelegenheit seitens der Repräsentativorgane einen Bürgerentscheid beantragen. Diese bewusste gesetzgeberische Formulierung verdeutlicht, dass die Gemeindebürger bei der Einleitung eines Bürgerbegehrens als Außenstehende der Gemeinde gegenübertreten. Dies spricht gegen ihre Einordnung als Organ oder organähnliche Stelle. Das Bürgerbegehren und der -entscheid führen gleichermaßen zu einer Teilhabe der Gemeindebürger an kommunalen Entscheidungsprozessen „von außen".[714] Der dahinterstehenden Rechtsgeschichte lässt sich die Erkenntnis entnehmen, dass die Rechte des Gemeindebürgers in ihrer Entwicklung tendenziell eher weit als eng verstanden wurden. Darüber hinaus liefert die rechtssystematische Auslegung entscheidende Aspekte, die für ein subjektiv-öffentliches Recht des Gemeindebürgers fruchtbar gemacht werden können. So stehen zunächst die fraglichen Vorschriften in sämtlichen Gemeindeordnungen aller deutschen Bundesländer in den jeweiligen Abschnitten oder Unterabschnitten, die sich mit den Rechten des Gemeindebürgers befassen. Zudem sind die Organe einer Gemeinde in den kommunalverfassungsrechtlichen Vorschriften ausdrücklich aufgezählt und keine Anhaltspunkte dafür erkennbar, diese Aufzählung nur als beispielhaft anstatt als abschließend zu begreifen.[715]

Zu guter Letzt stützt auch die teleologische Gesetzesauslegung entscheidend die Ansicht, dass der Gemeindebürger kraft des Bürgerentscheids ein subjektiv-öffentliches Recht gegenüber der Gemeindevertretung geltend machen kann. Denn die Abgrenzung eines solchen Rechts des individuellen Gemeindebürgers zu den einschlägigen kollidierenden Rechtsgütern geht zulasten der

---

714 *Dünchheim*, jurisPR-ÖffBauR 5/2019, Anm. 1. (unter C.); *Muckel*, JA 2019, 633 (635).

715 *Bennemann*, in: Praxis der Kommunalverwaltung Hessen, B-1 (GO), § 8b, Erl. 148; *Roth*, NVwZ 2019, 1419 (1421).

verfassungsrechtlich verbürgten Allgemeingüter aus, die es allesamt im Ergebnis verkraften können, dass für eine zeitlich klar begrenzte Zeitspanne der Gemeindebürger solche Rechte erhält, wie sie ihm aufgrund der grundsätzlichen Rechtslage gerade nicht zukommen.

Betrachtet man die konkrete Ausgestaltung der Bindungsklauseln, lässt sich das subjektiv-öffentliche Recht des Gemeindebürgers am deutlichsten an einem gesetzlichen Modell festmachen: Allein das Modell der Abänderung gemäß dem Grundsatz *clausula rebus sic stantibus* erfasst die Interessenlagen, die in der Situation des kommunalen Bürgerentscheids aufeinandertreffen, und vermag diese angemessen zu lösen. Die anderen Modelle, welche nicht ausdrücklich auf die Voraussetzung der wesentlich veränderten Sach- oder Rechtslage rekurrieren, sind dahingehend auszulegen, dass sie dieser zusätzlich bedürfen. Nur in der kumulativen Lesart aller gesetzlichen Voraussetzungen kann es gelingen, die beteiligten Interessen der Gemeinde und ihrer Hauptvertretungsorgane sowie der abstimmenden Gemeindebürger in einen angemessenen Ausgleich zu bringen.

Ergebnisse zu Teil 2

Die Auslegung der kommunalverfassungsrechtlichen Vorschriften zum Bürgerentscheid und darunter insbesondere der Bindungsklauseln unter Heranziehung der entsprechenden Modellbetrachtung ist die einzig geeignete Grundlage zur Diskussion eines subjektiv-öffentlichen Recht des Gemeindebürgers gerichtet auf Vollzug und Beachtung des Bürgerentscheids. Die in rechtshistorischer Perspektive zum Teil vertretene Alternativmethode, welche eine Geltung subjektiv-öffentlicher Rechte *a priori*, das heißt ohne Anbindung an eine konkrete Gesetzesgrundlage fordert, ist abzulehnen. Denn sie ist außerstande, die erforderliche Rechtssicherheit zu liefern und die entscheidende Abgrenzung zwischen rein objektiv-rechtlich wirkenden Rechtsreflexen und subjektiv-rechtlich ausgeprägten Rechtsmachtpositionen verlässlich vorzunehmen.[716]

Für die Forschungsfrage sind die kommunalverfassungsrechtlichen Vorschriften dahingehend auszulegen, dass aus ihrer Geltung ein subjektiv-öffentliches Recht des Gemeindebürgers zur Absicherung des Bürgerentscheids gut vertretbar hergeleitet werden kann. Sie ergeben, dass fernab der unterschiedlichen Ausgestaltungen der Bindungsklauseln in den Kommunalverfassungen der Bundesländer nach Maßgabe der hier verfolgten Modellbetrachtung hinsichtlich

716 *Ramsauer*, JuS 2012, 769 (777).

aller Modelle die von Modell 4 nach dem Grundsatz der Öffnungsklausel (*clausula rebus sic stantibus*) geforderte zusätzliche Voraussetzung einer relativ gesehen wesentlich veränderten Sachlage verlangt werden muss.[717] Denn nur so können verlässliche Ergebnisse bei der maßgeblichen Interessenabwägung zwischen Gemeindevertretern und Gemeindebürger(n) erzielt werden. Vor diesem Hintergrund relativiert sich die Aussage, Modell 4 sei unter den Modellen das strengste. Vielmehr erlangen die Modelle 1-3 durch die hergeleitete kumulative Lesart eine zusätzliche inhaltliche Strenge.

---

717 *Engelken*, DÖV 2000, 881 (884); *Knemeyer*, DVBl 1998, 113 (115).

Teil 3: Vermittelnder Lösungsansatz

Teil 3 der Untersuchung stellt eine eigene These auf, wie das subjektiv-öffentliche Recht des Gemeindebürgers auf Vollzug und Beachtung eines Bürgerentscheids gegenüber den kommunalen Vertretungsorganen ausgestaltet ist. Die Lösungsansätze der verwaltungs- und verfassungsgerichtlichen Rechtsprechung weisen eine unterschiedliche Herangehensweise in dreifacher Hinsicht[718] auf, die es unter Verwertung der Auslegungsarbeit im Wege eines vermittelnden Lösungsansatzes als Synthese zusammenzuführen gilt. Während also Teil 2 der Frage nachgeht, *ob* es überhaupt ein subjektiv-öffentliches Recht des Gemeindebürgers gibt, untersucht Teil das 3 das *Wie* dieser Rechtsverleihung und damit einhergehende Rechtsschutzmodalitäten.

Dabei geht es nicht darum, einen zu der soeben hergeleiteten Antwort, wonach aus den Bindungsklauseln ein subjektiv-öffentliches Recht des Gemeindebürgers erwächst, gegensätzlichen Lösungsansatz zu entwickeln. Vielmehr vermittelt dieser Teil zwischen den Ansätzen aus der Rechtsprechung und der eigenen Auslegung unter angemessener argumentativer Verwendung ihrer jeweiligen Standpunkte. So kann man zwar auch gewisse Sympathien für die von der Rechtsprechung vertretene Lösung über eine organschaftliche oder organähnliche Stellung besitzen. Diese Wertung muss allerdings zwingend über einen besonderen Weg geschehen, und zwar über eine Anwendung der kommunalen Selbstverwaltungsgarantie auf den einzelnen Gemeindebürger. Die verantwortliche Teilnahme an derselben nämlich ist für ihn gleichermaßen Recht und Pflicht.[719] Deshalb muss auch diesen beiden Aspekten der Berechtigung sowie der Verpflichtung entsprochen werden. Dazu stellt Teil 3 zunächst die Forderung auf, die herkömmlichen rechtsdogmatischen Kategorien zur Differenzierung zwischen subjektiv-öffentlichen Rechten und Organkompetenzen für die einschlägige Thematik des kommunalen Bürgerentscheids und seiner Bindungswirkung zugunsten eines punktuell abgewandelten Verständnisses aufzugeben. In Umsetzung dieser Forderung werden sodann die Organstellung der Gemeindebürgerschaft[720] als Kollektiv einerseits und das subjektiv-öffentliche Recht des individuellen Gemeindebürgers andererseits gegenübergestellt.

---

718 I. Subjektives Recht, II. Organstellung, III. Keine Klagemöglichkeit.

719 So ausdrücklich geregelt z.B. in § 19 Abs. 1 KV Mecklenburg-Vorpommern.

720 Zur Klarstellung sei an Folgendes erinnert: Bei dem hier verwendeten Begriff der Gemeindebürgerschaft handelt es sich nicht um die Gemeindeversammlung i.S.v.

Kapitel 5: Abkehr von herkömmlichen Kategorien zur Differenzierung zwischen subjektiv-öffentlichen Rechten und Organkompetenzen

In dem grundsätzlichen Spannungsgefüge von objektiven und subjektiven Rechtstendenzen treten ständig Schnittmengen auf und finden damit einhergehende Wechselwirkungen statt. Bedingt durch die juristisch ausgelegten kommunalverfassungsrechtlichen Bindungsklauseln ist es daher angezeigt, eine Abkehr von den herkömmlichen Differenzierungskategorien zwischen subjektiv-öffentlichen Rechten einerseits und der Mitgliedschaft eines Individuums in einer organschaftlichen Organisation sowie der Teilhabe an deren organschaftlichen Rechten und Befugnissen andererseits vorzunehmen, um sodann an deren Stelle punktuell neue Kriterien aufzustellen. Dieses Bedürfnis wird im Folgenden schrittweise aufgezeigt.

Hintergrund ist, dass die Gemeindebürger weder rein subjektiv noch rein objektiv tätig werden, wenn sie den Bürgerentscheid vom Gemeinderat als dem kommunalen Hauptvertretungsorgan umgesetzt, also vollzogen und beachtet haben wollen, sondern dabei in einer gemischten Verpflichtung handeln, die sowohl auf der Grundlage ihrer individuell-grundrechtlich verbürgten Freiheit besteht als auch wegen ihrer Zugehörigkeit zum gemeindlichen Gemeinwesen und der Verpflichtung für dessen Belange. Zwischen diesen beiden Aspekten gilt es angemessen zu vermitteln.[721]

A. Mitgliedschaftliche Rechte

Anhand der Definitionsmerkmale des klassisch-rechtsdogmatischen Organbegriffs wird zunächst aufgezeigt, dass das Kriterium der Ausübung mitgliedschaftlicher Rechte das wesentliche für oder gegen die Annahme eines Organs darstellt. Nur wenn diese Voraussetzung in einem bestimmten Akteur und seinem Handeln erfüllt ist, können ihm entsprechende objektiv-öffentlichrechtliche Organkompetenzen zuerkannt und damit subjektiv-individuellgrundrechtliche Positionen abgesprochen werden.

Art. 28 Abs. 1 Satz 4 GG, da diese wie gezeigt keine praktische Relevanz für das Kommunalverfassungsrecht und v.a. für die kommunale Praxis aufweist, *Wolff/Bachof/Stuber/Kluth*, Verwaltungsrecht II, § 75 III. a); *Nierhaus/Engels*, in: Sachs, GG, Art. 28, Rn. 23.

721 Zu all dem – ohne vertiefte Behandlung der kommunalverfassungsrechtlichen Bindungsklauseln – auch *Fügemann*, DVBl 2004, 343 (346 f., 352).

I. Merkmale des Organs im engeren Sinne

Zum Verständnis trägt wesentlich die Unterscheidung zwischen Organen im engeren und weiteren Sinne bei.[722] Die Darstellung konzentriert sich auf die relativ gesehen strengeren Anforderungen des Organs im engeren Sinne und macht an ihnen die Parallelen und Abweichungen zum Begriff des Organs im weiteren Sinne fest.

Wie bereits anklang, ist nach klassischem Verständnis ein Organ „ein durch organisierende Rechtssätze gebildetes, selbstständiges institutionelles Subjekt von transitorischen Zuständigkeiten zur funktionsteiligen Wahrnehmung von Aufgaben einer (teil-) rechtsfähigen Organisation".[723] Diese Definition geht vom Organ im engeren Sinne aus. Darunter fallen nur stets präsente, handlungsfähige Einheiten.[724] Demgegenüber können auch Organe im weiteren Sinne auftreten, dies allerdings in der Gestalt, dass sie nur zeitlich begrenzt Kompetenzen innehaben und entsprechende temporäre organschaftliche Rechte wahrnehmen. Unter diesen weiteren Organbegriff fällt nach der Rechtsprechung des Bundesverfassungsgerichts das „Bundesvolk" – es wird in diesem Zuge als „Bundesorgan" anerkannt.[725] Ohne zu differenzieren, ob es sich um das Volk nach staats- oder kommunalverfassungsrechtlichem Verständnis handelt, verlangt die Definition eines Organs im weiteren Sinne hierbei lediglich, dass das jeweilige Kollektiv als „Trägerorgan einer Körperschaft" fungiert.[726]

---

722 Diese Differenzierung entstammt im Wesentlichen der Arbeit von *Hans J. Wolff*. Zwar hat er damit die heutige Vorstellung des Organs beeinflusst, ist damit aber bei Weitem nicht unkritisiert geblieben, vgl. hierzu z.B. die Einwände seines Schülers *Böckenförde*, in: Festschrift für Wolff, S. 269 ff. oder auch jene von *Forsthoff*, Lehrbuch des Verwaltungsrechts, S. 446. Andere differenzieren stattdessen etwa zwischen dem Organ im funktionellen und dem Organ im organisationsrechtlichen Sinn, so *Hüllen*, Rechtsschutzprobleme beim Bürgerbegehren, S. 197 ff., meinen damit aber im Kern dasselbe wie *Wolff*, hierzu *Fügemann*, DVBl 2004, 343 (345 f.).

723 *Wolff/Bachof/Stuber/Kluth*, Verwaltungsrecht II, § 74 I. f).

724 BVerfGE 13, 54 (84 f.).

725 Zumeist auf den Begriff der „Aktivbürgerschaft als Wahl- und Abstimmungsorgan" abstellend: BVerfGE 8, 104 (113, 115); BVerfGE 13, 54 (84 f., 95 f.); BVerfGE 83, 60 (71), hierzu *Fügemann*, DVBl 2004, 343 (345).

726 Für *Wolff/Bachof/Stuber/Kluth*, Verwaltungsrecht II, § 75 I. d) 1 ist das „Trägerorgan stets Stimmkörperorgan, welches die Walter anderer Organe zu wählen und oft auch objektives Recht (…) zu beschließen (…) hat." Davon nicht erfasst sind allerdings Anstalten und Stiftungen, da sie – anders als die Körperschaften – kein personales Substrat aufweisen und nicht mitgliedschaftlich verfasst sind, *Fügemann*, DVBl 2004, 343 (346).

Zwar ist auch die Bürgerschaft kommunaler Gebietskörperschaften wegen ihrer Rolle als Aktivbürgerschaft im Zusammenhang mit Wahlen und Abstimmungen als Organ im Sinne der weiteren Definition anerkannt.[727] Dies vermag indes ihre in vielerlei Hinsicht mangelnde Institutionalisierung nicht zu kompensieren. Anders als Menschen, die unabhängig vom Recht als solche existieren, muss sie als Gemeinschaft der Gemeindebürger vom Recht erst geschaffen werden.[728] Dazu bedarf es bestimmter organisierender Rechtssätze. Genau hieran aber fehlt es im Kommunalverfassungsrecht: Denn die Gemeindebürgerschaft ist anders als die grundsätzlich zuständigen Repräsentativorgane nicht ausdrücklich normativ geregelt.[729] Folglich kann sie selbst auch keinen Rechtsschutz für sich und damit für die Gemeinde als Körperschaft erlangen.[730]

1. Aufgabenwahrnehmung für das Gemeinwesen

Insbesondere das Definitionsmerkmal der „funktionsteiligen Wahrnehmung von Aufgaben einer (…) rechtsfähigen (eigene Anmerkung: aber nicht handlungsfähigen) Organisation", verdeutlicht, dass ein Organ nicht eigene, sondern die Aufgaben des Organträgers, also die der dahinterstehenden juristischen Person, erfüllt.

Innerhalb der bestehenden Legitimationskette der juristischen Person vom Gemeinwesen zum Organ und vom Organ wiederum zum Organwalter vollziehen sich sämtliche Aspekte dieser Aufgabenwahrnehmung. Grundsätzlich sind mitgliedschaftliche Rechte Ausfluss eines Amtes oder Mandats, das eine einzelne Person innerhalb genau dieser Legitimationskette als Organwalter für ein Organ und dieses wiederum für eine selbst nicht handlungsfähige juristische Person

---

727 *Fügemann*, DVBl 2004, 343 (345).

728 Vgl. hierzu die in den Kommunalverfassungen aller Bundesländer zu findenden Legaldefinitionen zum Begriff des Bürgers, der in Abgrenzung zum einfachen Einwohner maßgeblich auf das (aktive wie passive) Recht der Wahl zur Gemeindevertretung abstellt: § 12 GemO Baden-Württemberg; Art. 15 Abs. 2 GO Bayern; § 11 Abs. 2 KVerf Brandenburg; § 8 Abs. 2 GO Hessen; § 13 Abs. 2 KV Mecklenburg-Vorpommern; § 28 Abs. 2 KomVG Niedersachsen; § 21 Abs. 2 GO Nordrhein-Westfalen; § 13 Abs. 2 GemO Rheinland-Pfalz; § 18 Abs. 2 KSVG Saarland; § 15 GemO Sachsen; § 21 Abs. 2 KVG Sachsen-Anhalt; § 6 Abs. 2 GO Schleswig-Holstein; § 10 Abs. 2 KO Thüringen.

729 Lediglich die nicht mehr gültigen § 32 Abs. 2 GO Brandenburg i.V.m. § 26 LKrO (a.F.) erklärten die „Bürgerschaft" zum Organ, hierzu m.w.N. *Fügemann*, DVBl 2004, 343 (345).

730 Zu all dem vgl. *Fügemann*, DVBl 2004, 343 (346, 352), für den die Bürgerschaft „ohne Bürger entfällt".

innehat. Kraft dieser Mitgliedschaft kann es entsprechende mitgliedschaftliche Rechte geltend machen – aber stets unter der Prämisse, dass es diese entscheidend nicht für sich selbst als natürliche Person oder als Organwalter erhebt, sondern für das Organ beziehungsweise für die am Ende der Legitimationskette befindliche juristische Person. Sie lässt sich insoweit als Verkörperung des Gemeinwesens begreifen, für dessen Belange ihre Vertreter immerzu einzutreten haben.[731] Im Gegenzug muss sich dabei das Gemeinwesen die Handlungen seiner Vertreter wie eigene Handlungen zurechnen lassen. Dieses synallagmatische Verhältnis macht den wesentlichen Inhalt des Organbegriffs innerhalb der gängigen rechtlichen Dogmatik aus.

2. *Wahrnehmungszuständigkeit*

Für das Vorliegen der organrechtlichen Voraussetzungen im engeren Sinne kommt es weiterhin auf das Kriterium der Wahrnehmungszuständigkeit in Abgrenzung zum subjektiv-öffentlichen Recht an.[732] Der Begriff der Wahrnehmungszuständigkeit bringt den Gedanken zum Ausdruck, nach dem ein Funktionssubjekt die Angelegenheiten einer organisatorischen Einheit wahrnimmt und damit nicht für sich selbst, sondern für die Einheit handelt.[733] Auf die Frage, ob es selbst rechtsfähig ist oder nicht, kommt es dabei – anders als bei der Frage der Aufgabenwahrnehmung für das Gemeinwesen – nicht an. Auch dieses Merkmal zur Annahme eines Organs wird für die Gemeindebürgerschaft zumeist deswegen als nicht gegeben angesehen, weil der einzelne Bürger als Teil dieser Gemeindebürgerschaft bei Wahl und Abstimmung – auch im Rahmen des Bürgerentscheids – kein Organrecht im Interesse des Gemeinwohls als Wahrnehmungszuständigkeit ausübe, sondern ein subjektiv-öffentliches Recht.[734] Es leuchte nicht ein, warum das jeweils ausgeübte Recht für den Bürger bei dessen

731 Der Begriff und die dahinterstehende Idee des Gemeinwesens äußern sich auch durch die Bezeichnung als kollegial strukturiertes Funktionssubjekt oder kurz als Kollegialorgan, so z.B. durchgehend bei *Fügemann*, DVBl 2004, 343 (vertieft bei 348 ff.).

732 *Fügemann*, DVBl 2004, 343 (347).

733 *Wolff/Bachof/Stuber/Kluth*, Verwaltungsrecht II, § 72 I. c) 1. Zum Teil wird hierzu außerdem zwischen der dem Gemeinwesen oder der juristischen Person zukommenden Sachzuständigkeit und der diese umsetzenden Wahrnehmungszuständigkeit der Organe und Organwalter unterschieden. Zum Inhalt der Diskussion trägt diese Unterscheidung aber nicht bei, weswegen sie im Folgenden keine Rolle spielt, *Fügemann*, DVBl 2004, 343 (348).

734 *Gornig*, in: ders./Horn/Will, Öffentliches Recht in Hessen, 1. Teil, Rn. 414 f.

direkter Beteiligung (Bürgerentscheid) eine andere Einstufung erfahren solle als bei indirekter Beteiligung (Wahlen).[735]

Betrachtet man indes die genauen Argumente, auf die sich diese ablehnende Ansicht stützt, lässt sie sich unter Zuhilfenahme der drei folgenden Gesichtspunkte für die Zwecke der hiesigen Untersuchung entkräften.[736]

a) *Kritik am herkömmlichen Verständnis*

Hintergrund dieses Einwands ist zunächst, dass sich nach dem herkömmlichen rechtsdogmatischen Verständnis zum Organbegriff einerseits Kompetenzen und andererseits subjektiv-öffentliche Rechte kategorisch ausschließen. Demzufolge könne der Gemeindebürger nicht gleichzeitig einerseits das Recht haben zu wählen und dies als grundrechtsgleiches Recht im Sinne von Art. 93 Abs. 1 Nr. 4a, 38 GG – also in seiner Rolle als dem Staat untergeordnetes Individuum – geltend machen und andererseits bei der Ausübung seines Abstimmungsrechts an einem Bürgerentscheid an staatlicher Hoheitsausübung mit entsprechenden Kompetenzen teilhaben.

Diese strikt gegenüberstellende Annahme trifft aber nicht uneingeschränkt zu.[737] Denn dem Begriff der Wahrnehmungszuständigkeit liegt die Vorstellung zugrunde, dass ein Funktionssubjekt für eine organisatorische Einheit bestimmte Aufgaben erfüllt und dadurch nicht für sich selbst handelt, sondern eben für diese organisatorische Einheit.[738] Im Kommunalverfassungsrecht kann diese übergeordnete organisatorische Einheit, um deren allgemeine Interessen es maßgeblich geht, nur die Gemeinde sein.[739] Wird aber für die gemeindlichen Belange entschieden, kann es im Ergebnis keinen Unterschied machen, auf welche Weise dies geschieht. Sämtliche Handlungen, egal, ob sie vom Gemeinderat herrühren oder von der Gemeindebürgerschaft, muss sich die Gemeinde kraft des oben beschriebenen Synallagmas unter der entscheidenden Prämisse, dass sie für die Gemeinde und in ihrem Interesse erfolgt, wie eigene Handlungen zurechnen lassen. Dies gilt insbesondere, weil die normativen Grundlagen das Tätigwerden der Gemeindevertretung auf dem repräsentativ-demokratischen und jenes der Gemeindebürgerschaft auf dem direkt-demokratischen Weg der Willensbildung und Entscheidungsfindung kraft der Äquivalenz von

---

735 *Roth*, Verwaltungsrechtliche Organstreitigkeiten, S. 68.
736 *Fügemann*, DVBl 2004, 343 (347).
737 Zu all dem *Fügemann*, DVBl 2004, 343 (346 f.).
738 *Wolff/Bachof/Stuber/Kluth*, Verwaltungsrecht II, § 72 I. c) 1.
739 *Fügemann*, DVBl 2004, 343 (346).

erfolgreichem Bürgerentscheid und endgültigem Gemeinderatsbeschluss gleichrangig ausgestalten.

b) Wesensunterschied von Wahlen und Abstimmungen

Des Weiteren sind Wahlen und Abstimmungen mitnichten derart vergleichbar, dass aus der normativen Einordnung des Wahlrechts als grundrechtsgleiches Recht nach Art. 93 Abs. 1 Nr. 4a und Art. 38 GG automatisch eine inhaltlich gleichlautende Einordnung des Abstimmungsrechts folgen muss.[740] Eine solche Gleichstellung trüge den markanten Unterschieden zwischen Abstimmungen und Wahlen nicht angemessen Rechnung.[741] Während nämlich wie gesehen durch Wahlen die zum Treffen sachlicher Entscheidungen befugten Personen ausge*wählt* und damit demokratisch legitimiert werden,[742] fungieren dagegen Abstimmungen als „Stellungnahmen des Volkes zu ihm gestellten Sachfragen“[743].[744] Zwar hat jeder Bürger einer Gemeinde ein subjektiv-öffentliches Recht auf Stimmabgabe bei einem Bürgerentscheid, welches wie das Wahlrecht aus seinem *status activus* erwächst. Allerdings ist bei einer Abstimmung eine Sachentscheidung zu treffen, die zunächst nicht für den einzelnen Bürger selbst wirkt, sondern für die Gemeinde als Kollektivgemeinschaft. Bei der Ausübung eines subjektiv-öffentlichen Rechts aber liegt der wesentliche Aspekt darin, dass das zugrundeliegende Recht ausschließlich im individuell-subjektiven Interesse wahrgenommen wird und nicht für allgemein-objektive Belange.[745]

Freilich soll damit nicht die Schutzbedürftigkeit in Abrede gestellt werden, die der Gemeindebürger ebenso wie der Bürger im Sinne des Landes- oder Bundesvolkes bei einer Teilnahme an Wahlen und Abstimmungen verdient. Allerdings deckt dieser Schutzgedanke nur einen relevanten Teilaspekt ab, in welchem sich das jedoch das Handeln des Gemeindebürgers gerade nicht erschöpft. Er darf nämlich nicht nur, sondern muss vielmehr zu einer bürgerschaftlichen kommunalen Selbstverwaltung beitragen. Anders als der Staatsbürger ist er in besonderer Weise dazu angehalten, nicht nur für eigene Belange, sondern gerade auch

---

740 *Engelken*, DÖV 2002, 977 (984).

741 *Fügemann*, DVBl 2004, 343 (347).

742 *Sommermann*, in: von Mangoldt/Klein/Starck, GG, Band 2, Art. 20, Rn. 152; *Grawert*, in: Isensee/Kirchhof, HbStR Band I, § 14, Rn. 49.

743 *Stern*, Staatsrecht Band II, § 25 II 1.b).

744 *Engelken*, DÖV 2002, 977 (980) formuliert knapp, aber treffend: „daß Wahlen über Personen entscheiden, Abstimmungen über Sachfragen.“

745 *Fügemann*, DVBl 2004, 343 (347).

für solche des Gemeinwesens – in das er auf kommunaler Ebene in der Regel stärker eingebunden ist als in jenes auf der staatlichen – einzutreten.[746]

c) Träger der Wahrnehmungszuständigkeit

Schließlich übernimmt nicht der einzelne Gemeindebürger die Aufgabe der der eigentlich zur Sachentscheidung berufenen Gemeindevertretung, sondern die kollektive Gemeindebürgerschaft.[747] Daher trägt der Ansatz, wonach die mit der Organstellung der Gemeindevertretung zu vergleichende Organstellung der Gemeindebürgerschaft deswegen abzulehnen sei, weil der einzelne Gemeindebürger bei der Abstimmung an einem Bürgerentscheid kein Organrecht, sondern ein subjektiv-öffentliches Recht ausübe, im Ergebnis rechtlich nicht. Die so herausgearbeitete Besonderheit, dass nämlich die Gesamtheit der Bürger einer Gemeinde eine Wahrnehmungszuständigkeit ausübt, der einzelne Gemeindebürger hingegen ein subjektiv-öffentliches Recht im Interesse der Gemeinde wahrnimmt, muss stattdessen auf anderem Wege bewältigt werden.[748]

II. Mitgliedschaft in der Gemeinde

Diese Besonderheit lässt sich vielmehr in der Mitgliedschaft des Gemeindebürgers in der Gemeindebürgerschaft auflösen. Damit ist auch die gängige, aber praktisch nur äußerst schwierig anwendbare Differenzierung der Organstellung im engeren und weiteren Sinne insoweit hinfällig. Durch die mitgliedschaftsrechtliche Konstruktion nämlich können die bis dato als unvereinbar geltende Stellung als Organ einerseits und die Ausübung eines subjektiv-öffentlichen Rechts andererseits rechtssicher verschränkt werden. Die Mitgliedschaft des Gemeindebürgers in der Gemeindebürgerschaft kompensiert damit sowohl die fehlende Institutionalisierung der Gemeindebürgerschaft als auch die dem Gemeindebürger anders als einem Gemeinderatsmitglied nicht zukommende Stellung als Amtswalter oder Mandatsträger.[749]

---

746 Vgl. hierzu allgemein, aber in kompakter Darstellung die Ausführungen von *Durth/Spannaus*, ZJS 2020, 316.

747 *Fügemann*, DVBl 2004, 343 (347) benennt die Gemeindebürgerschaft als „komplementäres Funktionssubjekt".

748 *Fügemann*, DVBl 2004, 343 (347).

749 Zu all dem *Fügemann*, DVBl 2004, 343 (348 f., 351) m.w.N. und detailliert differenzierender Erklärung der Begriffe „Amt"/„Amtswalter": Er spricht von „Zugehörigkeit zur Bürgerschaft", die ihm zufolge Grund für die Verbindung zwischen den Gemeindebürgern als natürliche Personen und der Gemeinde als juristische Person sei. Diese Verbindung geschehe bei Amtswaltern über ihre besondere rechtliche Stellung, die es

B. Abgewandelte Kriterien für die Gemeindebürger

Das erläuterte Hauptmerkmal der Ausübung mitgliedschaftlicher Rechte für oder gegen die Annahme eines Organs tritt bei der Gemeindebürgerschaft und den Gemeindebürgern hinsichtlich der Durchführung eines Bürgerentscheids nach alledem in modifizierter Form auf. Daher muss es als Kriterium für die rechtliche Einstufung der Gemeindebürger punktuell abgewandelt werden.

Anders nämlich als bei sonstigen kollegial strukturierten Funktionssubjekten und damit auch anders als bei den hier in Rede stehenden kommunalen Repräsentativorganen und ihren Organteilen beziehungsweise Organwaltern entspringen die mitgliedschaftlichen Rechte der Gemeindebürger nicht ihrer allgemeinen Rechtsstellung als Träger eines Amtes oder Mandates – weil sie ein solches mangels Verleihung beziehungsweise mangels durch direkten Wahlakt vermittelter demokratischer Legitimation schlicht nicht innehaben –, sondern jener Stellung als Träger subjektiv-öffentlicher Rechte. Hieran scheitert damit auch eine Differenzierung zwischen der Rolle des Gemeindebürgers in jene als Amts- oder Mandatsträger auf der einen sowie als Inhaber des *status activus* auf der anderen Seite.[750]

Dessen ungeachtet stellt die kollektive Gemeindebürgerschaft ein Organ im weiteren Sinne der aufgezeigten Definition dar, der dementsprechend auch bestimmte organschaftliche Rechte zuzuschreiben sind. Genauer gesagt ist sie ein Kollegialorgan. Denn ihre Zuständigkeiten werden von gleichberechtigten Mitgliedern wahrgenommen.[751] Diese Mitglieder sind die Gemeindebürger. In Anwendung des oben dargelegten Kriteriums der Synallagmatik findet sich hier selbige als Quasi-Synallagmatik wieder, da die Gemeindebürgerschaft und die Gemeindebürger nicht wie die regulären Gemeindevertreter in einem Gleichordnungsverhältnis zur Gemeinde stehen, sondern sich hierbei wie grundsätzlich im sonstigen Verwaltungsrecht auch das Subordinationsverhältnis zwischen Staat und Bürger vollzieht. Der Kern der Konstruktion aber bleibt derselbe: Der Bürgerentscheid bündelt den Willen der Mitglieder und äußert als Mehrheitsentscheidung den Willen des Organs der Gemeindebürgerschaft und damit den der Gemeinde. Das heißt, dass auch hier die Mitglieder nicht für sich selbst tätig werden, sondern im Interesse der Gemeinde als Gemeinwesen. Weil sie dies nur

---

erlaube, ihr Verhalten der Gemeinde zuzurechnen. Für diese „Unterscheidung zweier Rechtsstellungen" seien aber beim Bürger kein Raum und Bedarf, da er – trotz seines Auftretens für die Gemeinde – immer nur natürliche, nie aber juristische Person sei.

750 *Fügemann*, DVBl 2004, 343 (352).

751 *Wolff/Bachof/Stuber/Kluth*, Verwaltungsrecht II, § 75 III. a).

partiell-temporär tun und hinsichtlich der über die eigentliche Durchführung des Bürgerentscheids hinausgehenden Umsetzung (Vollziehung und Beachtung) seitens der kommunalen Hauptvertretungsorgane keine Befugnisse haben, sind ihnen insofern die regulären subjektiv-öffentlichen Rechte nach dem Grundrechtskatalog aus Art. 1 bis 19 GG weiterhin uneingeschränkt zuzugestehen.

Kapitel 6: Die Organstellung der Gemeindebürgerschaft als Kollektiv

Im Folgenden zeichnet die Untersuchung die Organstellung der zur Teilnahme an einem Bürgerentscheid kollektiv agierenden Gemeindebürgerschaft nach.

A. Spannungsverhältnis zwischen Gemeindebürgern und Gemeindevertretern

Das Hauptvertretungsorgan der Gemeinde ist der Gemeinderat, weshalb sich die Gemeinde grundsätzlich auch nur dessen Handlungen wie eigene zurechnen lassen muss. Wenn jedoch die Bürgerschaft der Gemeinde kraft eigener Einleitung – oder aber in der Situation des Ratsbürgerentscheids wegen der ureigenen Entscheidung des Gemeinderats – ihre Stimme im Rahmen eines Bürgerentscheids abgibt, entscheidet sie ausnahmsweise an Stelle[752] des eigentlich zuständigen Gemeinderats. Denn beim Bürgerentscheid als der stärksten Form direkter Demokratie auf kommunaler Ebene[753] beschließt wie gezeigt die Gemeindebürgerschaft nicht nur konsultativ gegenüber dem als Hauptvertretungsorgan berufenen Gemeinderat, sondern handelt an seiner statt.[754] Damit geht einher, dass ein erfolgreicher Bürgerentscheid regelmäßig auch eine „politische Niederlage"[755] für den Gemeinderat darstellt, da er das von der Bürgerschaft verfolgte Anliegen nicht selbst aufgegriffen hat.[756] Hieraus entsteht wie bereits erwähnt

752 Hierzu aber kritisch bzw. relativierend *Fügemann*, DVBl 2004, 343 (346 f.) unter Verweis auf die Formulierung „besondere Organe" in Art. 20 Abs. 2 GG und m.w.N. Auch *Ritgen*, NVwZ 2000, 129 stellt fest, dass dies keinesfalls bedeutet, der Gemeinderat werde aus seiner grundsätzlichen Stellung „verdrängt."

753 *Knemeyer*, Bürgerbeteiligung und Kommunalpolitik, S. 111; *Thum*, BayVBl 2006, 613 ff.; *Wollmann*, Das Parlament 1999, 13 ff.; kritisch *Schmitt Glaeser*, DÖV 1998, 824 ff.; *Deubert*, BayVBl 1996, 268 ff.

754 *Peine/Starke*, DÖV 2007, 740.

755 *Peine/Starke*, DÖV 2007, 740.

756 Denn wenn der Gemeinderat sich dessen angenommen hätte, wäre ein Bürgerentscheid nach den gesetzlichen Vorgaben sämtlicher Kommunalverfassungen

in der Konsequenz ein Spannungsverhältnis zwischen dem Gemeindevolk und seinen gewählten Vertretern.[757]

Dieser Umstand steht auch nicht im Gegensatz zu der festgehaltenen Wertung, wonach Elemente der direkt-demokratischen Willensbildung und Entscheidungsfindung lediglich kompensatorisch-korrektive Funktionen im Vergleich zur grundsätzlichen repräsentativen Demokratie verfolgen. Denn wenn wie im beschriebenen Fall eine bestimmte Angelegenheit der örtlichen Gemeinschaft von der vorwiegend nach dem Prinzip der repräsentativen Demokratie ausgestalteten Kommunalverfassung und den danach vorgesehenen Organen nicht hinreichend bearbeitet wird, bedarf es zur Kompensation und Korrektur dieses Unterlassens eines direktdemokratischen Lösungswegs. Weil gemäß ausdrücklicher gesetzlicher Regelungen in den Gemeindeordnungen aller Bundesländer der erfolgreiche Bürgerentscheid die Wirkungen eines regulären und endgültigen Gemeinderatsbeschlusses entfaltet (Äquivalenzwirkung), muss sich somit die kommunale Zurechnung auch auf den Bürgerentscheid und die Gemeindebürgerschaft erstrecken.

B. Transitorische Organkompetenz der Gemeindebürger

Das so dargelegte Spannungsverhältnis zwischen der Gemeindebürgerschaft und ihren gewählten Vertretern gilt es angemessen aufzulösen. Damit sowohl die Rechte der Gemeindebürgerschaft als auch der Gemeindevertreter nach Durchführung eines im Ergebnis erfolgreichen Bürgerentscheids in ihrem Kerngehalt erhalten bleiben, lässt sich die Aufgabe der Gemeindebürger zutreffend nur als transitorische Organkompetenz begreifen.

---

hinfällig: § 21 Abs. 4 Satz 3 GemO Baden-Württemberg; Art. 18a Abs. 14 GO Bayern; § 15 Abs. 2 Satz 6 KVerf Brandenburg; § 8b Abs. 4 Satz 3 GO Hessen; § 20 Abs. 5 Satz 4 KV Mecklenburg-Vorpommern; § 32 Abs. 6 Satz 5 KomVG Niedersachsen; § 26 Abs. 6 Satz 4 GO Nordrhein-Westfalen; § 17a Abs. 5 GemO Rheinland-Pfalz; § 21a Abs. 5 Satz 4 KSVG Saarland; § 24 Abs. 5 GemO Sachsen; § 26 Abs. 1 Satz 3 KVG Sachsen-Anhalt; § 16g Abs. 5 Satz 3 GO Schleswig-Holstein; § 17 Satz 4 KO i.V.m. § 18 Abs. 4 EBBG Thüringen; vgl. zum „Verbrauch des Bürgerentscheids durch Beschluss des Gemeinderats“ VG Gießen, Beschl. v. 26.03.2013 - 8 L 438/13.GI (Bürgerbegehren) sowie v. 13.01.2014 - 8 L 101/14.GI.

757 *Peine/Starke*, DÖV 2007, 740.

I. Organrechtliche Defizite der Gemeindebürgerschaft

Grund hierfür ist, dass – wie bereits angedeutet – die Gemeindebürgerschaft im Hinblick auf die Voraussetzungen, die der Organbegriff im engeren Sinne aufstellt, entscheidende Defizite aufweist: Ihr fehlen eine feste Institutionalisierung sowie entsprechende organisierende Rechtssätze, durch welche sie erst geschaffen wird und so erstmalig zur Entstehung gelangt. Zum Beispiel mangelt es ihr an einer Geschäftsordnung als Grundlage etwaiger verfahrensrechtlicher Probleme. Auch hat sie – anders als die Gemeinderatsmitglieder – keine gesetzlich fixierten Kontroll- und Informationsrechte.[758] Dieser Institutionalisierung bedarf sie aber auch gar nicht zwingend. Denn die Gemeindebürgerschaft ist – anders als der Gemeinderat – ein wenn auch nicht natürlich entstandenes, aber gewachsenes Wesen, eine Gruppe von Menschen, die in einem bestimmten Gebiet ihre Wohnung oder ihren Lebensmittelpunkt hat. Kraft dieser Eigenschaft braucht sie keine Vorschriften, die ihr eine reguläre Mitarbeit an politischen Entscheidungen für die Gemeinde ermöglichen und entsprechende Rechte einräumen. Nur für den Fall, dass die grundsätzlich zuständigen dazu Stellen bei ihrer Aufgabe solche Fehler begehen, die sich auf die Interessen der Gemeindebürger auswirken, haben sie das Recht, einen Bürgerentscheid anzustrengen. Dieser wird dann aber nicht durch die gesamte Gemeindebürgerschaft vertreten, sondern durch die einzelnen Gemeindebürger als Individuen.

Die Gemeindebürger als Kollektiv erhalten damit keine solche dauerhafte Organkompetenz, wie sie dem Gemeinderat als Hauptvertretungsorgan zukommt. Dies stünde nämlich der gesamten Logik hinter den kommunalverfassungsrechtlichen Vorschriften und deren Einbettung in die grundgesetzliche Mehrebenenordnung entgegen. Zudem würde die grundsätzlich repräsentativ-demokratisch ausgestaltete Systematik auch auf der Ebene des Kommunalrechts *ad absurdum* geführt, weil die Legitimation der Gemeinderatsmitglieder durch die Gemeindebürgerschaft ihrer Grundlage beraubt wäre. So kann die Zuschreibung einer dauernden Organstellung im engeren Sinne eine nichtgewollte Konkurrenz zwischen den Gemeindevertretern und der Bürgerschaft nur beflügeln. Dasselbe trifft auf die als zur regulär repräsentativen lediglich mit einer kompensatorisch-korrektiven Funktion ausgestalteten direkt-demokratischen Instrumente zu, da diese Ausnahmerolle dann nicht mehr zu Tage träte. Weiterhin könnte in diesem Fall die grundsätzliche Stellung der Gemeindebürger als vollberechtigte Träger von Grundrechten in Mitleidenschaft gezogen werden.

758 Zu all dem *Fügemann*, DVBl 2004, 343 (351).

Die Verleihung eines Amtes oder Mandates als grundsätzlicher Akt, mit der die organschaftliche Tätigkeit einer Person und damit ihre Rechtsposition innenrechtlich begründet wird sowie außenrechtlich zum Ausdruck und zur Wirkung kommt, findet bei ihnen nämlich wie gezeigt gerade nicht statt.

II. Kompensation durch kommunalverfassungsrechtliche Sondervorschriften

Die fehlende organisatorische Verfestigung der Gemeindebürgerschaft bedeutet indes nicht, dass sie keine Organstellung im weiteren Sinne innehaben könnte.[759] Denn die Defizite werden durch die besonderen kommunalverfassungsrechtlichen Vorschriften ausgeglichen. Darin äußert sich gleichsam die sogenannte transitorische, also nur vorübergehende Organstellung der Gemeindebürger. Diese trägt sowohl der sonst für die Annahme einer Organstellung im engeren Sinne erforderlichen Verleihung einer Amts- oder Mandatsfunktion als auch dem grundrechtlichen Schutzgedanken zugunsten der Gemeindebürger Rechnung.

Ohne die Organstellung der Gemeindebürgerschaft als Zurechnungsvorgang im Sinne des beschriebenen Synallagmas ließe sich zunächst nicht erklären, warum der Wille der Bürger als Wille der Gemeinde gelten soll.[760] Damit entfielen aber gleichzeitig die teleologische und systematische Grundlage für die Existenz des Bürgerentscheids selbst, was als im Ergebnis unsachgerechtes und angesichts der ausdrücklichen kommunalverfassungsrechtlichen normativen Grundlagen ungesetzliches Resultat nicht gewollt sein kann.

Die zweifache Kompensationsfunktion der kommunalverfassungsrechtlichen Sondervorschriften über den Bürgerentscheid vollzieht sich für die kollektive Gemeindebürgerschaft im individuellen Handeln ihrer einzelnen abstimmungsberechtigten Mitglieder und für den individuellen Gemeindebürger im subjektiven Rechtsschutz. Da nämlich der grundrechtsberechtigte Gemeindebürger sowohl zum Schutz des Bürgerentscheids und damit seines Abstimmungsrechts als auch zur Wahrung der gemeindlichen Positionen tätig wird, ist es insoweit unschädlich, dass die Gemeindebürgerschaft weder eine institutionelle Struktur noch Amts- oder Mandatsträger aufweist. Die Gemeindebürger handeln vielmehr als Mitglieder im Hinblick auf eine thematisch und zeitlich klar begrenzte unmittelbare Sachentscheidung, welche der gesamten abstimmungsberechtigten

759 *Fügemann*, DVBl 2004, 343 (346).
760 *Fügemann*, DVBl 2004, 343 (346).

Gemeindebürgerschaft übertragen ist. Wenn die kommunalverfassungsrechtlichen Bindungsklauseln dazu vorgeben, dass innerhalb der ausdrücklich geregelten Fristen eine Änderung oder Aufhebung dieser Sachentscheidung vonseiten der Gemeindevertretung nicht beschlossen werden darf, gleicht diese Vorgabe sowohl die fehlenden Handlungsbefugnisse der Gemeindebürgerschaft als auch die nicht bestehende Amts-/Mandatsstellung des Gemeindebürgers aus.[761]

Über diese Kompensationsfunktion werden die Vertrauenspersonen des Bürgerbegehrens sowie die Vertretungsberechtigten des Bürgerentscheids mitnichten in das Zentrum kommunaler Willensbildung und Entscheidungsfindung gerückt.[762] Deren organrechtliche Einordnung missachtet vielmehr den „bürgerschaftlichen Charakter" des dahinterstehenden direktdemokratischen Instruments zur gemeindlichen Willensbildung und Entscheidungsfindung[763]. Indem sie damit weiter die Begriffe und Funktionen von einerseits „Teilhaben" an gemeindlichen Entscheidungen und andererseits „Teilsein" der Gemeinde miteinander gleichsetzt,[764] bewirkt sie eine genau gegenläufige Entwicklung. Die „plebiszitäre Bedeutung" von Bürgerbegehren und -entscheid droht damit insgesamt an Wert zu verlieren.[765] Damit kann die kommunale Selbstverwaltungsgarantie ihre rechtspolitische Funktion zur Aktivierung des Bürgers an gemeindlichen Entscheidungsprozessen gänzlich einbüßen. Genau dies vermeidet aber die Kompensationsfunktion, die den kommunalverfassungsrechtlichen Vorschriften zum Bürgerentscheid zukommt. Denn sie vereint die beiden Positionen, die der Gemeindebürger innehat: Er ist gleichermaßen Träger mitgliedschaftlicher Befugnisse für die Gemeindebürgerschaft und die Gemeinde als solche sowie sämtlicher Grundrechte für sich selbst. Andernfalls könnte der auch in der Konstellation der Bürgerbeteiligung weiterhin uneingeschränkt bestehenden Grundrechtsfähigkeit der Gemeindebürger nicht angemessen Rechnung getragen werden. Insbesondere der verfassungsrechtlichen Garantie effektiven Rechtsschutzes aus Art. 19 Abs. 4 Satz 1 GG würde bei dieser

761 Die Kompensationsfunktion als solche beschreibt hier ferner ein wiederkehrendes Motiv (s. in Teil 1 direkt-demokratische Instrumente, Rspr.-Muster). Stets steht dahinter die Wertung, wonach die grundsätzlich geltenden Zuständigkeiten kraft der Bindungswirkung des Bürgerentscheids lediglich punktuell und gezielt durchbrochen, nicht aber in Frage gestellt werden sollen, so auch m.w.N. *Krüper*, in: Morlok/Schliesky/Wiefelspütz, HbParlR, § 37, 1112 ff., Rn. 24.

762 *Dünchheim*, jurisPR-ÖffBauR 5/2019, Anmerkung 1. (unter C.).

763 *Muckel*, JA 2019, 633 (635).

764 *Dünchheim*, jurisPR-ÖffBauR 5/2019, Anmerkung 1. (unter C.).

765 *Dünchheim*, jurisPR-ÖffBauR 5/2019, Anmerkung 1. (unter D.).

Deutungsweise nicht entsprochen. Anders als es das Bundesverfassungsgericht ausführt[766], agiert und fungiert der individuelle Gemeindebürger nicht als Teil des institutionellen Gefüges der Gemeinde und nimmt keine organschaftliche Funktion wahr. In diesem Zusammenhang leuchtet weiterhin nicht ein, warum zwischen der Mitwirkung an der kommunalen Willensbildung, die sich bei der Teilnahme an einem Bürgerentscheid vollzieht, und der Wahrnehmung einer Rechtsposition Einzelner ein unauflöslicher Widerspruch bestehen soll. Nur weil der Bürgerentscheid eine Entscheidung der grundsätzlich zuständigen Gemeindevertretung punktuell ersetzt,[767] muss dadurch nicht zwingend dem individuellen Gemeindebürger ebenfalls eine förmliche Organqualität[768] zukommen.[769] Denn kraft der ausgelegten kommunalverfassungsrechtlichen Normen soll mit der darin bewusst geregelten Gleichstellung von erfolgreichem Bürgerentscheid und endgültigem Gemeinderatsbeschluss vorrangig der Bürgerentscheid als kompensatorisch-korrektive Rechtsfigur geschützt, nicht die Kommune geschwächt werden.

Kapitel 7: Das subjektiv-öffentliche Recht des Gemeindebürgers als Individuum

Das Bundesverfassungsgericht qualifiziert Art. 28 Abs. 2 Satz 1 GG als institutionelle Garantie, die der gesetzlichen Ausgestaltung bedarf.[770] Dazu zählen die kommunalverfassungsrechtlichen Vorschriften über die Bindungswirkung von Bürgerentscheiden. Keineswegs aber kann eine Norm durch den ihr kraft juristischer Auslegungsarbeit zugeschriebenen Charakter als Anspruchsgrundlage hinsichtlich ihrer Bedeutung und Zielsetzung abschließend erfasst werden. Auch, wenn ein Recht als subjektiv-öffentlich anerkannt ist, wird damit noch nichts darüber ausgesagt, welche genauen Rechte seine Träger aus ihm herleiten können.[771] Von dieser Prämisse ausgehend zeigt das folgende Kapitel, wie sich

---

766 BVerfG NVwZ 2019, 642 für das Bürgerbegehren und die entsprechenden Vertretungsberechtigten.

767 *Wefelmeier*, in: Kommunalverfassungsrecht Niedersachsen, § 32 KomVG, Rn. 130.

768 M.a.W.: Nur, weil die Bürgerschaft ein Organ ist, muss nicht der Bürger zwangsläufig organschaftliche Rechte wahrnehmen, *Fügemann*, DVBl 2004, 343 (347) m.w.N.

769 So aber vertritt es *Wefelmeier*, in: Kommunalverfassungsrecht Niedersachsen, § 32 KomVG, Rn. 130.

770 BVerfG NVwZ 2007, 1176 und NVwZ 1988, 47 (49); *Wolff/Bachof/Stober/Kluth*, Verwaltungsrecht II, § 96, Rn. 52; *Mehde*, in: Maunz/Dürig, GG, Art. 28 Abs. 2, Rn. 40.

771 *Gusy*, ZJS 2008, 233 (234); *Alexy*, Der Staat 29 (1990), 49; *Breuer*, in: Festgabe 25-jähriges Bestehen BVerfG, S. 89.

aus der kommunalen Selbstverwaltungsgarantie für den einzelnen Gemeindebürger das subjektiv-öffentliche Recht ergibt, von der grundsätzlich zuständigen Gemeindevertretung Vollzug und Beachtung des Bürgerentscheids zu verlangen.

A. Materiell-rechtliche Ausgestaltung

Inhaltlich richtet sich das subjektiv-öffentliche Recht des Gemeindebürgers auf Umsetzung des erfolgreichen kommunalen Bürgerentscheids und des darin gefundenen Ergebnisses seitens des Gemeinderats als dem Hauptvertretungsorgan der Gemeinde. Die materiell-rechtliche Anspruchsgrundlage und Schutznorm, aus der dieses subjektiv-öffentliche Recht des Gemeindebürgers herzuleiten ist, befindet sich in rechtsvergleichend unterschiedlicher normativer Ausgestaltung, aber rechtsdogmatisch einheitlicher Grundlage in den kommunalverfassungsrechtlichen Bindungsklauseln.

I. Die subjektiv-rechtliche Komponente der kommunalen Selbstverwaltungsgarantie

Gemäß Art. 28 Abs. 2 Satz 1 GG muss den Gemeinden das Recht gewährleistet sein, alle Angelegenheiten der örtlichen Gemeinschaft im Rahmen der Gesetze in eigener Verantwortung zu regeln. Wegen der Verfassungsvorschrift aus Art. 19 Abs. 3 GG sind Gemeinden wie dargelegt nicht selbst grundrechtsfähig. Die kommunale Selbstverwaltungsgarantie enthält weiter kein Grundrecht oder grundrechtsgleiches Recht[772], sondern einen staatsorganisationsrechtlichen Grundsatz. Daher verbindet sie die demokratische mit der grundrechtlichen Freiheitsidee.[773] Während wie gezeigt als das eine Extrem (subjektive Ansicht) manche Stimmen in der Literatur der kommunalen Selbstverwaltungsgarantie die Qualität eines subjektiv-öffentlichen Rechts zuschreiben[774] und auf der andere Seite manche Vertreter darin eine rein objektive Garantie erblicken[775], stellt die verfassungsrechtliche Gewährleistung gemeindlicher Selbstverwaltung nach der vermittelnden Meinung sowohl eine gesetzlich ausfüllungsbedürftige Einrichtungsgarantie

772 BVerfGE 45, 63 (78 f.); *Schmidt-Aßmann*, in: Festschrift BVerfG, Band II, S. 803 (806).

773 BVerfGE 61, 82 (100 ff.); BVerfGK NVwZ 2007, 1176 ff.; BVerfGE 61, 82 (103 f.); BVerwGE 111, 108 (115); *Nierhaus/Engels*, in: Sachs, GG, Art. 28, Rn. 40.

774 *Ehlers*, DVBl 2000, 1301 (1305); *Maurer*, DVBl 1995, 1037 (1041); *Ipsen*, ZG 9 (1994), 194 (211 f.).

775 BVerfG NVwZ 2007, 1176; NVwZ 1988, 47 (49); *Wolff/Bachof/Stober/Kluth*, Verwaltungsrecht II, § 96, Rn. 52.

als auch ein subjektives Recht mit verfassungsunmittelbaren Schutzbereich dar.[776] In dieser Lösung liegt der Vorteil, dass sie in rechtlicher Hinsicht sowohl der grundsätzlichen Rolle der Gemeinden als grundrechtsverpflichtete Staatsakteure als auch ihres kraft Art. 28 Abs. 2 Satz 1 GG verfassungsrechtlich verbürgten Abwehrrechts in Gestalt der kommunalen Selbstverwaltungsgarantie auf angemessene Weise Rechnung zu tragen vermag. Sie entspricht schließlich ebenfalls dem herrschenden gemischt juristisch-politischen Verständnis der kommunalen Selbstverwaltungsgarantie: So dient sie gleichermaßen der administrativen Dezentralisation (juristischer Begriff der Selbstverwaltung) als auch dem darüber hinausgehenden Anspruch zur Aktivierung bürgerschaftlicher Mitwirkung (politischer Begriff der Selbstverwaltung[777]).[778]

Die kommunale Selbstverwaltungsgarantie ist damit eine der typischsten institutionellen Garantien, die es im deutschen Recht gibt.[779] Die Einrichtungsgarantien wurden in der Weimarer Staatslehre entdeckt, namentlich durch *Carl Schmitt*.[780] Als Kategorie zählen sie zum üblichen, wenn auch in der Existenzberechtigung nicht unbestrittenen[781] Bestand der Grundrechtsdogmatik. Darunter werden von der Verfassung vorgefundene, notwendige rechtliche Regelungskomplexe verstanden, auf deren Gewährleistung die Verfassung abzielt.[782]

Art. 28 Abs. 2 Satz 1 GG gewährt in seiner nach der hier gezeigten Darstellung in der Sache vorzugswürdigen subjektiv-rechtlichen Deutung ein gemeindliches Recht auf Selbstverwaltung. Dies bedeutet, dass die Gemeinden ihr dadurch gewährtes Recht auf Selbstverwaltung im Sinne einer faktischen Freiheit von Einmischungen in Aufgaben des eigenen Wirkungskreises verteidigen und gegen staatliche Eingriffe von außen absichern können. Vor diesem Hintergrund muss es auch dem einzelnen Gemeindebürger zustehen, sein Recht aus dem Bürgerentscheid durchzusetzen und es vor Einmischungen seitens der Kommunalvertretungen zu schützen. Hier kommt der bereits vorgestellte Gedanke

776 *Nierhaus/Engels*, in: Sachs, GG, Art. 28, Rn. 40; *Knemeyer/Wehr*, VerwArch 92 (2001), 317 (332); *Schoch*, JURA 2001, 121 (124); *Ehlers*, DVBl 2000, 1301 ff.

777 *Pagenkopf*, Kommunalrecht, Band 1, S. 42 f.

778 *Hellermann*, in: Epping/Hillgruber, Beck OK GG, Art. 28, Rn. 20, 30 f.

779 *Schmidt-Jortzig*, Die Einrichtungsgarantien der Verfassung, S. 9.

780 *Schmitt*, Verfassungslehre, S. 170 ff.; zur weiteren Entwicklung s. *Stern*, Staatsrecht Band III/1, § 68, 756 ff.; s. auch relativierend und m.w.N. *Engels*, JA 2014, 7.

781 *Dreier*, in: ders., GG, Band 1, Vor. Art. 1, Rn. 69; s. auch etwa *Waechter*, Die Verwaltung 29 (1996), 47 ff.; *Alexy*, Theorie der Grundrechte, S. 444.

782 *Papier/Shirvani*, in: Maunz/Dürig, GG, Art. 14, Rn. 119 m.w.N. u.a. auf *de Wall*, Der Staat 38 (1999), 377 (388); *Stern*, Staatsrecht Band III/1, 782 ff.

zum Tragen, wonach neben dem Bund, dem Land und anderen Kommunen, die durch gesetzgeberische oder andere Maßnahmen in die Hoheiten der betroffenen Kommune eingreifen können, richtigerweise auch ein Schutz der Kommune vor sich selbst beziehungsweise vor eigenen Maßnahmen anerkannt werden muss. Konkret bedeutet das für den kommunalen Bürgerentscheid, dass auch der Gemeindebürger sich an der verfassungsrechtlich verbürgten Selbstverwaltungsgarantie zu beteiligen hat. Dies tut er insoweit durch seine Abstimmung. Bei ihr vollzieht sich ein Akt grundrechtlicher Freiheit. Dazu aber tritt mit der Verpflichtung ein weiterer Aspekt, dem es in gebührender Weise Rechnung zu tragen gilt.

II. Der transitorische Anteil des Gemeindebürgers am kommunalen Selbstverwaltungsrecht

Die den Gemeinden gemäß Art. 28 Abs. 2 Satz 1 GG zukommende Selbstverwaltungsgarantie wirkt sich kraft des Bürgerentscheids für den individuellen Gemeindebürger transitorisch als Individualrecht aus. Für den zeitlich begrenzten Rahmen, in dem der Gemeindebürger die Eigenschaft als Organ mit transitorischen Kompetenzen hat, gleichzeitig aber Grundrechtsträger bleibt, nimmt er an der subjektiv-rechtlichen Komponente dieser Einrichtungsgarantie teil. Denn für die Perspektive der Gemeinde selbst handelt es sich trotz ihrer Zugehörigkeit zur Exekutive und damit zur staatlichen Ebene unstreitig um einen solchen subjektiv-rechtlichen Gewährleistungsgehalt, den wiederum der Gemeinderat und dessen Mitglieder in ihrer Rolle als grundsätzlich zuständiges Organ und Organwalter als organschaftliche Rechte geltend zu machen befugt sind.

Der Gemeindebürger aber kann kein Organwalter der Gemeindebürgerschaft sein. Er bekommt durch den Bürgerentscheid kein Amt oder Mandat, sondern behält seine grundsätzliche Eigenschaft als Grundrechtsträger auch hier weiter uneingeschränkt bei. Während sich der kommunale Amtsinhaber oder Mandatsträger im Kontext seiner kommunalen Tätigkeit wie aufgezeigt ausschließlich auf organschaftliche Positionen und daraus resultierende Rechte berufen kann, die er im Interesse der Gemeinde geltend macht, weil er sie kraft Amts- oder Mandatsverleihung infolge einer demokratischen Legitimation durch einen direkten oder indirekten Wahlakt erhält und sich seine entsprechenden Befugnisse allein hierauf beziehen, kann der Gemeindebürger dies gerade nicht.[783] Diesem aber steht es aufgrund seiner ihm weiterhin uneingeschränkt verbleibenden

783 *Fügemann*, DVBl 2004, 343 (348 ff.).

Eigenschaft als Grundrechtsträger zu, sich auch im Kontext der Teilnahme an und im Nachgang zu einem erfolgreichen Bürgerentscheid bezüglich dessen Vollzug und Beachtung seitens der Gemeindevertretung uneingeschränkt auf den Grundrechtskatalog aus Art. 1 bis 19 GG zu berufen. Anders als die rechtliche Position des kommunalen Amtsträgers oder Mandatsinhabers wird seine grundsätzliche Stellung als Grundrechtsträger nicht einfach für die Zwecke und die Zeitspanne seiner kommunalpolitischen Tätigkeit verdrängt, sondern bleibt weiterhin bestehen, und zwar dies gleichrangig neben seiner Funktion für die gemeindliche Gemeinschaft und ihre Belange.

Damit steht dieser Ansatz ganz im Einklang mit dem dargelegten Telos der kommunalen Selbstverwaltungsgarantie aus Art. 28 Abs. 2 Satz 1 GG. Denn danach realisiert sich in den als Teil der „demokratisch verfassten Staatlichkeit“[784] geschaffenen und agierenden Kommunen nicht die grundrechtliche Freiheit, sondern die demokratische Mitwirkungsfreiheit der Bürger.[785] Diese bürgerschaftliche Mitwirkung wird unter der Geltung des Grundgesetzes nicht mehr als der Ausübung von Staatsgewalt entgegengesetzte grundrechtliche Freiheitsbetätigung verstanden, sondern vielmehr als demokratische Teilhabe an der Wahrnehmung der kommunalen Verwaltungsaufgaben. Allein die sogenannte demokratische Mitwirkungsfreiheit vermag dieser Qualität an Grundrechtsschutz nicht gleichzukommen. Denn das als grundrechtsgleiche Recht ausgestaltete aktive Wahlrecht auf staatsverfassungsrechtlicher Ebene, dem die demokratische Mitwirkungsfreiheit im Kommunalverfassungsrecht in der wie aufgezeigt abgeschwächten Form nachempfunden ist, „vermittelt dem Einzelnen (eigene Anmerkung: nur), Einfluss auf die politische Willensbildung nehmen und etwas bewirken zu können, nicht aber darüber hinaus auch eine Rechtmäßigkeitskontrolle der getroffenen Entscheidung, denn das Wahlrecht dient nicht der inhaltlichen Kontrolle demokratischer Prozesse, sondern ist auf deren Ermöglichung gerichtet.“[786] Im Anschluss an den erfolgreichen Bürgerentscheid aber muss dem Gemeindebürger angemessener Rechtsschutz über einen zusätzlichen Mechanismus gewährt werden. Hier greift der Grundrechtsschutz nach Maßgabe der Art. 1 bis 19 GG.

784 BVerfGE 73, 118 (191); BVerfGE 83, 37 (54).
785 *Hellermann*, in: Epping/Hillgruber, Beck OK GG, Art. 28, Rn. 20.
786 BVerfGE 134, 366 (381); 129, 124 (168); BVerfGK 20, 293 (299).

B. Prozessuale Konsequenzen

Aus der dargelegten materiell-rechtlichen Ausgestaltung des subjektiv-öffentlichen Rechts des Gemeindebürgers ergeben sich folgende prozessuale Konsequenzen.

I. Allgemeine prozessrechtliche Aspekte

Als allgemeine prozessrechtliche Aspekte stellt die Arbeit die Punkte heraus, die für die Geltendmachung und das Erstreiten des subjektiv-öffentlichen Rechts des einzelnen Gemeindebürgers relevant sind.

1. Eröffnung des Verwaltungsrechtswegs

Trotz des einschlägigen Kommunalverfassungsrechts handelt es sich wie gezeigt um eine Streitigkeit nichtverfassungsrechtlicher Art im Sinne des § 40 Abs. 1 Satz 1 VwGO. Denn davon sind nur staatsverfassungsrechtliche Streitigkeiten nach Maßgabe des Grundgesetzes oder der Landesverfassungen erfasst, nicht aber solche nach den Gemeindeordnungen.[787] Somit ist der Verwaltungsrechtsweg eröffnet[788] und die Zuständigkeit der Verwaltungsgerichte in der ersten Instanz, der Oberverwaltungsgerichte beziehungsweise Verwaltungsgerichtshöfe in der Berufungs- beziehungsweise Beschwerdeinstanz sowie des Bundesverwaltungsgerichts in der Revisionsinstanz gegeben.

Dasselbe gilt für die Situation des einstweiligen Rechtsschutzverfahrens, hier besteht die Zuständigkeit des Hauptsachegerichts nach § 123 Abs. 2 VwGO.[789]

---

787 § 40 Abs. 1 Satz 1 VwGO meint nämlich nur das Staats-, nicht aber das Kommunalverfassungsrecht, *Sodan*, in: ders./Ziekow, VwGO, § 40, Rn. 249 unter Hinweis auf BVerfGE 42, 103 (118) und mit der klassischen Begründung über das Kriterium der sog. doppelten Verfassungsunmittelbarkeit: Weder nämlich kommt den Beteiligten die erforderliche Verfassungssubjektqualität zu, noch streiten sie über spezifisch verfassungsrechtliche Regelungsmaterien; *Rennert*, in: Eyermann, VwGO, § 40, Rn. 19 f; auf die fehlende Übertragung der Rechtsstreitigkeit an die Verfassungsgerichte abstellend *Ehlers/Schneider*, in: Schoch/Schneider/Bier, VwGO, § 40, Rn. 134.

788 Die früher herrschende sog. Impermeabilitätstheorie (aus dem Lateinischen, zu Deutsch: undurchlässig, undurchdringlich), wonach Innenrechtsstreitigkeiten als solche schon überhaupt nicht justiziabel seien, ist angesichts der eindeutigen Verfassungsvorgaben aus Art. 1 Abs. 3 und Art. 20 Abs. 3 GG überwunden, näher dazu *Sodan*, in: ders./Ziekow, VwGO, § 40, Rn. 169, 181.

789 Die dazu eigentlich vorgelagerte Frage, ob ein Antrag im vorläufigen Rechtsschutz hier überhaupt statthaft ist, wird unter c) untersucht.

2. *Statthafte Klage-/Antragsart*

Die statthafte Art der Klage oder des Antrags richtet sich nach dem Begehren der an dem konkreten Streit beteiligten Akteure, § 88 VwGO. Hier begehrt der einzelne Gemeindebürger als Individuum, dass der Bürgerentscheid von den kommunalen Hauptvertretungsorganen umgesetzt, also vollzogen und beachtet wird.

a) Außen- und Regelungswirkung der Maßnahme einer öffentlichen Behörde

Die Entscheidung des Gemeinderates, ob und wie er den durchgeführten Bürgerentscheid und dessen Ergebnis behandelt, stellt nur dann eine mit den Rechtsbehelfen des Außenrechts anfechtbare Maßnahme dar, wenn ihm die erforderlichen Wirkungen zukommen. Betrachtet man hierzu die maßgeblichen Verwaltungsakt-Merkmale aus § 35 VwVfG[790], sind jene der Außenwirkung und der Regelungswirkung einer öffentlichen Behörde vertieft zu thematisieren.

aa) Behördeneigenschaft

Die kommunalen Organe Gemeinderat und Bürgermeister stellen wie dargelegt öffentliche Behörden im Sinne von § 1 Abs. 4 VwVfG (und insbesondere keine Parlamente) dar. Denn die Gemeindevertretung kann nicht ohne ausdrückliche Ermächtigungsgrundlage rechtssetzend tätig werden, daher fehlt ihr das für die Zuordnung zur Legislative entscheidende Kriterium. Zudem unterliegt ihr Handeln der staatlichen Überwachung durch die Kommunalaufsicht, was einen maßgeblichen Unterschied im Vergleich zu staatsverfassungsrechtlichen Parlamenten im Bund oder Land ausmacht.[791] Folglich bildet die Gemeindevertretung (Gemeinderat und Bürgermeister) einen Teil der gemeindlichen Exekutive und handelt mit dem Beschluss darüber, den Bürgerentscheid (nicht) aufrechtzuerhalten, eigenverantwortlich sowie im eigenen Namen, womit die Behördeneigenschaft auch zur Beurteilung der statthaften Klage-/Antragsart bejaht werden muss.[792]

---

790 I.V.m. den jeweiligen Vorschriften aus den Landesverwaltungsgesetzen: § 1 LVwVfG Baden-Württemberg; Art. 1 BayVwVfG Bayern; § 1 BbgVwVfG Brandenburg; § 1 HVwVfG Hessen; § 1 MVVwVfG Mecklenburg-Vorpommern; § 1 NVwVfG Niedersachsen; § 1 NRWVwVfG Nordrhein-Westfalen; § 1 Abs. 1 LVwVfG Rheinland-Pfalz, § 1 SVwVfG Saarland; § 1 SächsVwVfZG Sachsen, § 1 LSAVwVfG Sachsen-Anhalt, § 1 LVwG Schleswig-Holstein; § 1 ThürVwVfG Thüringen.

791 *Dünchheim*, in: Beck OK Kommunalrecht Hessen, GO, § 9, Rn. 3 m.w.N.

792 VGH Hessen, Beschl. v. 30.11.2015 – 8 A 889/13, BeckRS 2016, 43186, Rn. 28.

bb) Außenwirkung

Ob auch die Außenwirkung zu bejahen ist, hängt davon ab, ob man in den Gemeindebürgern solche Akteure sieht, die hinsichtlich des erfolgreichen Bürgerentscheids näher am Staat oder näher an der Gesellschaft zu verorten sind.[793] In dieser Gegenüberstellung zeigt sich das anfangs aufgedeckte grundsätzliche Spannungsverhältnis von einerseits objektiv-öffentlicher Kompetenzerfüllung und andererseits subjektiv-grundrechtlicher Wahrnehmungsfreiheit, dem jegliches Handeln einer Person unterworfen ist und in das es eingeordnet werden muss, um damit zusammenhängende Rechtsschutzkonstellation zuverlässig lösen zu können.

Sieht man den im Rahmen des Bürgerentscheids abstimmenden Gemeindebürger innerhalb der kommunalen Verwaltung[794], betrifft eine Verweigerungshaltung der kommunalen Organe seinen Binnenbereich, wodurch nur ein Kommunalverfassungsstreit mit seinen prozessrechtlichen Besonderheiten[795] zulässig sein kann.[796] Ordnet man den Gemeindebürger hingegen außerhalb der kommunalen Verwaltung an, so kommt der ablehnenden Entscheidung die fragliche Außenwirkung und Verwaltungsaktqualität zu[797].[798]

Der letztgenannte Lösungsweg ist kraft der Auslegung der kommunalverfassungsrechtlichen Vorschriften zum Bürgerentscheid vorzuziehen. Denn nach dem Wortlaut der einschlägigen Bestimmungen[799] können die „Bürger einer Gemeinde" im Vorfeld zur Regelung einer bestimmten gemeindlichen Angelegenheit seitens der Repräsentativorgane einen Bürgerentscheid beantragen. Diese bewusste gesetzgeberische Formulierung zeigt, dass die Gemeindebürger bei der Einleitung eines Bürgerbegehrens als Außenstehende der Gemeinde gegenübertreten.

---

793 *Beckermann*, KommJur 2019, 445.

794 Z.B. OVG Bremen NvwZ-RR 2005, 54 (55).

795 *Gern/Brüning*, Kommunalrecht, Rn. 699 ff.; *Ehlers*, NVwZ 1990, 105.

796 OVG Niedersachsen NVwZ-RR 2011, 451 (452); OVG Bremen NVwZ-RR 2005, 54 f.; *Martini*, Wenn das Volk (mit)entscheidet, S. 90.

797 VG Gelsenkirchen, Urt. v. 13.11.2019 – 15 K 2349/19, BeckRS 2019, 29124 und v. 09.10.2019 – 15 K 1732/19, BeckRS 2019, 25954; hierzu *Heusch/Dickten*, NVwZ 2020, 358 (364).

798 So auch *Beckermann*, KommJur 2019, 445.

799 § 21 Abs. 3 GemO Baden-Württemberg; Art. 18a Abs. 1 GO Bayern; § 15 Abs. 1 Satz 1 KVerf Brandenburg; § 8b Abs. 1 Satz 1 GO Hessen; § 20 Abs. 4 KV Mecklenburg-Vorpommern; § 32 KomVG Niedersachsen; § 26 Abs. 1 Satz 1 GO Nordrhein-Westfalen; § 17a Abs. 1 Satz 1 GemO Rheinland-Pfalz; § 21a Abs. 1 Satz 1 KSVG Saarland; § 25 GemO Sachsen; § 26 KVG Sachsen-Anhalt; § 16g Abs. 3 GO Schleswig-Holstein; § 17 Satz 4 KO i.V.m. § 18 EBBG Thüringen.

Hinzu kommt die aufgezeigte rechtssystematische Erwägung, dass die Organe einer Gemeinde in den kommunalverfassungsrechtlichen Vorschriften ausdrücklich aufgezählt sind[800] und keine Anhaltspunkte dafür existieren, diese Aufzählung nur als beispielhaft anstelle als abschließend zu begreifen.[801] Zudem ist – ebenfalls in rechtssystematischer Hinsicht – durch die verbindliche Feststellung seitens der Gemeindevertretung darüber, ob die Voraussetzungen für die Zulässigkeit eines Bürgerbegehrens beziehungsweise die Durchführung eines Bürgerentscheids erfüllt sind, ein subjektiv-öffentliches Recht der Gemeindebürger betroffen, die insofern eine Position des Außenrechts geltend machen.[802] Dasselbe muss im Wege eines Erst-Recht-Schlusses auch für die Lage zeitlich nach der Durchführung des Bürgerentscheids gelten.[803]

Im Ergebnis also liegt eine außenwirksame, weil über die Grenzen der Verwaltungsinterna hinauswirkende und auch so intendierte Maßnahme im Sinne von § 35 Satz 1 VwVfG als Rechtsschutzziel des Gemeindebürgers vor. Denn der Bürgerentscheid beruht auf bürgerschaftlichem Engagement.[804] Dieser Aspekt ist innerhalb der beiden dargelegten Pole der einerseits objektiv-rechtlichen Erfüllung von Kompetenzen und der andererseits subjektiv-rechtlichen Wahrnehmung grundrechtlicher Freiheiten primär dem letztgenannten Bereich zuzuordnen. Daher kann der Bürgerentscheid auch nicht als Instrument zur Integration der Gemeindebürger in die Organ- und Organisationsstruktur oder – wie es das Bundesverfassungsgericht ausführt – in das institutionelle Gefüge der Gemeinde[805] aufgefasst werden. Vielmehr führt er zur „Teilhabe" – nicht zum „Teilsein" – des Gemeindebürgers an Prozessen der kommunalen Willensbildung und Entscheidungsfindung „von außen".[806]

---

800 § 23 GemO Baden-Württemberg; Art. 29 GO Bayern; § 27 KVerf Brandenburg § 9 GO Hessen; § 21 KV Mecklenburg-Vorpommern; § 7 KomVG Niedersachsen; § 40 GO Nordrhein-Westfalen; § 28 GemO Rheinland-Pfalz; § 29 KSVG Saarland; § 1 GemO Sachsen; § 35 KVG Sachsen-Anhalt; § 7 GO Schleswig-Holstein; § 22 KO Thüringen.

801 *Bennemann*, in: Praxis der Kommunalverwaltung Hessen, B-1 (GO), § 8b, Erl. 148; *Roth*, NVwZ 2019, 1419 (1421).

802 Vgl. etwa VGH Hessen DÖV 2016, 490; OVG Nordrhein-Westfalen NVwZ-RR 2003, 448 (449).

803 *Peine/Starke*, DÖV 2007, 740 (742).

804 *Muckel*, JA 2019, 633 (635). Diese Aussage soll im Umkehrschluss keine Abwertung der ehrenamtlichen Arbeit der Gemeinderatsmitglieder bedeuten. Allerdings sind sie normativ und organisatorisch-strukturell in der Kommunalverfassung berücksichtigt und daher vornehmlich hierüber einzustufen.

805 BVerfG NVwZ 2019, 642 (643 = Rn. 22).

806 *Dünchheim*, jurisPR-ÖffBauR 5/2019, Anm. 1 (unter C.).

cc) Regelungswirkung

Wenn die Gemeindevertretung einen erfolgreichen Bürgerentscheid umsetzt und ihm damit die aus den kommunalverfassungsrechtlichen Vorschriften[807] hervorgehende Gleichstellung (Äquivalenz) mit dem endgültigen Gemeinderatsbeschluss zukommen lässt, ruft sie auch die aus diesen Vorschriften resultierende Rechtsfolge als Regelungswirkung hervor.

b) Differenzierung nach Sicherungsbegehren

Im Ergebnis dürfte daher nach Auslegung des individuell-gemeindebürgerlichen Rechtsschutzbegehrens auf Vollzug des Bürgerentscheids am ehesten eine Verpflichtungsklage nach § 42 Abs. 1 Fall 2 VwGO respektive ein entsprechender Antrag statthaft sein.[808] Für den Fall indes, dass der Vollzug des Bürgerentscheids im Wege eines bloßen Verwaltungshandelns ohne Regelungs- und damit ohne Verwaltungsaktqualität, etwa als Realakt[809] erfolgt, wäre eine allgemeine Leistungsklage statthaft.[810]

Begehrt der Gemeindebürger hingegen die gemeindeorganseitige Beachtung des Bürgerentscheids, so liegt der statthafte Rechtsbehelf in einer Unterlassungsklage/einem Unterlassungsantrag. Weil hierin eine Ausnahmekonstellation vom

---

807 § 21 Abs. 8 Satz 1 GemO Baden-Württemberg; Art. 18a Abs. 13 Satz 1 GO Bayern; § 15 Abs. 5 Satz 2 KVerf Brandenburg; § 8b Abs. 7 Satz 1 GO Hessen; § 20 Abs. 1 Satz 2 KV Mecklenburg-Vorpommern; § 33 Abs. 4 Satz 1 KomVG Niedersachsen; § 26 Abs. 8 Satz 1 GO Nordrhein-Westfalen; § 17a Abs. 8 Satz 1 GemO Rheinland-Pfalz; § 21a Abs. 7 Satz 1 KSVG Saarland; § 24 Abs. 4 Satz 1 GemO Sachsen; § 26 Abs. 4 Satz 1 KVG Sachsen-Anhalt; § 16g Abs. 8 Satz 1 GO Schleswig-Holstein; § 17 Satz 4 KO i.V.m. § 23 Abs. 2 EBBG Thüringen.

808 So z.B. auch OVG Nordrhein-Westfalen NVwZ-RR 2017, 1027 (1028); VGH Bayern KommJur 2017, 260; VGH Hessen, Beschl. v. 30.11.2015 – 8 A 889/13, BeckRS 2016, 43186; OVG Mecklenburg-Vorpommern NVwZ 1997, 306 (307); *Gern/Brüning*, Kommunalrecht, Rn. 767; *Lange*, Kommunalrecht, S. 660 f.; *Unger*, AöR 139 (2014), 80 (92); *Meyer*, NVwZ 2003, 183 m.w.N.; *Schliesky*, DVBl 1998, 169 (173); *Wehr*, BayVBl 1996, 549 (553) weist darauf hin, dass auch die Kommunalaufsicht durch die Wahrnehmung ihres Instruments der Ersatzvornahme zwar anstelle der Gemeinde handelt, dadurch aber nicht zum gemeindlichen Organ wird.

809 Denkbar wäre diese Konstellation z.B., wenn – sofern gesetzlich zulässig – der Bürgerentscheid den Betrieb einer Einrichtung der gemeindlichen Daseinsvorsorge (Kläranlage o.ä.) oder aber die Widmung einer bestimmten Straße oder Einrichtung durch Satzungsregelung oder einfache Bereitstellung zum Gegenstand hat.

810 Zur Anwendbarkeit dieser gesetzlich nicht ausdrücklich geregelten, aber systematisch vorausgesetzten und zur Ermöglichung effektiven Rechtsschutzes anerkannten Klageart in der VwGO s. bei *Wysk*, in: ders., VwGO, § 42, Rn. 59.

Grundsatz des nachträglichen Rechtsschutzsystems liegt, müssen besondere Voraussetzungen erfüllt sein.[811] Sie dürften vorliegen, da ein bindender Beschluss über eine bestimmte gemeindliche Angelegenheit in Gestalt des erfolgreichen Bürgerentscheids bereits existiert und nicht umgangen werden darf.[812] Hierfür würde der reguläre nachträgliche Rechtsschutz gerade nicht genügen. Vielmehr bedarf es eines Rechtsbehelfs, um Maßnahmen der Gemeindevertretung effektiv vorbeugen zu können. Dazu muss der Gemeindebürger auf die allgemeine Leistungsklage oder einen entsprechenden Antrag zurückgreifen.[813] Ist eine ablehnende Entscheidung allerdings bereits in der Welt, soll diese wieder rückgängig gemacht werden. Insoweit greifen Anfechtungsklage und -antrag gemäß § 42 Abs. 1 Fall 1 VwGO. Auch insoweit gilt nämlich, dass – anders als bei regulären, rein intern wirkenden Gemeinderatsbeschlüssen[814] – der verwaltungsexterne Bereich und damit subjektiv-öffentliche Rechte des Gemeindebürgers betroffen sind.

c) *Statthaftigkeit des Eilrechtsschutzes*

Angesichts der offenkundigen Tatsache, dass sich Prozesse vor den Verwaltungsgerichten oft über Jahre hinziehen, stellt sich neben der Möglichkeit der Klage im Hauptsacheverfahren die Frage, ob auch ein Antrag im vorläufigen Rechtsschutz statthaft sein kann, um das subjektiv-öffentliche Recht des Gemeindebürgers gerichtlich geltend zu machen.[815] Unter Ansehung der Garantie effektiven Rechtsschutzes aus Art. 19 Abs. 4 Satz 1 GG muss dies klar bejaht werden. Ein solcher Antrag ist darauf gerichtet, der antragsgegnerischen Gemeindevertretung und dem Bürgermeister im Wege der einstweiligen Anordnung gemäß § 123 Abs. 1 VwGO aufzugeben, den Bürgerentscheid unverzüglich zu vollziehen. Der für den Erfolg eines Antrags nach § 123 Abs. 1 VwGO erforderliche Anordnungsanspruch folgt nach Maßgabe der dargelegten Gesetzesauslegung

---

811 *Pietzcker*, in: Schoch/Schneider/Bier, VwGO, § 42, Rn. 165.

812 Dies gilt wie gezeigt freilich stets nur unter der Prämisse der *clausula rebus sic stantibus*.

813 *Sodan*, in: ders./Ziekow, VwGO, § 42, Rn. 57 ff. mit der einleuchtenden Erklärung, dass § 42 Abs. 1 Fall 2 VwGO nur den „Erlass", nicht aber die „Unterlassung" von Verwaltungsakten regelt.

814 Bei ihnen erlangt der Gemeindebürger erst überhaupt Rechtsschutz, wenn der Gemeinderatsbeschluss vom Bürgermeister umgesetzt worden ist, hierzu VG Ansberg, Urt. v. 21.06.2017 – AN 4 K 16.2256, BeckRS 2017, 133300, Rn. 18 unter Verweis auf *Prandl/Zimmermann/Büchner/Pahlke*, Kommunalrecht in Bayern, Art. 30 GO, Nr. 6.1.).

815 *Peine/Starke*, DÖV 2007, 740 (743).

aus den kommunalverfassungsrechtlichen Bindungsklauseln.[816] Weiterhin bedarf es eines Anordnungsgrundes im Sinne von § 123 Abs. 1 VwGO. Der dieser Anforderung zugrundeliegende Gedanke der Eilbedürftigkeit kann der besonderen Interessenkonstellation entnommen werden, die dann entsteht, wenn die gesetzlichen Bindungsfristen aus den genannten kommunalverfassungsrechtlichen Vorschriften auszulaufen drohen. Dabei gilt: Je eher die gesetzliche Frist abzulaufen droht, desto mehr bestehen Grund zur Eile und Bedarf zum entsprechenden Eilrechtsschutz.[817]

Für den Erfolg eines Antrags nach § 123 Abs. 1 VwGO ist außerdem das Verbot der irreversiblen Vorwegnahme der Hauptsache zu beachten.[818] Es folgt aus dem Charakter der einstweiligen Anordnung als bloß vorläufige Regelung des Streitgegenstandes.[819] Dafür, dass dieses Verbot auch vorliegend greift, spricht, dass durch den Vollzug des Bürgerentscheids regelmäßig irreversible Tatsachen geschaffen werden können. Dagegen streitet jedoch die Verfassungsvorschrift zur Garantie effektiven Rechtsschutzes gemäß Art. 19 Abs. 4 Satz 1 GG, kraft derer vom Grundsatz über das Verbot der irreversiblen Vorwegnahme der Hauptsache nur dann Ausnahmen zugelassen werden können, wenn dem Antragsteller nicht auf andere Weise rechtzeitig wirkungsvoller Rechtsschutz gewährleistet werden kann. Hierzu sind die zu diesem Zeitpunkt bereits absehbaren Erfolgsaussichten in der Hauptsache zu berücksichtigen.[820] Des Weiteren muss in diese Abwägung die Bewertung der Frage hineingenommen werden, ob nach der allgemeinen Lebenserfahrung vor dem Ablauf der gesetzlichen Bindungsfristen mit einer Entscheidung in der Hauptsache zu rechnen ist. Ist dieser Zeitpunkt nämlich schon verstrichen, kann die Klage nur noch abgewiesen werden. Denn dann fehlt es schlichtweg an einem tauglichen Streitgegenstand. In diesem Fall aber liefe der Rechtsschutz des Klägers gänzlich leer, was sich mit Art. 19 Abs. 4 Satz 1 GG schwerlich bis gar nicht vereinbaren ließe.[821] Das gegenläufige Verfassungsgut zur Sicherung der Funktionsfähigkeit der Kommune und ihrer Hauptvertretungsorgane vermag diese Folge nicht zu rechtfertigen. Daher erweist sich im Ergebnis die Vorwegnahme der Hauptsache in der gegebenen Situation

---

816 So auch *Peine/Starke*, DÖV 2007, 740 (742 f.).

817 *Peine/Starke*, DÖV 2007, 740 (743).

818 VGH Hessen NVwZ-RR 1992, 361 (363); *Kopp/Schenke*, VwGO, § 123, Rn. 13.

819 *Schenke*, Verwaltungsprozessrecht, Rn. 1034.

820 BVerfGE 34, 160 (162 f.); BVerfG NJW 1989, 827; *Puttler*, in: Sodan/Ziekow, VwGO, § 123, Rn. 102 m.w.N.

821 *Peine/Starke*, DÖV 2007, 740 (742 f.).

des erfolgreichen Bürgerentscheids nicht nur als ausnahmsweise gerechtfertigt, sondern mit Blick auf Art. 19 Abs. 4 Satz 1 GG sogar als verfassungsrechtlich „geboten".[822]

In der Situation des einstweiligen Rechtsschutzes ist im Ergebnis also ein Antrag auf Erlass einer einstweiligen Anordnung nach § 123 Abs. 1 VwGO statthaft, der für den Anspruch auf Beachtung des Bürgerentscheids auf den Erlass einer Sicherungsanordnung nach § 123 Abs. 1 Satz 1 VwGO abzielt, für den Anspruch auf Vollzug des Bürgerentscheids auf den Erlass einer Regelungsanordnung gemäß § 123 Abs. 1 Satz 2 VwGO. Die oben geschilderte Anfechtungssituation kam im einstweiligen Rechtsschutz schon deswegen nicht auftreten, weil der Erlass eines dem Bürgerentscheid gegenläufigen Gemeinderatsbeschlusses eines gewissen zeitlichen und organisatorischen Vorlaufs bedarf, innerhalb dessen der Schutz über das Unterlassungsbegehren greift.

3. *Klage-/Antragsbefugnis*

In der Zulässigkeit einer solchen Klage beziehungsweise eines Antrags im einstweiligen Rechtsschutzverfahren muss der Kläger oder Antragsteller des Weiteren klage- oder antragsbefugt sein. Dazu muss er glaubhaft geltend machen können, dass er in eigenen subjektiv-öffentlichen Rechten möglicherweise verletzt ist, § 42 Abs. 2 VwGO.[823] In Betracht kommt eine Verletzung der durch die kommunalverfassungsrechtlichen Bindungsklauseln verliehenen Rechtspositionen auf Vollzug und Beachtung des Bürgerentscheids.

822 *Peine/Starke*, DÖV 2007, 740 (743).

823 Die weiteren zu diesem Aspekt relevanten Erwägungen finden sich in den Ausführungen zur Begründetheit der Klage unter II. Aktivlegitimation. Zwar ist die darunter diskutierte Frage der Prozessführungsbefugnis als Voraussetzung für die Zulässigkeit der Klage/des Antrags streng von der Aktivlegitimation zu trennen. Sie trifft nämlich keine Aussage über das materiell-rechtliche Rechtsverhältnis und dessen Folgen. Dies gilt, weil sie allein dazu dient, den materiell-rechtlichen Anspruch prozessrechtlich durchzusetzen. Rechtssystematisch zeigt sich das an der Aufnahme von Regeln zur Aktivlegitimation in den Prozessordnungen, z.B. § 90 BVerfGG. Jedoch beschreibt auch die Aktivlegitimation einen Begriff aus dem Prozessrecht. Zudem fallen in der Regel sowohl die Prozessführungsbefugnis auch die Aktivlegitimation in einer Person zusammen (BGH, Beschl. v. 11.12.2008 – IX ZB 232/08; Thomas/Putzo, ZPO, S. 134 § 51, Rn. 22). Weil sie jedoch bei der hier in Betracht kommenden Prozessstandschaft auch auseinanderfallen können (vgl. hierzu grundlegend *Stiebeler*, Das Verhältnis der Prozeßstandschaft zur Sachlegitimation), werden sie gesondert thematisiert.

a) Sicherungsbegehren: Vollzug des Bürgerentscheids

Begehrt der Gemeindebürger den Vollzug des Bürgerentscheids, muss er darlegen können, dass er hinsichtlich der Frage nach dem Ob der Umsetzung möglicherweise in eigenen Rechten verletzt ist. Insoweit liegt die erforderliche Rechtsgrundlage in den kommunalverfassungsrechtlichen Bindungsklauseln. Wenn der Gemeinderat den Bürgerentscheid nämlich gar nicht umsetzt, fehlt es damit an einem Vollzug des Bürgerentscheids. Dieser Zustand verhält sich aber konträr zu der gesetzlichen Wertung, wonach aus den Bindungsklauseln auch ein Vollzugsrecht des Gemeindebürgers folgt.

b) Sicherungsbegehren: Beachtung des Bürgerentscheids

Begehrt der Gemeindebürger die Beachtung des Bürgerentscheids, muss er darlegen können, dass er hinsichtlich der Frage nach dem Wie der Umsetzung möglicherweise in eigenen Rechten verletzt ist. Auch dazu bilden die kommunalverfassungsrechtlichen Bindungsklauseln die Rechtsgrundlage, aus deren Geltung ein möglicherweise verletztes Recht des Gemeindebürgers erwächst. Es kommt immer dann zum Tragen, wenn der Gemeinderat einen dem Bürgerentscheid gegenläufigen eigenen Beschluss fällt, der dessen Ergebnis nicht beachtet.

4. Beteiligten- und Prozessfähigkeit

Beteiligtenfähig ist auf der einen Seite der Gemeindebürger selbst gemäß § 61 Nr. 1 VwGO. Seine Prozessfähigkeit folgt aus § 62 Abs. 1 Nr. 1 VwGO.

Auf der Seite der Kommune ist dies als Ausnahme von der allgemein hierzu anwendbaren Vorschrift aus § 61 Nr. 2, 3 VwGO[824] der Gemeinderat als sachlicher Streitgegner. Er wird vertreten durch den Bürgermeister als Vorsitzender des Gemeinderates. Dagegen sprechen auch nicht die Erwägungen der (kommunalverfassungsrechtlichen) Organstreitigkeit, bei der es um innerorganisationsrechtliche (innergemeindliche), intraorganschaftliche Kompetenzfragen geht.[825] Denn eine solche liegt wie gezeigt hier nicht vor. Trotzdem kann auch die grundsätzliche Interessenkonstellation des typischen Verhältnisses Staat gegen Bürger nicht gänzlich greifen. Dies liegt daran, dass der Bürger der Gemeinde kraft der Abstimmung bei einem Bürgerentscheid örtliche Angelegenheiten mit regelt und so seine transitorische Organkompetenz über Art. 28 Abs. 1 Satz 2 GG

---

824 Die Ausnahme greift insofern, als je nach landesgesetzlicher Ausgestaltung entweder das Behördenprinzip (z.B. im Saarland, § 8 LAGVwGO) oder das Rechtsträgerprinzip greifen (z.B. in Rheinland-Pfalz, § 6 LAGVwGO).

825 *Czybulka/Siegel*, in: Sodan/Ziekow, VwGO, § 61, Rn. 37 ff.

erfüllt. Die Gemeinde als solche lässt sich somit nicht zutreffend als sein Gegner begreifen, vielmehr trifft das auf den Gemeinderat als grundsätzlich zuständiges Vertretungsorgan und dessen Vertreter zu. Die Prozessfähigkeit ergibt sich so nach § 62 Abs. 3 VwGO.

5. *Rechtsschutzbedürfnis*

Das allgemeine Rechtsschutzbedürfnis muss nur für den Gemeindebürger bestehen. Es beschreibt das berechtigte Interesse eines in seinen Rechten Beeinträchtigten, ein Gericht in Anspruch zu nehmen, um Rechtsschutz zu suchen und fehlt immer dann, wenn auch ohne das Rechtsschutzgesuch das jeweilige Ziel einfacher, billiger oder sowieso erreicht wird, ferner wenn ein Gericht sinnlos, mutwillig oder aus unlauteren Beweggründen in Anspruch genommen wird.[826]

Grundsätzlich dürfte davon auszugehen sein, dass dem Gemeindebürger kein einfacherer, schnellerer, effektiverer Weg zu dem erstrebten Ziel zur Verfügung steht, den Gemeinderat rechtlich dazu anzuhalten, den Bürgerentscheid zu vollziehen und zu beachten. Insbesondere steht es ihm wie gezeigt nicht offen, die staatliche Kommunalaufsichtsbehörde im eigenen Namen zum Handeln zu bewegen. Parlamentarische beziehungsweise parlamentsähnliche oder staatsorganisationsrechtliche Mechanismen greifen nach dem Dargelegten ebenfalls zu kurz. Im Ergebnis verschafft nur der gerichtliche Rechtsweg dem Gemeindebürger die Durchsetzung seines hergeleiteten subjektiv-öffentlichen Rechts. Des Weiteren führt eine Folgenbetrachtung ebenso zu der Annahme des Rechtsschutzbedürfnisses. Denn wird dem Gemeindebürger der Rechtsschutz versagt, drohen ihm Rechtsunsicherheit sowie ein Verlust an Dispositionssicherheit.[827] Er kann dann nämlich nicht mit hinreichender Sicherheit absehen, ob das im Bürgerentscheid gefundene Ergebnis von den kommunalen Vertretungsorganen auch tatsächlich umgesetzt wird. Zum Tragen kommt hier ferner der Grundsatz, nach dem im Zweifel das allgemeine Rechtsschutzbedürfnis zu bejahen ist, wenn alle anderen Zulässigkeitsvoraussetzungen erfüllt sind.[828]

In der Situation des Unterlassungsbegehrens freilich muss der Gemeindebürger ein qualifiziertes Rechtsschutzbedürfnis darlegen.[829] Dies dürfte anzunehmen sein, weil es dem Gemeindebürger nicht zugemutet werden kann, den Erlass des Beschlusses durch den Gemeinderat oder dessen Umsetzung durch den

---

826 *Groh*, in: Creifelds, Rechtswörterbuch, Rechtsschutzbedürfnis.
827 *Pietzcker*, in: Schoch/Schneider/Bier, VwGO, § 43, Rn. 34 m.w.N. aus der Rspr.
828 *Schoch*, in: ders./Schneider/Bier, VwGO, § 80, Rn. 492.
829 *Pietzcker*, in: Schoch/Schneider/Bier, VwGO, § 42, Rn. 166, 168 m.w.N.

Bürgermeister abzuwarten, da hierdurch vollendete und irreparable Zustände geschaffen werden, die dem Ergebnis des Bürgerentscheid widersprechen.

II. Aktivlegitimation

Nach den vorwiegend zur Zulässigkeit einer Klage oder eines Antrags gehörenden allgemein prozessrechtlichen Aspekten kommt es weiter auf die spezielle Voraussetzung der Aktivlegitimation und damit einhergehende Probleme für den rechtsschutzsuchenden Gemeindebürger an. Sie ist in der Begründetheit zu erörtern, da sie anders als die Klage- oder Antragsbefugnis die Frage betrifft, ob ein behauptetes Recht nicht nur möglicherweise, sondern wirklich besteht.[830]

1. Anspruchsträger

Der Gemeindebürger ist als Träger des subjektiv-öffentlichen Rechts aktivlegitimiert. Fraglich ist jedoch, ob dieser Begriff für die Zwecke der Untersuchung noch präzisiert und zwischen verschiedenen Gruppen differenziert werden muss. Wer Träger oder Inhaber eines materiell-rechtlichen Anspruchs ist, bemisst sich nach den gesetzlichen Vorschriften, aus denen das eingeklagte Recht hergeleitet wird.[831]

a) Alle Abstimmungsberechtigten oder Vertrauenspersonen?

Entscheidend ist, ob die subjektiv-öffentliche Rechtsposition aus den kommunalverfassungsrechtlichen Bindungsklauseln in Verbindung mit dem transitorischen Anteil des Gemeindebürgers an der kommunalen Selbstverwaltungsgarantie jedem individuellen Gemeindebürger als Abstimmungsberechtigtem oder nur den Vertrauenspersonen als Gemeinschaft zusteht.[832]

---

830 *Wolff*, in: Sodan/Ziekow, VwGO, § 113, Rn. 34.

831 *Thomas/Putzo*, ZPO, § 51, Rn. 22.

832 Teilweise enthalten die landesrechtlichen Vorschriften Regelungen darüber, wer (im Vorfeld zum Bürgerentscheid) Klage erheben kann: Art. 18 Abs. 8 Satz 2 GO Bayern (vertretungsberechtigte Personen); § 41 Abs. 2 Satz 1 KomWG Baden-Württemberg (jeder Unterzeichner); § 15 Abs. 2 Satz 4 KVerf Brandenburg (Vertrauenspersonen); § 26 Abs. 6 Satz 3 GO Nordrhein-Westfalen (Vertreter des Bürgerbegehrens); § 26 Abs. 6 Satz 5 i.V.m. § 25 Abs. 6 Satz 1 KVG Sachsen-Anhalt (jeder Unterzeichner); § 17 Satz 4 KO i.V.m. § 14 Abs. 6 EBBG Thüringen (Vertrauenspersonen).

Teilweise soll hierunter jeder Abstimmungsberechtigte fallen.[833] Nach dieser Ansicht steht die sich aus den kommunalverfassungsrechtlichen Vorschriften zum Bürgerentscheid ergebende verfahrensrechtliche Teilhabeposition allen Mitunterzeichnern des Bürgerbegehrens und damit sämtlichen Abstimmenden des Bürgerentscheids zu.[834] Dies wird vorrangig damit begründet, dass der Begriff des „Bürgerbegehrens" oder „Bürgerentscheids" nicht denjenigen anführe, der einen entsprechenden Antrag stellen darf, sondern nur in materiell-inhaltlicher Hinsicht Gegenstand und Ziel bezeichne, für welche sich die jeweiligen Unterzeichner und Abstimmenden einsetzen.[835] Die Vorschriften über den kommunalen Bürgerentscheid, dessen Durchführung und Rechtswirkungen in Gestalt der Bindungsklauseln vermittelten dem einzelnen Gemeindebürger daher Mitsprache- und Mitwirkungsrechte, welche durch die ablehnende Entscheidung der Gemeindevertretung verletzt sein könnten.[836]

Dieser Ansicht wird allerdings oft entgegengebracht, sie gehe zu weit und neige zu der von § 42 Abs. 2 VwGO gerade nicht gewollten Popularklage, die jedermann zum Sachwalter der Allgemeininteressen und des Allgemeinwohls mache.[837] Daher wird demgegenüber vertreten, es sei vorzugswürdig, nur den Vertretern des Bürgerbegehrens beziehungsweise den Vertretungsberechtigten des Bürgerentscheids den Anspruch zuzuerkennen.[838] Nach dieser Ansicht verfügt also nur das wirksam zustande gekommene Quorum von Gemeindebürgern über die notwendige Klage- beziehungsweise Antragsbefugnis.[839] Denn nur diese hätten einen klagefähigen Anspruch gegen die Gemeinde auf

833 VGH Baden-Württemberg DVBl 1975, 552 (553); VG Bayreuth, Beschl. v. 21.05.2004 – B 2 E 04.451, BeckRS 2004, 32581 („allenfalls die Gesamtheit der Stimmbürger"); *Menke/Arens*, in: SächsGemO, § 24, Rn. 11.

834 VGH Hessen NVwZ-RR 2020, 805 (806, unter Rn. 29 insoweit auch zur Bemessung des Streitwerts darauf abstellend, dass „auch ein Einzelner das Rechtsschutzziel verfolgen" könne) und NVwZ-RR 2000, 451; NVwZ 1997, 310; *Bennemann*, in: Praxis der Kommunalverwaltung Hessen, B-1 (GO), § 8b, Erl. 151; *Birkenfeld*, Kommunalrecht Hessen, Rn. 295; *Dünchheim*, in: Beck OK Kommunalrecht Hessen, GO, § 8b, Rn. 18 ff.; *Roth*, NVwZ 2019, 1419 (1421); *Schliesky*, DVBl 1998, 169 (172).

835 VGH Hessen NVwZ-RR 2000, 451 (452).

836 Zumindest mittelbar, so *Peine/Starke*, DÖV 2007, 740 (743), der im Ergebnis aber gegen eine Ausweitung ist.

837 *Peine/Starke*, DÖV 2007, 740 (743).

838 Offengelassen in VGH Bayern, Beschl. v. 05.03.1999 – 4 ZE 98.29761; *Gern/Brüning*, Kommunalrecht, Rn. 590; *Fischer*, DÖV 1996, 181 (186).

839 Vgl. *Meyer*, NVwZ 2003, 183 (184); *Jaroschek*, BayVBl 1997, 39 (41).

unverzüglichen Vollzug des Bürgerentscheids. Nach den gesetzlichen Regeln stehe dem Einzelnen keine Befugnis zu, ein Bürgerbegehren einzuleiten.[840] Dabei spiele auch der Einwand keine Rolle[841], wonach die Vertrauenspersonen nur zur Vertretung der Unterzeichner des Bürgerbegehrens befugt seien, wohingegen beim Bürgerentscheid die Bürgerschaft in ihrer Gesamtheit handele.[842] Zur Begründung wird dargelegt, ein Bürgerbegehren sei zu befolgen, wenn es im Wege eines Bürgerentscheids mit hinreichender Mehrheit angenommen wurde. Wenn diese Bedingung eintrete und der Vollzug des Bürgerentscheids dennoch verweigert werde, würden dadurch zumindest mittelbar auch die Mitwirkungsrechte der Unterzeichner des Bürgerbegehrens verletzt. Denn zu deren gegebenenfalls auch verwaltungsgerichtlicher Wahrnehmung seien ebenfalls die Vertrauenspersonen gesetzlich berufen.[843]

Für diese Ansicht streitet, dass die Unterzeichner des Bürgerbegehrens und damit die Vertretungsberechtigten des Bürgerentscheids sowohl innerhalb der Gemeindeverwaltung als auch darüber hinaus als für das direktdemokratische Instrument und entsprechende Verfahren einstehend wahrgenommen werden. Nur sie sollen dementsprechend als Ansprechpartner für die Gemeinde und ihre grundsätzlich zuständigen Vertretungsorgane zur Verfügung stehen. Damit ginge ferner der rein praktische Vorteil einher, dass die Anzahl der Anspruchsberechtigten überschaubar bliebe.[844]

Für die andere Ansicht spricht hingegen, dass sämtliche abstimmenden Gemeindebürger ein über den wie gezeigt vollumfänglich anzuwendenden Grundrechtskatalog nach Art. 1 bis 19 GG schützenswertes Interesse gegenüber der Gemeinde und ihrer Organe daran haben, dass der Bürgerentscheid vollzogen und beachtet wird.[845]

Vor diesem Hintergrund überzeugt die Aussage, wonach eine Anspruchsträgerschaft für alle abstimmungsberechtigten Gemeindebürger zu weit ginge, in der Argumentation sowie im Ergebnis nicht. Mag diese Wertung für die

---

840 VG Darmstadt NVwZ-RR 1995, 156.

841 *Peine/Starke*, DÖV 2007, 740 (743).

842 Diese Frage offengelassen in VGH Bayern, Beschl. v. 21.12.2001 – 4 ZB 00.3538.

843 *Peine/Starke*, DÖV 2007, 740 (743).

844 *Lehner*, in: Kollektivität – Öffentliches Recht zwischen Gruppeninteresse und Gemeinwohl, S. 271 (277), der indes die Privilegierung der Initiativgruppe als Kollektiv in der Sache auch kritisch sieht.

845 Einigkeit besteht fernab dieses Streits auf der anderen Seite darüber, dass weder dem Bürgermeister, noch dem Gemeinderat oder einzelnen Gemeinderatsmitgliedern insoweit eine Klage-/Antragsbefugnis zustehen, *Peine/Starke*, DÖV 2007, 740 (743).

vorgelagerte Konstellation des Bürgerbegehrens und dessen Initiatoren noch rechtlich tragen, kann sie für den erfolgreichen Bürgerentscheid als die Entscheidung, die dem endgültigen Gemeinderatsbeschluss in der Wirkung ausdrücklich gesetzlich gleichgestellt ist, nicht aufrechterhalten werden. Überträgt man diese rechtliche Problematik auf den Gemeinderat, so zeigt sich, dass auch einem einzelnen Gemeinderatsmitglied, das sich an einer Abstimmung enthalten hat oder unter Angabe eines Entschuldigungsgrundes nicht anwesend war, das Recht zukommen muss, den Beschluss des Gemeinderats mitzutragen und seine Umsetzung durch den Bürgermeister zu verlangen.

In diese Überlegung spielt abschließend ein allgemeiner Aspekt zur dargelegten Funktion direkt-demokratischer Instrumente hinein: Geht man davon aus, dass nur die Vertrauenspersonen des Bürgerbegehrens und in Folge daraus die Vertretungsberechtigten des Bürgerentscheids klage- und damit anspruchsbefugt sein sollen, spaltet diese Differenzierung mit Blick auf die Gesamtheit der Abstimmungsberechtigten weitgehend und im Ergebnis unzulässig ab. Man könnte sogar behaupten, hierdurch werde die Position der Vertrauenspersonen beziehungsweise Vertretungsberechtigten zulasten der übrigen Unterzeichnenden, Unterstützer und vor allem Abstimmenden aufgewertet.[846] Auch dadurch wird die plebiszitäre Bedeutung des Bürgerentscheids insgesamt geschwächt.[847]

Daher ist es im Ergebnis überzeugender, die Klage- beziehungsweise Antragsbefugnis allen abstimmungsberechtigten Gemeindebürgern einzeln zuzusprechen.

b) Prozessstandschaft

Zur Lösung der Frage nach der Anspruchsträgerschaft wird weiter vertreten, der einzelne Gemeindebürger könne die Wahrnehmungszuständigkeit der Bürgerschaft im Wege der gewillkürten Prozessstandschaft mittels eines Organstreitverfahrens durchsetzen.[848]

Dies ist jedoch als Konsequenz aus der dargelegten Anspruchsträgerschaft aller Abstimmungsberechtigten im Ergebnis abzulehnen. Zwar ließe sich ein solcher Lösungsweg denktheoretisch konstruieren[849], er erscheint aber in der Gesamtbetrachtung nicht sachgemäß. Denn wie gezeigt bemisst sich die Frage,

---

846 *Bennemann*, in: Praxis der Kommunalverwaltung Hessen, B-1 (GO), § 8b, Erl. 148.

847 *Dünchheim*, jurisPR-ÖffBauR 5/2019, Anm. 1 (unter C., D.).

848 *Fügemann*, DVBl 2004, 343 (352).

849 *Fügemann*, DVBl 2004, 343 (350 f.).

wer Träger eines materiell-rechtlichen Anspruchs ist, nach den gesetzlichen Vorschriften, aus denen das eingeklagte Recht hergeleitet wird.[850]

Dem zum Teil vertretenen Lösungsansatz zur Prozessstandschaft liegt der Gedanke zugrunde, wonach der einzelne Gemeindebürger selbst keine eigenen mitgliedschaftlichen Rechte, sondern nur die Organzuständigkeit der Gemeindebürgerschaft als Kollektiv gerichtlich verteidigen könne. Denn die Geltendmachung eines eigenen organschaftlichen Rechts im eigenen Namen scheitere daran, dass das Verhalten der Gemeindevertretung die Rechtsstellung des Gemeindebürgers nur soweit betreffe, als es seine eigene Abstimmungshandlung durch die fehlende Beachtung des Bürgerentscheids entwerte.[851] Hierin liege eine bloß mittelbare Beeinträchtigung, die die herrschende Meinung in Rechtsprechung und Literatur für die Gewährung von Rechtsschutz aber nicht ausreichen lasse.[852] Der Gemeindebürger kann jedoch auch kein fremdes Recht in fremdem Namen wahrnehmen. Hierzu fehlt es vorliegend an der erforderlichen Ermächtigung.[853]

Daher wird vertreten, der Gemeindebürger könne die Rechte der Gemeindebürgerschaft statt in deren Namen im eigenen Namen geltend machen. Im Verwaltungsprozess ist die Prozessstandschaft grundsätzlich nicht vorgesehen, auch wenn sie unstreitig in den gesetzlich vorgesehenen Fällen als zulässig erachtet wird.[854] Dementsprechend besteht gerade keine Einigkeit darüber, ob auch über die ausdrücklich gesetzlich geregelten Ausnahmen hinaus weitere Ausnahmen zugelassen werden können. Hiergegen spreche die grundsätzliche Konzeption, nach der die verwaltungsgerichtliche Prozessstandschaft im Übrigen ausgeschlossen ist. Ihr treten immer wieder vielfach kritische Stimmen entgegen, welche fordern, dass wie im Zivilprozess auch im Verwaltungsprozess die gewillkürte Prozessstandschaft neben der gesetzlichen anerkannt werden sollte.[855] Zur

---

850 *Thomas/Putzo*, ZPO, § 51, Rn. 22.

851 *Fügemann*, DVBl 2004, 343 (350).

852 *Fügemann*, DVBl 2004, 343 (350) m.w.N. auf BVerwG DVBl 1994, 866 (867); OVG Sachsen NVwZ-RR 1997, 665 (666); OVG Nordrhein-Westfalen NVwZ-RR 1989, 317; VGH Baden-Württemberg NVwZ-RR 1989, 153; DVBl 1993, 212; OVG Rheinland-Pfalz NVwZ 1985, 283 (284); *Groß*, Das Kollegialprinzip in der Verwaltungsorganisation, S. 319; *Gern*, VBlBW 1989, 449 (450 f.).

853 *Fügemann*, DVBl 2004, 343 (350).

854 *Kopp/Schenke*, VwGO, § 42, Rn. 61. Normativ lässt sie sich in § 67 Abs. 2 bis Abs. 7 VwGO verorten.

855 OVG Hamburg NVwZ-RR 1994, 587 = zum Vergleich trotz Nichteingehens auf Stadtstaaten; *Kopp/Schenke*, VwGO, § 42, Rn. 80; *Roth*, Verwaltungsrechtliche

Begründung führen sie insbesondere das Argument des Minderheitenschutzes an.[856] Zugunsten ansonsten vermeintlich nicht angemessen vertretener Gruppen solle ein gesetzlich zunächst nicht erkannter und daher nicht als erforderlich angesehener Rechtsschutz geschaffen werden, der sich auf der Grundlage von rechtsgeschäftlichen Vereinbarungen vollziehe.

Allerdings geht es hierbei schon gar nicht um den Schutz von Minderheiten, sondern vielmehr um strukturelle Defizite, denen es angemessen zu begegnen gilt. Sie sind kausal für die fehlende Durchsetzbarkeit der Organzuständigkeit der kollektiven Gemeindebürgerschaft. Konkret handelt es sich bei diesen strukturellen Defiziten wie gezeigt um die mangelnde Institutionalisierung der Gemeindebürgerschaft, die seitens des Gesetzgebers nicht ausdrücklich – das heißt durch bewusst hierauf zugeschnittene normative Vorgaben – aufgegriffen wurde.[857] Manche wollen hierin einen Anhaltspunkt sehen, dass der Gemeindebürger in einer derartig ungewöhnlichen Sonderbeziehung zum Streitgegenstand steht, die es rechtfertigt beziehungsweise sogar geboten erscheinen lässt, ihn die organschaftlichen Rechte seines Organs, dem er als Mitglied angehört (Gemeindebürgerschaft), durchsetzen zu lassen.[858] Hierin liege die von § 42 Abs. 2 VwGO geforderte individuelle Betroffenheit, welche gerade auch durch ein organschaftliches Recht vermittelt werden könne.[859] Folglich seien bei mehreren klagenden Gemeindebürgern die von ihnen jeweils eingeleiteten gerichtlichen Einzelverfahren zu verbinden und nach den Regeln der prozessualen Streitgenossenschaft zu behandeln.[860]

Dieser Ansatz vermag im Ergebnis allerdings nicht zu überzeugen.[861] Zwar ist ihm zugute zu halten, dass – wie er es ausführt –[862] in der Tat die Gemeindebürgerschaft durch ihre Entscheidung im Rahmen des Bürgerentscheids eine sachliche Meinung zu erkennen gegeben hat.[863] Allein daran einen Gedanken des Minderheitenschutzes und sogar noch weiter ein Bedürfnis zur Anerkennung

---

Organstreitigkeiten, S. 945; *Waechter*, Kommunalrecht, Rn. 411a; *Bethge*, Die Verwaltung 8 (1975), 459 (475 f.).

856 *Fügemann*, DVBl 2004, 343 (351).

857 *Fügemann*, DVBl 2004, 343 (347).

858 *Fügemann*, DVBl 2004, 343 (351).

859 *Kopp/Schenke*, VwGO, § 42, Rn. 80 m.w.N.

860 *Fügemann*, DVBl 2004, 343 (351).

861 So auch VGH Hessen NVwZ-RR 2020, 805 (806).

862 *Fischer*, DÖV 1996, 181 (185), dort allerdings nicht für die kollektive Gemeindebürgerschaft, sondern für das Bürgerbegehren als (Quasi-) Organ.

863 *Fügemann*, DVBl 2004, 343 (351).

einer gewillkürten Prozessstandschaft im Verwaltungsprozess festzumachen, geht hingegen zu weit.

Zudem bringt eine solche gewillkürte Prozessstandschaft die Durchsetzung der Organzuständigkeit der kollektiven Gemeindebürgerschaft durch den prozessstandschaftlich handelnden einzelnen Gemeindebürger äußert dicht an eine objektiv-rechtliche Beanstandung heran.[864] Diese Folge aber verkehrt die hier eigentlich relevante Intention, gerichtlich einklagbare wehrhafte Rechtspositionen herzuleiten, in ihr nicht gewolltes Gegenteil. Diese interessen- und sachwidrige Konsequenz einfach lediglich – zumal ohne irgendeine geschweige denn eine vertiefte Begründung – über die Annahme einer prozessual notwendigen Streitgenossenschaft nach § 65 VwGO zu lösen, greift viel zu kurz.

Hinzu kommt, dass diese Konstellation nicht die Voraussetzungen erfüllt, die allgemein erforderlich sind, um als ausdrückliche Grundlage für eine Klageerhebung in der Hauptsache oder Antragstellung im einstweiligen Rechtsschutzverfahren dienen zu können. Nach dem zivilprozessualen Verständnis zur gewillkürten Prozessstandschaft, das ja ausweislich der besagten Ansicht als Vergleichswert herangezogen werden soll, braucht es hierfür kumulativ eine durch zweiseitigen Übertragungsakt wirksame Übertragung der Befugnis, ein Recht einzuklagen, bei Schutzbedürftigkeit aller daran Beteiligten.[865] Auf diese Anforderungen geht die genannte Ansicht aber nicht ein. Auch lässt sich ihr eine konkludente Behandlung nicht entnehmen. In diesem Zusammenhang ist der fragliche Lösungsansatz weiter dem berechtigten Kritikpunkt ausgesetzt[866], hierdurch werde der Gemeindebürgerschaft eine Klagemöglichkeit und damit ein Rechtsstreit „oktroyiert", weil sie diesen freiwillig nicht führen würde.[867]

Im Ergebnis werden die herausgestellten strukturellen Defizite vielmehr kompensiert durch die nicht ausdrücklich hierfür geschaffenen, aber insoweit gut vertretbar auslegbaren kommunalverfassungsrechtlichen Vorschriften zur Bindungswirkung des Bürgerentscheids.

---

864 A.A.: *Fügemann,* DVBl 2004, 343 (351).

865 *Hübsch,* in: Vorwerk/Wolf, Beck OK ZPO, Rn. 46 ff.

866 *Fügemann,* DVBl 2004, 343 (351).

867 So geäußert von *Jaroschek,* BayVBl 1997, 39 (41). Er verweist auf das vermeintlich rechtsstaatlich bedenkliche Ergebnis, dass Gemeindebürgern, die gar nicht abgestimmt haben, Klagerechte zugeschrieben würden, sowie darauf, dass die Vorschriften über die Einleitung des Bürgerbegehrens nur das Recht auf Beantragung des Bürgerentscheids, nicht auch auf dessen Einklagbarkeit vorsähen.

2. *Anspruchsinhalt*

Die so hergeleitete Aktivlegitimation besteht in zweifacher Ausgestaltung. Denn die Umsetzung des Bürgerentscheids kann wie gezeigt auf zwei verschiedene Weisen vereitelt werden. Entweder verweigern die gesetzlich hierzu verpflichteten Stellen den Umsetzungsakt oder aber es erfolgt zwar eine Umsetzung, aber nicht in der durch den Bürgerentscheid vorgegebenen, sondern einer ihm gegenteiligen Art und Weise. Obwohl sich die beiden Konstellationen nur faktisch, nicht aber rechtlich unterscheiden,[868] werden zur Verdeutlichung und wegen punktueller Sonderprobleme beide getrennt dargestellt.

a) Recht auf Vollzug des Bürgerentscheids

Für den Fall, dass die Gemeindevertretung nach der Entscheidung der Bürgerschaft gänzlich untätig bleibt und diese so vereitelt, muss sie zur Umsetzung des Bürgerentscheids und des darin gefundenen Ergebnisses angehalten werden.[869]

aa) Vollziehbarkeit

Hierbei können jedoch Vollzugshindernisse auftreten.

(1) Vollzug von Grundsatzentscheidungen

Ein Problem besteht darin, dass unter Umständen das Ergebnis der Abstimmung für sich genommen nicht vollzugsfähig ist. Dieses Hindernis der fehlenden Vollziehbarkeit des Bürgerentscheids kann auftreten, wenn der Bürgerentscheid – zulässigerweise[870] – lediglich eine Grundsatzentscheidung beinhaltet. In diesem Fall wird in ihm einzig eine Aussage zum Ob einer Maßnahme getroffen, nicht hingegen zum Wie.

Dieses Vollzugshindernis lässt sich allerdings dergestalt auflösen, dass ein gestuftes Vollzugsverfahren zur Anwendung kommt:[871] In diesem Fall bedarf das Ob nämlich regelmäßig einer weiteren Ausformung durch den Rat entsprechend der im Wege des Bürgerentscheids aufgestellten Vorgaben.[872]

---

868 *Fügemann*, DVBl 2004, 343 (350).

869 *Fügemann*, DVBl 2004, 343 (351); gegen einen derartig weiten Schutz aber *Dietlein*, in: Praxis der Kommunalverwaltung Rheinland-Pfalz, B-1 (GemO), § 17a, Erl. 5.4.3.

870 Hierzu *Dietlein*, in: Praxis der Kommunalverwaltung Rheinland-Pfalz, B-1 (GemO), § 17a, Erl. 3.2.2.

871 *Peine/Starke*, DÖV 2007, 740 (741).

872 *Dietlein*, in: Praxis der Kommunalverwaltung Rheinland-Pfalz, B-1 (GemO), § 17a, Erl. 5.4.3.

Aufgrund seiner beschriebenen Allzuständigkeit in Angelegenheiten der örtlichen Gemeinschaft (Verbands-, Organkompetenz) ist der Gemeinderat zur Übernahme der Behandlung dieses unbeantwortet gebliebenen Wie der beschlossenen Maßnahme berufen. Die zuvor bei der Gemeindebürgerschaft gelegene Zuständigkeit wechselt wieder zu ihm zurück und bemächtigt ihn dazu, die noch offenen Fragen zur Umsetzung der Maßnahme zu beantworten, ohne dabei freilich die im Bürgerentscheid gefundene grundsätzliche Entscheidung zum Ob der Maßnahme zu konterkarieren. Das heißt, er darf das Abstimmungsergebnis nicht einfach unbeachtet lassen. Vielmehr trifft ihn die Pflicht, über das Wie der Maßnahme zu entscheiden und auf diese Weise den Bürgerentscheid vollziehbar zu machen.[873] So wirkt er selbst darin mit, das anfängliche Vollzugshindernis im Interesse der Gemeinde aus dem Weg zu räumen. Andernfalls nämlich könnte es dazu kommen, dass der Gemeinderat den Vollzug eines ihm politisch unangenehmen Abstimmungsergebnisses durch bloßes Nichtstun umgeht. Dann aber wäre die Grenze der grundsätzlich allumfassenden gemeindlichen Entscheidungskompetenz des Rates sowie seines politischen Gestaltungsspielraums überschritten.[874]

In diesem Lösungsweg liegt auch keine Umgehung der Bindungsklauseln, da diese nach ihrem einheitlichen Regelungszweck insofern lediglich vorgeben, dass der Gemeinderat keine Entscheidungen treffen darf, die den Vorgaben des Bürgerentscheids zuwiderlaufen, das heißt, dass der Bürgerentscheid vom Gemeinderat beachtet wird, – nicht aber auch, wie dies im Detail geschieht. Daher ist es durchaus denkbar und zulässig, dass die inhaltlich-sachliche Materie des Bürgerentscheids zum Gegenstand von Gemeinderatsbeschlüssen gemacht wird.[875]

Im Anschluss an dieses gestufte Verfahren greift der grundsätzliche und hiervon unberührte Normmechanismus, der besagt, dass der Bürgermeister die vom Gemeinderat beschlossene Maßnahme zu vollziehen hat.[876]

---

873 *Ritgen*, Bürgerbegehren und Bürgerentscheid, S. 244 f.

874 *Peine/Starke*, DÖV 2007, 740 (741).

875 Zu all dem *Dietlein*, in Praxis der Kommunalverwaltung Rheinland-Pfalz, B-1 (GemO), § 17a, Erl. 5.4.3.

876 § 43 Abs. 1 GemO Baden-Württemberg; Art. 36 GO Bayern; § 54 Abs. 1 Nr. 2 KVerf Brandenburg; § 70 Abs. 1 GO Hessen; § 38 Abs. 3 KV Mecklenburg-Vorpommern; § 85 Abs. 1 Satz 1 Nr. 2 KomVG Niedersachsen; §§ 62 Abs. 2, 60 GO Nordrhein-Westfalen; § 47 Abs. 1 Nr. 2 GemO Rheinland-Pfalz; § 59 Abs. 2 KSVG Saarland; § 52 Abs. 1 GemO Sachsen; § 65 Abs. 1 KVG Sachsen-Anhalt; § 55 Abs. 1 Nr. 2 GO Schleswig-Holstein; § 29 Abs. 1 Satz 2 KO Thüringen.

(2) Grundsätzliche Vollzugshindernisse

Dies alles gilt freilich nur dann, wenn die geschilderten grundsätzlichen Voraussetzungen zur Verbindlichkeit des Bürgerentscheids (Vereinbarkeit mit geltendem Recht, Art. 20 Abs. 2 und 3 GG) erfüllt sind. Andernfalls – wenn also ein rechtswidriges Abstimmungsergebnis vorliegt – muss der Bürgermeister dieses wie einen rechtswidrigen Beschluss des Gemeinderats beanstanden[877] beziehungsweise entfällt schon seine gesetzliche Pflicht, ihn umzusetzen.

bb) Vollzugsmodalitäten

Genauso wenig wie Gemeinderatsbeschlüsse erfahren Bürgerentscheide ausdrückliche Gesetzesvorgaben, bis zu welchem Zeitpunkt sie zu vollziehen sind.[878] Damit fehlt es an einer ausdrücklichen normativen Aussage zu den Vollzugsmodalitäten eines Bürgerentscheids. Der Vollzug von Beschlüssen des Gemeinderates als solcher zählt zwar zu den Amtspflichten des Bürgermeisters.[879] Ein Zeitrahmen ist dadurch aber nicht festgelegt. Fraglich ist mithin, wann er zum Vollzug verpflichtet ist und wie lang er mit dem Vollzug zuwarten kann.[880]

(1) Fristenlösung

Die normative Aussage zur Bindungswirkung des Bürgerentscheids schließt sich in den meisten Kommunalverfassungen an die Regelung der Äquivalenzwirkung an. Danach steht der erfolgreiche Bürgerentscheid einem endgültigen Beschluss der Gemeindevertretung gleich. Daher könnte man hinsichtlich der Vollzugsfrist an die dort geregelte Frist[881]

---

877 Dies gilt natürlich nur in den Kommunalverfassungen derjenigen Bundesländer, bei denen – anders als in § 8b Abs. 7 Satz 3 GO Hessen; §§ 42, 17a Abs. 8 Satz 2 GemO Rheinland-Pfalz; § 21a Abs. 7 Satz 2 KSVG Saarland; § 27 Abs. 4 Satz 2 KVG Sachsen-Anhalt; § 43 GO Schleswig-Holstein – das interne Beanstandungsverfahren nicht ausgenommen wurde. Dort wiederum liegt die Kontrolle einzig bei der staatlichen Kommunalaufsichtsbehörde.

878 *Peine/Starke*, DÖV 2007, 740 (741).

879 Exemplarisch *Stubenrauch*, in: Praxis der Kommunalverwaltung Rheinland-Pfalz, B-1 (GemO), § 47, Erl. 2.2.2.

880 *Peine/Starke*, DÖV 2007, 740 (741).

881 § 21 Abs. 7 Satz 2 GemO Baden-Württemberg; Art. 18a Abs. 13 Satz 2 GO Bayern; § 15 Abs. 5 Satz 2 KVerf Brandenburg; § § 8b Abs. 7 Satz 2 GO Hessen; § § 20 Abs. 1 Satz 2 KV Mecklenburg-Vorpommern; § 33 Abs. 4 Satz 2 KomVG Niedersachsen; § 26 Abs. 8 Satz 2 GO Nordrhein-Westfalen; § 17a Abs. 8 Satz 3 GemO Rheinland-Pfalz;

anknüpfen.[882]

Dieser Ansatz erscheint aus rechtssystematischer Sicht zunächst naheliegend und sinnig. Wendet man diesen Ansatz an und führt ihn gedanklich zu Ende, stellt sich indes ein widersprüchliches und unsachgerechtes Ergebnis ein: Unterlässt es der Bürgermeister innerhalb der gesetzlichen Frist, den Bürgerentscheid zu vollziehen, würde hieraus keine Verletzung seiner Amtspflicht folgen. Denn innerhalb des dort normierten Zeitrahmens bestünde ja gerade eben noch keine Pflicht, den Bürgerentscheid zu vollziehen. Vielmehr liegt in dieser Frist wie gezeigt eine Art Schonfrist für den Gemeinderat und sein berechtigtes Interesse an einer angemessenen Umsetzung des Bürgerentscheids unter Berücksichtigung sowohl seines Ergebnisses als auch der sonstigen anstehenden Aufgaben des kommunalen Hauptvertretungsorgans. Vollzieht der Bürgermeister den Bürgerentscheid hingegen erst nach Ablauf der gesetzlichen Frist, wäre sein damit verbundenes Unterlassen ebenfalls kein Verstoß gegen seine Amtspflicht. Denn seine Pflicht zum Vollzug des Bürgerentscheids besteht dann nicht länger. Die Bindung des Gemeinderates an das im Bürgerentscheid gefundene Abstimmungsergebnis entfällt. Das heißt, dass unabhängig von der gesetzlichen Frist ein Unterlassen des Bürgermeisters nie zu einem Verstoß seiner Amtspflicht führt. Hinsichtlich der Frage der Vollzugsmodalitäten erweist sich die Frist damit als unergiebig. Dadurch, dass weder innerhalb noch außerhalb der besagten Frist der Bürgermeister rechtlich dazu angehalten werden kann, den Bürgerentscheid zu vollziehen, ergibt sich im Ergebnis eine Regelungslücke.[883]

Eine weitere Schwäche dieser Lösungsansatzes wird offenbar, wenn man den ausdrücklich gesetzlich geforderten Vergleich des erfolgreichen Bürgerentscheids mit dem endgültigen Gemeinderatsbeschluss fortbetreibt: Praktisch gesehen erscheint es sinnwidrig und kaum realistisch, wenn man dem Bürgermeister für den Vollzug eines vollziehbaren Gemeinderatsbeschlusses die volle gesetzliche Frist von im Regelfall der meisten kommunalverfassungsrechtlichen Vorschriften einem Jahr[884] oder zwei[885] bis

§ 21a Abs. 7 Satz 2 KSVG Saarland; § 24 Abs. 4 Satz 1 GemO Sachsen; § 26 Abs. 4 Satz 2 KVG Sachsen-Anhalt; § 16g Abs. 8 Satz 2 GO Schleswig-Holstein; § 17 Satz 4 KO i.V.m. § 23 Abs. 3 Satz 1, 6 EBBG Thüringen.

882 *Peine/Starke*, DÖV 2007, 740 (741).

883 So auch zu all dem *Peine/Starke*, DÖV 2007, 740 (741), die damit einhergehend zusätzlich eine „Rechtsschutzlücke“ diagnostizieren.

884 Art. 18a Abs. 13 Satz 2 GO Bayern.

885 § 15 Abs. 5 Satz 2 KVerf Brandenburg; § 20 Abs. 1 Satz 2 KV Mecklenburg-Vorpommern; § 33 Abs. 4 Satz 2 KomVG Niedersachsen; § 26 Abs. 8 Satz 2 GO

drei[886] Jahren einräumen würde. Im Hinblick auf den gesetzlichen Auftrag und die Amtspflicht des Bürgermeisters stellt sich dies vielmehr als unverhältnismäßig lange Zeitspanne dar.[887]

Mit diesen beiden gewichtigen Gegenargumenten ist der Schluss zu ziehen, dass die Fristenlösung die gesetzlich intendierte Äquivalenzwirkung von erfolgreichem Bürgerentscheid und endgültigem Gemeinderatsbeschluss eher unterläuft als sie fördert. Damit erweist sich der Lösungsweg über die Anknüpfung an die in den kommunalverfassungsrechtlichen Vorschriften festgelegte Frist als verfehlt. Die ermittelte Regelungslücke muss stattdessen anders gefüllt werden.

(2) Verschuldenslösung

Dem anfangs herangezogenen Grundgedanken der Äquivalenz zwischen dem erfolgreichen Bürgerentscheid und dem endgültigen Gemeinderatsbeschluss wird stattdessen ein anderer Lösungsansatz eher gerecht. Dieser geht davon aus, dass der Bürgermeister kein Recht hat, mit dem Vollzug des Bürgerentscheids zuzuwarten, sondern ihn vielmehr eine Pflicht trifft, ihn unverzüglich im Sinne von § 121 BGB zu vollziehen. Er unterliegt danach einem Verbot des sogenannten schulhaften Zögerns.[888] Beweisrechtlich steckt hierin eine Fiktion: Im ersten Zugriff wird davon ausgegangen, dass der Bürgermeister den Vollzug des Bürgerentscheids aufgrund eines eigenen Verschuldens unterlässt. Um die Frage nach dem damit entscheidenden Verschulden des Bürgermeisters beurteilen zu können, wird auf die sogenannte „Tendenz zum Vollzug" als maßgebliches Kriterium abgestellt: Aus dem Gesamtbild des Handelns, das der Bürgermeister an den Tag legt, muss eine solche Tendenz objektiv erkennbar sein. Sie gibt ihm vor, durch sein Unterlassen nicht den Vollzug des Bürgerentscheids als solchen verhindern zu wollen. Dabei kann der Bürgermeister selbst durch schlüssige Darlegungen die ihn als Beweislast treffende Vermutung widerlegen, dass sein Zögern schuldhaft im Sinne von § 121 BGB ist.[889]

Nordrhein-Westfalen; § 21a Abs. 7 Satz 2 KSVG Saarland; § 27 Abs. 4 Satz 3 KVG Sachsen-Anhalt; § 16g Abs. 8 Satz 2 GO Schleswig-Holstein.

886 § 21 Abs. 7 Satz 2 GemO Baden-Württemberg; § 8b Abs. 7 Satz 2 GO Hessen; § 17a Abs. 8 Satz 3 GemO Rheinland-Pfalz § 24 Abs. 4 Satz 2 GemO Sachsen.

887 *Peine/Starke*, DÖV 2007, 740 (741).

888 OVG Sachsen LKV 2007, 520 (521); *von Mutius/Rentsch*, Kommunalverfassungsrecht Schleswig-Holstein, Band 1, § 16g GO, Rn. 19.

889 Zu all dem *Peine/Starke*, DÖV 2007, 740 (742).

Freilich geht die Fiktion des Verschuldens nicht so weit, dass sich der Bürgermeister auf keinerlei sachliche Rechtfertigungsgründe für sein Zögern berufen könnte. Wegen der auch insofern maßgeblichen „Tendenz zum Vollzug“ aber sind auch hierbei nur solche Gründe anerkannt, die zu einem lediglich kurzfristigen Aufschub führen. Der naheliegendste Rechtfertigungsgrund dafür, den Bürgerentscheid nicht zu vollziehen, besteht in der Vorbereitung eines neuen Bürgerentscheids. So wäre es etwa möglich, dass der Gemeinderat den Bürgermeister beauftragt, ihm eine Vorlage für die Durchführung eines neuen Bürgerentscheids zur Beschlussfassung in einer bestimmten gemeindlichen Angelegenheit zu erarbeiten.[890] Hintergrund könnte sein, dass die Bindung an den bereits vorliegenden Bürgerentscheid beseitigt werden soll, weil dieser für den Gemeinderat nur schwerlich umgesetzt werden kann. Beispielsweise könnte eine Grundsatzentscheidung über das Ob einer bestimmten Maßnahme im Bürgerentscheid erfolgreich getroffen worden sein, woraufhin aber der Gemeinderat hinsichtlich des Wie dieser Maßnahme politischen Unsicherheiten begegnet und auch diese durch einen neuen Bürgerentscheid absichern lassen will. Oder aber es haben sich mit Blick auf die Maßnahme in der Zwischenzeit neue wesentliche Umstände tatsächlicher oder rechtlicher Art eingestellt, auf die mit einem neuen Bürgerentscheid reagiert werden soll. Grundsätzlich kann diese Konstellation dazu geeignet sein, ein Zögern beim Vollzug des zeitlich ersten Bürgerentscheids zu rechtfertigen.[891] Allerdings muss hierfür der neue Bürgerentscheid mit einer erhöhten Wahrscheinlichkeit genauso erfolgreich sein wie der alte. Denn nur dann kann dem anfangs ausgeführten Grundgedanken der Äquivalenz des erfolgreichen Bürgerentscheids mit dem endgültigen Gemeinderatsbeschluss angemessen entsprochen werden. Dazu ist erforderlich, dass die Initiative zur Herbeiführung des neuen Bürgerentscheids eine begründete (Erfolgs-) Aussicht darauf hat, in der Gemeindevertretung die gesetzlich erforderliche Mehrheit zu erhalten.[892] Eine rein theoretisch denkbare Möglichkeit genügt hierfür jedoch

---

890 *Peine/Starke*, DÖV 2007, 740 (742).

891 Dies gilt indes nur fernab der wie gezeigt in alle Modelle der Bindungsklauseln zu integrierenden Öffnungsklausel, die ja gerade auf eine wesentlich andere Sach- oder Rechtslage zu reagieren ermächtigt.

892 Diesbzgl. verlangen die Kommunalverfassungen der Länder unterschiedliche Mehrheiten: § 21 Abs. 7 GemO Baden-Württemberg; Art. 18a Abs. 12 GO Bayern; § 15 Abs. 4 KVerf Brandenburg; § 8b Abs. 6 GO Hessen; § 20 Abs. 6 KV Mecklenburg-Vorpommern; § 33 Abs. 3 KomVG Niedersachsen; § 26 Abs. 7 GO Nordrhein-Westfalen; § 17a Abs. 7 GemO Rheinland-Pfalz; § 27 Abs. 3 KVG Sachsen-Anhalt; Zwei-Drittel-Mehrheit in § 24 Abs. 3 GemO Sachsen; § 21a Abs. 6 KSVG Saarland;

nicht. Erscheint es also aufgrund einer objektiv vernünftigen Würdigung der politischen Kräfteverhältnisse im Gemeinderat gänzlich ausgeschlossen, dass die gesetzlich vorgeschriebenen Voraussetzungen – vor allem die Stimmenmehrheiten – zur Durchführung eines neuen Bürgerentscheids erfüllt werden, stellt ein Berufen auf die theoretische Möglichkeit eines solchen Beschlusses eine rein „rechtsmissbräuchliche Verzögerungstaktik“ dar. Dass hierin kein sachlicher Rechtfertigungsgrund zu sehen ist, liegt auf der Hand. Denn ansonsten könnte der Gemeinderat und damit der Bürgermeister als dessen Vorsteher durch mehrere solch aussichtsloser Anträge die Verpflichtung der Gemeindevertretung zur unverzüglichen Herbeiführung der Vollzugsfähigkeit des Bürgerentscheids konterkarieren.[893]

b) Recht auf Beachtung des Bürgerentscheids

Die hier und anderswo im Schrifttum[894] vertretene Ansicht, dass dem Gemeindebürger ein gegenüber der Gemeinde und ihrer Vertretung somit inhaltlich umfassendes und durchsetzbares subjektiv-öffentliches Recht auf Beachtung des Bürgerentscheids zukommt, sieht in diesem Recht keinen Ausfluss aus dem allgemeinen Teilhaberecht an dem Bürgerentscheid als solchem[895], sondern stellt zur Herleitung dieses Rechts auf die Vorschriften über die Bindungswirkung des Bürgerentscheids ab. Der Hintergrund hierfür liegt in der Annahme, dass aus dem *status activus* des Bürgers ein Recht auf Beachtung des Bürgerentscheids nicht folgen kann, weil in die Abstimmung als solche bei der Durchführung des Bürgerentscheids nicht oder zumindest nicht unmittelbar, sondern lediglich in ihrem Nachgang eingegriffen wird. Das Verhalten der Gemeindevertretung in Gestalt der fehlenden Beachtung des Bürgerentscheids und seines Ergebnisses trifft die Rechtstellung des Gemeindebürgers nur so weit, als es seine Abstimmungshandlung abwertet. Jedoch genügt eine derartige lediglich mittelbare Beeinträchtigung für die Gewährung von Rechtsschutz gerade nicht.[896]

---

§ 16g Abs. 7 GO Schleswig-Holstein; § 17 Satz 4 KO i.V.m. § 23 Abs. 1 EBBG Thüringen.

893 *Peine/Starke*, DÖV 2007, 740 (742).

894 Z.B. *Peine/Starke*, DÖV 2007, 740; *Schroeder*, Henrik, Die Sperrwirkung und das Sicherungsrecht des Bürgerbegehrens, S. 42; *Ritgen*, Bürgerentscheid und Bürgerbegehren, S. 114, 286 f.; *Fischer*, DÖV 1996, 181 (186); *Hager*, VerwArch 84 (1993), 97 (118).

895 *Fügemann*, DVBl 2004, 343 (350).

896 *Fügemann*, DVBl 2004, 343 (350) m.w.N. auf die h.M. in Rspr.: BVerwG DVBl 1994, 866 (867); OVG Sachsen NVwZ-RR 1997, 665 (666); OVG Nordrhein-Westfalen

Aufgrund der geschilderten Wertung, dass die kommunalverfassungsrechtlichen Vorschriften über die staatliche Rechtsaufsicht – da sie dem öffentlichen Interesse zu dienen bestimmt sind – keinen Anspruch auf aufsichtsbehördliches Einschreiten begründen[897], diesem Zweck nicht hinreichend Genüge zu tragen vermögen, bedarf es hierzu geeigneter Rechtsmechanismen.

In inhaltlicher Hinsicht greift der so hergeleitete Schutz das entsprechende Recht auf Beachtung des Bürgerentscheids umfassend. Das heißt, dass es dabei nicht darauf ankommt, ob sich der als Verfahrensgegner auftretende Gemeinderat ausdrücklich gegen den Gegenstand des Bürgerentscheids oder nur inhaltlich-konkludent gegen dessen Maßnahmen richtet.[898]

Was dem Gemeinderat in diesem Zusammenhang natürlich zunächst einmal berechtigterweise einfallen könnte, wäre einen sogenannten wiederholenden Ratsbürgerentscheid anzustrengen. Denn damit könnte er eine erneute Befassung der Gemeindebürger mit der Angelegenheit erreichen, ohne sich selbst der Gefahr auszusetzen, gegen das Verbot, den Bürgerentscheid und dessen Ergebnis unbeachtet zu lassen, zu verstoßen. Der Beschluss, die konkrete materielle Frage (wiederum) den Bürger vorzulegen, stellt für sich genommen nämlich keine abändernde Entscheidung des Rates dar.[899] Allerdings sind wie gezeigt die Bindungsklauseln auf die Konstellation der Ratsbürgerentscheide höchstens mittelbar anwendbar. Daher wird der Ansatz vertreten, in Bezug auf Ratsbürgerentscheide seien die Bindungsklauseln dahingehend erweitert auszulegen, dass sie während der dort geregelten Fristen auch vor der gemeindeorganseitigen Einleitung eines neuerlichen Ratsbürgerentscheids über die in Rede stehende Sachfrage schützen sollen.[900] Für diesen Ansatz spricht, dass wenn andernfalls hierbei gar keine Fristenbindung stattfände, in der Folge die gesetzlich vorgesehenen Rechtsfolgen von Bürgerbegehren und -entscheid seitens der Gemeindeorgane unterlaufen und so diese beiden Rechtsinstitute als solche geschwächt würden. Der Begriff der „Abänderung" in den Bindungsklauseln sowie der

---

NVwZ-RR 1989, 317; VGH Baden-Württemberg NVwZ-RR 1989, 153; DVBl 1993, 212; OVG Rheinland-Pfalz NVwZ 1985, 283 (284) u. Lit.: *Groß*, Das Kollegialprinzip in der Verwaltungsorganisation, S. 319; *Gern*, VBlBW 1989, 449 (450 f.).

897 BVerwG DÖV 1972, 723; *Brüning/Vogelsang*, Die Kommunalaufsicht, Rn. 129.

898 *Dietlein*, in: Praxis der Kommunalverwaltung Rheinland-Pfalz, B-1 (GemO), § 17a, Erl. 5.4.3.

899 *Dietlein*, in: Praxis der Kommunalverwaltung Rheinland-Pfalz, B-1 (GemO), § 17a, Erl. 4.2.4.

900 Zu § 17a Abs. 8 Satz 3 GemO Rheinland-Pfalz verhält sich *Dietlein*, in: Praxis der Kommunalverwaltung Rheinland-Pfalz, B-1 (GemO), § 17a, Erl. 5.4.3.

dadurch vermittelte subjektiv-rechtliche Schutz zugunsten der Gemeindebürger erfassen daher im Ergebnis auch die Einleitung eines Ratsbürgerentscheids. Diese Lösung gilt jedoch im Wege der angestellten Modellbetrachtung der Bindungsklauseln nicht für die Kommunalverfassungen derjenigen Bundesländer, die einen vertretungskörperschaftlich initiierten Bürgerentscheid gerade ausdrücklich als Voraussetzung für eine Änderung regeln (Modell 3 in Niedersachsen[901], Nordrhein-Westfalen[902] und dem Saarland[903]).

In zeitlicher Hinsicht greift dieser Schutz bis zum Ende der kommunalverfassungsrechtlich ausdrücklich geregelten Bindungsfrist[904]. Dies gilt wie gezeigt insbesondere auch, wenn – wie zum Beispiel in § 8b Abs. 7 Satz 2 der hessischen Gemeindeordnung – festgelegt ist, dass ein Bürgerentscheid „frühestens nach drei Jahren" von der Gemeindevertretung abgeändert werden kann. Denn dies würde ja nicht automatisch ausschließen, dass zu einem späteren Zeitpunkt – etwa nach 3,5 oder 4 Jahren – genau eine solche Änderung ohne Verstoß der gemeindlichen Vertretungsorgane gegen die Bindungsklausel erfolgen kann. Diese Vorschrift bedeutet nämlich nicht, dass die Bindungswirkung nicht von Gesetzes wegen erlischt. Auch bedarf es hierzu keines gesonderten Aufhebungsbeschlusses durch den Gemeinderat.[905]

III. Passivlegitimation

Passivlegitimiert ist der sachliche Streitgegner, der für die juristische Person auf- und sie vertritt.[906] Konkret ist das der Gemeinderat als das grundsätzlich für die Gemeinde handelnde Vertretungsorgan. Diese Konstellation stellt wie gesehen eine Besonderheit dar, da sie von der normativen Systematik aus §§ 61, 62, 78 VwGO insofern abweicht, als hierin je nach landesgesetzlicher Ausgestaltung

---

901 § 33 Abs. 4 Satz 2 KomVG Niedersachsen.

902 § 26 Abs. 8 Satz 2 GO Nordrhein-Westfalen.

903 § 21a Abs. 7 Satz 2 KSVG Saarland.

904 § 21 Abs. 8 Satz 2 GemO Baden-Württemberg (3 Jahre); Art. 18a Abs. 13 Satz 2 GO Bayern (1 Jahr); § 15 Abs. 5 Satz 2 KVerf Brandenburg (2 Jahre); § 8b Abs. 7 Satz 2 GO Hessen (3 Jahre); § 20 Abs. 1 Satz 2 KV Mecklenburg-Vorpommern (2 Jahre); § 33 Abs. 4 Satz 2 KomVG Niedersachsen (2 Jahre); § 26 Abs. 8 Satz 2 GO Nordrhein-Westfalen (2 Jahre); § 17a Abs. 8 Satz 3 GemO Rheinland-Pfalz (3 Jahre); § 21a Abs. 8 Satz 2 KSVG Saarland (2 Jahre); § 24 Abs. 4 Satz 2 GO Sachsen (3 Jahre); § 27 Abs. 4 Satz 3 KVG Sachsen-Anhalt (2 Jahre); § 16 Abs. 8 Satz 2 GO Schleswig-Holstein (2 Jahre); § 17 Satz 4 KO i.V.m. § 23 Abs. 3 Satz 1, 6 EBBG Thüringen (2 Jahre).

905 Anders aber *Dziallas/Jäger*, KommJur 2016, 6 (8) m.w.N.

906 OVG Rheinland-Pfalz NVwZ-RR 1995, 411 (412).

entweder das Behörden-[907] oder Rechtsträgerprinzip[908] gewählt ist. Normalerweise ist nicht der sachliche Streitgegner als solcher selbst passivlegitimiert, sondern das Organ selbst, für das der Streitgegner nur auf- und das er zeitweise vertritt. Dies gilt vor allem im Intraorganstreit, der aber wie gezeigt hier nicht statthaft ist. Denn bei diesem Innenrechtsstreit macht es keinen Sinn, wenn das Organ sich selbst verklagt. Daher wird ausnahmsweise seinen Teilorganen die aktive beziehungsweise passive Klagefähigkeit verliehen. Trotzdem schlägt sich die beschriebene prozessrechtliche Besonderheit auch hier – freilich in modifizierter Form – nieder. Hiergegen ließe sich zwar anführen, dass es mit dem klagenden Gemeindebürger einen außerhalb der Verwaltung stehenden Dritten gibt, der die Gemeinde zum Gegner hat. Allerdings entspräche es ja gerade nicht der hergeleiteten Interessenlage des Gemeindebürgers, gegen die Gemeinde, für deren öffentliche Belange er eintritt, vorzugehen.

IV. Entscheidung und Rechtsfolge

Das Gericht entscheidet über das Bestehen des Anspruchs und erlässt in seinem Ausspruch die Rechtsfolge, nach der der Gemeindebürger kraft seines hergeleiteten subjektiv-öffentlichen Rechts von der Gemeindevertretung innerhalb der gesetzlichen Bindungsfristen aus den entsprechenden kommunalverfassungsrechtlichen Vorschriften verlangen kann, dass das Ergebnis des Bürgerentscheids umgesetzt wird.

Sind die tatbestandlichen Voraussetzungen erfüllt, die sich vor allem auf das je nach Modell ungeschriebene Merkmal der wesentlich veränderten Sach- und Rechtslage konzentrieren, besteht der Anspruch. Dies gilt indes nur innerhalb der zeitlichen Grenzen der kommunalverfassungsrechtlichen Bindungsklauseln. Sind die tatbestandlichen Voraussetzungen nicht erfüllt, ist damit auch kein Anspruch des Gemeindebürgers gegeben. Ein teilerfüllter Anspruch kommt in der einschlägigen Konstellation nicht in Betracht, da eine wesentliche faktische oder rechtliche Änderung entweder eingetreten ist oder nicht.

Eine weitere Rechtsfolge besteht in der Annahme von Amtspflichten: Während es grundsätzlich zu einem Dienstvergehen und einer entsprechenden Amtshaftung des fehlerhaft handelnden Gemeindeorgans[909] kommen kann,

---

907 Z.B. im Saarland, § 8 LAGVwGO.

908 Z.B. in Rheinland-Pfalz, § 6 LAGVwGO.

909 Sowohl den Gemeinderat als auch den Bürgermeister trifft im „kommunalverfassungsrechtlichen Kompetenzgefüge“ die rechtliche Pflicht, „bürgerentscheidswidriges Verhalten“ des jeweils anderen Organs zu beanstanden, z.B. § 42 GemO Rheinland-Pfalz

wenn dieses den ordnungsgemäßen Vollzug des Bürgerentscheids unterlässt, kann diese Konstellation im nachgelagerten Rechtsschutz des Gemeindebürgers nur dann auch von seinem dargelegten subjektiv-öffentlichen Recht mitumfasst sein, wenn kumulativ dazu die allgemeinen Voraussetzungen zur Annahme von Amtspflichtverletzungen in seiner Person erfüllt sind. Mit den nämlichen Argumenten wie zur Außenwirkung im Sinne der Verwaltungsaktdefinition ist auch das Erfordernis der dritt gerichteten Amtspflicht zu bejahen. Diese Überlegung steht zudem nicht im Widerspruch zu der Besonderheit, dass bei Bürgerentscheiden kraft ausdrücklicher kommunalverfassungsrechtlicher Vorschriften[910] der gemeindeinterne Prüfmechanismus der Beanstandung nicht stattfindet. Hier geht es nicht darum, dass der Bürgerentscheid trotz seiner Gleichstellung mit dem regulären Gemeinderatsbeschluss wie ein solcher beanstandet wird, sondern darum, dass derjenige Gemeinderats- oder Bürgermeisterbeschluss vom jeweils anderen Organ beanstandet wird, mit dem sich das betreffende Organ gegen den erfolgreichen Bürgerentscheid und sein Ergebnis verhält.

Ergebnisse zu Teil 3

Der auf die Forschungsfrage nach dem subjektiv-öffentlichen Recht des Gemeindebürgers dargestellte Lösungsansatz beschreibt eine Herangehensweise an die Bindungswirkung des Bürgerentscheids, die davon ausgeht, dass der einzelne Gemeindebürger zwar kein reguläres Organ der Gemeinde darstellt, jedoch kraft der gesetzlichen Vorschriften zum Bürgerentscheid und darunter insbesondere der kommunalverfassungsrechtlichen Bindungsklauseln sogenannte transitorische Organkompetenzen zur Wahrnehmung seiner Rechte zur direktdemokratischen Willensbildung und Entscheidungsfindung im Geltungsbereich von Art. 28 Abs. 1 Satz 2 GG erhält. Damit vermittelt der Ansatz zwischen der herrschenden Schutznormakzessorietät einerseits und der verfassungsunmittelbaren Rechtsverleihung andererseits.

Die Gesamtheit der Bürger einer Gemeinde kann hingegen als Organ im weiteren organisationsrechtlichen Sinne verstanden werden. In struktureller

---

i.V.m. §§ 47, 48 BeamtStG und den größtenteils wortgleichen landesbeamtenrechtlichen Schadensersatzvorschriften (exemplarisch § 60 LBG Rheinland-Pfalz). Daran schließt sich die externe Kontrolle dieser Vollzugspflicht durch die staatlichen Kommunalaufsichtsbehörden an, *Dziallas/Jäger*, KommJur 2016, 6 (7).

910 § 8b Abs. 7 Satz 3 GO Hessen; § 17a Abs. 8 Satz 2 GemO Rheinland-Pfalz; § 21a Abs. 7 Satz 2 KSVG Saarland; § 27 Abs. 4 Satz 2 KVG Sachsen-Anhalt; § 43 GO Schleswig-Holstein.

Hinsicht handelt es sich bei der Gemeindebürgerschaft um ein Kollegialorgan, wobei die Gemeindebürger als Mitglieder auftreten. Die mitgliedschaftlichen Rechte der Gemeindebürger innerhalb des Kollektivs der Gemeindebürgerschaft sind als subjektiv-öffentliche Rechte ausgestaltet – in bewusster Abgrenzung zu den grundsätzlich als organschaftliche Rechte ausgestalteten Wahrnehmungskompetenzen der Gemeinderatsmitglieder. Die Ursache für diese Abweichung von der Definition des Organs und seinen Merkmalen liegt in der kommunalverfassungsrechtlich begründeten Besonderheit, dass sich die Wahrnehmungszuständigkeiten der Gemeindebürgerschaft und der Gemeindebürger – anders als die der Mitglieder der Gemeindevertretung – nicht indirekt auf allgemeine Handlungsaufträge, sondern auf unmittelbare Sachentscheidungen beziehen. Aus diesem Grund kann ihre Rechtsstellung einer Differenzierung zwischen den üblichen Polen des Amtes oder Mandates einerseits und dem *status activus* andererseits nicht zugänglich sein. Vielmehr fallen beide Rechtsstellungen zusammen.[911]

Dieser Wertung ist auch nicht abträglich, dass es der Gemeindebürgerschaft an der für ein Gemeindeorgan eigentlich erforderlichen Institutionalisierung und organisierenden Rechtssätzen fehlt. Denn die nicht vorhandene organisatorische Verfestigung der Gemeindebürgerschaft wird für den Bürgerentscheid durch die insoweit anwendbaren kommunalverfassungsrechtlichen Vorschriften – primär die Bindungsklauseln der Gemeindeordnungen – kompensiert. Diese Kompensationsfunktion steht in engem Zusammenhang mit der den Elementen direktdemokratischer Willensbildung und Entscheidungsfindung generell zuzuschreibenden korrektiv-kompensatorischen Funktion. Allerdings kann die Gemeindebürgerschaft in dieser Deutungsweise keinen Rechtsschutz suchen und erlangen. Das liegt daran, dass anders als bei dem Bürgerentscheid der Gesetzgeber eine Kompensation für die insoweit fehlende Institutionalisierung gerade nicht vorgenommen hat[912] und sich eine analoge Anwendung mangels Planwidrigkeit der Regelungslücke und vergleichbarer Interessenlage verbietet.

Da der einzelne Gemeindebürger diese Wahrnehmungskompetenzen indes nicht wie ein reguläres Gemeindeorgan oder dessen Organwalter als organschaftliche Rechte, sondern in seiner verbleibenden grundsätzlichen Eigenschaft als Grundrechtsträger nur als subjektiv-individuelle Rechte nach dem Grundrechtskatalog[913] durchsetzen kann, ist ihm hierzu ein besonderes

---

911 Zu all dem *Fügemann*, DVBl 2004, 343 (352).

912 *Fügemann*, DVBl 2004, 343 (352).

913 So auch *Hill*, Die Rolle des Bürgers in der Gemeindeverfassung, S. 244 ff. unter besonderer Betonung des grundgesetzlichen Menschenbildes.

subjektiv-öffentliches Recht auf Vollzug und Beachtung des Bürgerentscheids zuzusprechen. Dieses kann er vor den Verwaltungsgerichten im einstweiligen Rechtsschutz- und Hauptsacheverfahren gegenüber der Gemeinde und ihren (Repräsentativ-) Organen geltend machen.

Ergebnisse der Untersuchung – Zusammenfassende Thesen

Abschließend fasst die Arbeit ihre Ergebnisse als thesenartiges Fazit zusammen:

1. In dem bei jeglichem menschlichen Handeln grundsätzlich auszumachenden Spannungsverhältnis zwischen einerseits der Erfüllung von organschaftlichen Kompetenzen im objektiv-öffentlichen Interesse der Allgemeinheit sowie andererseits der Wahrnehmung von grundrechtlichen Positionen im rein subjektiv-individuellen Interesse vollzieht sich für den Fall des Gemeindebürgers, der an einem Bürgerentscheid teilnimmt und dadurch über eine bestimmte gemeinderelevante Sachfrage abstimmt, eine vornehmlich durch den Grundrechtskatalog aus Art. 1 bis 19 GG geprägte und darüber geschützte menschliche Handlungsweise. Denn auch wenn der Gemeindebürger mit dieser Abstimmung eine Entscheidung trifft, die nicht allein seine persönliche Sphäre, sondern vielmehr auch die gemeindliche Gemeinschaft regelt, agiert er in dieser Konstellation im eigenen Interesse. Es kommt dabei nicht darauf an, dass er sich an Volks-/Bürgergesetzgebung beteiligt und auf diesem Weg der staatlichen Gewalt zuzuordnen wäre. Denn die kommunalverfassungsrechtlich normierten Instrumente direktdemokratischer Willensbildung und Entscheidungsfindung erfüllen wie jene auf der staatsverfassungsrechtlichen Ebene eine rein korrektiv-kompensatorische Funktion zur grundsätzlich repräsentativ-demokratisch ausgestalteten Ordnung. Konkret bedeutet dies zuvorderst eine maßgebliche Allgemeinwohlorientierung auch der kommunalen Bürgergesetzgebung. Des Weiteren vermeidet die gesetzgeberische Aufnahme von Mindestquoren sowohl, dass kleine Minderheiten kraft der Bindungswirkung direkt-demokratischer Instrumente – konkret des Bürgerentscheids – in die Lage versetzt werden, verbindliche Maßnahmen zu treffen oder die Entscheidungsfindung der eigentlich zuständigen Vertretungsorgane zu blockieren. Daher sind dem Gemeindebürger die Grundrechte – hier handelt es sich insbesondere um die Garantie des effektiven Rechtsschutzes gemäß Art. 19 Abs. 4 Satz 1 GG sowie das allgemeine staatlich-behördliche Willkürverbot aus Art. 3 Abs. 1 GG – in vollem Umfang zu gewähren und in keinem Fall abzuerkennen.
2. Die Gemeinden ordnen sich in das Spannungsverhältnis zwischen einerseits der Erfüllung von organschaftlichen Kompetenzen im objektiv-öffentlichen Interesse der Allgemeinheit sowie andererseits der Wahrnehmung von grundrechtlichen Positionen im subjektiv-individuellen Interesse bei einem

vermittelnden Verständnis der kommunalen Selbstverwaltungsgarantie aus Art. 28 Abs. 2 Satz 1 GG in Verbindung mit den landesverfassungsrechtlichen Gewährleistungen dergestalt ein, dass sie einerseits zum Schutz der freiheitlichen Grundrechte ihrer Gemeindebürger verpflichtet und andererseits zwecks Wahrung ihres eigenen Selbstverwaltungsrechts dazu berufen sind, ihre Gemeindebürger zur demokratischen Mitwirkung zu mobilisieren.

3. Die bisher ergangene verwaltungs- und verfassungsgerichtliche Rechtsprechung zur Frage nach den Rechtswirkungen des Bürgerentscheids lässt die erforderliche klare Trennung zwischen der grundrechtlichen und der gemeindeorganschaftlichen Sphäre in weiten Teilen vermissen. Denn sie verkennt, dass der einzelne Gemeindebürger im Gegensatz zu den durch Wahlakte demokratisch legitimierten und grundsätzlich zuständigen Repräsentativorganen kein reguläres Organ darstellt und daher des Schutzes über die Grundrechte nach Art. 1 bis 19 GG auch in der Konstellation der Absicherung eines Bürgerentscheids gegenüber den Gemeindeorganen dringend bedarf. Maßgeblich ist hierfür die in sämtlichen Kommunalverfassungen zu findende normative Wertung, nach welcher der erfolgreiche Bürgerentscheid mit einem endgültigen Gemeinderatsbeschluss gleichgestellt – äquivalent – ist.
4. Die gerichtliche Annahme, es bestünde ein unauflöslicher Widerspruch zwischen einerseits der Teilhabe an kommunalpolitischer Willensbildung und Entscheidungsfindung sowie andererseits grundrechtlicher Freiheitsausübung, trifft nicht zu. Denn ein Gemeindebürger kann sowohl im Interesse der gemeindlichen Gemeinschaft eine Wahrnehmungszuständigkeit als Teil der kollektiven Gemeindebürgerschaft erfüllen, als auch im Hinblick auf deren Durchsetzung im eigenen Interesse agieren und hierzu des vollumfänglichen staatlichen Schutzes – namentlich über die grundrechtlichen Bestimmungen – bedürfen.
5. Dem individuellen Gemeindebürger ist ein subjektiv-öffentliches Recht am Bestand des erfolgreichen Bürgerentscheids anzuerkennen. Es folgt aus den entsprechend juristisch ausgelegten kommunalverfassungsrechtlichen Bindungsklauseln. Zwar kann er auf dieser einfachgesetzlichen Grundlage nicht verlangen, dass der Bürgerentscheid als solcher zeitlich unbegrenzt von der Gemeindevertretung als kommunales Hauptorgan formal vollzogen und inhaltlich beachtet wird. Dies würde deren Kompetenzen zu stark einschränken. Jedoch ist dem Gemeindebürger kraft der kommunalverfassungsrechtlichen Bindungsklauseln das Recht eingeräumt, während der gesetzlich ausdrücklich geregelten Bindungsfrist im Wege des Unterlassungsanspruchs fordern zu können, dass die Gemeindevertretung solche Maßnahmen nicht unternimmt, die dem Bürgerentscheid entgegenstehen, ihn also ändern oder aufheben. Zudem kann er bei völliger Untätigkeit des Gemeinderats verlangen, dass dieser den Bürgerentscheid vollzieht.

6. Die kommunalverfassungsrechtlichen Bindungsklauseln sind weiter dahingehend auszulegen, dass als zum Teil ungeschriebene Voraussetzung nach Maßgabe der in der Modellbetrachtung als 4. Modell dargestellten Option eine wesentliche Änderung der Sach- und Rechtslage zu verlangen ist. Die Öffnungsklauseln sind in alle Modelle hineinzulesen, da sie einen zur Wahrung der Funktionsfähigkeit der Kommune und ihrer kommunalen Organe notwendigen Ausgleich zum subjektiv-öffentlichen Recht des Gemeindebürgers vermitteln. Nur eine kumulative Lesart aller in den Vorschriften geregelten Voraussetzungen kann die berechtigten Interessen der kommunal-organschaftlichen wie subjektiv-grundrechtlichen Beteiligten in Einklang bringen.
7. In der Konstellation des Bürgerentscheids muss von den gängigen Kategorien zur Unterscheidung zwischen subjektiv-öffentlichen Rechten und Organkompetenzen punktuell abgewichen werden. Denn sie verschleiern die Besonderheit, dass hierbei der Gemeindebürger eine Wahrnehmungszuständigkeit im Allgemeininteresse der Gemeinde ausübt. Diese Besonderheit kann nur dann mit der aus dem *status activus* erwachsenden Rechtsposition des abstimmenden Bürgers zuverlässig vereint werden, wenn in einem abgestuften System die Gesamtheit der Gemeindebürger als Organ im weiteren Begriffssinne und der einzelne Gemeindebürger als Träger eines seine Grundrechte ergänzenden besonderen subjektiv-öffentlichen Rechts gegenüber der Gemeindevertretung anerkannt werden.
8. Von dieser punktuellen Abwandlung herkömmlicher Differenzierungsmethoden ausgehend plädiert der hiesige vermittelnde Lösungsansatz dafür, dem einzelnen Gemeindebürger kraft der Abstimmung bei einem Bürgerentscheid ein subjektiv-öffentliches Recht auf dessen Vollzug und Beachtung durch die kommunalen Repräsentativorgane anzuerkennen, das ihm als eigener Anteil an der kommunalen Selbstverwaltungsgarantie gemäß Art. 28 Abs. 2 Satz 1 GG zukommt.
9. Dieser Lösungsansatz entspricht sowohl der herrschenden Schutznormlehre – namentlich der von ihr geforderten Akzessorietät zwischen einer einfachgesetzlichen Regelung sowie ihrer Auslegung als subjektiv-öffentliches Recht – als auch einem wachsenden modernisierten Verständnis des subjektiv-öffentlichen Rechts in vornehmlich unionsrechtlicher Perspektive: Denn wenn über die vermittelnde Deutung des kommunalen Selbstverwaltungsrechts auch der einzelne Gemeindebürger einen – wenngleich nur transitorischen – individualrechtlichen Anteil an ihm erhält, kann so der vielfach geäußerten Kritik an einer vermeintlich zu extensiven Lesart der kommunalverfassungsrechtlichen Vorschriften zum Bürgerentscheid und damit zugleich der Forderung nach einer allein verfassungsrechtlich

begründeten Geltung von subjektiv-öffentlichen Rechten auf angemessene Weise begegnet werden.

10. Mit dieser Zuschreibung eines subjektiv-öffentlichen Rechts auf Vollzug und Beachtung des kommunalen Bürgerentscheids erhält der individuelle Gemeindebürger im Wege einer transitorischen Organkompetenz einen eigenen Anteil an der kommunalen Selbstverwaltungsgarantie aus Art. 28 Abs. 2 Satz 1 GG. Diese wiederum kann damit ihrer zweifachen gesetzlichen Verpflichtung nachkommen: Sie erfüllt sowohl die objektiv-rechtliche Aufgabe als institutionelle Garantie und ist gleichermaßen Garant für bürgerschaftliche Teilhabe und Verantwortung. Zudem erfüllt diese Wertung die kommunalverfassungsrechtliche Vorgabe, nach der die Teilnahme des Gemeindebürgers an der kommunalen Selbstverwaltung für ihn gleichermaßen Recht wie Pflicht beinhaltet. Dadurch ist das wie eingangs aufgezeigt bei jeglichem menschlichen Handeln grundsätzlich auszumachende Spannungsverhältnis zwischen einerseits der Erfüllung von organschaftlichen Kompetenzen im objektiv-öffentlichen Interesse der Allgemeinheit sowie andererseits der Wahrnehmung von grundrechtlichen Positionen im rein subjektiv-individuellen Interesse für die Konstellation des Bürgerentscheids in angemessener Weise aufgelöst.

Anhang – Bindungsklauseln der Kommunalverfassungen in den 13 (Flächen-) Bundesländern

I. Übersicht in alphabetischer Reihenfolge der Bundesländernamen

§ 21 Abs. 8 Satz 2 GemO Baden-Württemberg

Er [*der Bürgerentscheid, Verf.*] kann innerhalb von drei Jahren nur durch einen neuen Bürgerentscheid abgeändert werden.

Art. 18a Abs. 13 Satz 2 GO Bayern

Der Bürgerentscheid kann innerhalb eines Jahres nur durch einen neuen Bürgerentscheid abgeändert werden, es sei denn, dass sich die dem Bürgerentscheid zugrunde liegende Sach- oder Rechtslage wesentlich geändert hat.

§ 15 Abs. 5 Satz 2 KVerf Brandenburg

Er [*der Bürgerentscheid, Verf.*] kann innerhalb von zwei Jahren nur durch einen neuen Bürgerentscheid, der auch aufgrund eines Beschlusses der Gemeindevertretung zustande kommen kann, geändert werden.

§ 8b Abs. 7 Satz 2 GO Hessen

Die Gemeindevertretung kann einen Bürgerentscheid frühestens nach drei Jahren abändern.

§ 20 Abs. 1 Satz 2 KV Mecklenburg-Vorpommern

Ein Bürgerentscheid oder ein Beschluss nach Absatz 5 Satz 5[914] kann innerhalb von zwei Jahren nur durch einen neuen Bürgerentscheid geändert oder aufgehoben werden.

§ 33 Abs. 4 Satz 2 KomVG Niedersachsen

Vor Ablauf von zwei Jahren kann der Bürgerentscheid nur auf Veranlassung der Vertretung durch einen Bürgerentscheid abgeändert oder aufgehoben werden.

914 Der Bürgerentscheid entfällt, wenn die Gemeindevertretung oder der Hauptausschuss die Durchführung der beantragten Maßnahme beschließt.

§ 26 Abs. 8 Satz 2 GO Nordrhein-Westfalen

Vor Ablauf von zwei Jahren kann er [*der Bürgerentscheid, Verf.*] nur auf Initiative des Rates durch einen neuen Bürgerentscheid abgeändert werden.

§ 17a Abs. 8 Satz 3 GemO Rheinland-Pfalz

Der Gemeinderat kann einen Bürgerentscheid frühestens nach drei Jahren abändern.

§ 21a Abs. 7 Satz 3 KSVG Saarland

Vor Ablauf von zwei Jahren kann er [*der Bürgerentscheid, Verf.*] nur auf Initiative des Rats durch einen neuen Bürgerentscheid abgeändert werden.

§ 24 Abs. 4 Satz 2 GemO Sachsen

Er [*der Bürgerentscheid, Verf.*] kann innerhalb von drei Jahren nur durch einen neuen Bürgerentscheid abgeändert werden.

§ 27 Abs. 4 Satz 3 KVG Sachsen-Anhalt

Vor Ablauf von zwei Jahren kann er [*der Bürgerentscheid, Verf.*] nur durch einen neuen Bürgerentscheid abgeändert oder aufgehoben werden, es sei denn, dass sich die dem Bürgerentscheid zugrunde liegende Sach- und Rechtslage wesentlich geändert hat.

§ 16g Abs. 8 Satz 2 GO Schleswig-Holstein

Er [*der Bürgerentscheid, Verf.*] kann innerhalb von zwei Jahren nur durch einen Bürgerentscheid abgeändert werden.

§ 17 Satz 4 KO[915] i.V.m. § 23 Abs. 3 EBBG Thüringen

Zum gleichen Sachverhalt darf zum Ablauf von zwei Jahren nach einem erfolgreichen Bürgerentscheid kein inhaltlich abweichender Gemeinderatsbeschluss gefasst sowie kein neues Bürgerbegehren und kein neuer Bürgerentscheid durchgeführt werden (Bindungswirkung). Trifft der Gemeinderat nach Ablauf der Frist nach Satz 1 eine abweichende Entscheidung zum Ergebnis des Bürgerentscheids, ist gegen die Entscheidung des Gemeinderats jederzeit ein Bürgerbegehren zulässig. Ein solches Bürgerbegehren ist abweichend von § 14 Abs. 2[916]

915 Das Nähere [*zu Bürgerbegehren, Bürgerentscheid, Verf.*] regelt das Thüringer Gesetz über das Verfahren bei Einwohnerantrag, Bürgerbegehren und Bürgerentscheid (ThürEBBG).

916 Ein Bürgerbegehren ist zu Stande gekommen, wenn mindestens sieben vom Hundert der stimmberechtigten Bürger, höchstens aber 7.000 der stimmberechtigten Bürger, unterschrieben haben.

zustande gekommen, wenn dreieinhalb vom Hundert der stimmberechtigten Bürger, höchstens aber 3.500 der stimmberechtigten Bürger, unterschrieben haben. Alle Rechtsbehelfe und Rechtsmittel gegen Gemeinderatsbeschlüsse innerhalb der Zwei-Jahres-Frist des Satzes 1 bleiben unberührt. Ein Bürgerbegehren nach den Sätzen 3 und 4 ist auch zulässig, wenn der Gemeinderat mit seiner Entscheidung gegen die Bindungswirkung nach Satz 1 verstößt. Die Sätze 1 bis 5 gelten nicht, wenn seit dem Bürgerentscheid eine wesentliche Änderung der Sach- oder Rechtslage eingetreten ist.

II. Modellbetrachtung

1. Modell der einfachen Abänderung

§ 8b Abs. 7 Satz 2 GO Hessen

Die Gemeindevertretung kann einen Bürgerentscheid frühestens nach drei Jahren abändern.

§ 17a Abs. 8 Satz 3 GemO Rheinland-Pfalz

Der Gemeinderat kann einen Bürgerentscheid frühestens nach drei Jahren abändern.

2. Modell der fristbezogenen, bürgerentscheidsbedingten Abänderung

§ 21 Abs. 8 Satz 2 GemO Baden-Württemberg

Er [*der Bürgerentscheid, Verf.*] kann innerhalb von drei Jahren nur durch einen neuen Bürgerentscheid abgeändert werden.

§ 15 Abs. 5 Satz 2 KVerf Brandenburg

Er [*der Bürgerentscheid, Verf.*] kann innerhalb von zwei Jahren nur durch einen neuen Bürgerentscheid, der auch aufgrund eines Beschlusses der Gemeindevertretung zustande kommen kann, geändert werden.

§ 20 Abs. 1 Satz 2 KV Mecklenburg-Vorpommern

Ein Bürgerentscheid oder ein Beschluss nach Absatz 5 Satz 5[917] kann innerhalb von zwei Jahren nur durch einen neuen Bürgerentscheid geändert oder aufgehoben werden.

---

917 Der Bürgerentscheid entfällt, wenn die Gemeindevertretung oder der Hauptausschuss die Durchführung der beantragten Maßnahme beschließt.

§ 24 Abs. 4 Satz 2 GemO Sachsen

Er [*der Bürgerentscheid, Verf.*] kann innerhalb von drei Jahren nur durch einen neuen Bürgerentscheid abgeändert werden.

§ 16g Abs. 8 Satz 2 GO Schleswig-Holstein

Er [*der Bürgerentscheid, Verf.*] kann innerhalb von zwei Jahren nur durch einen Bürgerentscheid abgeändert werden.

3. Modell der fristbezogenen, vertretungskörperschaftlich initiiert bürgerentscheidsbedingten Abänderung

§ 33 Abs. 4 Satz 2 KomVG Niedersachsen

Vor Ablauf von zwei Jahren kann der Bürgerentscheid nur auf Veranlassung der Vertretung durch einen Bürgerentscheid abgeändert oder aufgehoben werden.

§ 26 Abs. 8 Satz 2 GO Nordrhein-Westfalen

Vor Ablauf von zwei Jahren kann er [*der Bürgerentscheid, Verf.*] nur auf Initiative des Rates durch einen neuen Bürgerentscheid abgeändert werden.

§ 21a Abs. 7 Satz 3 KSVG Saarland

Vor Ablauf von zwei Jahren kann er [*der Bürgerentscheid, Verf.*] nur auf Initiative des Rats durch einen neuen Bürgerentscheid abgeändert werden.

4. Modell der Abänderung gemäß dem Grundsatz clausula rebus sic stantibus

Art. 18a Abs. 13 Satz 2 GO Bayern

Der Bürgerentscheid kann innerhalb eines Jahres nur durch einen neuen Bürgerentscheid abgeändert werden, es sei denn, dass sich die dem Bürgerentscheid zugrunde liegende Sach- oder Rechtslage wesentlich geändert hat.

§ 27 Abs. 4 Satz 3 KVG Sachsen-Anhalt

Vor Ablauf von zwei Jahren kann er [*der Bürgerentscheid, Verf.*] nur durch einen neuen Bürgerentscheid abgeändert oder aufgehoben werden, es sei denn, dass sich die dem Bürgerentscheid zugrunde liegende Sach- und Rechtslage wesentlich geändert hat.

§ 17 Satz 4 KO[918] i.V.m. § 23 Abs. 3 EBBG Thüringen

Zum gleichen Sachverhalt darf zum Ablauf von zwei Jahren nach einem erfolgreichen Bürgerentscheid kein inhaltlich abweichender Gemeinderatsbeschluss gefasst sowie kein neues Bürgerbegehren und kein neuer Bürgerentscheid durchgeführt werden (Bindungswirkung). Trifft der Gemeinderat nach Ablauf der Frist nach Satz 1 eine abweichende Entscheidung zum Ergebnis des Bürgerentscheids, ist gegen die Entscheidung des Gemeinderats jederzeit ein Bürgerbegehren zulässig. Ein solches Bürgerbegehren ist abweichend von § 14 Abs. 2[919] zustande gekommen, wenn dreieinhalb vom Hundert der stimmberechtigten Bürger, höchstens aber 3.500 der stimmberechtigten Bürger, unterschrieben haben. Alle Rechtsbehelfe und Rechtsmittel gegen Gemeinderatsbeschlüsse innerhalb der Zwei-Jahres-Frist des Satzes 1 bleiben unberührt. Ein Bürgerbegehren nach den Sätzen 3 und 4 ist auch zulässig, wenn der Gemeinderat mit seiner Entscheidung gegen die Bindungswirkung nach Satz 1 verstößt. Die Sätze 1 bis 5 gelten nicht, wenn seit dem Bürgerentscheid eine wesentliche Änderung der Sach- oder Rechtslage eingetreten ist.

918 Das Nähere [*zu Bürgerbegehren, Bürgerentscheid, Verf.*] regelt das Thüringer Gesetz über das Verfahren bei Einwohnerantrag, Bürgerbegehren und Bürgerentscheid (ThürEBBG).

919 Ein Bürgerbegehren ist zu Stande gekommen, wenn mindestens sieben vom Hundert der stimmberechtigten Bürger, höchstens aber 7.000 der stimmberechtigten Bürger, unterschrieben haben.

Literaturverzeichnis

Alexy, Robert, Verfassungsrecht und einfaches Recht – Verfassungsgerichtsbarkeit und Fachgerichtsbarkeit, in: Primär- und Sekundärrechtsschutz im Öffentlichen Recht, Berichte und Diskussionen auf der Tagung der Vereinigung der Deutschen Staatsrechtslehrer in Würzburg vom 3. bis 6. Oktober 2001, VVDStRL 61 (2002), 7 - 33

- Grundrechte als subjektive Rechte und objektive Normen, Der Staat 29 (1990), 49 - 68
- Theorie der Grundrechte, Baden-Baden 1985

Anter, Andreas, Repräsentation und Demokratie, in: Pirmin Stekeler-Weithofer/ Benno Zabel (Hrsg.), Philosophie der Republik, Tübingen 2018, 67 - 78

von Arnim, Hans Herbert, Möglichkeiten unmittelbarer Demokratie auf Gemeindeebene, DÖV 1990, 85 - 97

- Gemeindliche Selbstverwaltung und Demokratie, AöR 113 (1988), 1 - 30

Bachof, Otto, Reflexwirkungen und subjektive Rechte im öffentlichen Recht, in: ders./Martin Drath u.a. (Hrsg.), Forschungen und Berichte aus dem öffentlichen Recht, Gedächtnisschrift für Walter Jellinek, München 1955, S. 287 - 307

Badura, Peter, Staatsrecht – Systematische Erläuterung des Grundgesetzes für die Bundesrepublik Deutschland, 7. Auflage, München 2018

- Rechtssetzung durch Gemeinden, DÖV 1963, 561 - 570

Baer, Susanne, „Der Bürger" im Verwaltungsrecht. Subjektkonstruktion durch Leitbilder vom Staat, Tübingen 2006

Barth, Stefan, Subjektive Rechte von Gemeinderatsmitgliedern im Kommunalverfassungsstreit, 1997, zugleich: Univ. Diss. Regensburg 1997

Bartlsperger, Richard, Das subjektive öffentliche Recht als Apriori des Verfassungsstaates, in: Peter Baumeister/Wolfgang Roth/Josef Ruthig (Hrsg.), Staat, Verwaltung und Rechtsschutz, Festschrift für Wolf-Rüdiger Schenke zum 70. Geburtstag, Berlin 2011, S. 17 - 50

Bauer, Hartmut, Bundestreue – Zugleich ein Beitrag zur Dogmatik des Bundesstaatsrechts und zur Rechtsverhältnislehre, Tübingen 1992

- Altes und Neues zur Schutznormtheorie, AöR 113 (1988), 582 - 631
- Die Schutznormtheorie im Wandel, in: Dirk Heckmann/Klaus Meßerschmidt (Hrsg.), Gegenwartsfragen des öffentlichen Rechts, Berlin 1988, 113 - 159

– Geschichtliche Grundlagen der Lehre vom subjektiven öffentlichen Recht, Berlin 1986, zugleich Univ. Diss. Augsburg 1985/1986

Bauer, Ina, Von der Administrativjustiz zur Verwaltungsgerichtsbarkeit – Die Entwicklung des Rechtsschutzes auf dem Gebiet des öffentlichen Rechts in Baden im 19. Jahrhundert, Sinzheim 1996

Beaucamp, Guy/***Treder***, Lutz, Methoden und Technik der Rechtsanwendung, 4. Auflage, Heidelberg 2019

Becker, Ralf-Uwe/***Fellmann***, Tim, Das Regelwerk der direkten Demokratie in Thüringer Kommunen, ThürVBl 2017, 285 – 294

Beckermann, Benedikt, Bürgerbegehren als kommunale Organe – Zugleich eine Anmerkung zu BVerfG, Beschluss vom 22.02.2019 – 2 BvR 2203/18, KommJur 2019, 445 – 448

Berg, Wilfried, Demokratie und kommunale Selbstverwaltung, Städte- und Gemeinderat 1979, 345 – 355

Berliner Kommentar zum Grundgesetz, Karl-Heinrich Friauf/Höfling, Wolfram (Hrsg.), Band II, Berlin, Stand: Dezember 2019

Berlit, Uwe, Soll das Volk abstimmen? Zur Debatte über direktdemokratische Elemente im Grundgesetz, KritV 76 (1993), 318 – 359

Bethge, Herbert, Parlamentsvorbehalt und Rechtssatzvorbehalt für die Kommunalverwaltung, NVwZ 1983, 577 – 580

– Probleme verwaltungsgerichtlicher Organstreitigkeiten, Die Verwaltung 8 (1975), 459 – 483

Bettermann, Karl August, Juristische Personen des öffentlichen Rechts als Grundrechtsträger, NJW 1969, 1321 – 1329

Birkenfeld, Daniela, Kommunalrecht Hessen, 7. Auflage, Baden-Baden 2019

Böckenförde, Ernst-Wolfgang, Demokratische Willensbildung und Repräsentation in: Josef Isensee/Paul Kirchhof, Handbuch des Staatsrechts Band III, 3. Auflage, Heidelberg 2004, § 34, 31 – 54

– Demokratie und Repräsentation: zur Kritik der heutigen Demokratiediskussion, Hannover 1983

– Organ, Organisation, Juristische Person, in: Christian Friedrich Menger (Hrsg.), Fortschritte des Verwaltungsrechts, Festschrift für Hans J. Wolff zum 75. Geburtstag, 1973, S. 269 – 305

Bonner Kommentar zum Grundgesetz, Wolfgang Kahl/Christian Waldhoff/Christian Walter (Hrsg.), 163. Ergänzungslieferung, Stand: Mai 2019

Borowski, Martin, Parlamentsgesetzliche Änderung volksbeschlossener Gesetze, DÖV 2000, 481 – 491

Brenner, Michael, Das Prinzip Parlamentarismus, in: Josef Isensee/Paul Kirchhof, Handbuch des Staatsrechts Band III, 3. Auflage, Heidelberg 2004, § 44, Rn. 65, 477 – 520

Breuer, Rüdiger, Grundrechte als Anspruchsnormen, in: Otto Bachof/Ludwig Heigl/Konrad Redeker (Hrsg.), Verwaltungsrecht zwischen Freiheit, Teilhabe und Bindung, Festgabe aus Anlaß des 25-jährigen Bestehens des Bundesverfassungsgerichts, München 1978, S. 89 – 119

Brinktrine, Ralf/***Stich***, Stephanie, Die Kommunalaufsicht und ihre Maßnahmen im Fokus der verwaltungs- und zivilgerichtlichen Judikatur, Die Verwaltung 49 (2016), 81 – 103

Brüning, Christoph/***Vogelsang***, Klaus, Kommunalaufsicht – Aufgaben, Rechtsgrundlagen, Organisation, 2. Auflage, Berlin 2009

Buchheimer, Johannes, Actio, Anspruch und subjektives Recht – Eine aktionenrechtliche Rekonstruktion des Verwaltungsrechts, Tübingen 2015

Bugiel, Karsten, Volkswille und Repräsentative Entscheidung, Baden-Baden 1991

Bühler, Ottmar, Die subjektiven öffentlichen Rechte und ihr Schutz in der deutschen Verwaltungsrechtsprechung: die Begriffsmerkmale des subjektiven öffentlichen Rechte im allgemeinen Abschnitt A, Breslau 1914

Bundeszentrale für politische Bildung, Dossier Lokaljournalismus, abrufbar unter: https://www.bpb.de/gesellschaft/medien-und sport/lokaljournalismus/151125/basislager-der-demokratie?p=all

Burgi, Martin, Kommunalrecht, 6. Auflage, München 2019

Bydlinski, Franz, Juristische Methodenlehre und Rechtsbegriff, 2. Auflage, Wien 2011

Christmann, Anne, Die Grenzen direkter Demokratie. Volksentscheide im Spannungsverhältnis von Demokratie und Rechtsstaat, Baden-Baden 2012

Coing, Helmut, Grundzüge der Rechtsphilosophie, 5. Auflage, Berlin 1993

Creifelds, Carl (Begründer)/***Weber***, Klaus (Hrsg.), Rechtswörterbuch, 23. Auflage, München 2019

Couzinet, Daniel, Die Schutznormtheorie in Zeiten des Feinstaubs, DVBl 2008, 754 – 762

von Danwitz, Thomas, Bürgerbegehren in der kommunalen Willensbildung, DVBl 1996, 134 – 142

– Zur Grundlegung einer Theorie der subjektiv-öffentlichen Gemeinschaftsrechte, DÖV 1996, 481 – 496

Degenhart, Christoph, Direkte Demokratie in den Ländern – Impulse für das Grundgesetz?, Der Staat Band 31 (1992), 77 – 97

Deubert, Michael, Bürgerbegehren und Bürgerentscheid – Der kommunalpolitischen Weisheit letzter (Kurz-) Schluß? BayVBl. 1996, 268 – 270

Dierkes, Mathias, Gemeindliche Satzungen als Instrumente der Stadterhaltung und -gestaltung, Schriften zum Öffentlichen Recht Band 605, Berlin 1991

Dietlein, Johannes/***Ogorek***, Markus, Beck OK Kommunalrecht Hessen, GO, 10. Edition, München 2019

Dirnberger, Franz u.a. (Hrsg.), Praxis der Kommunalverwaltung

- Landesausgabe Hessen, B 1 (GO), Stand: Ergänzungslieferung Mai 2019
- Landesausgabe Rheinland-Pfalz, B 1 (GemO), Stand: Ergänzungslieferung Juli 2018

Dörr, Oliver/***Lenz***, Christof, Europäischer Verwaltungsrechtsschutz, 2. Auflage, Baden-Baden 2019

Dreier, Horst (Hrsg.), Grundgesetz-Kommentar, Band I, 3. Auflage, Tübingen 2013

- Band II, 3. Auflage, Tübingen 2015
- Das Demokratieprinzip des Grundgesetzes, JURA 1997, 249 – 257

Dünchheim, Thomas, Vertrauenspersonen eines Bürgerbegehrens als „Organ“ der Gemeinde, Anmerkung 1 zu BVerfG 2. Senat 2. Kammer, Nichtannahmebeschluss vom 22.02.2019, 2 BvR 2203/18, jurisPR ÖffBauR 5/2019

- Kommunalrecht Nordrhein-Westfalen, Dresden 2008

Durinke, Peter/***Fiedler***, Caroline, Zulässigkeit und Grenzen von Bürgerbegehren und Bürgerentscheiden in der Bauleitplanung, ZfBR 2012, 531 – 537

Durner, Wolfgang, Der Gesetzesvollzugsanspruch des Gesetzgebers gegenüber der Exekutive, JZ 2015, 157 – 163

Durth, Cristina/***Spannaus***, Joshua, Die friedliche demokratische Grundordnung. Verfassungsimmanente Schutzbereichsgrenzen aus rechtsmethodischer Sicht, ZJS 2020, 316 – 327

Dziallas, Olaf/***Jäger***, Johannes, Der Bürgerentscheid in der kommunalen Praxis, KommJur 2016, 6 – 13

Ebsen, Ingwer, Abstimmungen des Bundesvolkes als Verfassungsproblem, AöR 110 (1985), 2 – 16

Ehlers, Dirk, Die verfassungsrechtliche Garantie der kommunalen Selbstverwaltung, DVBl 2000, 1301 – 1310

- Die Europäisierung des Verwaltungsprozessrechts, Köln 1999
- Die Klagearten und besonderen Sachentscheidungsvoraussetzungen im Kommunalverfassungsstreitverfahren, NVwZ 1990, 105 – 112
- Die Volksvertretung auf Gemeinde- und Kreisebene, JURA 1988, 337 – 343

Engelken, Klaas, Kann ein Volksbegehren Sperrwirkung für Gesetzgebung und Regierung haben?, DVBl 2005, 415 – 423

– Der Bürgerentscheid im Rahmen des Verfassungsrechts – Vom Unterschied zwischen Wahlen und Abstimmungen, DÖV 2002, 977 – 984

– Demokratische Legitimation bei Plebisziten auf staatlicher und kommunaler Ebene –Zugleich zu neueren Entscheidungen des BayVerfGH und des BremStGH, DÖV 2000, 881 – 895

Engels, Andreas, Die Verfassungsgarantie kommunaler Selbstverwaltung, Tübingen 2014

– Kommunale Selbstverwaltung nach Art. 28 II GG, JA 2014, 7 – 13

Engler, Urs, Stimmbeteiligung und Demokratie – Aspekte eines schweizerischen Problems Europäische Hochschulschriften zur Rechtswissenschaft Band 79, Frankfurt am Main 1973

Epping, Volker/***Hillgruber***, Christian (Hrsg.) BeckOK Grundgesetz, 42. Edition, Stand: 15.11.2020

Everts, Arne, Plebiszitäre Unterschriftenaktionen, Schriften zum öffentlichen Recht, Band 951, Berlin 2004, zugleich: Univ. Diss. Berlin 2003

Eyermann, Erich/***Fröhler***, Ludwig (Begr.), Michael Happ/Michael Hoppe/Ingo Kraft/Klaus Rennert/Isabel Schübel-Pfister (Bearb.), Verwaltungsgerichtsordnung, 15. Auflage, München 2019

Faber, Angela, Die Zukunft kommunaler Selbstverwaltung und der Gedanke der Subsidiarität in den Europäischen Gemeinschaften, DVBl 1991, 1126 – 1135

Fischer, Hans Georg, Rechtsschutz der Bürger bei Einwohneranträgen sowie Bürgerbegehren und Bürgerentscheid, DÖV 1996, 181 – 190

– Bürgerbegehren und Bürgerentscheid – ein neues Element unmittelbarer Demokratie in der Kommunalverfassung von Nordrhein-Westfalen, NWVBl 1995, 366 – 372

Fliegauf, Harald, Mehr Demokratie durch mehr Volksentscheid, JR 1992, 485 – 493

Forsthoff, Ernst, Lehrbuch des Verwaltungsrechts, 10. Auflage, München 1973

– (Hrsg.), Montesquieu „Vom Geist der Gesetze“ (1748), Tübingen 1951

Franzius, Claudio, Modernisierung des subjektiven öffentlichen Rechts. Zum

Funktionswandel der Verwaltungsgerichtsbarkeit, UPR 2016, 281 – 296

Fritz, Roland/***Sellke***, Piet, Einbeziehung der Bürgerschaft bei Planung und Umsetzung infrastruktureller Maßnahmen, KommJur 2016, 248 – 253

Frotscher, Werner, Selbstverwaltung und Demokratie, in: Albert von Mutius (Hrsg.), Selbstverwaltung im Staat der Industriegesellschaft, Festgabe zum 70. Geburtstag von Georg Christoph von Unruh, Heidelberg 1983, S. 127 – 147

– Regierung als Rechtsbegriff – Verfassungsrechtliche und staatstheoretische Grundlagen unter Berücksichtigung der englischen und französischen Verfassungsentwicklung, Berlin 1975

Frowein, Jochen, Das freie Mandat der Gemeindevertreter, DÖV 1976, 44 – 46

Fügemann, Malte W., Die Gemeindebürger als Entscheidungsträger – Zur Organstellung der Bürgerschaft, DVBl 2004, 343 – 352

Funke, Andreas, Ansprüche und Klagen im Verwaltungsrecht, Die Verwaltung 110 (2019), 239 – 258

– Perspektiven subjektiv-rechtlicher Analyse im öffentlichen Recht, JZ 2015, 369 – 380

Galette, Alfons/***Laux***, Eberhard, Kommentar zur Gemeindeordnung für Schleswig-Holstein, Band 1, Stand: November 1994, Wiesbaden

Gärditz, Klaus Ferdinand, Funktionswandel der Verwaltungsgerichtsbarkeit unter dem Einfluss des Unionsrechts – Umfang des Verwaltungsrechtsschutzes auf dem Prüfstand, Band 1, Gutachten D zum 71. Deutschen Juristentag 2016, München 2016, 1 – 104

– Verwaltungsgerichtlicher Rechtsschutz im Umweltrecht, NVwZ 2014, 1 – 10

– Die Resubjektivierung der Umweltverbandsklage zwischen prozessualem Vorbehalt des Gesetzes und unionsschutzrechtlicher Rechtsschutzeffektuierung, EurUP 2014, 39 – 44

Gausing, Bettina, Das Abgeordnetenmandat zwischen Staat und Gesellschaft – Zum Verhältnis der Grundrechte von Bundestagsabgeordneten zu Art. 38 Abs. 1 Satz 2 GG, Berlin 2018, zugleich: Univ. Diss. Münster 2017

Gellermann, Martin, Verbandsklagen im Umweltrecht – aktueller Stand, Perspektiven und praktische Probleme, DVBl 2013, 1341 – 1347

von Gerber, Carl Friedrich Wilhelm, Über öffentliche Rechte, Tübingen 1852

Gern, Alfons, Das Kommunalstreitverfahren, VBlBW 1989, 449 – 452

–/***Brüning***, Christoph (Hrsg.), Deutsches Kommunalrecht, 4. Auflage, Baden-Baden 2019

Gernert, Marcel, Möglichkeiten und Grenzen des Individualrechtsschutzes in der Europäischen Union, ZJS 2021, 444 – 451

Gluding, Katja Viktoria, Kollektiver und überindividueller Rechtsschutz im Zivil- und Verwaltungsprozessrecht. Eine übergreifende Betrachtung unter Einbeziehung der Musterfeststellungsklage, Baden-Baden 2020

Gornig, Gilbert/***Horn***, Hans-Detlef/***Will***, Martin, Öffentliches Recht in Hessen, Kommunalrecht, Polizei- und Ordnungsrecht, Öffentliches Baurecht, 1. Teil, München 2018

Grabitz, Eberhard/***Hilf***, Meinhard/***Nettesheim***, Martin, Das Recht der Europäischen Union, Band I: EUV/AEUV, 68. Auflage, München 2019

Grawert, Rolf, Staatsvolk und Staatsangehörigkeit, in: Josef Isensee/Paul Kirchhof (Hrsg.), Handbuch des Staatsrechts, Band I, 2. Auflage, Heidelberg 1995, § 14, 663 - 670

Greifeld, Andreas, Volksentscheid durch Parlamente. Wahlen und Abstimmungen vor dem Grundgesetz der Demokratie, Berlin 1983

Gröschner, Rolf, Unterstützungsforen für Volksbegehren: eine Frage des Legitimationsniveaus plebiszitärer Gesetzesinitiativen, ThürVBl 2001, 193 - 201

Groß, Thomas, Das Kollegialprinzip in der Verwaltungsorganisation, Tübingen 1999

Grupp, Klaus/***Ronellenfitsch***, Michael (Hrsg.), Kommunale Selbstverwaltung in Deutschland und Europa. Symposium zum 65. Geburtstag von Willi Blümel, Schriften zum Öffentlichen Recht Band 683, Berlin 1995

Guckelberger, Annette, Entwicklungslinien im Umweltrechtsschutz, JA 2014, 647 - 654

Gusy, Christoph, Freiheitsrechte als subjektive Rechte, ZJS 2008, 233 - 242

Hager, Gerd, Effektiver Rechtsschutz oder richterliche Rechtssetzung? Zum Vollzugsverbot für Gemeinderatsbeschlüsse bei Bürgerbegehren, NVwZ 1994, 766 - 768

Rechtspraktische und rechtspolitische Notizen zu Bürgerbegehren und Bürgerentscheid, VerwArch 84 (1993), 97 - 122

Halfmeier, Axel, Die neue Datenschutzverbandsklage, NJW 2016, 1126 - 1129

Hartmann, Bernd J., Volksgesetzgebung und Grundrechte, Münsterische Beiträge zur Rechtswissenschaft Band 160, Berlin 2005

– Volksgesetzgebung in Ländern und Kommunen – Eine Synopse der rechtlichen Grundlagen plebiszitärer Sachentscheidung, DVBl 2001, 776 - 785

Hebeler, Timo, Auslegung des kommunalrechtlichen Merkmals „Geschäfte der laufenden Verwaltung“, JA 2020, 159 - 160

Hein, Rechtsprobleme der Volksgesetzgebung im deutschen Reichs- und Landesverfassungsrecht, Emsdetten 1934

Heinz, Christian/***Wilhelm***, Christian Georg, Bürgerbegehren und Bürgerentscheid in bauplanungsrechtlichen Fragen in Hessen, LKRZ 2011, 246 - 251

Hendler, Reinhard, Das Prinzip Selbstverwaltung, in: Josef Isensee/Paul Kirchhof/Hrsg.), Handbuch des Staatsrechts der Bundesrepublik Deutschland, Band IV, 3. Auflage, Heidelberg 2006, § 106, 1133 – 1170

– Selbstverwaltung als Ordnungsprinzip, Zur politischen Willensbildung und Entscheidung im demokratischen Verfassungsstaat der Industriegesellschaft, Köln 1984

Henke, Wilhelm, Das subjektive öffentliche Recht, Tübingen 1968

Hesse, Konrad, Grundzüge des Verfassungsrechts der Bundesrepublik Deutschland, 8. Auflage, Karlsruhe 1975

Heuer, David, Kollektivität – Öffentliches Recht zwischen Gruppeninteressen und Gemeinwohl, Tagungsbericht zur 52. Assistententagung im Öffentlichen Recht in Hamburg vom 13. bis 16. März 2012, NordÖR 2012, 440 – 444

Heusch, Andreas/***Dickten***, Franziska, Neue Rechtsprechung zum Kommunalrecht, NVwZ 2020, 358 – 366

– Neue Rechtsprechung zum Kommunalrecht, NVwZ 2019, 1238 – 1245

– Neue Rechtsprechung zum Kommunalrecht, NVwZ 2019, 359 – 364

–/***Rosarius***, Stefanie, Neue Rechtsprechung zum Kommunalrecht, NVwZ 2020, 1562 – 1569

Heuss, Theodor, Demokratie und Selbstverwaltung, Berlin 1921

Heußner, Hermann K./***Pautsch***, Arne, „Plebiszit von oben" bald bundesweit? Zur Verfassungswidrigkeit einfachgesetzlicher konsultativer Volksbefragungen, NJW 2015, 1225 – 1229

Hilgendorf, Eric, Werturteilsproblematik im Recht, in: ders./Jan C. Joerden, (Hrsg.), Handbuch Rechtsphilosophie, Stuttgart 2017, 246 – 251

Hill, Hermann, Die Rolle des Bürgers in der Gemeindeverfassung (unter dem Einfluss der Territorialreform), zugleich: Univ. Diss. Mainz 1979

Hillgruber, Christian, Grundrechtlicher Schutzbereich, Grundrechtsausgestaltung und Grundrechtseingriff, in: Josef Isensee/Paul Kirchhof, Handbuch des Staatsrechts, 3. Auflage, Heidelberg 2011, Band IX, § 200, 981 – 1031

Hofmann, Harald/***Theisen***, Rolf-Dieter/***Bätge***, Frank, Kommunalrecht in Nordrhein- Westfalen, 17. Auflage, Witten 2017

Hofmann, Hasso, Bundesstaatliche Spaltung des Demokratiebegriffs?, in: ders. (Hrsg.), Verfassungsrechtliche Perspektiven: Aufsätze aus den Jahren 1980 – 1994, Tübingen 1995, 146 – 160

Hoffmann-Riem, Wolfgang, Strukturen des Europäischen Verwaltungsrechts. Perspektiven der Strukturbildung, in: Eberhard Schmidt-Aßmann/Wolfgang Hoffmann-Riem (Hrsg.) Strukturen des Europäischen Verwaltungsrechts, Baden-Baden 1999, 317 – 382

Hohnerlein, Jakob, Recht und demokratische Reversibilität – Verfassungstheoretische Legitimation und verfassungsdogmatische Grenzen der Bindung demokratischer Mehrheiten an erschwert änderbares Recht, Univ. Diss. Freiburg 2019

Holtkamp, Lars,/***Bogumi***, Jörg/***Kessler***, Leo, Kooperative Demokratie, Das demokratische Potential von Bürgerengagement, Marburg 2005

Hong, Mathias, Subjektive Rechte und Schutznormtheorie im europäischen Verwaltungsrechtsraum, JZ 2012, 380 – 388

Huber, Peter M., Die Bayerische Verfassung als lebendige Grundlage politischen und gesellschaftlichen Lebens, BayVBl 2012, 257 – 288

– Parlamentarische und plebiszitäre Gesetzgebung im Widerstreit, ZG 4 (2009), 311 – 337

– Grundfragen der Bayerischen Verfassungsgerichtsbarkeit – 60 Jahre Bayerischer Verfassungsgerichtshof, BayVBl 2008, 65 – 96

– Volksgesetzgebung und Ewigkeitsgarantie: zur Verfassungsmäßigkeit des Volksbegehrens „Mehr Demokratie in Thüringen“, Stuttgart 2003

– Die Vorgaben des Grundgesetzes für kommunale Bürgerbegehren und Bürgerentscheide, AöR 126 (2001), 165 – 203

Hüllen, Georg, Rechtsschutzprobleme beim Bürgerbegehren, Würzburg 1999

Hufen, Friedhelm, Verwaltungsprozessrecht, 6. Auflage, München 2005

Ibler, Martin, Rechtspflegender Rechtsschutz im Verwaltungsrecht: zur Kontrolldichte bei wertenden Behördenentscheidungen – vom Preussischen Oberverwaltungsgericht bis zum modernen Gerichtsschutz im Prüfungsrecht, Tübingen 2019

Ipsen, Jörn, Schutzbereich der Selbstverwaltungsgarantie und Einwirkungsmöglichkeiten des Gesetzgebers, ZG 9 (1994), 194 – 212

Isensee, Josef, Verfahrensfragen der Volksgesetzgebung – Überlegungen zum Landesverfassungsrecht, in: Maximilian Wallerath (Hrsg.), Fiat iustitia. Recht als Aufgabe der Vernunft, Festschrift für Peter Krause zum 70. Geburtstag, Berlin 2006, S. 303 – 324

– Plebiszit unter Finanzvorbehalt, in: Klaus Grupp/Ulrich Hufeld (Hrsg.), Recht – Kultur – Finanzen, Festschrift für Reinhard Mußgnug zum 70. Geburtstag, Berlin 2005, S. 101 – 127

– Volksgesetzgebung – Vitalisierung oder Störung der parlamentarischen Demokratie?, DVBl 2001, 1161 – 1170

Jacobsen, Momme, Zur Verbindlichkeit der Volksgesetzgebung, DÖV 2007, 949 – 960

Janssen, Zara, Das Verhältnis von ehrenamtlichem Rat und hauptamtlichem Bürgermeister – Ein Vergleich deutscher Kommunalverfassungen, Berlin 2019, zugleich: Univ. Diss. Münster 2019

Jarass, Hans D./***Pieroth***, Bodo, Grundgesetz-Kommentar, 15. Auflage, München 2018

Jaroschek, Marcus, Formen des Rechtsschutzes bei kommunalen Bürgerbegehren, BayVBl 1997, 39 – 44

Jellinek, Georg, System der subjektiven öffentlichen Rechte, 1. Auflage, Freiburg 1892

Jellinek, Walter, Das verfassungsändernde Reichsgesetz, in: Gerhard Anschütz/ Richard Thoma (Hrsg.), Handbuch des deutschen Staatsrechts, Band 2, Tübingen 1932, § 73, 182 – 189

– Allgemeines Verwaltungsrecht, Heidelberg 1931

– Verfassung und Verwaltung des Reichs und der Länder, in: B.G. Teubners (Hrsg.) Handbuch der Staats- und Wirtschaftskunde, Band 2/2, Leipzig/ Berlin 1925, 1 – 120, 120 – 133

von Jhering, Rudolf, Der Kampf um das Recht, 1872, bearbeitet von Alexander Hollerbach, 8. Auflage, Frankfurt am Main 2003

Jürgens, Gunther, Direkte Demokratie in den Bundesländern. Gemeinsamkeiten – Unterschiede – Erfahrungen. Vorbild für den Bund?, 2. Auflage, Stuttgart 1992

Jung, Otmar, Plebszit und Diktatur: die Volksabstimmungen der Nationalsozialisten, Tübingen 1995

– Volksgesetzgebung. Die "Weimarer Erfahrungen" aus dem Fall der Vermögensauseinandersetzungen zwischen Freistaaten und ehemaligen Fürsten, Hamburg 1990

Kahl, Wolfgang/***Ohlendorf***, Lutz, Die Europäisierung des subjektiven öffentlichen Rechts, JA 2011, 41 – 48

Kaiser, Roman, Die Überprüfung von Volksbegehren am Maßstab des Bundesrechts, NVwZ 2020, 207 – 209

Kelsen, Hans, Allgemeine Theorie der Normen, Wien 1979

– Reine Rechtslehre, 2. Auflage, Wien 1960

– Vom Wesen und Wert der Demokratie, 2. Auflage, Tübingen 1929

Kersten, Jens, Schwarmdemokratie – Der digitale Wandel des liberalen Verfassungsstaats, Tübingen 2017

Kleerbaum, Klaus/***Palmen***, Manfred (Hrsg.), Gemeindeordnung Nordrhein-Westfalen: Kommentar für die kommunale Praxis, Recklinghausen 2008

Klein, Hans-Hugo, Die Funktion des Parlaments im politischen Prozeß, ZG 12 (1997), 209 232

– Demokratie und Selbstverwaltung, in: Roman Schnur (Hrsg.), Festschrift für Ernst Forsthoff zum 70. Geburtstag, München 1972, S. 165 – 186

Klüber, Hans, Das Gemeinderecht in der Bundesrepublik Deutschland, Hamburg 1972

Knemeyer, Franz-Ludwig, Direkte Demokratie und funktionsfähige kommunale Selbstverwaltung, DVBl 1998, 113 – 116

– Bürgerbeteiligung und Kommunalpolitik – Mitwirkungsrechte von Bürgern auf kommunaler Ebene, 2. Auflage, Landsberg am Lech 1997

–/***Wehr***, Matthias, Die Garantie der kommunalen Selbstverwaltung nach Art. 28 Abs. 2 GG in der Rechtsprechung des Bundesverfassungsgerichts, VerwArch 92 (2001), 317 –340

Koch, Alexander, Gesetzesmaterialien – ein stets verfügbarer Auslegungsschatz, Marburg Law Review 2017, 31 – 37

Kommunalbrevier Rheinland-Pfalz, Gemeinde- und Städtebund Rheinland-Pfalz (Hrsg.), Mainz 2019

Kopp, Ferdinand/***Schenke***, Wolf-Rüdiger, VwGO, 25. Auflage, München 2019

Krafczyk, Jürgen, Der Parlamentarische Finanzvorbehalt bei der Volksgesetzgebung Perspektiven für eine nähere Bestimmung der Zulässigkeit direktdemokratischer Entscheidungen mit Auswirkungen auf den Haushalt de lege lata und de lege ferenda, Berlin 2005

Kranenpohl, Uwe, Bewältigung des Reformstaus durch direkte Demokratie?, APuZ 2006, 32 – 38

Krause, Peter, Verfassungsrechtliche Möglichkeiten unmittelbarer Demokratie, in: Josef Isensee/Paul Kirchhof, Handbuch des Staatsrechts, Band III, Heidelberg 1987, § 35, Rn. 1 ff., 55 – 86

Krüper, Julian, Bürgerschaftlicher Einfluss auf das Parlament, in: Martin Morlok/Utz Schliesky,/Dieter Wiefelspütz (Hrsg.), Handbuch Parlamentsrecht, Baden-Baden 2016, § 37, 1112 – 1134

– Gemeinwohl im Prozeß – Subjektive öffentliche Rechte auf Umweltvorsorge, Berlin 2009

Kudlich, Hans/***Christensen***, Ralph, Die Kanones der Auslegung als Hilfsmittel für die Entscheidung von Bedeutungskonflikten, JA 2004, 74 – 83

Kühling, Jürgen, Volksgesetzgebung und Grundgesetz – „Mehr direkte Demokratie wagen?“, JuS 2009, 777 – 783

von Landmann, Robert/***Rohmer***, Gustav, Umweltrecht, 90. Ergänzungslieferung Juni 2019

Landwehr, Sandra, Die finanzwirksame Volksgesetzgebung im Volksgesetzgebungsverfahren der Länder, Hamburg 2004

Lange, Klaus (Hrsg.), Kommunalrecht, 2. Auflage, Tübingen 2019

Larenz, Karl, Methodenlehre der Rechtswissenschaft, 6. Auflage, Hamburg 1991

Lehner, Roman, Direkte Demokratie und Gruppenrechte – Probleme der Kollektivierung individueller Partizipation in plebiszitären Rechtssetzungsverfahren, in: Junge Wissenschaft im öffentlichen Recht e.V. (Hrsg.), Kollektivität – Öffentliches Recht zwischen Gemeinwohl und Gruppeninteresse, Baden-Baden 2012, S. 271 – 291

Leisner, Walter, „Repräsentation" im Öffentlichen Recht – Vertretung – Verkörperung – Machtdarstellung, DÖV 2019, 359 – 364

Lindner, Josef Franz/***Möstl***, Markus/***Wolff***, Heinrich Amadeus, Verfassung des Freistaates Bayern, Kommentar, 2. Auflage, München 2017

Lühmann, Tobias B., Der Vorschlag einer europäischen Verbandsklage, NJW 2019, 570 – 575

Mahrenholz, Ernst Gottfried, Die Verfassung und das Volk, München 1992

Maihofer, Werner, Prinzipen freiheitlicher Demokratie, in: Ernst Benda/ders./Hans Jochen Vogel (Hrsg.), Handbuch des Verfassungsrechts, 2. Auflage, Berlin 1994 § 12, Rn. 4 ff., 427 – 536

Mangold, Anna Katharina/***Wahl***, Rainer, Das europäisierte deutsche Rechtsschutzkonzept, Die Verwaltung 48 (2015), 1 – 28

von Mangoldt, Hermann (Begr.)/***Klein***, Friedrich/***Starck***, Christian; ***Huber***, Peter Michael, ***Voßkuhle***, Andreas (Hrsg.) Grundgesetz-Kommentar, Band 1, 7. Auflage, München 2018

Martini, Mario, Die Bürger-/Volksbefragung als Baustein der Demokratie, DÖV 2015, 981 – 992

– Wenn das Volk (mit)entscheidet – Wechselbeziehungen und Konfliktlinien zwischen direkter und indirekter Demokratie als Herausforderung für die Rechtsordnung, Berlin 2011

Masing, Johannes, Der Rechtsstatus des Einzelnen im Verwaltungsrecht, in: Wolfgang Hoffmann-Riem/Eberhard Schmidt-Aßmann/Andreas Voßkuhle, Grundlagen des Verwaltungsrechts, Band I, 2. Auflage, München 2012

– Die Mobilisierung des Bürgers für die Durchsetzung des Rechts – Europäische Impulse für eine Revision der Lehre vom subjektiv-öffentlichen Recht, Berlin 1997

Maunz, Theodor/***Dürig***, Günter, Grundgesetz-Kommentar, begründet von Theodor Maunz und Günter Dürig, herausgegeben von Roman Herzog,

Matthias Herdegen, Rupert Scholz und Hans H. Klein, Loseblatt, Stand: 92. Ergänzungslieferung August 2020

Maurer, Hartmut, Staatsrecht I, Grundlagen – Verfassungsorgane – Staatsfunktionen, 5. Auflage, München 2007

– Verfassungsrechtliche Grundlagen der kommunalen Selbstverwaltung, DVBl 1995, 1037 – 1046

Mayer, Franz, Selbstverwaltung und demokratischer Staat, in: Demokratie und Verwaltung, 25 Jahre Hochschule für Verwaltungswissenschaften Speyer, Berlin 1972, S. 327 – 332

Mayer-Tasch, Peter Cornelius, „Wir sind das Volk!" – oder: Wie demokratisch ist die direkte Demokratie?", in: Peter Baumeister/Wolfgang Roth/Josef Ruthig (Hrsg.), Staat, Verwaltung und Rechtsschutz, Festschrift für Wolf-Rüdiger Schenke zum 70. Geburtstag, Berlin 2011, S. 233 – 242

Mehde, Veith, Die Funktionsfähigkeit kommunaler Vertretungen in der verfassungsgerichtlichen Rechtsprechung zu Sperrklauseln, VerwArch 109 (2018), 336 362

Meisner, Heinrich Otto, Die Lehre vom monarchischen Prinzip im Zeitalter der Restauration und des Deutschen Bundes, 2. Auflage, Aalen 1969

Menger, Christian-Friedrich, Der Schutz der Grundrechte in der Verwaltungsgerichtsbarkeit, in: Karl August Bettermann/Hans Carl Nipperdey/Ulrich Scheuner, Die Grundrechte, Handbuch der Theorie und Praxis der Grundrechte, Band III/2, 2. Auflage, Berlin 1972, 717 – 725

– Zur Geschichte der Verwaltungsgerichtsbarkeit in Deutschland, DÖV 1963, 726 – 731

Menke, Ulrich/***Arens***, Helmut, Gemeindeordnung für den Freistaat Sachsen, 4. Auflage, Stuttgart 2004

Merten, Detlef, Das konfuse Konfusionsargument – Zu einem dogmatischen Irrtum des Bundesverfassungsgerichts, DÖV 2019, 41 – 48

Metz, Jochen, Die Auslegung von Gesetzen an einem Beispiel aus dem Waffenrecht, JA 2018, 47 – 52

Meyer, Hans, Repräsentative Demokratie und Plebiszit – Fünfundzwanzig Thesen, in: Ulrich Willems (Hrsg.), Demokratie auf dem Prüfstand. Bürger, Staaten, Weltwirtschaft, Wiesbaden 2002, 75 – 82

– Das parlamentarische Regierungssystem des Grundgesetzes, in: Das parlamentarische Regierungssystem des Grundgesetzes: Anlage – Erfahrungen – Zukunftseignung. Organisierte Einwirkungen auf die Verwaltung – Zur Lage der 2. Gewalt, Berichte und Diskussionen auf der Tagung der Vereinigung der Deutschen Staatsrechtslehrer in Bielefeld vom 2. bis 5. Oktober 1974, VVDStRL 33 (1975), 69 – 116

Meyer, Hubert, Rechtsschutz bei kommunalen Bürgerbegehren und -entscheiden, NVwZ 2003, 183 – 184

Morlok, Martin, Volksvertretung als Grundaufgabe, in: ders./Utz Schliesky/ Dieter

Wiefelspütz (Hrsg.), Handbuch Parlamentsrecht, Baden-Baden 2016, § 3, 143 –

180

Möstl, Markus, Elemente direkter Demokratie als Entwicklungsperspektive, in: Repräsentative Demokratie in der Krise? Referate und Diskussionen auf der Tagung der Vereinigung der Deutschen Staatsrechtslehrer in Kiel vom 3. bis 6.Oktober 2012, VVDStRL 72 (2013), 355 – 416

Muckel, Stefan, Keine Grundrechtsberechtigung für Vertrauenspersonen eines Bürgerbegehrens, JA 2019, 633 – 635

Muhle, Stefan/***Lontzek***, Christoph, Die Zulässigkeit finanzwirksamer Volksbegehren in Niedersachsen – am Beispiel des Volksbegehrens zum Landesblindengeld, NordÖR 2007, 227 – 232

Müller, Martin, Direkte Demokratie und Völkerrecht, NJ 2007, 252 – 254

Müller-Franken, Sebastian, Bürgerentscheid und kommunale Finanzhoheit. Vorgaben aus dem Demokratieprinzip sowie der Selbstverwaltungsgarantie für das Plebiszit auf der Ebene der Gemeinden, in: Gilbert-Hanno Gornig/ Urs Kramer/Uwe Volkmann (Hrsg.), Staat – Wirtschaft – Gemeinde, Festschrift für Werner Frotscher zum 70. Geburtstag, Berlin 2007, S. 657 – 678

– Unmittelbare Demokratie und Direktiven der Verfassung. Zur Frage eines „nicht erfüllten Auftrags" des Grundgesetzes zur Einführung unmittelbarer Demokratie, DÖV 2005, 489 – 498

– Plebiszitäre Demokratie und Haushaltsgewalt, Der Staat 44 (2005), 19 – 42

von Münch, Ingo/***Kunig***, Philip (Hrsg.), Grundgesetz-Kommentar, Band I, 6. Auflage, Baden Baden 2012

von Mutius, Albert, Kommunalrecht, München 1996

– Die repräsentative Demokratie in der kommunalen Selbstverwaltung, Bad.-Württ. Landkreisnachrichten, 1979, 98 – 104

–/***Rentsch***, Harald, Kommunalverfassungsrecht Schleswig-Holstein, Band 1, 6. Auflage, Stuttgart 2003

Neumeier, Christian, Kompetenzen. Zur Entstehung eines Paradigmas des deutschen öffentlichen Rechts, Univ. Diss. Berlin 2019

Nierhaus, Michael, Kommunalrecht für Brandenburg, Baden-Baden 2003

Oebbecke, Janbernd, Rechtsprechungsanalyse – Nicht bürgerbegehrensfähige Angelegenheiten, Die Verwaltung 37 (2004), 105 – 118

– Kommunalaufsicht – Nur Rechtsaufsicht oder mehr?, DÖV 2001, 406 – 411

– Die neue Kommunalverfassung in Nordrhein-Westfalen, DÖV 1995, 701 – 709

– Individualrechtsschutz gegen Überschreitungen der gemeindlichen Verbandskompetenz, NVwZ 1988, 393 – 398

Ogorek, Markus, Der Kommunalverfassungsstreit im Verwaltungsprozess, JuS 2009, 511 – 516

Oldiges, Martin, Parlamentarische und plebiszitäre Gesetzgebung, in: Mitglieder der Juristenfakultät (Hrsg.), Festschrift der Juristenfakultät zum 600jährigen Bestehen der Universität Leipzig, Berlin 2009, S. 540 – 561

Ott, Yvonne, Der Parlamentscharakter der Gemeindevertretung – Eine rechtsvergleichende Untersuchung der Qualität staatlicher und gemeindlicher Vertretungskörperschaften, Baden-Baden 1994, zugleich: Univ. Diss. Frankfurt am Main 1994

Pagenkopf, Hans, Kommunalrecht, Band 1, 2. Auflage, Berlin 1975

Papier, Hans-Jürgen, Die verwaltungsgerichtliche Organklage, DÖV 1980, 292 – 299

Pasemann, Birthe, Die Entwicklung des Schutzes subjektiver öffentlicher Rechte, unter Berücksichtigung des europäischen Einflusses, Frankfurt am Main 2005, zugleich: Univ. Diss. Hannover 2004

Paus, Martin/***Schmidt***, Ansgar, Das Grundgesetz und die direkte Demokratie auf staatlicher und kommunaler Ebene, JA 2012, 48 – 52

Peine, Franz-Joseph, Allgemeines Verwaltungsrecht, 11. Auflage, Heidelberg 2014

– Volksbeschlossene Gesetze und ihre Änderung durch den parlamentarischen Gesetzgeber, Der Staat 18 (1979), 375 – 401

–/***Starke***, Thomas, Rechtsprobleme beim Vollzug von Bürgerentscheiden, DÖV 2007, 740 – 743

Peters, Birgit, Legitimation durch Öffentlichkeitsbeteiligung? Die Öffentlichkeitsbeteiligung am Verwaltungsverfahren unter dem Einfluss internationalen und europäischen Rechts, Tübingen 2020

Pfeiffer, Thomas Michael, Kommunalaufsicht, ThürVBl 2007, 201 – 205

Picecchi, Dario, Die schweizerische Bundesverfassung in beständigem Wandel Spannungsfelder zwischen direkter Demokratie und Verfassung, in: Philipp Donath/Sebastian Bretthauer u.a. (Hrsg.), Verfassungen – ihre Rolle im Wandel der Zeit, 59. Assistententagung im Öffentlichen Recht, Baden-Baden 2019, S. 307 – 328

Pieroth, Bodo, Plurale und unitarische Strukturen demokratischer Legitimation, EuGRZ 2006, 330 – 338

Prandl, Josef/***Zimmermann***, Hans/***Büchner***, Hermann/***Pahlke***, Michael (Hrsg.), Kommunalrecht in Bayern, Kronach, Stand: 2017

Przygode, Stefan, Die deutsche Rechtsprechung zur unmittelbaren Demokratie – Ein Beitrag zur Praxis der Sachentscheide in Deutschland, Baden-Baden 1995

Püttner, Günter, Zum Verhältnis von Demokratie und Selbstverwaltung, in: ders./Michael Borchmann, Handbuch der kommunalen Wissenschaft und Praxis, Band 2, 2. Auflage, Berlin 1982, 3 – 10 = neu bearbeitet durch dens., in: Thomas Mann/ders., Handbuch der kommunalen Wissenschaft und Praxis, 3. Auflage, Berlin 2007, 381 – 390

Ramsauer, Ulrich, Funktionen der Verwaltungsgerichtsbarkeit, NordÖR 2019, 157 – 167

– Die Dogmatik der subjektiven öffentlichen Rechte, JuS 2012, 769 – 777

– Die Rolle der Grundrechte im System der subjektiven öffentlichen Rechte, AöR 111 (1986), 501 – 536

Reiling, Michael, Zu individuellen Rechten im deutschen und im Gemeinschaftsrecht – Ein Vergleich ihrer Gründe, Ermittlung und Durchsetzung, Berlin 2004

Rennert, Klaus, Überlegungen zum Verhältnis direkter zu repräsentativer Demokratie, DVBl 2021, 345 – 352

– Funktionswandel der Verwaltungsgerichtsbarkeit? DVBl 2015, 793 – 801

Ritgen, Klaus, Zu den thematischen Grenzen von Bürgerbegehren und Bürgerentscheid, NVwZ 2000, 129 – 136

– Bürgerbegehren und Bürgerentscheid – Dargestellt am Beispiel des § 26 der nordrhein-westfälischen Gemeindeordnung, Baden-Baden 1997

Rommelfanger, Ulrich, Das konsultative Referendum im System politischer Willensbildung, Berlin 1988

Rossi, Matthias/***Lenski***, Sophie-Charlotte, Treuepflichten im Nebeneinander von plebiszitärer und repräsentativer Demokratie, DVBl 2008, 416 – 425

Freiherr von Rotberg, Konrad (Begründer)/Hermann *Königsberg* (fortgeführt) Gemeindeordnung für Baden-Württemberg, 33. Auflage, Stuttgart 2019

Roth, Maximilian, Zur rechtlichen Stellung von Vertrauensleuten eines Bürgerbegehrens, NVwZ 2019, 1419 – 1422

Roth, Wolfgang, Verwaltungsrechtliche Organstreitigkeiten – Das subjektive Recht im innerorganisatorischen Verwaltungsrechtskreis und seine verwaltungsgerichtliche Geltendmachung, Berlin 2001

Rüfner, Wolfgang, Verwaltungsrechtsschutz im 19. Jahrhundert vor Einführung der Verwaltungsgerichtsbarkeit, DÖV 1963, 719 – 725

Ruffert, Matthias, Subjektive Rechte im Umweltrecht der Europäischen Gemeinschaft unter besonderer Berücksichtigung ihrer prozessualen Durchsetzung, Heidelberg 1996, zugleich: Univ. Diss. Trier 1995

Rux, Johannes, Direkte Demokratie in Deutschland – Rechtsgrundlagen und Rechtswirklichkeit der unmittelbaren Demokratie in der Bundesrepublik Deutschland und ihren Ländern, Baden-Baden 2008

Sachs, Michael (Hrsg.), Grundgesetz-Kommentar, 8. Auflage, München 2018

- Verfassungsrecht – Volksgesetzgebung, Verbindlichkeit von Volksentscheiden –Rangverhältnis der Willensbildung von Volk und Parlament – Aufhebung eines Volksgesetzes durch parlamentarisches Gesetz, JuS 2005, 838 – 840
- Ewigkeitsgarantie für Grenzen der Volksgesetzgebung?, LKV 2002, 249 – 252
- Bürgerverantwortung im demokratischen Verfassungsstaat, DVBl 1995, 873 – 894
- Zur dogmatischen Struktur der Gleichheitsrechte als Abwehrrechte, DÖV 1984, 411 –419

Salaw-Hanslmaier, Stefanie/***Möller***, Franz-Josef, Direkte und repräsentative Demokratie – Binden Entscheidungen der direkten Demokratie mehr als die des Repräsentativorgans?, ZRP 2020, 77 – 80

Sapper, Helmut, Probleme bei Bürgerbegehren und Bürgerentscheid in der kommunalen Praxis Baden-Württembergs, VBlBW 1983, 89 – 96

Saurer, Johannes, Der Einzelne im europäischen Verwaltungsrecht. Die institutionelle Ausdifferenzierung der Verwaltungsorganisation der Europäischen Union in individueller Perspektive, Tübingen 2014

von Savigny, Friedrich Carl, System des heutigen Römischen Rechts, Band I, Berlin 1840

Scheffer, Markus, Zur Bindungswirkung kommunaler Bürgerentscheide im Freistaat Sachsen, LKV 2007, 499 – 501

Schenke, Verwaltungsprozessrecht, 16. Auflage, München 2016

- Die Bedeutung der verfassungsrechtlichen Rechtsschutzgarantie des Art. 19 Abs. 4 GG, JZ 1988, 317 – 326
- Die Verfassungsorgantreue, Berlin 1977

Scherzberg, Arno, Das subjektiv-öffentliche Recht – Grundfragen und Fälle, JURA 2006, 839 – 848

Scheuner, Ulrich, Das repräsentative Prinzip in der modernen Demokratie (1961), in, ders.: Staatstheorie und Staatsrecht 1978, 245 – 269

Schlacke, Sabine, (Auf)Brüche des Öffentlichen Rechts: von der Verletztenklage zur Interessentenklage, DVBl 2015, 929 – 937

- Zur fortschreitenden Europäisierung des (Umwelt-)Rechtsschutzes – Schutznormdoktrin und Verfahrensfehlerlehre erneut unter Anpassungsdruck, NVwZ 2014, 11 - 18
- Überindividueller Rechtsschutz: Phänomenologie und Systematik überindividueller Klagebefugnisse im Verwaltungs- und Gemeinschaftsrecht, insbesondere am Beispiel des Umweltrechts, Tübingen 2008

Schliesky, Utz, Bürgerschaftliches Engagement in der repräsentativen Demokratie, Der Landkreis 2004, 422- 428

- Der lange Weg von Athen nach Thessaloniki: Welchem Demokratiemodell folgt der Entwurf des Europäischen Verfassungsvertrages?, EuR 2004, 124 - 131
- Die Weiterentwicklung von Bürgerbegehren und Bürgerentscheid, ZG 14 (1999), 91 -222
- Neue Grundlagen für die unmittelbare Demokratie in Schleswig- Holstein, SchlHA 1999, 225 - 232
- Aktuelle Rechtsprobleme bei Bürgerbegehren und Bürgerentscheid, DVBl 1998, 169 -176
- Bürgerentscheid und Bürgerbegehren, in: Schleswig- Holstein, Kommentar, Wiesbaden 1998

Schmidt, Christopher, Gleichwertigkeit (sach-)unmittelbarer Demokratie, ZRP 2020, 199 - 200

Schmidt-Aßmann, Eberhard, Kohärenz und Konsistenz des Verwaltungsrechtsschutzes, Tübingen 2015

- Die Garantie der kommunalen Selbstverwaltung, in: Peter Badura/Horst Dreier (Hrsg.), Festschrift 50 Jahre Bundesverfassungsgericht, Band II, Tübingen 2001, S. 803 - 825

Schmidt-Bleibtreu, Bruno/***Klein***, Franz (Begründer)/***Hofmann***, Hans/***Henneke***, Hans-Günter (Hrsg.), Grundgesetz-Kommentar, 14. Auflage, Köln 2018

Schmidt-Jortzig, Edzard, Gemeindeverfassungstypen in der Bundesrepublik Deutschland, DÖV 1987, 281 - 285

- Kommunalrecht, Stuttgart 1982
- Außerkrafttreten von Gesetzen wegen „völliger Veränderung der Verhältnisse", Rechtstheorie 12 (1981), 395 - 422
- Die Einrichtungsgarantien der Verfassung, Göttingen 1979

Schmitt, Carl, Verfassungslehre, 11. Auflage 2017

- Volksentscheid und Volksbegehren – Ein Beitrag zur Auslegung der Weimarer Verfassung und zur Lehre von der unmittelbaren Demokratie, Neuausgabe, Berlin 2014

- Legalität und Legitimität, München 1932

Schmitt Glaeser, Walter, Grenzen des Plebiszits auf kommunaler Ebene, DÖV 1998, 824 - 831

Schmitz, Michael, Parallelen und Divergenzen im Staats- und Kommunalrecht, JuS 2020,1027 - 1032

Schneider, Hans-Peter, Das parlamentarische System, in: Ernst Benda/Werner Maihofer/Hans Jochen Vogel (Hrsg.), Handbuch des Verfassungsrechts, 2. Auflage, Berlin 1994, § 13, Rn. 137 ff., 537 - 598

Schoch, Friedrich, Besonderes Verwaltungsrecht, 16. Auflage, München 2018

- Bürgerbegehren und Bürgerentscheid im Spiegel der Rechtsprechung, NVwZ 2014, 1473 - 1482

- Unmittelbare Demokratie im deutschen Kommunalrecht durch Bürgerbegehren und Bürgerentscheid, in: Utz Schliesky/Christian Ernst/Sönke Schultz (Hrsg.), Die Freiheit des Menschen in Kommune, Staat und Europa, Festschrift für Edzard Schmidt-Jortzig zum 70. Geburtstag, Heidelberg 2001, S. 167 -189

- Der verfassungsrechtliche Schutz der kommunalen Selbstverwaltung, JURA 2001, 121 - 133

- Individualrechtsschutz im deutschen Umweltrecht unter dem Einfluß des Gemeinschaftsrechts, NVwZ 1999, 457 - 467

-/***Schneider***, Jens-Peter/***Bier***, Wolfgang, Verwaltungsgerichtsordnung, 37. Ergänzungslieferung, Juli 2019

Schönke/Schröder, Adolf Schönke/Horst Schröder (Begründer)/Albin Eser (Herausgeber), Strafgesetzbuch, 29. Auflage, München 2014

Schroeder, Henrik, Die Sperrwirkung und das Sicherungsrecht des Bürgerbegehrens – Eine Untersuchung zum Kompetenzkonflikt zwischen plebiszitärer und repräsentativdemokratischer Willensbildung auf kommunaler Ebene, Osnabrück 2001

Schulz-Schaeffer, Helmut, Rousseau und das Problem der Volkssouveränität, NJW 2007, 643 - 648

Schumacher, Paul/***Benedens***, Niels Peter/***Erdmann***, Christian (Hrsg.), Kommunalverfassungsrecht Brandenburg, Loseblattsammlung, 41. Ergänzungslieferung, Stand: August 2019

Schuppert, Gunnar Folke, Gemeinwohldefinition im pluralistischen Verfassungsstaat, GewArch 2004, 441 - 447

Schwerdtfeger, Angela, Der deutsche Verwaltungsrechtsschutz unter dem Einfluss der Aarhus Konvention – Zugleich ein Beitrag zur Fortentwicklung der subjektiven öffentlichen Rechte unter besonderer Berücksichtigung des Gemeinschaftsrechts, Tübingen 2010

Schwieger, Christoph, Volksgesetzgebung in Deutschland – Der wissenschaftliche Umgang mit plebiszitärer Gesetzgebung auf Reichs- und Bundesebene in Weimarer Republik, Drittem Reich und Bundesrepublik Deutschland (1919 – 2002), Berlin 2005

Seckelmann, Margrit, Wohin schwimmt die Demokratie, DÖV 2014, 1 – 9

Seckler, Dorothea, „Vertreter- Demokratie" statt Bürgermitwirkung?, BayVBl 1997, 232 – 236

Simon, Eric, Gesetzesauslegung im Strafrecht – Eine Analyse der höchstrichterlichen Rechtsprechung, Berlin 2005

Skouris, Wassilios, Verletztenklagen und Interessentenklagen im Verwaltungsprozess: eine rechtsvergleichende Studie zur Anfechtungsbefugnis des Bürgers, Köln 1979

Sobota, Katharina, Kompetenzen der Landesverfassungsgerichte im Bundesstaat: Zersplittert die Rechtseinheit?, DVBl 1994, 793 – 803

Sodan, Helge/***Ziekow***, Jan, Grundkurs Öffentliches Recht, 8. Auflage 2018

– Verwaltungsgerichtsordnung, 5. Auflage, Baden- Baden 2018

Spies, Uta, Bürgerversammlung, Bürgerbegehren, Bürgerentscheid, Elemente direkter Demokratie, dargestellt am Beispiel des hessischen Kommunalrechts, Stuttgart 1999

Spindler, Gerald, Verbandsklagen und Datenschutz – das neue Verbandsklagerecht Neuregelungen und Probleme, ZD 2016, 114 – 119

Stapelfeldt, Alfred/***Siemko***, Sabrina, Vollzug rechtswidriger oder überholter Bürgerentscheide, NVwZ 2010, 419 – 423

Stelkens/Bonk/Sachs, Michael Sachs, Heribert Schmitz (Hrsg.), Verwaltungsverfahrensgesetz Kommentar, 9. Auflage, München 2018

Stern, Klaus, Die Grundrechte und ihre Schranken, in: Peter Badura/Horst Dreier (Hrsg.), Festschrift 50 Jahre Bundesverfassungsgericht, Band II, Tübingen 2001, S. 1 – 34

– Das Staatsrecht der Bundesrepublik Deutschland, Band I, 2. Auflage, München 1984

– Das Staatsrecht der Bundesrepublik Deutschland, Band II, München 1980

– Das Staatsrecht der Bundesrepublik Deutschland, Band III/1, München 1988

Stiebeler, Walter, Das Verhältnis der Prozeßstandschaft zur Sachlegitimation, Hamburg 1949

Storost, Ulrich, Das Ende der Übergangszeit – Erinnerung an die verfassunggebende Gewalt, Der Staat Band 29 (1990), 321 – 331

***Streinz**, Rudolf (Hrsg.), Kommentar zu* EUV/AEUV, München 2018

– Bürgerbegehren und Bürgerentscheid. Zur Einführung von Plebisziten in die Kommunalverfassung, Die Verwaltung 16 (1983), 293 – 317

Stüber, Stephan, Subjektive Rechte aus Gemeinschaftsrecht, JURA 2001, 798 – 803

Sydow, Gernot, Die Revolution von 1848/1849: Ursprung der modernen Verwaltungsgerichtsbarkeit, VerwArch 92 (2001), 389 – 404

Thomas, Heinz/***Putzo***, Hans, Kommentar zur Zivilprozessordnung, 40. Auflage, München 2019

Thum, Cornelius, 10 Jahre Bürgerbegehren und Bürgerentscheid in Bayern, BayVBl 2006, 613 – 627

– Bürgerbegehren und Bürgerentscheid in Bayern, Loseblatt, Stand: 2005, 05

Triantafyllou, Dimitris, Zur Europäisierung des subjektiven öffentlichen Rechts, DÖV 1997, 192 – 199

Unger, Sebastian, Sicherung kommunaler Bürgerbegehren – Verwaltungsprozessuale Strategien zur Auflösung des Spannungsverhältnisses zwischen repräsentativer und plebiszitärer Demokratie auf kommunaler Ebene, AöR 139 (2014), 80 – 124

von Ungern-Sternberg, Antje, Gemeinderat als „Kommunalparlament“?, JURA 2007, 256

– 259

von Unruh, Georg-Christoph, Demokratie und kommunale Selbstverwaltung, DÖV 1986, 217 – 224

– Vom Gesetzesstaat zum Rechtsstaat – Zur verfassungsrechtlichen Bedeutung der Einführung der Verwaltungsgerichtsbarkeit im Jahre 1875, DVBl 1975, 838 – 846

– Dezentralisation der Verwaltung des demokratischen Rechtsstaates nach dem Grundgesetz, DÖV 1974, 649 – 656

Vorwerk, Christian/***Wolf***, Christian (Hrsg.), Beck OK ZPO, 35. Edition, 01.01.2020

Voßkuhle, Andreas Der Grundsatz der Verfassungsorgantreue und die Kritik am BVerfG, NJW 1997, 2216 – 2219

– /***Kaiser***, Anna-Bettina, Grundwissen – Öffentliches Recht: Das subjektiv-öffentliche Recht, JuS 2009, 16 – 18

Vranes, Erich, Lex Superior, Lex Specialis, Lex Posterior – Zur Rechtsnatur der „Konfliktlösungsregeln", ZaöRV 2005, 391 – 405

Waechter, Kay, Kommunalrecht, 3. Auflage, Köln 1997

– Einrichtungsgarantien als dogmatische Fossilien, Die Verwaltung 29 (1996), 47 – 72

Wagner, Gerhard, Jherings Lehre des subjektiven Rechts. Die berechtigenden Reflexwirkungen. Die Tragfähigkeit der Jheringschen Theorie aus heutiger Sicht, AcP 1993, 319 – 347

Wahl, Rainer, Herausforderungen und Antworten: Das öffentliche Recht der letzten fünf Jahrzehnte, Berlin 2005

Waldhoff, Christian, Kommunalrecht: Benutzungsregeln eines kommunalen Friedhofs Grundrechtseingriffe durch kommunale Satzungen; Anforderungen an Normenklarheit und Bestimmtheit der Satzung, JuS 2014, 958 – 960

de Wall, Heinrich, Die Einrichtungsgarantien des Grundgesetzes als Grundlagen subjektiver Rechte, Der Staat Band 38 (1999), 377 – 398

–/***Wagner***, Roland, Die sogenannte Drittwirkung der Grundrechte, JA 2011, 734 – 740

Walter, Otto, Vom Vorrang volksbeschlossener Gesetze nach der Weimarer Reichsverfassung vom 11. August 1919, Freiburg 1935

Walz, Christian, Das Ziel der Auslegung und die Reihenfolge der Auslegungskriterien, ZJS

2010, 482 - 490

Wegener, Bernhard, Rechte des Einzelnen – Die Interessentenklage im europäischen Umweltrecht, Baden-Baden 1998

Wehr, Matthias, Rechtsprobleme des Bürgerbegehrens (Art. 18a BayGO), BayVBl 1996, 549 – 553

Weischedel, Wilhelm (Hrsg.), Immanuel Kant, Werkausgabe, Band 3/4, Kritik der reinen Vernunft

Winkler, Daniela/***Schaub***, Jonathan, Zur Zukunft der Klagebefugnis, Ad Legendum 2017, 111 – 117

Wischmeyer, Thomas, Was ist eigentlich ... liquid democracy, JuS 2020, 20 – 22

Ausarbeitung der Wissenschaftlichen Dienste des Bundestages, Zur direkten Demokratie im Bund und in den Ländern, 31.08.2017, WD 3 – 3000 – 346/10

– Direkte Demokratie in Europa und der Bundesrepublik Deutschland, Funktionsweise und Vor- bzw. Nachteile in der Gegenüberstellung, 03.09.2010, WD 3 – 3000 – 162/17

– Volksbegehren, Volksentscheid, Volksabstimmung: Begrifflichkeiten und Modelle, 03.07.2009, WD 3 – 3000 – 237/09

Wolff, Hans J./*Bachof*, Otto/*Stober*, Rolf/*Kluth*, Winfried, Verwaltungsrecht: Band II, 7. Auflage, München 2010

Wollmann, Hellmut, Kommunalpolitik – Mehr (direkte) Demokratie wagen, APuZ, Beilage zur Wochenzeitschrift Das Parlament Band 24/25 (1999), 13 – 22

Wysk, Peter (Hrsg.), Verwaltungsgerichtsordnung, 2. Auflage, München 2016

Zacher, Hans Friedrich (Hrsg.), Sozialpolitik und Verfassung im ersten Jahrzehnt der Bundesrepublik Deutschland, Berlin 1980

Zenke, Ines/***Dessau***, Christian, Bürgerbeteiligungen als Schlüssel einer kommunalen Energiewende, KommJur 2013, 288 – 292

Ziegler, Andreas, Das Ratsmitglied im Verfassungs- und Verwaltungsrecht, Grundrechte im Gemeinderat?, Wiesbaden 2014

Zippelius, Reinhold, Allgemeine Staatslehre, 17. Auflage, München 2019

Zuleeg, Manfred, Hat das subjektive öffentliche Recht noch eine Daseinsberechtigung?, DVBl 1976, 509 – 521